脉络与连贯

——话语理解的语言哲学研究

杜世洪 ◎ 著

人民出版社

责任编辑：杨美艳
责任校对：周　昕
封面设计：徐　晖
版式设计：周方亚

图书在版编目（CIP）数据

脉络与连贯：话语理解的语言哲学研究／杜世洪　著．
　－北京：人民出版社，2012.4
ISBN 978－7－01－010807－0

I. ①脉…　　II. ①杜…　　III. ①语言学－研究　　IV. ① H0

中国版本图书馆 CIP 数据核字（2012）第 061194 号

脉络与连贯

MAILUO YU LIANGUAN

——话语理解的语言哲学研究

杜世洪　著

人 民 出 版 社 出版发行
（100706　北京朝阳门内大街 166 号）

北京市文林印务有限公司印刷　新华书店经销

2012 年 4 月第 1 版　2012 年 4 月北京第 1 次印刷
开本：710 毫米 ×1000 毫米 1/16　印张：22.25
字数：374 千字　印数：0,001－2,000 册

ISBN 978－7－01－010807－0　定价：49.80 元

邮购地址 100706　北京朝阳门内大街 166 号
人民东方图书销售中心　电话（010）65250042　65289539

目　　录

致　谢

　　值本书出版之际，作者首先衷心感谢西南大学外语学院刘家荣、陈治安、李力、文旭、向雪琴、刘承宇等教授的热情帮助！感谢四川大学刘利民教授、黑龙江大学李洪儒教授、四川外语学院王寅教授、华东师范大学朱志荣教授、美国符号学研究所 Charls Pearson 博士、美国印第安纳大学皮尔士研究中心主任 André De Tienne 教授、印第安纳大学美国思想研究所主任 David E. Pfeifer 教授、伊利诺伊大学 Robert Cummins 教授所给予的特别支持！其次，作者更要感谢陈嘉映、钱冠连、潘文国等著名学者就本书所给予的评价！另外，在我博士论文评审与答辩期间，童世骏、孙周兴、傅惠生、何刚、潘德荣、郁振华等教授提出了中肯意见，作者在此一并感谢！最后，作者由衷感谢人民出版社！衷心感谢杨美艳与王怡石女士！

　　本书获"教育部人文社会科学研究项目资助"（项目批号：09YJA740091），并获美国伊利诺伊大学 Freeman Fellows Program 资助，作者在此特别致谢！

自　序

　　我曾试图请我的导师陈嘉映先生为本书作序，但先生一直很忙，且一直认为替人作序是一件极为痛苦的事。

　　跟从先生数年，专事语言哲学，我当然懂得那"极为痛苦的事"所具有的特殊含义。陈先生一方面率直豁达，无所不谈，另一方面又谨言慎思，恐有所谈。若请作序，他会感到说歹说好都不妥。对于一个求真务实的学者来说，为人作序势必要把歹处和好处指示清楚、点拨明白。这样是非分明的序是对我们的社会心理和个人心理的一场考验。心理退化的社会，心理脆弱的个人，二者都偏爱曲言美语而难以接受直言批评。我已过不惑之年，还能够接受这样的考验。只不过，本书的最初形态是陈先生指导完成的一篇博士论文，这对先生来说就更加不便作序了。出于爱护，先生不作序；出于理解，我听从先生。

　　于是，我不仅打消了再次恳请先生作序的念头，而且还放弃了盛邀名流写序的打算。有道是：**他序者智，自序者明**。要在"智"与"明"之间做一选择，考虑再三，最后从"明"了事。想想过去，尚未成名的维特根斯坦需要出版《逻辑哲学论》时，出版商开出一个条件就是必须由维特根斯坦的老师罗素作序。罗素自然做了序，而维特根斯坦却认为罗素所作的序或多或少曲解了书意。在我看来，一部书要出版，如果不考虑名人效应的话，那么作者本人才是最好的作序者。况且，我们的社会并不是心理退化的社会，我们的读者也并非心理脆弱。佳作就是佳作，没有名人帮忙吆喝，佳作还是佳作；反之，次品到底是次品，纵有名流作序开道，也难逃读者的火眼金睛。

　　我不敢自诩，拙著是不是佳作，读者自会评说。

　　需要特别指出的是，我确实是用创造佳作的态度来完成拙著的，因而，有几点需要在此予以特别说明。

　　首先，拙著虽然属于学术专著，但关注的问题与行文的风格，既有**在象牙塔里潜心修炼的苦行境界**，又有**信步山野闻闻青草之香的自然情趣**。对话语连贯感兴趣的同仁细心阅读，自然会发现拙著的一些创新之处，从而对话语连贯增加新的认识——**"连贯实际上是一个语言哲学问题"**以及**"连贯不是规则性问题而是规范性问题"**。话语连贯研究经历了语言形式研究、语用推理研究和认知心理研究三个阶段，出现了相应的三类方法，然而，连贯问题始终是一个尚未解决的问题。为此，拙著开启了话语连贯研究新的篇章，把连贯置于语言哲学的研究视域，企图从语言哲学的研究层面来审视话语连贯的形成机制。

　　连贯是一个语言哲学问题。拙著对这个语言哲学问题做了深入浅出的详细讨论。行文力求生动活泼而又不失严谨，以便大众读者或者蜀中小儿也能从中得到启迪。比如，读者会明白：为什么像"因为爱着你的爱，因为梦着你的梦，所以悲伤着你的悲伤，幸福着你的幸福"这样的话，到底像话不像话；为什么别人骂我是猪时我不会向骂人者求证我是什么样的猪，而反骂他是猪儿猪孙；为什么"油炸冰糕"成了可能而"麻辣冰淇淋"还会出现；就发声而论，为什么你家的鸡要比他家的狗更加聪明；以及许许多多的、一般读者不去问为什么的为什么。

　　其次，拙著立足连贯，对意义问题的探讨也有独到之处。引《三国演义》第四十二回刘备与赵云的对白为例，拙著说明了为什么刘备那"为汝这孺子，几损我一员大将！"能引出赵子龙"云虽肝脑涂地，不能报也！"这样的话来。拙著声明话语互动的连贯有四个脉络层次：**语脉、意脉、情脉和理脉**。话语意义的衡量离不开对这四个脉络层次的考察。比如，情脉凸显的话语往往遮蔽了道理，甚至不合理。小青年谈情说爱总是情大于理，到头来，天花乱坠的承诺成了空头支票，海誓山盟化为苦涩的冰水。脉络凸显、脉络错乱、脉络交织构成了异彩纷呈的话语连贯，彰显着纷繁复杂的意义。

　　再有，拙著推出了一些新的概念或语词，如：**连贯因子、连贯因子库、语脉因子、意脉因子、情脉因子、理脉因子、话语累积、原生概念、次生概念、理解的合作原则**等。这些新概念只是一些新芽或幼苗，还需要经历风吹雨打、经历实践的检验，更需要爱心的呵护。

　　潘文国先生评论说，拙著的核心观点具有革命性意义；孙周兴强先生调，就连贯而论，科学概念和哲学概念确实有别；童世骏先生认为规则与规范的讨论十分必要；郁振华先生断言拙著有构建理论的企图；何刚先生传话，文中的诗歌不错。这些话我特别在意，更特别警觉：溢美之言，犹如一杯杯好酒，闻了激动，喝了亢奋，醉了忘形。

　　窃以为：写书如酿酒，不求自醉求人醉，为留芳香满街头。

杜世洪

2011 年 11 月

前　　言

　　语言学界的连贯研究迄今为止已经有三十余年的历史。三十余年来，连贯作为热点问题在国内外虽然一直吸引着研究者的注意力。然而，有关连贯的两个基本问题却一直没有得到彻底的解决：连贯是什么？连贯何以可能？对这两个基本问题的不同回答，标志着连贯研究的不同认识。本书的中心任务就是从既有的连贯研究出发，考察既有连贯研究所出现的问题的成因，重新确定连贯的概念性质，从话语互动的角度去考察连贯的形成机制，从而试图建立连贯研究的新方法——**话语连贯的脉络辨析法**，简称"脉辨法"。

　　既有的连贯研究多倾向于把连贯确定为语篇特征，把连贯限定在篇章语言学的范畴。这样一来，对连贯的概念性质的认识就相应地出现了以语篇形式为中心的考察方法。韩礼德和哈桑的衔接研究堪称连贯研究的语言形式法的典型方法，这种方法的立足点是把连贯当成一个形式化的科学概念，试图通过对语言形式手段的考察来揭示连贯的本质。然而，正如恩克维斯特所发现的那样，语言形式手段齐备却并不能保证连贯的开显。恩克维斯特所关注的这一问题，本书把它称为"恩克维斯特问题"。本书从思考"恩克维斯特问题"出发，结合考虑国内学者张德禄对连贯研究尚无系统理论出现而感到的困惑，着眼于对日常话语互动所显现的连贯现象的反思，打算把连贯研究置于话语互动中来考察"连贯何以可能"这一问题。

　　既有的连贯研究存在的局限有：第一，对连贯的概念性质认识不够充分，甚至误把"衔接"同"连贯"当成地位等同的姊妹概念；第二，局限于语篇研究，把连贯当成语篇的固有特征（或称内在特征），企图通过对连贯的构建方式的考察而有意无意地努力寻找或建立语篇连贯的普遍模式；第三，认识到了连贯的语义性质，但由于对语义的流变特性缺乏确定的衡量标准，从而无法以某种具体的方法来统领连贯研究。

　　基于以上认识，本书认为，在概念性质上，**连贯更多的是一个哲学概念**，而不是一个形式化程度极高的科学概念；连贯反映的是话语双方的思维，关涉的是人的"在世问题"。在存在方式上，连贯具有开显和隐蔽的特性；连贯是话语互动的连贯，而不是固定语篇固有的连贯；**连贯是话语双方在话语理解过程中共同创造的**。在形成机制上，连贯表现为发话者和受话者双方话语的两两相接，而两两相接的基本单位就是双方**连贯因子**的两两相接；话语双方各自都有连贯因子，而连贯因子的集合就是个人的连贯因子库；个人连贯因子库的大小标志着个人**话语累积**的基本情况；话语双方在互动中需要进行立言、说事、表情和讲理等方面的交流，于是连贯的脉络可以分为**语脉、意脉、情脉和理脉**。在衡量方法上，对话语双方连贯的考察的核心就是双方在互动中的理解活动；话语理解就是双方在凸显的话语脉络层面上追求最大的**共晓性**；话语双方共晓性的达成反映了连贯与理性、连贯与知识、连贯与他心、连贯与纯粹经验、连贯与意向立场、连贯与交往理性等方面的关系。从连贯的脉络结构看，话语双方的不同脉络因子的贯通可以通过**话语理解的合作原则**来描述；话语双方对理解的合作原则的遵守与违背都是话语互动的正常现象，即无论是纯脉连贯的构建还是杂脉连贯的形成，都可在理解的合作原则下进行描述。

　　本书分为七章。第一章导言，主要介绍本书的选题缘由，研究的目标，研究的方法及观点预设。本章明确提出本书的中心问题瞄准的是"连贯何以可能"。本章指出：连贯是话语互动的连贯；话语（包括口头和书面话语）之所以为话语就在于人的话语互动；话语并不是作为语言学的具体对象而存在，话语是生活形式、话语理解、以及话语共晓性的统一。话语互动赖以进行的基础就在于不同脉络层面的连贯构建。连贯研究就是对话语互动中不同脉络的贯通情况进行描述与分析，就是进行"脉"辨。连贯具有两两相接的机制，对连贯的考察就要采取断面分析。

　　第二章连贯的语言学解释，是本书的文献综述。本章旨在理清既有连贯研究的现状，分析连贯研究现有问题的成因。本章梳理了语言学界连贯研究的既有成果，归纳了连贯研究的三类方法：语言形式法、语用推理法和认知心理法。本章指出，这三类方法基于一个共同认识就是连贯是给定的，连贯要么随语篇的存在而存在，要么存在于语境中，要么存在于大脑里；连贯研究的任务似乎就是挖掘语篇固有连贯的形成机制。在语言学的解释维度下，连贯是一个形式化的固有概念。本章明确指出连贯更多的是一个哲学概念，应该从哲学概念考察的维度去认识连贯。

第三章连贯的哲学解释，是本书的理论依据。本章从对连贯这一概念进行重新考察入手，从常识的角度、文章学的角度、心理学的角度和哲学的角度分析了连贯最基本的含义。本章强调，把连贯还原成最原初的关系的话，那么连贯的基本含义就是"两两相连"、"两两相接"或"两两相关"。连贯是人与人的连贯，而且这些领域本身关涉着人，关涉着人的在世。于是，本章指出，话语连贯是话语双方两个人的关系。而两个人的关系则可以进一步细分，即进行充分分析。在充分分析的视角下，话语互动的连贯直接关涉的是理性、交往理性、知识、纯粹经验、他心感知、意向立场等。本章尝试性地考察了连贯与这些概念的关系。

第四章话语连贯的规范性，是对本书中心问题的详细剖析。本章指出，**连贯不是规则性问题，而是规范性问题**。本章以规范作为尺度重点讨论了连贯的多样性及本质成因。连贯体现在话语片段上，而话语片段直接与语词、概念等直接相关。对语词与意义的不同理解正好反映的是话语连贯的多样性。话语累积的不同意味着话语双方连贯构建的不同。话语概念可分为原生概念和次生概念。次生概念的产生往往是以语词作为资源对原生概念的加工利用。在原生概念上我们可以谈论直接指称及指称物的存在，而在次生概念层面上，次生概念语词所指称的对象往往不在物理世界存在。连贯的基础是两两相接，而两两相接可能表现在话语片段或语词的对应上。所以，对话语片段、语词及其相应概念的考察实际上是对连贯的基本点进行考察。本章还讨论了不同的**词义观**，简略地评述了**柏拉图、亚里士多德、洛克、贝克莱、莱布尼兹、穆勒、弗雷格、罗素和斯特劳森**等人的观点。对这些观点的回顾与评述，目的是为本书的话语累积论所涉及的原生概念和次生概念寻找相应的理论渊源。本章提出了话语累积论和连贯因子说。

第五章话语连贯与理解，主要提出连贯研究的新观点和方法。本章把话语**脉络贯通**所形成的连贯细分为**语脉连贯、情脉连贯、意脉连贯和理脉连贯**，详细界定了**语脉、情脉、意脉和理脉**着四个核心概念，并分别进行了例证说明。以理解为核心，本章在格莱斯会话合作原则的启示下，探讨了话语双方的理解本性。本章对陈嘉映提出的**"理解的合作原则"**做了扩展，提出了理解的合作原则的总原则及相应的四个守则。

第六章理解的合作原则与连贯的脉络结构，主要对本书建立的连贯研究方法进行分析论证。本章指出，理解的合作原则及其四个守则为衡量话语互动的连贯机制提供了描述性原则。从理解的合作原则的总原则看，**话语双方至少要在一个凸显的脉络层面上追求话语的最大共晓性**。话语理解并不以语言形式关系的理解为终极目标，而是话语双方在语脉、意脉、情脉、理脉上达成生活形式的理解。本章还按照首要脉络凸显的种类不同，分析了四种脉贯实例：即语脉凸显的杂脉连贯、情脉凸显的杂脉连贯、意脉凸显的杂脉连贯和理脉凸显的杂脉连贯。

第七章结论，总结了本书的全新思想，归纳了本书的创新观点，并指出了本书的实际应用价值。

Preface

Coherence analysis has undergone in linguistics an academic history of more than 30 years, during which coherence remains not fully understood and a matter of continuing debate, arresting the globe-wide attention of analysts, who remain committed to striving for a generally accepted answer to two questions essential to the study of coherence: What is coherence? How is coherence possible? Centering upon the two questions, our commitment to coherence analysis is geared to the central objective of diagnosing the cause of problems which are haunting coherence analysts, defining anew the concept of coherence which is plausibly categorized and unfortunately limited into textual linguistics, discovering the mechanism of coherence-achieving that is realized in verbal interaction, and developing a new approach to coherence analysis that is supposed to identify the expression lines in verbal interaction. Thus, the new approach proposed in this research is termed Line Identification for Coherence Analysis （LICA）, in initials.

Before the new approach is proposed in this research, most approaches primarily treat coherence as a text-inherent property. Ever since the publication of Halliday and Hasan's book *Cohesion in English* in 1976, coherence analysis has witnessed a trend in the field of text study which tends to reduce coherence to a product of formally-represented cohesion and/or semantically-established connectivity. Coherence is regarded as a formalized scientific concept, the essence of which presumably can be revealed through investigating the formal cohesive means of expression. However, as Enkvist puts it, there is a problem awaiting solution that a text with ample cohesive means may well be quite incoherent. This problem is called "Enkvist's problem". The present research is intended for providing insights into Enkvist's problem and is fixated on responding to coherence analysts' quest for a systematically-adequate theory of coherence. Based upon our observations and reflections on the coherence achieved in ordinary verbal interaction, this research is conducted in concern with the question— How is coherence possible?

This research has found that three views can be found defective in the past study of coherence. Firstly, the concept of coherence in its complexity is not fully understood. In practice, more or less, coherence is interpreted in an identical way that cohesion is measured. Secondly, there's a tendency to confine coherence within a text. When coherence is presumed as an intrinsic defining property of a text, efforts have been made in vain to search for a universal coherence model or mechanism. Thirdly, when coherence finds its right way into semantic consideration, analysts have still to agree on a certain measure of meanings in flux. Consequently, the quest for a universal theory of coherence is still fruitlessly ideal.

On the basis of the above findings, this research claims as follows:

For the part of concept, coherence is a philosophical concept more than a formalized scientific concept. Coherence mirrors the thinking activity of discourse participants. The matter of coherence tells little less than the matter of sanity, and the matter of being-in-the-world.

For the matter of being-in-the-world, coherence is concerned with creation and concealment. Coherence is not a state but a process of verbal interaction. It is a cooperative achievement made by both of the discourse producer and receiver in actual verbal interaction.

In light of the mechanism for coherence creation, it takes the producer and the receiver to cohere. The fundamental points of cohering between the two are assumed to be coherence points. For coherence to be coherence, it takes two to cohere. Both the producer and the receiver of a discourse have their own pool of coherence points respectively. The capacity of a person's pool of coherence points is the indicator of his/her accumulation of verbal expressions. During an actual interaction, the verbal contribution made by the producer and the receiver may well fall into four lines of communication: choosing diction, conveying meanings, expressing emotions and giving reasons. Correspondingly, there are four types of coherence lines: dictional line, intentional line, emotional line, and rational line.

Understanding coherence requires for an understanding of the participants' understanding in a verbal interaction. When the producer and the receiver endeavor to have a mutual understanding in an actual verbal interaction, they aim at the maximal common intelligibility on the salient line of verbal exchange. In the process of achieving the maximal common intelligibility, the relation of coherence to the producer's and/or the receiver's reason, knowledge, sense of other mind, pure experience, intentional stance, and communicative rationality plays a decisive role.

In terms of the structure of coherence lines, the cooperative principle of understanding (CPU) is established to account for different coherence achievement on different coherence lines. As a descriptive principle, CPU can be exploited for measuring the coherence achievement in both cases of conforming to and breaching any maxim of CPU.

This research has been crystalized into a dissertation which consists of seven chapters. Chapter One, Introduction, offers a general account of what motivates and triggers our research and what objectives we are going to reach. It is clearly stated that this dissertation makes an attempt to tackle the question— How is coherence possible? It is also claimed that coherence is the backbone of successful verbal interaction. The study of coherence should be geared to the purpose of identifying different coherence lines. Coherence can be reduced into the connection of one point to another point. Thus, a cross-sectional analysis is suggested in this chapter.

Chapter Two, Coherence in Linguistics, serves as a general literature review of oppinions, approaches, and theories that we have found in coherence studies. One of the main tasks in this chapter is to diagnose the cause of problems encountered by analysts. Another task is to summarize the three perspectives in coherence analysis. It has been found that the linguistic-formal perspective, the pragmatic perspective and the cognitive perspective enjoy a same premise that coherence is given either in a text, or in a context, or in the mind of one person or another. This premise is based on one stereotyped idea that coherence is an intrinsic defining property of a text or text users. After a survey of coherence in linguistics, it is held that coherence is a philosophical concept and should be approached from the perspective of conceptual investigation in terms of the philosophy of language.

Chapter Three, Coherence in Philosophy, is designed to discuss the general theoretical underpinnings of this research. This chapter firstly deals with the concept of coherence in ordinary use, coherence in literary works, coherence in philosophy and coherence in psychology. The purpose of the study here is to define anew the concept of coherence. It is pointed out that coherence can be basically interpreted as a two-to-cohere relation. It is believed that it is not text itself but rather people to cohere. When the producer and the receiver are engaged in coherence creation, the relation of coherence to a person's reason, knowledge, pure experience, sense of other mind, intentional stance, and communicative rationality is involved.

Chapter Four, The Normativity of Coherence, is concerned with a detailed analysis of the central problem of this research. This chapter provides an idea that coherence is a normative concept rather than a regulative concept. In other words, coherence is a concept of norms rather than a concept of rules. In line with norms, coherence enjoys diversity in creation. In specifying the norms of coherence, discourse segments may well function as coherence points. Therefore, a pertinent discussion is made of the relation between each two of the three terms, namely, coherence point, discourse segment, and concept. It is stated that the diversity of coherence can be ascribed to the participant's different accumulation of coherence points, or his/her different mastery of discourse segments, or his/her different acquisition of concepts. The participant's system of concepts is composed of primary concepts and secondary concepts. The producer's primary concept may be interpreted as a secondary concept by the receiver, and vice versa. This chapter also offers a general sketch of various views on words and meaning. Such philosophers as Plato, Aristotle, Locke, Berkeley, Leibniz, Mill, Frege, Russell, and Strawson have been incorporated into the discussion of meaning and words.

Chapter Five, Coherence and Understanding, presents a new approach to coherence analysis. On the basis of an investigation into the aspects of understanding, this chapter proposes that coherence lines be classified into four types: dictional line, emotional line, intentional line, and rational line. The diversity of coherence is realized through dictional coherence, emotional coherence, intentional coherence, and rational coherence. In verbal interaction, the creation of coherence is grounded in the producer's and the receiver's mutual understanding. Their understanding may be reached on a salient line by which they have arrived at the maximal common intelligibility. For the sake of describing different coherence, this chapter expounds J. Chen's CPU in accordance with Wittgenstein's view of natural understanding.

Chapter Six, The Cooperative Principle of Understanding and the Structure of Coherence Lines, demonstrates the four maxims of CPU and their application to the analysis of verbal interaction. While checking the accountability of CPU, Grice's problem and G. Qian's views and examples have been reviewed in their full potentials. It is claimed that the structure of coherence lines may be realized either through a salient pure line or a salient mixed line, under which there are for the most part more than two lines in operation in a particular verbal interaction.

Chapter Seven, Conclusion, is a summary of the new ideas on coherence analysis. It is emphasized in this chapter that LICA may help to dissolve the questions that remain unanswered in the past studies of coherence. LICA may also have some significance to foreign language teaching and translation.

第一章　问题缘起

人与人之间的交流以话语为主，而在这话语交流的互动过程中，书面也好，口头也罢，或明或暗存着一个令人困惑的现象，或者说问题。长期以来，这困惑，这问题虽然得到了颇多关注，乃至不少研究，然而人们的关注与研究始终没有消除这困惑，到底未能解决这问题。

正是出于对这困惑的痴迷心醉，正是出于对这问题的冥思苦想，才有古今中外，无数学人不无虔诚、不舍执着地追问：人与人之间的话语互动何以相关？或者说相关或者看上去不相关的话语互动之连贯何以可能？

话语互动的连贯何以可能？这是一个貌似简单却难以说清的大问题。也正是这个大问题，正是这问题难以说清，才激发起笔者的兴趣。本书的旨趣就在于回到这个问题本身而反思这个问题，以期获得某种清楚的解释，从而建立一种新的连贯理论。

提到连贯，普通人凭直觉会认为它不像"阿狗阿猫"、"荒草闲花"那么真实，那么具体。它没有看得见摸得着的指代实体，它仅凭语词道出，它就是它，衡量着话语的流畅情况和伦次状态。某人的话听起来通顺，没有疙疙瘩瘩，犹如放炮连珠，于是对这样的话语标之以连贯。

什么是连贯？教人说话，助人作文的语文老师会认为，连贯就是话语脉理清晰、伦次通顺。在语文老师甚至普通人看来，说话作文连贯不连贯，倒也不难判断。人们丝毫不怀疑自己对连贯的判断力，然而，倘若有好事者打破砂锅而追问，到底什么是连贯，恐怕多少常人也就说不清道不明了。常人解决不了的问题往往会留给专家，专家们似乎总能生出一套套的说法，站在这样那样的角度，采取某种自信得趋于武断的态度，提出这样那样的理论。

连贯理论的专家们会说，连贯是如此这般的概念，可以如何如何地去分析。于是，关于连贯，在专家那里出现了以下说法："连贯是一个修辞概

念"、"连贯是语篇的固有概念"、"连贯是语篇特征"、"连贯是话语概念，一
切话语包括书面语、口头语都有连贯"、"连贯是一个语义概念"、"连贯与衔
接构成辩证关系，是姊妹概念"，等。这些说法，与其说是关于连贯的定义，
还不如说是专家们管窥来的断言或信念。

　　苏格拉底说："智慧的开始就是给术语下定义。"（The beginning of wis-
dom is a definition of terms.）[1] 而下一定义，在亚里士多德看来，有两件事要
做：首先应该指出被定义的东西所属类别，然后再指明它的个体特征。比
如，要给什么是人下定义，首先要把人归在动物一类，说"人是动物"；然
后，要道出人的独特性，于是就说"人是有理性的动物"。亚氏的定义法虽
嫌粗糙，倒也不妨成为定性分析的一种简便方法。用亚氏的定义法一比照，
上述关于连贯的种种说法都只是在给连贯归类而已，并未触及连贯本身的特
征。关于连贯，人们众说不一，这就让人顿生疑惑，同一个东西被不同的人
归在不同的类别，这免不了让人想起盲人摸象来。我们在连贯认识上出现了
片断零星，恐怕也可与摸象盲人同归一类。

　　连贯认识上的种种片断零星倒也代表着不同观点，这些观点自然有它
真实的地方。把这些观点作为行动指南，就有相应的连贯研究方法。然而，
在支离破碎的真实面前，我们不由得想起犹太人的意第绪谚语来："一半真
理乃是全部谎言。"（A half truth is a whole lie.）[2] 如果谁要套用这话来评论现
有的连贯研究，而称"一半真理乃是彻底的浪费。"（A half truth is a whole
waste.）恐怕他那挑衅的脑袋不得不冲顶反击的砖头。毕竟，对任何事物进
行全盘否定终究不能完全说恰当可取。在总的求真路上，无数星星点点的研
究也可能汇聚一体。整体虽然不一定等于局部的总和，但是各个局部的透彻
分析终归对整体的研究不无裨益。

　　就连贯研究的方法而论，现有的连贯研究大致可以分为三大类[3]：语言
形式法、语用推理法和认知心理法。在这三类方法中，语言形式法是连贯研
究的起点，也是备受学界关注的一个焦点。而语用推理法和认知心理法已经
成为当今连贯研究的热点，也是众说纷纭充满分歧的所在。语言形式法的种

---

[1]　R. Shea, *The Book of Success*, Rutledge Hill Press, 1993, p.101.

[2]　Ibid., p.70.

[3]　杜世洪：《从连贯的二元性特征看阐释连贯的三类标准》，《外语与外语教学》2003 年第 3
　　　期。

种具体研究手法预设了一个共同的基本观点，那就是连贯体现在语言形式上，通过对语言形式的定量研究或许可以把握连贯的本质。如今，学界一般会认为韩礼德和哈桑（Halliday & Hasan）堪称是这类方法的开山鼻祖。

自 1976 年韩礼德与哈桑二人合写的专著《英语中的衔接》（*Cohesion in English*）问世以来，连贯作为一个语言形式问题一直是一个备受关注而且颇具争议的热点问题。说到连贯，人们必定会想起衔接，谈及衔接，人们又会说到连贯。衔接与连贯似乎就是一对孪生概念，相互依赖。甚至会有人认为，衔接是通向连贯的必由之路[①]。

然而，衔接毕竟不是连贯。衔接这一概念不仅具有确定、清楚的定义，而且在语篇分析中还具有可操作性和有效的指导作用。与此相比，连贯这一概念不但"模糊不定"、而且还"抽象神秘"[②]。如此看来，衔接与连贯并非一对地位等同的概念，前者是一个形式化程度极高的刚性概念，而后者往往远离形式而又不得不依赖形式的弹性概念。依靠高度形式化的手段却并不一定能达到连贯，正是恩克维斯特所提出的问题。

宏观上讲，"连贯何以可能"是本书要追问的大问题，而且在具体问题的思考方面，本书的着眼点之一就是对"恩克维斯特问题"的思考。恩克维斯特（Enkvist）问题来自于他那著名的例子[③]：

> I bought a Ford. A car in which President Wilson rode down the Champs Elysées was black. Black English has been widely discussed. The discussions between the presidents ended last week. A week has seven days. Every day I feed my cat. Cats have four legs. The cat is on the mat. Mat has three letters. [译文：我买了一辆福特车。车里坐着威尔逊总统行驶在香榭丽舍大街，车身漆黑。黑人英语正被广泛讨论。讨论在总统间进行，结束于上周。周有七天。天天我喂猫。猫有四条腿，坐在垫子上。垫子的英语单词有三个字母。]

---

① 张德禄、刘汝山：《语篇连贯与衔接理论的发展及应用》，上海外语教育出版社 2003 年版，第 20 页。张德禄、刘汝山认为："然而，语篇最终是由于形式特征来体现的。到目前为止，从形式特征来研究语篇连贯的唯一途径是通过语篇的衔接机制"。

② J. C. Sinclair, *Corpus, Concordance and Collocation*, Oxford University Press, 1991, p.102.

③ N. E. Enkvist, "Coherence, Pseudo-coherence, and Non-coherence", In *Cohesion and Semantics*, ed.by J.O.Östman Åbo Akademi Foundation, 1978, p.110.

　　我们把恩克维斯特这个例子所昭示的问题定名为"恩克维斯特问题"。该问题揭示的道理是语言形式特征并不能确保连贯的构建。恩克维斯特并非是唯一注意到这种现象的人。桑夫德（Sanford）① 同样对衔接的乏力做了批评，他举出的例子是：

　　　　John ate a banana. The banana that was on the plate was brown, and brown is a good color for hair. The hair of the dog is a drink to counteract a hangover. [译文：约翰吃了香蕉。香蕉盛在盘里呈棕色，而棕色适合染毛发。狗的毛发是一种饮料可以消解宿醉。]

　　对于恩克维斯特和桑夫德所举的例子，从张德禄和刘汝山② （2003：xv）的角度看，可能是"故意编造的不连贯的语篇"，或者属于"神经病患者的话语"，里面虽有"比较多的衔接机制"，但实在是让人感到不真实、不连贯。然而，在我们看来，恩克维斯特和桑夫德这样的例子也许出于编造，不是"真实"话语，但这样的话语在现实生活中却有真实的例子。

　　中央电视台的电视书场栏目，片头唱曲那段话多少与恩克维斯特和桑夫德的例子有些类似。那唱词如下：

　　　　盘古开天地，地久天长，长话短说，说古论今，今古奇观，人间天上。上下千年事，看我电视书场，电视书场。

　　由汪文华演唱的这段片头曲并没有让人觉得不连贯。为什么呢？这种顶针絮麻式的表达正好印合宋代陈骙③的话："文有上下相接，若继踵然。其体有三：其一曰叙积小至大……其二曰叙由精及粗……其三曰叙自流极原。"大概汪文华的这段唱词当属"自流极原"。就算如此，我们仍然不明白"恩克维斯特问题"的答案在哪里。

　　从思考恩克维斯特问题出发，我们在现实生活中注意到一些话语，经仔细检审，我们发现话语互动的连贯还存在许多问题要问。如果说恩克维斯特问题是我们的着眼点之一，那么以下三例实际话语便是触发我们进行连贯研究的重要现象。

① 张德禄、刘汝山：《语篇连贯与衔接理论的发展及应用》，上海外语教育出版社2003年版，第 xv 页。

② A. Sanford, "Coherence: Psycholinguistic Approach", In *Encyclopedia of Language and Linguistics,* 2nd ed., ed.by K.Brown, 14 vols, Vol. 4, Elsevier, 2005, p.586.

③ 陈骙：《文则》，郭绍虞、罗根泽编：《文则》和《文章精义》，人民文学出版社1962年版，第 17 页。

话例 1

　　两个三岁小孩在一起玩耍，各自埋头在画画，其间出现了下列对话：

　　小孩甲：看！我画的小龙多好啊。

　　小孩乙（并未抬头）：我爸爸带我去吃了小笼包子的。

　　小孩甲：不准吃我画的小龙哟！

　　这里有没有连贯呢？如果这话出自两个成年人之口，恐怕按格莱斯的会话合作原则，这里有这样那样的含义。不管人为这对话有没有连贯，为什么这两小孩自己并不感到话语互动有异样呢？

话例 2

马致远《天净沙·秋思》

　　枯藤老树昏鸦

　　小桥流水人家

　　古道西风瘦马

　　夕阳西下

　　断肠人在天涯。

　　对于马致远的这首作品，我们几乎从不思考它连贯不连贯这样的问题。我们肯定它是连贯的。那么按现有的连贯研究方法，我们凭什么说这首元曲是连贯的呢？有趣的是它在初学汉语的外国人眼里却显得有点破碎，为什么呢？你如果说马致远的这首作品主要是把我们带入到一个意境里，在那意境里我们感到它的完整连贯，那么我们又亥怎么解释与马致远同时代的乔吉的《天净沙·即事》呢：

　　莺莺燕燕春春

　　花花柳柳真真

　　事事风风韵韵

　　姣姣嫩嫩

　　停停当当人人。

　　对于这两首词，我们如果从音韵的角度考虑，或许会找到一点回答为什么连贯这问题的解释来。那么对于下面这例话语的诸种情况，我们该如何解释呢?

话例3

某大学新生入学时，甲、乙、丙、丁四位家长各自的孩子被分配到大四学生宿舍，实行新生与已经外出实习的大四学生共住。对这种安排这四位家长却有不同的反应，我们把观察到的话语互动情况整理如下:

情况一:

　　班主任: 您的孩子与大四学生住同一个宿舍，可以吗?

　　家长甲: 为什么呀? 一定要调换寝室，不然我们就退学!

情况二:

　　班主任: 您的孩子与大四学生住同一个宿舍，可以吗?

　　家长乙: 怎么搞的嘛? 你们学校没有能力就别招我们这些学生嘛。这种安排，是不是我们不该来呀?

情况三:

　　班主任: 您的孩子与大四学生住同一个宿舍，可以吗?

　　家长丙: 好的。没关系! 我想这样安排也有好处。

情况四:

　　班主任: 您的孩子与大四学生住同一个宿舍，可以吗?

　　家长丁: 老师! 我们确实对这种安排没有意见。只是我的女儿第一次离家住校。现在那大四的寝室一大套四个房间，又在六楼偏角处，老生们都外出实习了。我女儿胆小，肯定不敢一个人住。老师! 看看，这该怎么解决才好?

话例3所记录下来的这四种情况，一般的连贯研究都认为它们各自都是连贯的，但问题是从同一个话句出发却可以构建多种话语，这多种话语的连贯是同一的吗? 如果不是的话，那么我们该怎么区分这四种情况的连贯呢? 这四种情况的话语还给我们带来一个问题，那就是连贯究竟与意义有什么样的相关性? 连贯可不可以同意义孤立开来?

出于对恩克维斯特问题和以上话语实例的思考，笔者打算围绕"话语连贯何以可能"这一中心问题而展开讨论，以期就话语互动的连贯基础进行描述与阐释，企图构建一种新的连贯研究理论，从而把话语连贯研究深入到生活的具体层次，让连贯理论为生活实践服务。

本书源发于"恩克维斯特问题"，要回答的是话语互动中**"连贯何以可能"**这一大问题。也就是说，我们打算就话语连贯研究的国内外现状进行梳理，从思考恩克维斯特问题入手，结合对连贯研究存在的不足或误解进行剖析，对目前国外连贯研究出现的新观点进行分析，然后提出我们的观点和研究方法，从而推进连贯研究的理论化进程。

本书要达到的目标和创新之处在于：

第一，在梳理国内外连贯研究的成果的基础上，明确指出连贯的概念性质：连贯不是语篇的固有特征，不是一个形式化程度高的概念，而主要是一个哲学概念。

第二，分析目前连贯研究存在的误区，从而确立新的研究思路。从话语脉络贯通的角度，把话语连贯分为语脉连贯、意脉连贯、情脉连贯和理脉连贯。本书从实际话语现象的考察中发现，话语互动中的连贯可由语脉、或意脉、或情脉、或理脉的凸显来实现，也可曰多种脉络的结合来共同达成连贯。

第三，在梳理了有关连贯研究的主要理论的基础上，针对话语互动的发生机制和互动过程的动态因素，就话语的产生与理解、话语的可能性与共晓性、话语互动的意向立场与纯粹经验等问题进行思考，然后提出"连贯因子说"、"话语累积论"、"原生概念"与"次生概念"等全新观点；结合对陈嘉映"理解的合作原则"进行发展，企图建立一套连贯研究的新方法。

本书的中心问题——"连贯何以可能?"——在设置问题的方式上，本书沿袭先哲"知识何以可能"这样的句法，属于概念考察或者说哲学思辨。但是，本书并不是要把连贯研究推上"大而笼统"、"玄而又玄"、"抽象而又抽象"的道路。应该说，本书致力于一个问题的澄清，即要澄清人们对哲学及其方法的认识。从一定角度讲，本书属于连贯的语言哲学研究。

对连贯进行哲学研究，我们非常赞同哲学家叶秀山[①]的观点："哲学不提倡抽象的思维，而是提倡具体的思维，研究哲学的人不能忽视细节……细节是一门学问。但是另一方面，这些细节如果没有哲学就没灵魂，就是死的材料。""学问在哪里？学问在细节中。没有细节，你的学问到底有多少就

---

① 叶秀山:《哲学要义》, 世界图书出版公司北京分公司 2006 年版, 第 4—5 页。

很难说，因为学问要解决实际问题，而不仅仅是一些想法，提出一些概念名词。"不过，把哲学和具体事务联系起来并非是叶的独创。在威尔·杜兰特①（Will Durant）看来，柏拉图早就认识到哲学意味着积极的修养与智慧，它与具体的生活事务交织在一起。结合叶秀山和杜兰特的观点，我们套用陈嘉映②的话说，对连贯做哲学研究，就是要以"理性态度从事经验反省和概念考察"，以便在研究连贯时"克服常识的片断零星"，从而就连贯问题在一定程度上获得更为连贯一致的理解。

因此，除了上述三大研究目标和创新之处以外，本书带着问题意识，瞄向细节现象试图解决以下实际问题：

第一，打破语篇连贯研究的局限，揭示连贯的本性，拓宽连贯研究的范围，把连贯研究从既有的语言形式研究、语用推理研究、认知心理研究推进到新的领域——语言哲学研究。

第二，提出"恩克维斯特问题"的解决方法。

第三，正视"脑筋急转弯"中的话语现象，为非正常话语提供正常的理解方法。

第四，从话语"原生概念"和"次生概念"的角度，指出"独角兽"、"飞马"、"金山不存在"等概念或命题的话语理据与其参与话语互动的连贯基础。

第五，分析话语连贯的不同脉络层面，为跨语交际、翻译和外语教学等活动提供新的启发。从连贯因子和话语脉络的不同层面去考虑，我们可以为话语中的概念整合提供新的解释。

第六，以理解的合作原则作为尺度，我们可以为一些特殊的话语现象提供连贯合理的解释。

本书从日常话语现象的细节考察入手，结合对连贯研究中"恩克维斯特问题"思考，采用文献梳理与论证的方法，从连贯问题意识的突起到连贯理论意识的强化，在发现与批判现有连贯理论之不足的基础上，寻求新的连贯理论的建立。

在方法上，本书主要采取定性分析和客观描述的手法对日常话语的典型现象进行反思，主要企图从平凡处、从细微处去发掘话语互动连贯的基本原

① W. Durant, *The Story of Philosophy*, Kingsport Press, 1950, p.29.
② 陈嘉映：《哲学科学常识》，东方出版社 2007 年版，第 17 页。

理。虽然本书不可自诩为看见苹果坠地的牛顿和洗澡盆里的阿基米德等伟人的伟大发现，但是，本书关注细节、思考细节，期望发现话语细节背后的大道理，因此，在研究旨趣上，应该说这正是对牛顿精神和阿基米德精神的大力提倡。

在定性分析方面，本书基于话语分析、语用学和语言哲学的相关理论对话语互动这一概念做了界定，重点考察话语互动这一概念的构成基础。本书认为，**话语包括任何书面和口头语。话语之所以为话语就在于话语的互动，话语的特征就是对话关系。话语是意义生成的互动，是具体生活的总和。话语并不是作为语言学的具体对象而存在，话语是生活形式、话语理解、以及话语共晓性的统一。话语互动赖以进行的基础就在于不同脉络层面的连贯构建。连贯研究就是对话语互动中不同脉络的贯通情况进行描述与分析，就是进行"脉"辨。**

在对连贯这一概念的考察上，笔者在考察了我国古今文论中与连贯相关或近似的一些概念之后，发现我们现在使用的"连贯"与南朝文学理论家刘勰《文心雕龙》章句第三十四中的"外文绮交、内义脉注、跗萼相衔、首尾一体"[1] 中的"**脉注**"、《东坡文谈录》中的"**联贯**"和《文脉》中的"**脉以贯道**"与"**脉络贯通**"[2]、以及清代学者刘熙载《艺概》中的"**脉络联贯**"[3] 等具有相似之处，这说明连贯早已进入话语研究者的视野，而且庄涛等著的《写作大词典》明确地把连贯确定为"文章的社会规范之一"[4]。文章是话语的一种

---

[1] 刘勰：《文心雕龙注释》，周振甫注，人民文学出版社1981年版，第375页。

[2] 丛书集成初编：《东坡文谈录（及其他二种）》，《文脉》和《文评》，中华书局1985年版，第3页，第5页。另外，王力认为："联"与"连"相通。"说文：联，连也。"段注：周人用联字，汉人用连字，古今字也。参见王力：《同源字典》，商务印书馆1997年版，第569页。"连贯"或"联贯"一词固然如张德禄、刘汝山所言，在《辞海》里找不到，但在《汉语大词典》第八卷、第十卷里却是有的，基本意思都是"连接贯通"，而且其中的例句可以追溯到古代文献。

[3] 刘熙载：《艺概》，上海古籍出版社1978年版，第173页。

[4] 连贯：文章的社会规范之一。指文章内容思路连贯，逻辑严密，不转移论题，不跳脱层次，首尾呼应。"一气呵成"、"古人诗文无通篇一意到底者"，这是古代文论家传统的篇章观，也完全适用于现代汉语写作。……一般思路连贯的文章，章法各有巧妙，但其结构大致具备"起、承、转、合"的轮廓。文章思路连贯与作者的思维合乎逻辑相关，与作者对事物的认识深度相关。庄涛等：《写作大辞典》，汉语大词典出版社1992年版，第149页。

表现形式，认识到其中的连贯是社会规范，这已经暗含了话语就是社会交往这么一个观念。互动或交往是两两及以上的关系体现，于是可以推知，在线性关系上，连贯的基本出发点就是两两相接，然后才有无数的两两相接形成脉络贯通，达到整体上的连贯。以往的连贯研究，由于多在篇章中考虑，主要关注的是整体上的脉络贯通，而对两两如何相接的研究未有深究。打个比方，如果以往的篇章连贯研究主要考察的是篇章内被称作连贯的那长长的线段的话，本书要重点考虑的却是那线段如何形成，于是，我们把那线段横切开来，做切开后的**断面分析，弄清两两如何相接**。英语中"coherence"（连贯）与"cohesion"（衔接）二者词源相同，都源于动词"cohere"（粘连），这实际上也有一个前提，那就是"It takes TWO to COHERE."[①]（两两粘连）。为此，我们的断面分析，我们对两两相接的考察，也适用于英语。

当我们做 Coherence 的断面分析时，西方哲学上"the coherence theory of truth"中的 coherence（译成汉语多为"融贯"），实际上也因此而符合我们"两两相接"的考察。在这点上，本书把哲学上原来的 coherence 和话语互动中的 coherence 都统一称作"连贯"。况且，作为哲学概念的话语互动的 coherence 本身与知识论、真理论的 coherence 并非泾渭分明。

进行断面分析，本书势必提出一个大胆的假设：连贯的形成应该有**两两相接的基本黏合点**，这黏合点的最小形态就是**连贯的基本单位**，本书把它称为**"连贯因子"**；连贯就是相应的连贯因子的黏合或连接，在话语互动中形成各种脉络；连贯的脉络种类包括语脉、意脉、情脉和理脉；每个话语参与者，每个具备话语能力的人都具有各自的**"连贯因子库"**；连贯因子库存在于大脑中，它随个人的语汇、经验、知识的增加而增加。这是本书提出的**"连贯因子说"**。

立足于连贯因子这一假设，本书试图通过考察话语互动连贯的可分析性来验证说提出的假设。本书从小孩的话语互动中得到启示，并通过理论考察而发现个人的话语具有累积的过程，话语累积与连贯因子库密切相关。话语互动中，不同参与者的连贯因子库发挥的作用有可能不同，连贯因子的活性程度可能不一样，或者具有同等活性程度的连贯因子不一定属于同一种类，

---

① 英语中有"It takes two to tango."字面意思是"有两人才能跳探戈"。近似于汉语的"孤掌难鸣"。后来有人仿拟出"It takes two to cooperate"同理，连贯必定会涉及两者之间的粘连。

这样连贯因子的匹配情况的变化便成了连贯形态的变化。

在对连贯因子说的理论探讨方面，本书力图综合有关话语互动的多种理论，从维特根斯坦后期学说的相应观点出发，来研究话语的可能性、话语理解和话语互动的共晓性。本书论及了语言的起源问题、他心问题、交往理性、主体间性、意向立场、纯粹经验等哲学问题，目的是从不同角度来探索连贯因子在话语互动中的活性与作用。在对连贯做定性分析的过程中，本书发现连贯与理解密不可分。从连贯因子和话语脉络的角度看，理解起源于因子的激活状态与匹配情况，具体表现为不同脉络层面的连贯构建，最后达到话语互动双方的共晓。

为了对理解做定性分析，本书发展了陈嘉映的"理解的合作原则"，设定了理解的总原则和各个守则。理论上讲，在定量分析的视野下，"理解"这一概念具有量、层次和程度之分。从**"零理解"**到**"完全理解"**，理解在不同的脉络层面拥有一个连续体。单一层面的理解的连续体构成一个线性关系，而各种层面的理解连续体会交叉成网状关系。在笔者看来，日常话语所说的**"误解"**、**"不理解"**都是理解的不同形态。在本书的视角下，没有误解和不理解，只有理解的开始、发展与完成。话语连贯的构建就发生在理解的过程中。理解无处不在，在理解的世界里。连贯好比是茶，茶在紫砂壶里、茶杯里，茶显然是茶；在盘子里、汤匙中，茶还是会被看成是茶，不容怀疑。但是，如果茶洒到了桌面上，流到地板上，渗透到泥土中，请问倾洒出去的茶还是茶吗？如果是，那么又怎样鉴别这类处于特殊情况的茶呢？日常话语互动中的连贯研究就涉及这样的"鉴别"（identification）。

在研究的语料方面，本书既有书面话语，又有口头话语。所采取的语料多为现实生活中的真实话语，或者是业已流行的生造话语。在话语类型上，本书不按文体学的分类方法对话语进行分类，而是为了方便对连贯问题的研究而对话语重新分类。从话语脉络层面看，话语又可分为**"单一脉络凸显的话语"**，简称**"单脉话语"**，以及脉络交织的**"多脉共显的话语"**，简称**"多脉话语"**。两类话语中相应的连贯分为**"纯脉连贯"**和**"杂脉连贯"**。

本书虽属理论批判与重建，但研究的根本出发点还是直接为实践服务。本书还剖析了日常话语与"机构性话语"的连贯特点，还对外语学习和翻译过程中的连贯脉络做了实例分析。

第二章　连贯的语言学解释

亚里士多德在其《形而上学》中开篇就说："All men naturally have an impulse to get knowledge."（所有人天生就有一种求知求解的欲望冲动）[①]。如果说求知求解是人天生的欲望冲动，那么我们对什么样的东西具有这种欲望冲动呢？亚氏会说，这会表现在我们对各种感觉的钟爱上，即便这些感觉与实用性毫不沾边，我们也会为了感觉自身起见而特别加以珍视。

话语为我们开启世界，话语给我们带来种种感觉。我们对自己的话语肯定很理解，但我们对感觉到的他人的话语定要求知求解。凡人均有求知求解的欲望冲动，但并非所有的人都有一样的冲动，至少有量与程度之分。不管柏格森[②]会怎么说，在我们看来，这种属于意识活动的求知求解应该有大小、强弱的区分。这种差别恐怕就是人与人之间的一种差别。否则我们何以解释苹果落地并非只为牛顿而落，洗澡盆也非只有阿基米德才有，那硕大的野生稻禾却不是为袁隆平而生。然而，为什么只有牛顿、阿基米德、袁隆平各自对那苹果、洗澡盆和野生稻有不一样的感觉而且产生了非同一般的理解？对于平凡的话语，或者说对于本非平凡但因频繁使用而显得平凡的话语，我们有没有非同一般的理解呢？

---

① 国内对这句话的翻译有些差别。苗力田的译文是"求知是所有人的本性"。参见苗力田：《亚里士多德全集》第七卷，中国人民大学出版社 1993 年版，第 27 页。陈嘉映把这句话转述成"人天生求理解"。参见陈嘉映：《哲学科学常识》，东方出版社 2007 年版，第 30 页。英文 knowledge 一词，按 *Bloomsbury Dictionary of Word Origins* 的解释，在起源上与整个印欧语系的各种语言同源，与 can、cognition、diagnosis 有关系。《韦式大学词典》说，knowledge 既是一种经过经验或联想而获得的、熟悉的 fact 或外在条件，又是力求达到这种 fact 或条件。Collins 词典则认为 knowledge 具有 information 和 understanding 这样的意思。

② 柏格森：《时间与自由意志》，吴士栋译，商务印书馆 2004 年版，第 1 页。柏格森第一章第一节的标题是"意识状态能有数量上的差异吗？"

第一节　恩克维斯特问题

恩克维斯特和桑夫德两人都在他们各自的例子中思考：为什么充满形式衔接的话语却并不能给人带来连贯的感觉呢？恩克维斯特问题有如平地惊雷，炸出了人们对韩礼德和哈桑的衔接理论的一串串问号。正是直接或间接地有了这问号，连贯研究者提出了种种观点，甚至按照各自的观点在某一方面做出研究：有的从语言形式出发去研究连贯；有的从语用环境去研究连贯；有的从认知心理去研究连贯。这是从方法上看，而从研究范围上看，有的从语篇去研究，从语篇对比的层面去研究；有的从应用的角度去研究，如翻译与连贯、阅读与连贯、写作与连贯等。总的说来，连贯研究出现了不少的理论探讨和大量的应用研究。然而，面对这些研究，张德禄说："语篇连贯的理论化问题一直是一个热点问题，也是一个没有解决的问题"①。这话既反映了学界对连贯研究的现状所表现出的焦虑，又带着对连贯进行理论推进的期盼。为什么连贯的理论化问题会一直是一个得不到彻底解决的问题呢？在张德禄看来，这是因为学界对连贯的有关因素分析不够。现有连贯研究虽然有不同层次、不同方面的成果，但并没有真正解决连贯的根本问题。所以连贯研究"没有形成整体性的、系统的和明确的理论框架"②。在焦虑中、在期盼中，不少连贯研究者表示出难以求解的困惑。

带着困惑，沿着"恩克维斯特问题"所指示的路子进行思考，我们回到问题本身，对实际话语互动的既有现象进行细节反思。我们发现，对于"小龙"与"小笼包子"这样的话语，对于电视书场汪文华的唱词，对于观察到的家长与班主任关于新生寝室安排的话语，我们该怎样去理解其中的连贯呢？尤其是我们该怎样深入关于连贯的分析呢？给这些现象本身提供某种解释，其实并不难。在魏在江③看来，关于连贯研究，出现的学说与资料可以用"汗牛充栋"来形容。然而，现在的连贯研究出现了宏观考察有余而细节追问不够的情况。一些连贯研究也注意到了细节，但对细节的考察往往又回跳到"笼统"的宏观论断。

---

① 张德禄：《语篇连贯的宏观原则》，《外语与外语教学》2006 年第 10 期。

② 张德禄：《语篇连贯研究纵横谈》，《外国语》1999 年第 6 期。

③ 魏在江：《英汉语篇连贯认知对比研究》，华东师范大学博士论文，2004 年，第 6 页。

对于目前的连贯研究，我们可以借用苹果落地的现象做一类比。如果我们问"苹果为什么落地"，你回答说："苹果熟了就落地"、"苹果每年都落地"、"阳坡的苹果比阴坡早落地"、"风一吹苹果就落地"、"用石头打棍棒敲，苹果会落地"等。恐怕停留于这样的认识，始终难以达到牛顿的水平。我们那瞬间即逝的求知欲望冲动，似乎应该添加一个恒字，即应该执着地追问。一直追问下去，竭泽而渔，关于苹果落地的真相终归会大白于天下。同理，关于"连贯何以可能"的追问，目前尚未达到竭泽而渔的最后境地，更未达到牛顿关于苹果落地的认识高度。对苹果为何落地的解释，尽管植物学家会说那与脱落酸的形成有关，但最终都可以统一到牛顿的解释上来。为此，我们可以看出"恩克维斯特问题"的实质所在。"连贯本身到底是一个什么样的概念？""是否可以建立一个统一的理论框架来描述它？"[①] 其实，这就是连贯研究的困惑。

一、连贯的认识要求

如果说恩克维斯特问题砸碎了用衔接理论来统一解释话语连贯的梦想，那么连贯研究的困惑却仍然渴求的是连贯理论化有一个整体性的、系统的和明确的理论框架。其实，连贯的理论化问题是一个大问题，对这个问题的思考和解决最终还需要从连贯的基本概念入手，从反映连贯问题的典型现象着眼。

连贯的理论化问题瞄向的是连贯的根本问题，那么连贯的根本问题又是什么呢？会涉及哪些问题呢？在处理这方面的问题时，目前国内外学者取得了什么样的成就？出现了什么样的观点呢？我们打算从思考这些问题入手，结合对连贯认识上的不足或误解进行剖析，对目前国内外连贯研究出现的新观点进行分析，然后提出连贯研究的新方法——"哲学—科学"维度下的断面分析法。

"哲学—科学"这一名称来自于我国当代日常语言哲学家陈嘉映，这种方法的基本思路是把概念考察与科学分析整合起来，而不是孤立开来。我们

---

① 张德禄、刘汝山：《语篇连贯与衔接理论的发展及应用》，上海外语教育出版社 2003 年版，第 xvi 页。

在"哲学—科学"视野下严正声明：**连贯不仅是一个科学概念，而且还是一个哲学概念**；连贯拥有自己特殊的表征系统和脉络结构，因此对连贯的根本问题的认识与解决不仅要依赖科学的分析方法，而且更重要的是还要从哲学之概念思辨的角度去挖掘问题的根源，从而寻求解决问题的指导方针。

二、连贯的概念性质

现有的连贯研究存在着认识论方面的两个极端问题：第一，把连贯限定为一个形式化的科学概念，而忽视了连贯概念的哲学性；第二，囿于常识而把连贯确定为语篇概念，从而主要从语篇特征（特别是静态语篇）的角度去搜寻连贯、度量连贯。

把连贯当成一个形式化程度高的科学概念，其连贯研究则倾向于把连贯与衔接看成是一对平行的概念，倾向于分析二者的条件关系和逻辑关系，甚至笼统地去断言二者具有辩证关系。这里最大的问题是，没有认识到连贯与衔接在概念地位上并不相等，二者根本不在一个范式里，不在一个层面上。从概念上讲，连贯与衔接二者间存在着明显的区别。衔接是语言客观世界中高度形式化的一个具体概念，它具有确定性，可以精确定义与度量，而连贯却是集合认知、心理、感觉于心智主观世界，是极为抽象的概念。它目前还没有固定的定义标准，根本无法精确定义与量化。连贯并不像看得见摸得着的实物，实物在空间上有广延性，而连贯并无空间上的广延性。所以如何测量连贯是一个非常复杂的问题。从这点看，一切旨在对连贯进行定量研究的努力恐怕都是无的之矢。不过，连贯虽然抽象、不确定，但连贯不连贯，或者说有没有连贯，人们可以感觉到。从这点看，连贯建立在个人感觉经验上，容易受主观意志的影响。

与连贯相比，衔接是物理性质的概念，形式化程度高，客观性强。对衔接的分析不会受主体与主体的关系的影响。借用符号学术语来说，衔接的关系性质属于一元性（monadic）关系，这正如摄氏50度的水，谁去测量都是一样，那水温只有50度。而连贯却具有本体存在性，不仅表现为主体间的开显与隐蔽，而且在符号学范式下，连贯具有二元性（dyadic），甚至三元性（triadic）。从话语分析角度理解，二元性连贯是话语互动双方共同完成，代表双方的话语关系。三元性是指在话语互动双方之外还有一个观察者或分析者，不过，这分析者或观察者即可能是发话者本人，又可以是受话者，而有些时候是两者之外的第三者。为此，判断话语连贯与否，发话者、受话者以及分析者具有不同的立场，连贯的开显与隐蔽也就有所不同。这就会出现不对称现象，一方认定的连贯并不一定是另一方所感受到的。

从衔接与连贯的上述比照来看，我们还能说衔接与连贯具有如此这般的关系吗？在我们看来，连贯与衔接并非同一个范式内的概念，因此，谈论它们构成什么样的关系，是对连贯的最大误解。

三、对于连贯认识的分歧与统一

虽然，国内外连贯研究取得了一些成果，探讨了连贯研究的方法，拓宽了连贯研究的视野与范围，但是，学界对连贯这一概念本身的认识却并没有真正统一。在连贯的特征认识方面还存在着明显的争论，而争论的焦点问题有：连贯与衔接有什么样的关系？连贯究竟是不是语篇的内在特征？连贯是形式概念还是语义概念？

胡壮麟[①]（1994）、程雨民[②]（1997）、朱永生与严世清[③]（2001）、卡瑞尔（Carrell）[④]等学者梳理了衔接与连贯的关系，从不同角度发展了韩礼德与哈桑（Halliday &Hasan）[⑤]的衔接理论，加深了对连贯研究的理解，指出了连贯研究的一些症结问题。正如卡瑞尔所言，"衔接并不是连贯"。连贯与衔接这两个概念并不是同一层面的平行概念，二者根本不构成互补或对立的辩证关系。衔接只不过是语篇内静态的形式特征，而连贯要比衔接复杂得多。连贯其实"是一个貌似简单，但不易讲得清的问题"[⑥]（朱永生、严世清，2001：67）。

正因为连贯的"说不清道不明"，目前国内外语言学界出现了力图"说清道明"的各种理论。归纳起来讲，具有代表性的连贯理论包括：韩礼德

---

① 胡壮麟：《语篇的衔接与连贯》，上海外语教育出版社1994年版。

② 程雨民：《语言系统及其运作》，上海外语教育出版社1997年版。

③ 朱永生、严世清：《系统功能语言学多维思考》，上海外语教育出版社2001年版。

④ P. L. Carrell, "Cohesion Is Not Coherence", *TESOL Quarterly*, 1982,Vol.16, No.4, pp.479-488.

⑤ M. A. K. Halliday & R. Hasan, *Cohesion in English,* Longman, 1976.

⑥ 朱永生、严世清：《系统功能语言学多维思考》，上海外语教育出版社2001年版，第67页。

和哈桑的语域加衔接理论、范·戴克（van Dijk）的宏观结构理论、维多逊（Widdowson）的言外行为理论[1]、曼恩（Mann）[2] 的修辞结构理论、霍布斯（Hobbs）[3] 的言语阐释理论、桑夫德与加罗德（Sanford & Garrod）[4] 的心理表征理论等。这八种理论都是以某种既有理论为基础，虽然形成了各自相对完整的理论框架，但是在连贯认识上，这八种理论却界说不一。以范·戴克（van Dijk）[5] 为代表的连贯研究倾向于把连贯视为语篇的内在特征，而维多逊（Widdowson）[6]、布朗和俞尔（Brown & Yule）[7]、斯达布斯（Stubbs）[8]、侯衣（Hoey）[9] 等人或多或少地持有相反的观点，他们认为连贯是语篇外在言语行为发展关系，是语篇在社会交际中的功能，是语篇理解中派生出的外在特征。以德·博格兰德（de Beaugrande）[10] 为代表的学者倾向于折中，认为连贯不仅体现了语篇的内在特征，而且还是语篇使用者的认知过程的结果反映。针对连贯的特征问题，德国奥格斯堡大学（The University of Augsburg）英语语言学教授布柏利兹（Bublitz）[11] 干脆断言，连贯并不具有语篇中的衔接（或连接）那样的特征，连贯根本不是语篇的固有特征。对于布柏利兹的断言，我们可以援引美国乔治敦大学（Georgetown University）1998 年的一篇博士论文来证明这断言中所含的道理。这篇论文的作者派托色莫力

---

[1] 从理论起源上看，言外行为理论并非由 Widdowson 创建，只不过是 Widdowson 把 Austin 和 Searle 的言语行为用于连贯研究而已。连贯研究的心理框架理论、主位推进理论、心理表征理论等也属于这种情况，即借用其他理论来研究连贯。

[2] W. C. Mann, "Rhetorical Structure Theory and Text Analysis", In *Discourse Description: Diverse Linguistic Analyses of a Fun-Raising Text*, ed.by W. C. Mann & S. A. Thompson, Benjamins, 1992, pp.39-79.

[3] J. R. Hobbs, "Coherence and Coreference", *Cognitive Science*, 1979, Vol.45, No. 3, pp.67-90.

[4] S.C.Garrod & A.J.Sanford, "The Mental Representation of Discourse in a Focused Memory System", *Journal of Semantics*, 1982, Vol.1, No. 1, pp.21-41.

[5] T. A. van Dijk, *Text and Context*, Longman, 1977, p.9.

[6] H.Widdowson, *Teaching Language as Communication*, Oxford University Press, 1978, p.22.

[7] G. Brown & G. Yule, *Discourse Analysis*, Blackwell, 1983, pp.223-224.

[8] M. Stubbs, *Discourse Analysis: The Socio-linguistic Analysis of Natural Language*, Basil Blackwell, 1983, p.86.

[9] M. Hoey, *Patterns of Lexis in Text*, Oxford University Press, 1991, p.12.

[10] R.de Beaugrande & W. U. Dressler, *An Introduction to Text Linguistics*, Longman, 1981, p.85.

[11] W. Bublitz, "Introduction: Views of Coherence", *Coherence in Spoken and Written Discourse*, ed.by W. Bublitz, U. Lenk & E. Ventola, John Benjamins Publishing Company, 1999, p.2.

(Pietrosemoli)① 通过对失语症现象的调查以及经过一些相应的实验研究，明确提出以下观点：构建连贯性话语是成年人语言能力的组成部分；衔接只是连贯构建的微小方面；连贯并不是语篇的自身特征，而是"通过互助而构建成的一种合作性结构。"（a cooperative construct that builds through interaction.）

这就说明一个问题，既然连贯不是语篇的固有特征，那么局限于静态语篇的连贯研究只可能揭示连贯的一个方面，也就不可能仅在语篇上建立起全面的研究理论。如果我们站在连贯不是语篇的固有特征这一观点的立场上，那么我们就不得不回答连贯到底是形式概念还是语义概念。关于这个问题，张德禄、刘汝山② 在回顾了语篇连贯的种种观点之后断言："它（连贯）不是一个情景概念，也不是一个形式概念，而是一个意义概念。"

其实，认为连贯是语义概念并非只有张德禄、刘汝山二位。范·戴克把连贯看作是狭义的语义概念，是语篇内部成分之间线性的和层级性的语义联系。维多逊把连贯视作语用概念，应该属于广义的语义概念。朱永生也把连贯看作是一个语义概念，但却有别于范·戴克的语义概念。在朱永生看来，连贯是系统功能语言学的语义概念③。

连贯肯定与意义相关，但说连贯是一个特殊的意义概念，这就容易让人掉入一个陷阱。把意义与连贯联系起来固然正确，但是我们能否断言：连贯不同意义就不同，或者说意义不同就连贯不同呢？试想一下，我们在第一章所记录的家长与班主任对话的那个例子，其中有四种情况。对应那四种情况，是不是有四种连贯呢？如果有四种不同的连贯，我们又该如何区分它们呢？凭直觉，连贯会被认为是一种感觉，是话语产生出来的总体效应，是意义生成的瞬间反映。于是，与其说连贯与意义相关，还不如说连贯与理解密切相关。这一点，我们将在第五章讨论。

---

① L. E. Pietrosemoli, *Cohesion and Coherence in Aphasic Conversational Discourse*, Georgetown University 博士论文，1998 年。

② 张德禄、刘汝山：《语篇连贯与衔接理论的发展及应用》，上海外语教育出版社 2003 年版，第 37 页。

③ 朱永生：《韩礼德的语篇连贯标准——外界的误解与自身的不足》，《外语教学与研究》1997 年第 1 期。

美国乔治敦大学教授坦能（Tannen）① 认为，"连贯差不多是人们正常思维与行事的心智问题，是在世问题。"（The question of coherence is little less than the question of sanity, of being-in-the-world.），因此，要认识话语的连贯原理，就有必要参与话语赖以发生的互动活动。布柏利兹和坦能的论断已经明确指出，连贯研究应该突破语篇研究静态层面上的局限，拓展到认知领域，回到哲学领域而做详细的概念考察。

张建理② 在梳理了连贯研究的种种认识后，试图从认知语用学的角度去构建"连贯模型"③。任绍曾④、王寅⑤ 等把连贯与概念隐喻、以及语言的体验性结合起来，尝试了话语互动的连贯和心智的连贯研究。这类连贯研究属于心灵哲学的认识维度。实际上，加拿大滑特卢大学（The University of Waterloo）认知科学与哲学教授撒加德（Thagard）⑥ 早已明确指出，连贯的复杂性在于难以用计算方法来处理人们思想和行为中的连贯；连贯问题不单纯是语言学问题，它还是认知心理学和哲学所密切关注的问题。这样看来，坦能所说的"心智问题"和"在世问题"实际上就是指连贯研究应该从哲学考察的角度入手。我们在第一章说过，哲学考察并不是笼统的、抽象的考察，而是关注细节，注重对细节进行刨根问底的具体思维。根据陈嘉映所说的"哲学—科学"精神，对连贯做哲学考察，就是要"以理性态度从事经验反省和概念考察"，以便在研究连贯时"克服常识的片断零星"，从而把连贯的认识推进到一个统一的高度，以期获得一致的理解。

四、连贯的开显与隐蔽

坦能（Tannen）把连贯问题归结为"在世问题"，以及撒加德（Thagard）把连贯问题同心灵与行为联系起来，这么做本身就是把连贯研究纳入哲学范畴。说连贯是"在世问题"，这多少走上了现代存在论哲学的路子，明显带

① 　D. Tannen, *Coherence in Spoken and Written Discourse*, Ablex, 1984, p.xiv.

② 　张建理:《连贯研究概览》,《外语教学与研究》1998 年第 4 期。

③ 　张建理:《论语篇连贯机制》,《浙江大学学报（人文社会科学版）》2001 年第 6 期。

④ 　任绍曾:《概念隐喻和语篇连贯》,《外语教学与研究》2006 年第 2 期。

⑤ 　王寅:《认知语言学与语篇连贯研究》,《外语研究》2006 年第 6 期。

⑥ 　P. Thagard, *Coherence in Thought and Action*, MIT Press, 2000, p.15.

有海德格尔的思想。海德格尔的最大贡献是让传统哲学的一切范畴都"动"起来。由于我们的思想、语言经常被静态的东西所限制，海德格尔的工作就是要让语言退回到原来生动活泼的根源上去。从这个角度看，连贯作为"在世"并不是语言道说出来的静物，相反，它却是以动态的语言为家，寻找归宿的过程。也就是说，从静态的方面看，连贯可能表现为语篇内在特征，但在存在论意义上，连贯开显出来的却是动态的过程。

连贯不可能完全是一个纯形式化的科学概念，而更多地是一个哲学概念。一个严格的科学概念不会因人而异，而哲学概念却可能人言人殊。如果我们用科学的模式来理解连贯、规定连贯，我们恐怕一开始就是在奢求一种不可能固定下来的东西。与连贯相比，衔接是一个纯形式化的科学概念，是具体的概念。衔接有它自己确定的标准；而连贯却主要是一个抽象的哲学概念，它没有固定的衡量标准。不过，我们可以用某一种具体的标准去衡量，但我们对连贯的每一种具体衡量都只是在揭示连贯的现象。然而，连贯的现象或者说外在表象并不是恒定的、普遍统一的。这就是说，在此处用具体标准衡量出的连贯并不能代表彼处的连贯，它不像科学研究的结果具备可复制性。

连贯、话语形式、话语生产者和话语接受者（有时又是话语分析者）之间的关系，就好比艺术、艺术作品、艺术家和艺术欣赏者的关系。如果要追问连贯是什么，连贯在哪里，这就好比追问艺术是什么，艺术在哪里。如果我们说是艺术家乃至艺术欣赏者让艺术作品成为艺术，或者说是艺术作品让艺术家成为艺术，那么我们则是从日常经验的具体世界、有形世界来回答这个问题的。其实，在论艺术的起源这个问题上，海德格尔说，就是这个"艺术"才让作品成为艺术作品，让艺术家成为艺术家。同理，如果我们断言话语形式本身具有连贯，话语生产者或接受者让话语具有连贯，那么我们则是从经验世界来认识连贯的。我们断言语篇甲或话语甲具有连贯，语篇乙或话语乙没有连贯，我们可能依赖的就是刚性的经验标准。然而，语篇形式并不造就连贯，只是可能蕴含有连贯。这就是说，是连贯使话语之所以成为话语，是连贯使话语生产者和接受者之所以成为生产者和接受者。经验世界中所谓连贯的话语，是因为有连贯的完全开显，而那所谓的不连贯话语却可能是连贯的隐蔽。所以，我们只能感觉到有无连贯开显，而不能说根本没有连贯存在。连贯总是存在，连贯存在的方式有不同程度的开显和不同程度的隐蔽。完全开显和完全隐蔽是连贯存在的两个极端形式。

第二节　连贯的语言学解释

在本章第一节第一部分中我们断言连贯是一个更大意义上的哲学概念，而且具有开显和隐蔽的特征。然而，到目前为止，作为哲学概念的连贯尚未有足够的哲学考察。连贯研究多在语言学界进行，而语言学作为一种科学，自然反映的是人们看待语言的科学态度和理论态度。抱着关于语言的各种理论态度，连贯研究的任务似乎注定要承担从语言层面解释连贯现象的义务。

如果我们还记得维特根斯坦在《哲学研究》中陈述的关于理论态度的种种问题的话，那么我们就应该提防理论态度的错误发展。我们用理论态度去试图解释连贯这样的问题时，我们是不是会有意无意地带来误解呢？语言学本身无罪，但语言学所倡导的所谓的科学方法，或者说语言学那类追问连贯的方法会不会引人误入歧途呢？

恩克维斯特（Enkvist）打破的是企图把衔接理论作为统一理论的梦想，而张德禄渴望的却又是建立一个理论的整体框架。抱定某种态度，我们总倾向于把问题体系化，而在这种倾向背后，我们是不是应该提防两种极端倾向呢？即我们看待话语连贯现象时既不可过度简单化、狭窄化，又不可理想化、神秘化。

话语连贯研究可能会面临一种进退两难的尴尬：连贯现象得不到彻底的解释就会变得神秘，但详细解释就需要形成理论，而形成什么样的理论又取决于我们的理论态度。在这尴尬面前，我们采取一种理论态度而主张连贯研究应该在"哲学—科学"的指引下，对话语连贯做断面分析。我们这么做，多少也是沿着维特根斯坦的路子，把连贯研究的一切事实摆到那里，把话语连贯现象中隐藏起来的东西挖掘出来，重点对连贯这一概念做细致的考察。于是，本节的任务是要把连贯现象的语言学解释陈述出来，为以后章节的概念考察做铺垫。我们打算利用语言学的解释方法，从连贯的二元性特征来看连贯研究的三类阐释方法。

值得提出的是，我们在第二章第二节前两个问题中所要论及的连贯的特征，并不是本书最终认定的观点；所归纳出来的三类方法也并不是连贯研究的最后全貌。我们之所以把连贯研究这样粗略地勾勒出来，原因之一是回顾一下我们在连贯研究方面已经做了些什么，取得了些什么成就。另外一个原因就是，**1976 年标志着连贯研究在语言学界正式拉开序幕**。三十年过去了，语言学界至今未能够拿出一个众皆认可的连贯的定义来，更谈不上提出一个普适的连贯理论来。连贯研究犹如一个热闹繁忙的农贸市场，或三五成群，或两两相对，各自都在叫卖自己的观点，几多繁杂，一团混沌，似乎忘记了连贯本身的宗义。坦能（Tannen）① 说，"从混沌中建立秩序就是连贯的基本宗旨。"（In a basic sense, order from chaos is what coherence is about.）你也说连贯，我也说连贯，有谁知道我们说的是不是同样的连贯。因此，我们在这里对连贯做一个暂时的总结，好比拉几条经线和纬线，制定一个坐标系，来衡量现有的连贯研究。

一、连贯的二元性特征

关于连贯这一概念，不同学者从不同角度出发提出了各自的观点。根据他们研究的侧重点不同，我们可以把他们的观点概括为三类：第一类以语言形式为中心，认为连贯是服务于话语主题的"各语言成分间的有机整合"②，与这种观点相符的连贯研究有韩礼德和哈桑的衔接理论③、弗莱斯（Fries）④ 等提倡的"主位推进"（thematic progression）以及及物性理论和主位述位理论；第二类观点着眼于语用环境，认为连贯是话语与语境因素交互作用的结果⑤；第三类观点以认知环境为中心，认为连贯是一种"心理表征"（mental representation）⑥，是认知活动关联性的产物⑦。

综合上述三种观点，我们可以给连贯做如下定义：**连贯是指一种可以被**

---

① 　D. Tannen, *Coherence in Spoken and Written Discourse*, Ablex, 1984, p.xiv.

② 　W. C. Mann, "Rhetorical Structure Theory and Text Analysis", In *Discourse Description: Diverse Linguistic Analyses of a Fun-Raising Text*, ed.by W. C. Mann & S. A. ThompsonBenjamins, 1992, p.43.

③ 　M. A. K. Halliday & R. Hasan, *Cohesion in English*, Longman, 1976.

④ 　P. Fries, "On the Status of Theme in English," *Micro-and Macro-Connexity of Discourse*, ed.by J. Petofi & E. Sozer, Helmut Buske Verlag, 1983, pp.116-152.

⑤ 　T. Reinhart, "Conditions for Coherence", *Poetics Today*, 1980, No. 1, pp.161-180.

⑥ 　J. R . Hobbs, "Coherence and Coreference", *Cognitive Science*, 1979, Vol. 45, No. 3, pp.67-90.

⑦ 　D. Wilson, "Relevance and Understanding", In *Language and Understanding*, ed.by G. Brown etc.Oxford University Press, 1994, pp.37-60.

感知的并直接或间接依附于话语各组成成分的整体性特征，其整体性要么体现在语言形式上，要么隐含在语用环境里或者交际者的大脑中。这一定义包含了上述三类观点，也可以说连贯包含三个要素：形式连接、语用一致和认知上的关联。

需要说明的是，我们所说的连贯三要素并非一定要在每一具体的话语中等同、均衡地表现出来。话语种类不同，连贯的三要素占据的主导地位也就不一样；有些话语的连贯主要表现为形式连接，有些则依赖语用一致，而有些则取决于话语参与者认知活动的关联性。根据连贯三要素在不同话语中的体现，我们认为连贯具有以下二元性特征。

1. 连贯的显性与隐性之分

当连贯外化为语言形式上的连接时，话语成分间的意义联系则以"关系标记语（relation marker）"为基础，而话语连贯则建立在显性结构成分上，这种情况的连贯具有显性特征。试看下列两例：

话例 4

　　凡物之**有形者**易裁也，易割也。何以论之？**有形**则**有短长**，**有短长**则**有小大**，**有小大**则**有方圆**，**有方圆**则**有坚脆**，**有坚脆**则**有轻重**，**有轻重**则**有黑白**。

（《韩非子·解老》）

话例 5

Our vessel was a beautiful *ship* of about four hundred tons, copper-fastened, and built at Bombay of Malabar teak. *She* was freighted, and *built* at wool and oil, from the Lachadive Islands. *We* had also on board coir, jaggery, ghee, coconuts, and a few cases of opium. *The stowage* was clumsily done, and *the vessel* consequently cranked.

（Edgar Allan Poe, Ms. Found in a Bottle）[1]

---

[1] 话例 5 的语料来源于 2004 年 Wordsworth 出版的 The Collected Tales and Poems of Edgar Allan Poe. 以后所选用的话例均是常见例子，不再一一注明出处。

话例 4 通过"有形——有短长——有小大——有方圆——有坚脆——有轻重——有黑白"这一关系链来表达"物之有形"的一系列特点从而实现连贯。话例 5 中斜体字部分让话语表现出了整体性特征，而这种特征是显性的，直接依附于话语内部的组成成分，从而让连贯的意义联系外化在语言形式上。

话语连贯的意义联系并非都要体现在语言形式上；连贯也可能是含而不露、意在言外而呈隐性特征。如话例 6 和话例 7：

话例 6

能攻心则反侧自消从来知兵非好战
不审势则宽严皆误后来治蜀要深思

话例 7

Tom must love that Belgium beer. The crate in the hall is half-empty.

话例 6 是清朝人赵藩给成都武侯祠题写的颂联。上下两句的连贯依赖的是交际者的共有知识，即对诸葛亮用兵的成与败等事迹的了解。这两句话把有关事情串成一个序列，借助语言外的知识达到上下连贯。话例 7 表面上前后两句无什么联系，但如果考虑到在这个语境中"the crate"是用来装"that Belgium beer"的，话例 7 则是连贯的。

连贯的显性与隐性两种特征并不是随意和孤立的，而是话语生产者（the producer）对客观事实的描述和话语接受者（the recipient）以双方共同遵守的规则为客观依据进行客观阐释的反映。

2. 连贯的主观与客观之分

在讨论连贯的主观性与客观性之前，先看下面两例：

话例 8

A woman was murdered in this room last year. The police suspected her husband. The butcher knife turned up in the garden two months after her death. But the real killer was never found.

话例 9

John and Bill entered the room. Suddenly, he ran over to the plate on the floor and licked up all the dog food on it.

前面讲过，连贯是一种可以被感知的整体性特征，而感知是有客观依据的。对于话例8来说，一名妇女被谋杀，从事实上看应该有谋杀者（killer）和可能的作案工具，这是话例8具有连贯的客观依据。但是这种客观性并非一定是与话语表现出来的命题内容完全一致。文中并未说明她丈夫是凶手，也未说明作案工具是屠刀。但话语接受者根据自己的经验和有关谋杀的固有知识，会做出主观臆测，这就使话例8的连贯具有主观性。

而话例9连贯的实现在于第二句的 "he" 必定要回指前面的 John 或 Bill，从语言形式上看，这无可非议。但是，"he" 究竟是指 John 还是 Bill，"he" 是狗还是人，不同话语接受者在没有任何提示和帮助下，可能会得出不同的答案，这也是话语连贯主观性与客观性不一定完全对应的反映。

3. 连贯的确定性与不确定性之分

我们赞同德·博格兰德和德雷斯勒(de Beaugrande & Dressler)[1] 的观点，连贯决定于整个话语的题旨。一个话语只有一个题旨，但却有许多意义或意义潜势，因为话语是用来表征和携带知识，亦即实际意义的。有实际意义的话语不一定会构成连贯的整体，因为题旨不清楚时，连贯就不确定。连贯之所以不确定是因为在交际过程中对题旨的建立与解读会受许多因素的影响与制约。这一点可以通过下面两个经典例子来说明[2]。

话例 10

A: I have a fourteen year old son.

B: Well that's all right.

A: I also have a dog.

B: Oh I'm sorry.

---

[1]　R. de Beaugrande & W. U. Dressler, *An Introduction to Text Linguistics*, Longman, 1981, p.11.

[2]　R. Giora, "Discourse Coherence and Theory of Relevance", *Journal of Pragmatics*. 1997, Vol. 27, No. 1, pp.17-34.

话例 11

A man walked into a bar. Bars sell good beer. It's brewed mostly
in Germany. Germany went to war with Britain…

如果不明确话例 10 的题旨是租房的限制条件的话，我们很难说话例 10
具有确定的连贯。而话例 11 虽有确定的表面连接，但没有明确的连贯，因
为话例 11 的题旨不明确。

需要指出的是，只要题旨确定，像话例 11 这类话语会有确定的连贯的。
笔者在 161 次列车上听到的列车供应午餐的消息，就是一个很好的例子。

话例 12

"各位旅客：餐车正在供应午餐，午餐供应炒菜，炒菜的品种
有麻辣鸡丝、番茄炒蛋……需要用餐的旅客请到餐车用餐，餐车在
列车中部 10 号车厢。"

由上可知，连贯的二元性特征并非一定要在一个具体的话语中等同地表现
出来。有些话语的连贯是以显性、确定性或客观性为主，而有些话语连贯可能
则以隐性、不确定性或主观性为主。这说明连贯研究应从不同角度切入，充分
认识其特征是正确分析话语连贯的根本保证。因此，我们认为，分析连贯应从
语言内、语言外以及语言外的认知环境入手，从而建立具体的阐释标准。

二、连贯研究的三类方法

从连贯的三要素和二元性特征看，连贯研究不应受到语言学分相研究即
音位学、语法学和语义学的限制，因为它不是属于某一个层面（即语音、语
法或语义）的问题。连贯研究的方法可以分为三类：研究语言内显性连贯的
语言形式法、研究语用环境隐性连贯的语用推理法和从大脑认知环境研究连
贯的认知心理法。

1. 语言形式法

语言形式法的基本出发点是，言语交际离不开话语这一形式，而话语是

大于句子的语言单位，其连贯特征表现为语言内显性的、确定的连接手段，人们可以通过分析语言内部结构的各种特征来揭示连贯。

分析的手法具有形式主义和结构主义语言学的特点。既然话语是一个单位，分析话语连贯就要像分析句子内部联系那样，去分析话语内句与句之间的连接，即要考察话语结构的完整性，考察句际间、段落间的连接，以及考察横向与纵向的内部扩展规律。衔接研究、主位推进模式研究①、信息结构研究②、命题结构研究③ 等属于依据这类标准进行连贯分析的，其中衔接研究是最典型的研究方法。

韩礼德和哈桑认为，衔接研究首先应寻找句间关系的联系纽带（tie）。这些纽带大致分为照应关系（reference）、替代关系（substitution）、省略关系（ellipsis）、连接关系（conjunction）和词汇衔接（lexical cohesion）五大类。根据在话语中的远近位置，联系纽带又可分为直接纽带（immediate tie）、中接纽带（mediate tie）和远接纽带（remote tie）。

下例便是韩礼德和哈桑所举出的范例，为了便于解说，例中每句都标上号码。

话例 13

The last word ended in a long bleat, so like a sheep that Alice quite started (1). She looked at the Queen, who seemed to have suddenly wrapped herself up in wool (2). Alice rubbed her eyes, and looked again (3). She couldn't make out what had happened at all (4). Was she in a shop (5)? And was that really — was it really a sheep that was sitting on the other side of the counter (6)? Rub as she would, she could make nothing more of it(7).

(Halliday &Hasan, 1976:330)④

① 胡壮麟:《语篇的衔接与连贯》，上海外语教育出版社 1994 年版，第 69—75 页。

② M. A. K. Halliday, *An Introduction to Functional Grammar*, Arnold, 1994.

③ W. Kintsch, "The Psychology of Discourse Processing", In *Handbook of Psycholinguistics, Academic*, ed.by M. A. Gernsbacher, 1994.

④ M. A. K. Halliday & R. Hasan, *Cohesion in English*, Longman, 1976, p.330.

话例中句（2）的"she"代表句（1）的"Alice"，是直接型的照应关系；句（5）的"she"以句（4）的"she"为前提，即句（4）的"she"作为中介，照应对象为句（3）的"Alice"；句（5）的"she"与句（3）的"Alice"构成中接型的照应关系；句（7）的"Rub as she would"与句（3）的"Alice rubbed her eyes"是词汇衔接关系，彼此相隔甚远，是远接型的词汇衔接关系。

在具体的研究中，首先要标出话语的衔接纽带，然后鉴别出纽带的类型，即给每一纽带都注明是五种纽带的哪一种，位置上又属于哪一类。

应该说，衔接研究适用于具有显性的、确定的、客观的连贯的话语。对于这类话语来说，衔接手段的多少直接影响话语连贯的程度。但是，对于那些具有隐性的、不确定的、和主观连贯特点的话语来说，利用衔接研究却无法揭示连贯的实质。这是语言形式法共同的局限性。

研究表明，语言形式法的研究方法有下列局限性：第一，因在话语内找不到足够的连贯语言特征，而无法正确判断像话例14和话例15这样的话语是否连贯；第二，仅从语言内分析连贯，难以说明充满衔接手段但意义并不连贯的话语，如话例11，也无法说明为什么形式上相似的话语有的连贯，而有的不连贯，如话例11不连贯，而话例12却连贯；第三，分析语言连接手段的多少只是一个量的问题，而不是揭示连贯的本质问题，毕竟语言形式连接手段并非连贯的必要条件。

话例 14

SLOW

CHILDREN

AT PLAY

话例 15

A: Mary is an old bag. Do you think so?

B: What a fine day!

由此看来，要解决上述问题，要揭示话例14、话例15这类话语的连贯，就必须把注意力转向语言外因素，即要考虑语用环境对连贯的影响。

2. 语用推理法

语用推理法的基本出发点是，参与交际的内容并非总是完完全全地、明明白白地体现在话语形式上；语境因素如交际的时间、地点、话题、说话的方式、交际者的特点等常常对交际起决定作用；话语形式只是参与交际的一个因素。因此，对话语连贯的研究不能局限在语言单位的结构序列上，应该从语言外去认识。

语用推理法的理论基础是有关语用推理方面的理论，如会话含义理论、言语行为理论、语用预设理论等。相应地，连贯研究的语用推理法包括以这些理论为基础的具体方法。限于篇幅，本书只讨论格莱斯（Grice）的合作原则和会话含义理论在连贯研究中的具体运用，我们把它称为连贯研究的含义推导法。

格莱斯（Grice）[①] 认为，语言交际双方都有相互合作、求得交际成功的愿望，都要遵守质、量、关联和方式四条守则，即要遵守使交际信息真实、充分、相关和明了四条守则。在莱文森（Levinson）[②] 看来，违背合作原则的四条守则的任何一条，都会产生出会话含义。值得强调的是，即使说话者违背了守则，听话者仍会认为说话者在遵守守则，于是听话者要推导说话者的含义。

含义推导法以格莱斯合作原则及其四守则为出发点，对话语做出以下判断：第一，话语在表面上是否反映了真实情况；第二，话语信息量在语言形式上是否显得太少或太多；第三，话语成分间是否在表现上相互关联；第四，话语内容是否清楚明了。

利用这四条规则，我们可以推导出话例 14 和话例 15 的连贯特点。话例 14 表面信息不够，其连贯应是处于语言形式外的。这就需要考虑该段话语的信息接受者、出现的场合、方式特点等。如果把这段话语产生的场合设定为某学校附近，提醒开车的人慢速行车，以免伤及正在路边玩耍的小孩，那么这段话语是连贯的。连贯赖以语言外诸多因素来实现。

话例 15 中 A 与 B 的对话表面上不太相关，而且 A 的话还违背了质的守则，但是，如果把 B 的说话意图考虑为不想对他人品头论足，B 与 A 的

---

① 　H. P. Grice, "Logic and Conversation", In *Syntax and Semantics*, ed.by P. Cole & Morgan, Vol.3, *Academic*, 1975, pp.41-58.

② 　S. C. Levinson, *Pragmatics*, Cambridge University Press, 1983, pp.101-102.

对话则是连贯的。

话例 14 和话例 15 反映隐性连贯的特点。隐性连贯常常受主观的、不确定的因素的影响。像对话例 14 和话例 15 这样的话语的解释，会因为语言场景、听话者和连贯分析者不一样而产生不同的结果。这是含义推导法要面临的问题，话例 16 便是一个很好的例子。

话例 16

　　A: What do you call the pigs who write letters to each other?

　　B: Pen pals.

话例 16 中 A 明明违背了质的守则，"the pigs"怎么会相互写信呢？对此，B 虽然作了让 A 听来是正确的回答，但是，分析者会发现，B 的回答具有双重意义："笔友"和"猪圈里的伙伴"。对这两种意义的解读完全取决于听话者的认知心理，即如果在听话者大脑认知环境里有"笔友"这一概念，他会认为 B 回答的是"笔友"；否则，听话者可能会把 B 的回答作为"猪圈里的伙伴"理解。作这两种解释，A、B 的对话都是连贯的，这种极具主观性的连贯是怎样在交际者的头脑中实现的呢？这就需要揭示连贯在大脑的内部机制。

3. 认知心理法

从交际双方的心理状态去揭示连贯的方法就是认知心理法，其基本出发点是，连贯是听话者利用大脑固有知识和语境信息构建心理模型时的产物；交际就是要在大脑中唤起注意。对连贯的揭示就是要系统地研究语用推理的心理过程。布朗和俞尔[1]认为，认知心理法的主要指导理论有明斯基（Minsky）的框架理论（Frame theory）、相柯和阿贝逊（Schank & Abelson）的脚本理论（Scripts）、桑夫德和加罗德（Sanford & Garrod）的图式理论（Schemata）等。我们从吉奥拉（Giora）[2]对连贯与关联理论的关系的论述得

---

[1]　G. Brown & G. Yule, *Discourse Analysis*，Blackwell, 1983，pp.236-257.

[2]　R. Giora, "Discourse Coherence and Theory of Relevance", *Journal of Pragmatics*, 1997, Vol. 27, No. 1, pp.17-34. 以及参见 R. Giora, "Discourse Coherence is an Independent Notion", *Journal of Pragmatics*, 1998, Vol. 29, No. 1, pp.75-86。

到启发，认为斯佩博尔和威尔逊（Sperber & Wilson）[①]的关联理论是连贯研究认知心理法的典型指导理论。它的实际应用就是关联研究。

关联研究关注的核心问题是交际与认知，其总目标就是试图弄清交际双方各自的讲话意图为什么会被对方识别。关联研究基于下列四点假设：第一，话语的每个语句（utterance）都有多种与语码信息相匹配的可能的解释，而且是显性内容、语境和含义的结合；第二，听话者不可能同时且等同地想出所有的可能性解释，即在任何特定场合下，并非所有可能的解释都能等同地被听话者涉及，要得出有些解释需要多加思考；第三，听话者具有单一的、非常普遍的、对各种解释进行评价的标准；第四，根据这一标准，听话者足可以排除所有其他解释而最多保留一和与评价标准有关的解释，而不再寻求其他解释。[②]

根据以上假设可以得出这样一个观点，那就是话语连贯派生于关联，即只有交际双方的话语具备了关联，它在意义上才是连贯的。威尔逊认为，连贯派生于这样一个事实，那就是一个语句给听话者提供进入某个语境的途径，而进入这一语境后，听话者便能从下一语句的语境中推导出连贯的信息来。如：

话例 17

老李脚趾头出血了。铁锤柄脱落了。

这两句是连贯的，为什么呢？第一句虽然是对事实的客观陈述，但它在听话者的大脑唤起注意并建立起一系列假设来。这一系假设围绕"脚趾头出血"的原因、流血量、后果等关联信息在听话者大脑里进行处理并储存起来，处于默认状态，起一种期盼作用。当第二句的明示信息出现后，听话者会自动构建前后两句的关联性，即把"铁锤柄脱落"解释为"老李脚趾头出血"的原因。

[①]　D. Sperber & D. Wilson, *Relevance, Communication and Cognition*, Blackwell, 1986, p.i.

[②]　N. Smith & D. Wilson, *Introduction to Relevance Theory*, Lingua, 1992, Vol. 87, No. 1, pp1-10. 以及参见 D. Wilson, *Relevance and Understanding, Language and Understanding*, ed.by G. Brown etc.,Oxford University Press, 1994, pp.37-60。

　　布雷克摩尔（Blakemore）[1] 指出，关联研究首先要确定句与句之间有什么样的关联方法，即要看上句明示信息暗含有多少可以充当激活因子（引起大脑注意的因素）的概念或命题。然后，要分析下句是否与上句相匹配，即要看前后两句是否产生了语境含义，后句是否为前一句提供进一步的支持信息，是否加强了前句，或者是否与前句对立，或者是否为前句提供解释或结论等。

　　关联研究也同样具有局限性，其最大的问题在于对关联性的实际解释，说话者与听话者具有不同的标准，不可能完全重合。正如舍鲍特（Thibault）[2] 所指出的那样，听话者根据说话者的语句构建的语义联系可能并不是说话者企图建立的联系。这一点，用笔者的亲身经验可以说明。笔者曾在同事面前说出"这几天的夜雨下得真好"这句话时，有同事马上接口说："是啊，早上起来路很干净、空气也清新。"同事的这句话不是笔者想要表达的，笔者当时想说的是在夜雨声中睡觉很舒服。在日常生活中，这种例子恐怕有很多，说话者本想表达此意，却可能被听话者理解成彼意。这便是"误解"的产生原因之一，即说话者企图建立的关联性与听话者实际建立的关联不一致。

　　连贯是言语交际过程中的一个复杂概念，不同种类的话语具有不同特征的连贯。连贯研究应根据不同话语的特点，从不同角度建立相应的分析标准去揭示连贯。本书所讨论的三类方法代表了对话语连贯认识的三类观点，它们并非相互排斥、相互矛盾，而是相互补充的。各自都有各自的理论、方法和应用范围，同时各自都有自身的不足。话语分析者在研究连贯时，应视具体情况，根据这三类方法的特点而采取适当的分析措施。

三、语言学解释的范围与视角

　　从连贯的二元性特征出发去讨论连贯研究的三类方法。这是我们十年前就开始思考的问题，我们过去的思考凝定、物化为一篇硕士论文[3] 和一篇概

---

[1]　D. Blakemore, *Understanding Utterances*, Blackwell, 1992, p.135.

[2]　P. J. Thibault, "Communicating and Interpreting Relevance through Discourse Negotiation", *Journal of Pragmatics*, 1999, Vol. 31, No. 4, pp.557-594.

[3]　杜世洪: *Perspectives in Coherence Analysis*，西南师范大学硕士论文，2000 年。

论性学术论文①。这可以算是本书的前期工程，本书是对连贯进行的继续思考。以前的研究无论涉及范围有多广，无论具体的研究手法有多少，大多以语言学解释为主。我们这里所说的语言学解释是具有广义的概念，它既包括静态描写的、以形式结构为研究中心的语言学分支，又包括动态的、关注语言形式以外的因素研究的语用学、认知语言学、认知语用学等学科的研究方法。

现在看来，语言学解释虽然范围宽广，似乎无所不包，但在连贯研究的具体问题处理上，总让人有头痛医头、脚痛医脚的感觉。布柏利兹等人在编辑《口头与书面话语中的连贯》（*Coherence in Spoken and Written Discourse*）一书时说："编辑这本书时，我们非常清楚语言学家对连贯还没有普遍一致的定义，也没有形成适当的连贯理论。"（When preparing this reader we have been very conscious of the fact that linguists have still to agree both on a generally accepted definition of coherence as well as on an adequate theory of coherence.）②。

对连贯采取语言学解释，终究未能逃脱附在语言学身上的那条魔咒：**每条规则都漏水**③。即语言学中任何确定的观点都有反例。为此，我们不得不反思，对于连贯研究而言，在什么问题上我们可以获得众皆认可的说法？又在什么层面上我们可以建立一个充分的理论？语言学作为科学，它是不是像物理学、化学，乃至数学这样的科学呢？对某种物质做化学成分分析，我们最终会获得众皆认可的结果，我们也会发展出充分的理论来。数学领域有它终极恒定的可以叫做真理的东西。连贯的语言学解释有没有确定不移的目标呢？如果没有确定不移的目标，那么我们又凭什么要奢求众皆认可的东西呢？对连贯的追求并不像"拯救溺水的风筝"④那样。风筝掉到河里了，怎样把它捡起来？不仅实际可行的方法有若干，而且还可设想乃至幻想出一些

---

① 杜世洪：《从连贯的二元性特征看阐释连贯的三类标准》，《外语与外语教学》2002 年第 3 期，第 57-60 页。

② W. Bublitz, "Introduction: Views of Coherence", In *Coherence in Spoken and Written Discourse*, ed.by W.Bublitz etc., John Benjamins Publishing Company, 1999, p.1.

③ 这源自萨皮尔（Edward Sapir），原文为 "All grammars leak." 参见 E. Sapir, *Language:An Introduction to the Study of Speech*, Harcourt Brace, 1921, p.38。

④ 杜世洪：《美国语言之旅》，中国社会科学出版社 2005 年版，第 320 页。

方法来：跳下水去捡起来，用长杆挑上来，叫过往的船家帮忙捡上来，站在岸边抛出连线的石头然后用引线把它拉过来，或者干脆叫水里的鱼儿帮忙顶过来。无论有多少方法，这些方法作为手段最后要达到的目的是捡起来那看得见摸得着的风筝。连贯研究有没有这样一个物理性目标呢？连贯当然是看不见、摸不着的，但我们还不能就此断言连贯研究没有一个终极目标。有趣的是，人生中许多所谓的终极目标，不管有也好，无也罢，在许多人那里实际上只是一种信念。如果我们坚信有那么一个目标，我们就会矢志不渝地为那目标奉献，心甘情愿受那目标约束。坚信大山那边有一场好看的露天电影，于是不管黑灯瞎火、荆棘虫扰而兴致勃勃地跋涉到那本该有电影的地方，却发现又是一场白跑。虽然有些失落，但在获得这空目标之前，我们的一切活动却都是那么真实，信念是那么坚定。对于连贯，由于我们感觉到了一些什么，于是就像小孩拾豆似的在田野里到处跑，好像到处都有。

连贯的语言学解释是对连贯的方法进行描述，而不是对连贯本身进行框定。从方法上看，语言学解释的范围包括语言内解释和语言外解释。语言内解释的项目有话语衔接手段如词汇手段、逻辑手段、语法手段等，有信息组织模式包括主位推进模式、信息结构、话轮结构等。语言外解释包括语境决定法、含义推导法、言语行为说、关联分析等。

从连贯研究的方法看，我们不由得引出一个问题来，这问题值得我们深思：**连贯研究到底是以目标为导向呢还是方法为导向**？人类的活动是不是可以按这样的标准划分成类呢？连贯不像衔接等形式化的现象，根本不可能被固定下来，那么连贯研究也就不太可能成为一项以获取静态目标为宗旨的活动。现有连贯研究有一个倾向：先认定有连贯，然后再去描述达到连贯的各种条件。这就好比挖矿，先认定某处有矿，然后才去深挖。这种做法潜藏着一个问题：此处获得的连贯形成的条件并不能被他处所利用。就是说，他用了五个词，采取了那些方法最后让他话语听起来很连贯。于是，你照搬他的方法，你会发现你的话并不连贯。给两个文本或者说两例话语做连贯模式比较，那比较始终是比较而已，难以得出可以广泛利用的结果。由此看来，连贯研究不属于科学研究，也不符合科学研究的要求。连贯研究倒属于阐释性学科，尽管方法很多，但这些方法所指向的并不是一个固定不变的目标。做英汉语篇连贯对比研究时，我们应该谨记一个问题：我们的比较有没有科学意义下的最终目的？我们比较出同异来，这同异的意义何在？**拘泥于语言形**

式而做英汉话语连贯比较研究的人，还有意无意犯了一个错误：**把话语形态差异当成了连贯差异**，或者误以为正因为两种语言具有形态差异，所以它们就有连贯差异。这里得回答一个往往被忽视的问题：**连贯有无语际差异？即连贯会不会因为语言不同而不同？**如果我们回答连贯有语际差异，那么我们依据的标准是什么呢？恐怕我们又得退回到语言形式上来。但我们要问：语言形式是导致连贯的真正原因吗？这又是一个不好回答的问题。对这些问题再三思考，我们认为连贯的语言学解释所关注的范围并不是科学概念下的范围，这是一个不可忽视的问题。

连贯研究另外一个值得重视的问题是语言学解释的视角问题。话语互动所涉及的关键因素：话语生产者、话语接受者、话语本身。语言学解释的语言形式法所关注的是话语本身，把话语当成静态的对象来分析。语用推理法和认知心理法虽然采取了动态的视角，但关注的焦点仍然是动态领域内的话语本身及其背后的静态对象。我们在第一章说，话语之所以是话语就在于话语是互动关系，话语是意义生成的互动，是具体生活的反映。立足于这一认识，我们发现连贯研究的视角应该锁定在话语互动中。话语自然是话语生产者与话语接受者的话语，话语同样还是连贯感觉者的话语。这里我们说连贯感觉者包括话语互动双方以及话语分析者。话语分析者有时就是互动双方，但有时是旁观者或话语研读者。由此看来，话语互动不仅仅是在话语生产者与接受者之间，还涉及分析者的互动。连贯研究者就要选取一定的视角，就所涉及的话语主体而言，连贯也就不再是一元概念，而是二元甚至以上的概念。即连贯不是任何一方的连贯，而是双方甚至多方的连贯。

第三节　基于语言学解释的连贯认识及其突破

胡壮麟在为《语篇连贯与衔接理论的发展及应用》一书作序时说："国内有关语篇衔接与语篇连贯的理论，多半转述国外的讨论。由于国外的连贯概念没有理论化，国内也就无所谓理论可言。"① 国外的连贯研究，根据德国奥格斯堡大学（The University of Augsburg）语言学教授沃夫拉姆·布柏利

---

① 张德禄、刘汝山：《语篇连贯与衔接理论的发展及应用》，上海外语教育出版社 2003 年版，第 i 页。

兹（Wolfram Bublitz）1997年统计，欧陆和英美的话语连贯研究出现了大量的文献。布柏利兹等人本打算编订一份连贯研究的参考文献大全，但由于文献之多而且还源源不断地产生新的文献，所以考虑到其可行性问题最后只好力图收集到最有影响的文献。布柏利兹等人于1999年公布了这份参考文献的名单，其中列出了428条。在这428条中早于1976年的文献只有10条，最早可追溯到1961年。1976年韩礼德和哈桑《英语中的衔接》一书出版，标志着连贯研究的正式兴起。与韩礼德和哈桑这部开山之作同一年出现的研究文献只有两条。所以，国内外学界一般都认为连贯研究应该从1976年算起，奠基作品是《英语中的衔接》，正式的连贯研究才有30余年的历史。

面对这400多条连贯研究文献，我们以韩礼德和哈桑的专著为起点，主要对最具有代表性的、最有影响的研究做一概述，并结合本书的旨趣而适当地做些评论。一般来讲，以下研究者或文献所表达的观点属于核心观点，对此，当今连贯研究无法回避、不得不涉及。

韩礼德和哈桑[1]（1976：23）在《英语中的衔接》一书中说："衔接概念可有效地由语域概念来补充，因两者可以有效地决定一个语篇。语篇是衔接和语域两个方面都连贯的语段：在情景方面是连贯的，因此在语域上是一致的；其语篇本体是连贯的，由此是衔接的。两者缺一不可，一者也不能包含另一者。"对此，张德禄、刘汝山[2]评论说："从语篇外部来讲，连贯的语篇应该与语篇产生的环境和谐一致；从语篇内部来讲，它由衔接纽带连接起来。"值得注意的是，傅勇林[3]把韩、哈二人这方面的论述与我国清代学者刘熙载的《艺概》中的相应观点联系起来，并做了比照。傅勇林认为，韩、哈二人所说的衔接（cohesion）与连贯（coherence）实际上可以对应为"文脉"和"意脉"。这对概念"作为阐释系统方法论的枢纽，它们既是致思手段，又是人心营构巧谋行文的操作模式，更是语篇阐释浑然天成的终极目的。"我们认为，傅勇林所点出的"致思手段"和"人心营构巧谋行文的操作模式"、以及张、刘二位从韩、哈二人推论出的连贯话语应该与环境和谐一致，这样

---

[1]　M. A. K. Halliday & R. Hasan, *Cohesion in English*, Longman, 1976, p.23.

[2]　张德禄、刘汝山：《语篇连贯与衔接理论的发展及应用》，上海外语教育出版社2003年版，第4页。

[3]　傅勇林：《文脉、意脉与语篇阐释——Halliday与刘熙载篇章理论之比较研究》，《外语与外语教学》2000年第1期，第19—26页。

的认识正是连贯研究所应重视的主要方面。

范·戴克（van Dijk）[1] 在其《语篇与语境》（Text and Context）一书中说，语篇连贯表现为两个层次上的连贯性：线性或顺序性连贯，以及整体性的语义结构。这是从话语宏观结构出发去探讨连贯的理论。我们认为话语宏观结构的分析始终应该建立在对连贯细节的认识上。认识到线段是连续的，但线段的连续究竟同"点与点"之间的连接有什么关系呢？这是本书所要重点考察的内容。况且，宏观结构意义的语篇可以作为一个整体，那么这具有连贯的语篇整体到底又与阐释主体成何关系呢？

米勒和约翰逊－拉尔德（Miller & Johnson-Laird）[2] 在其经典著作《语言与感知》一书中认为，连贯是感知上的一致，而话语的语义成分却是以感知概念为基础。话语的意义与感知的意义合为意义。这里道出的是话语连贯与阐释主体浑然一体，话语与阐释之间存在着形式上的断裂，但在连贯意义上却是二者的互动。

布朗和俞尔（Brown & Yule）在其合著的《话语分析》中强调，话语生产者所掌握的背景知识对连贯的解释具有重要性。在他们看来，话语的背景知识以知识的模型存在，如框架（frame）、图式（schemata）、脚本（script）等。如果话语生产者表达的意义符合这些背景知识模式，就可以把其话语视为联系的整体，就是连贯的。由此看来，布朗和俞尔把连贯视为一种心理联系。

吉冯（Givón）[3] 在《语篇中的连贯与心灵中的连贯》中明确阐明话语连贯属于心理现象。他后来在其新作《作为他人心理的语境》中论述道："连贯就是心灵之间的运作"[4]。连贯不仅是心灵之间的运作，而且连贯在话语互动中还具有一种导向性作用。

耿斯巴赫尔和吉冯（Gernsbacher & Givón）[5] 在其合编的《即席语篇的连

[1]　T. A. van Dijk, *Text and Context*，Longman, 1977.

[2]　G. Miller & P. Johnson-Laird, *Language and Perception,* Harvard University Press, 1976.

[3]　T. Givón, "Coherence in Text vs. Coherence in Mind", In *Coherence in Spontaneous Text*, ed.by M. Gernsbacher & T. Givón, John Benjamins Publishing Company, 1995, p.125.

[4]　T. Givón, *Context as Other Minds, The Pragmatics of Sociality, Cognition and Communication*, John Benjamins Publishing Company, 2005.

[5]　M. Gernsbacher & T. Givón, *Coherence in Spontaneous Text*，John Benjamins Publishing Company, 1995.

贯》（Coherence in Spontaneous Text）的导论中说，作为心理现象，连贯并不是书面或口头话语的内在特征。纸上文字和语流中的单词，它们本身不会给出连贯来。就算不太连贯的话语妨碍了理解，但书写出来的句子、说出来的话并不是导致理解障碍的真正原因。连贯是话语生产和理解中涌现出来的一种特征。对话——即席的面对面的话语交流——是一种首要的演化标志，它标志着话语生产语理解的认知机制的形成。这里表达的观点发人深省，我们过去的连贯研究主要精力放在了静态的书面语篇上，结果未必能真正揭示连贯的本质。这是本书要特别注意的出发点之一。

维多逊（Widdowson）[①] 在其《作为交际的语言教学》著作中对衔接与连贯做了区分。他认为衔接是句子或句子部分之间的命题发展，而连贯则是这些命题的言外功能的表现。从理论批判的角度看，维多逊在书中表达的观点有非常重要的两点：第一，区分了衔接与连贯；第二，注意到了连贯与话语接受者的关系。然而，维多逊的第一个观点容易让人误推出衔接与连贯呈互补关系，从而在概念地位上把衔接与连贯放置到同一层面。维多逊的第二个观点对连贯分析具有重要意义，把奥斯汀的言语行为理论用于连贯分析，应该说已经注意到了话语互动的重要特征。

陈海庆[②] 在其博士论文《语篇连贯：言语行为模式》中指出，连贯是一个多层次性的概念，它既可以体现在语义层面，又可以体现在语用层面，还可以体现于交际双方的心理互动层面。这三个层面上的连贯形式完全可以纳入言语行为理论的框架内来进行分析和研究。

霍布斯（Hobbs）的《连贯与共指》一文堪称是连贯研究的经典。他认为话语连贯就是可阐释性。在阐释活动中，话语接受者总是企图寻找连贯关系，而在寻找连贯关系的过程中，话语接受者要从语言形式连接过渡到语境因素的连接。在霍布斯看来，话语生产者在生产话语时就要考虑后续话语与先前语境的联系点在什么地方。话语生产者给出联系点，话语接受者的任务就是去寻找所给出的联系点。沿着霍布斯的思路看，话语连贯应该与话语的组织模式、话语的组织规律相连。连贯的阐释就是对话语规律进行探寻。

霍布斯的这种理念在丹内斯（Danes）和弗莱斯（Fries）的主位推进论

① 　H. Widdowson, *Teaching Language as Communication*, Oxford University Press, 1978, p.52.
② 　陈海庆：《语篇连贯：言语行为模式》，东北师范大学博士论文，2005 年。

里有所体现。丹内斯和弗莱斯分别把语篇连贯与语篇的主位推进程序联系起来。他们都认为语篇的连贯程度表现为语篇主位推进程序的连续程度。这是功能语言学的连贯观。虽然在方法论上，我们把它归在语言形式法中，但这种连贯研究法并不拘泥于语言形式。不过，语言形式法始终是这类方法的着力点。国内学者胡壮麟在其《语篇的衔接与连贯》、朱永生、严世清在《系统功能语言学多维思考》、以及张德禄、刘汝山在其著作《语篇连贯与衔接理论的发展及应用》中都对连贯的主位推进理论做了探讨。徐健[①] 在其博士论文《衔接、语篇组织和连贯》中展开了对衔接、语篇组织和连贯的本质探讨，其中对主位结构、信息结构和衔接在语篇生成与理解过程中的相关性做了研究，并从认知模式的角度揭示了连贯的个性特征。

　　把连贯同语法体系联系起来，这并非功能语言学理论视角下连贯研究的独特做法。当乔姆斯基的转换生成语法成为关注的焦点时，1970 年温特楼德（Winterowd）曾撰写《连贯的语法》（The Grammar of Coherence）[②] 一文旨在探问：生成语法能不能跨越句子的边界，来描述连贯的形成？温特楼德认为，转换生成语法对句子的风格特征具有解释力，但未必对话语创造和组织形式具有适用性。果真如此吗？在怀疑中，温特楼德试图证明句内语法的短语结构规则蕴含有句间"成分结构规则"，这种规则支撑着句间连贯的形成。温特楼德的出发点是，如果我们感知到话语形式的话，那么我们就应该感知到连贯。因为，按生成语法的观点，话语形式只不过是话语内在组织的各种关系之表层形式，或者叫表层结构。显然，温特楼德用深层结构和表层结构作类比，把话语连贯当成了话语组织规律的深层结构，而把话语的某些词汇衔接手段当成了表层结构。值得注意的是，温特楼德声称在"格"与"句法"之间存在一整套联系，这些联系主管着句与句之间、段与段之间的连贯。这一整套联系是深层结构，他们往往以小品词的形式转换到表层结构上来，但是这些小品词并非一定要在表层结构出现。我们发现，温特楼德的假设正与我国古代文论中的相应观点有不谋而合之处。宋潜溪曰："濂尝受学于吴立夫，问作文之法。谓有篇联，**脉络贯通**；有段联，奇偶迭生；有句联，

---

① 徐健:《衔接、语篇组织和连贯》，复旦大学博士论文，2004 年。

② W. R. Winterowd, *The Grammar of Coherence*, College English, 1970, No. 31, pp.828-835.

长短合节；有字联，宾主对峙。①" 敢问这里的"联"莫不相当于温特楼德的深层结构？温特楼德的论点值得注意，尤其是放到英汉两种语言的对比层面上来看，恐怕更能说明作为深层结构的连贯成分为什么有时出现而有时却不出现？

遗憾的是温特楼德的假设并没有引起学界的足够重视。不过，温特楼德把眼光放到话语的标记语上去解释连贯，这一做法却不少见。德柏拉·席夫林（Deborah Schiffrin）② 在《话语标记》一书中就英语单词 well 而谈到话语的局部连贯时，所注意到的焦点不能说与温特楼德不同。席夫林在话语标记与连贯这方面做了不少研究，其根本着眼点就是解释句间的连贯何以形成。

弗朗西丝·科尼西（Francis Cornish）③ 在《连贯——回指的生命血脉》一文中声称连贯是话语参与者相互合作而理解话语的解释原则；用于衔接的话语标记严格地讲并不是连贯理解的必要手段，表面上不衔接不一定不连贯。在科尼西看来，对回指的期待是话语单位相互依赖的模式，对回指关系的分析上话语连贯理解的基本手段。

曼恩（Mann）④ 认为连贯与统一是同义语，就是要求话语成分有机地整合到话语的主题中。莱茵哈特（Reinhart）⑤ 表达了一个相似的观点，话语要在整体上连贯必须满足三个或三组条件：连接（相当于衔接）、一致、以及相关。第一个条件是句子的组织要求，第二个条件是意义要求，要求句与句之间的展开是围绕同一事态进行；第三个条件属于主题的要求。三个条件合在一块，连贯要求语用上的完备性。

德·博格兰德和德雷斯勒（de Beaugrande & Dressler）⑥ 在《篇章语言学导论》（Introduction to Text Linguistics）中强调，话语生产者提供语言暗示，

① 丛书集成初编：《东坡文谈录（及其他二种）》,《文脉》和《文评》，中华书局 1985 年版，第 1 页。

② D. Schiffrin, *Discourse Markers*, Cambridge University Press, 1987/2007.

③ F. Cornish, "Coherence: The Lifeblood of Anaphora", *Coherence and Anaphora*, ed.by W. de Mulder & L. Tasmowski, John Benjamins Publishing Company, 1996, pp.37-54.

④ W. C. Mann, "Rhetorical Structure Theory and Text Analysis", *Discourse Description: Diverse Linguistic Analyses of a Fun-Raising Text*, ed.by W. C. Mann & S. A. Thompson, John Benjamins Publishing Company, 1992, p.43.

⑤ T. Reinhart, "Conditions for Coherence", *Poetics Today*, 1980, No. 1, pp.161-180.

⑥ R. de Beaugrande & W. U. Dressler, *An Introduction to Text Linguistics*, Longman, 1981.

而话语接受者就要承担起领会这暗示的责任，把未说出的信息补足，以填补空缺，从而构成连贯。根据德·博格兰德和德雷斯勒的观点，我们似乎可以打一比方，连贯的构建好比欲望的刺激与满足，没有这种欲望的刺激与满足也就没有连贯。这话倒也有几分道理，想想市井里插科打诨的话语互动，我们就不难发现其中的道理。

诺布劳齐 (Knoblauch)[①] 在《被背叛的连贯——萨缪尔·约翰逊与"世界的散文"》一文中明确指出连贯是一种发明，不具备先验性。连贯是创造出来的而不是发现的。诺布劳齐考察了英语词典之父萨缪尔·约翰逊关于连贯的理解。在约翰逊看来，连贯 coherence 就是"事物黏合在一起 (sticking together of things)"，是孤立的实体或者说实体的各部分之间（或各种信息）相互连接或者相互依赖而形成的一种关系。约翰逊详细描述了连贯的各种词性的用法：动词 cohere 是同一整体中的各部分相互间的紧密依靠；名词 coherence 指组成部分之间索形成的关系。在诺布劳齐看来，话语是活动，话语中的连贯并不是事物的条件，不是话语发生前的条件，而是不确定的话语发生后的合成。连贯是在话语中合成的。这一认识引发出一个问题，整体与部分之间的关系问题：整体在本质上是由部分组成的吗？或者说部分是不是人们从整体中任意分离出来的呢？对于这个问题，沿着亚里士多德的路子，如果说整体有实在的本质，正因为有这种本质，作为部分存在的特征仅依附于本质，于是就可以说连贯可能包含着一种内在的可塑性和相互关联的数据。然而，要是人们并不具备认识本质的能力或者说无法认识本质，那么对于这种有序的本质中的秩序，是人们感知到的呢，还是创造出来的？说得直接点，连贯究竟反映的是事物本体论意义下的相互连接呢还是构造出来的？诺布劳齐的论述关注的是连贯的本质。

坦能 (Tannen) 在其编撰的《口头与书面话语的连贯》一书中说，参与话语互动的一个必要条件就是理解话语背后的连贯原理；话语接受者如果不熟悉话语系统的连贯运作，那么他接触到的连贯话语在他看来是一团混乱。连贯的基本要义就是在混乱中、浑沌中寻找出秩序。宏观上讲，连贯差不多就是心智问题和在世问题。从具体交流的角度看，不懂得话语连贯原理的人

---

① C. H. Knoblauch, "Coherence Betrayed: Samuel Johnson and the 'Prose of the World'", *Boundary*, 1979, Vol. 7, No. 2, pp.235-260.

根本就不可能明白交际的真正意图。坦能认为，对于连贯的这种认识不仅对语言教学活动和通过语言进行教学的活动具有启示，而且对现代世界的交往交流也具有重要意义。在某种意义上，现代世界的交往具有跨文化性质。于是，理解话语的连贯原理变得尤其重要。

国内的连贯研究目前方兴未艾。到 2006 年止，中国博士学位论文全文数据库收录了 5 篇博士论文：《英汉语篇连贯认知对比研究》（魏在江）、《新闻报道的语言学研究：消息语篇的衔接和连贯》（廖艳君）、《衔接、语篇组织和连贯》（徐健）、《语篇连贯：言语行为模式》（陈海庆）和《新闻访谈中的人际连贯研究》（杨才英）。尚未被中国博士学位论文数据库收录，但被国家图书馆收藏的博士论文有 4 篇：《衔接、连贯与翻译之关系研究》（余东）、《作为篇章连贯手段的概念隐喻》（冯晓虎）、《文学翻译的多维连贯性研究》（王东风）和《语篇的连贯性》（谢毅）。

国家图书馆收藏的连贯研究的专著（不含学位论文）有 5 部：《基于功能语言学的语篇连贯研究》（程晓堂）、《话语标记和话语连贯研究》（李佐文）、《语篇连贯与衔接理论的发展与应用》（张德禄、刘汝山）、《语言交流的连贯因素研究》（崔梅、李红梅）和《语篇的衔接与连贯》（胡壮麟）。

应该说，这 14 部（篇）连贯研究的专著基本反映了我国连贯研究的现状。正如胡壮麟所说，目前国内的连贯研究主要是转述和应用国外相关理论，虽然在理论探讨和发展方面，国内的连贯研究还需要做出更大的努力，但是在对现有连贯的理解和应用拓宽方面，倒也出现了不少创见。这里最值得一提的是胡壮麟的《语篇的衔接与连贯》和张德禄、刘汝山的《语篇连贯与衔接理论的发展及应用》。对于前者，孙玉[1]和范亚刚[2]分别做了评价，而对于后者，苗兴伟[3]做了比较细致的述评。就胡壮麟的著作，在孙玉看来，连贯概念在韩礼德和哈桑那里并不十分明确，韩、哈二人基本上未提到连贯这一字眼，不过，韩、哈二人使用了一个和连贯相似的概念"texture（语篇性）"。韩、哈二人的研究主要焦点是句际的衔接关系，而胡则较为全面地论述了语篇性的组成部分，建立了自己的体系。对于张德禄、刘汝山二位的著

---

[1]　孙玉：《胡壮麟的〈语篇的衔接与连贯〉评介》，《外国语》1995 年第 4 期。

[2]　范亚刚：《开拓我国语篇研究的新领域——评胡壮麟的〈语篇的衔接与连贯〉》，《山东外语教学》1998 年第 4 期。

[3]　苗兴伟：《〈语篇衔接与连贯理论的发展及应用〉评介》，《外语与外语教学》2004 年第 2 期。

作，苗兴伟评论说，张、刘二人以系统功能语言学为理论基础，扩大了衔接与连贯研究的范围和视野。韩、哈二人虽然提出了"衔接加语域"的语篇连贯之理论框架，但把衔接的范围局限在语篇内部，忽略了语篇和语境之间的衔接，因而难以解释语篇没有衔接机制但仍然连贯的现象。张、刘二人企图打破已有框架的束缚，提出了衔接力、衔接关系类型和衔接原则等新的研究领域，把语篇与语境的衔接纳入了衔接与连贯理论的框架，为此而做了大胆的探索和创新。

第四节　语言学解释面临的根本问题

如果说"恩克维斯特问题"直接宣布衔接的无效性的话，那么第二章第三节里我们所引述的主要观点刚好可以说明语言学解释所面临的问题的本质成因。尽管在朱永生[1]看来，韩礼德的语篇连贯的标准常常遭到误解，但恩克维斯特问题并非是故意曲解韩礼德的语篇连贯标准。诚然，如韩礼德所言，语篇连贯必须满足两个条件：一是上下相接，二是符合语域的要求。但由于过分强调第一个条件的重要性，人们就容易忽略第二个条件的重要性，更何况《英语中的衔接》一书对语域要求的说明有语焉不详之嫌。恩克维斯特不是唯一对韩礼德提出严厉批评的人，布朗和俞尔在论述应该如何解释话语时说，在对一段话语或短文进行话语分析时，受话者力图使所描写的一系列事件形成一幅连贯的画面，重点是要把这些事件联成一体，而不是只看话语中有没有语言上的连接。

一、衔接的无效性

我们在第一章第一节提到"恩克维斯特问题"的答案难寻。那么，"恩克维斯特问题"的实质到底是什么呢？表正上看，恩克维斯特编造出那例子来直接批判韩礼德，而在深层意义上，我们发现里面藏着一个大问题——如何判断衔接的有效性和无效性？

---

[1]　朱永生：《韩礼德的语篇连贯标准——外界的误解与自身的不足》，《外语教学与研究》1997年第1期。

回答这个问题前，我们还得回到韩礼德的衔接概念上来。韩礼德的上下衔接是指指称 Reference、省略 Ellipsis、替代 Substitution 和连接 Conjunction 等语法手段与重复 Repetition、同义关系 Synonymy、上下关系 Hyponymy 以及搭配 Collocation 等词汇手段来把语篇中的不同成分以意义联系起来。拿指称为例，恩克维斯特例子中的"福特车"究竟与第二句的"车"有无共同指称呢？其实，二者各有所指，意义已经有所分离。当然，按上下义关系，"车"是上位词，"福特车"是下位词，但这上下位关系并没有限定在共同的目标上。另外，"车身漆黑"中的"黑"与"黑人英语"两者间的"黑"并不是同一意义下的词汇的重复，它只是在符号层面的重复。在恩克维斯特的例子里，不难看出，第一句话的"福特车"与第二句的"车"没有共同的指称，而正常的话语交流，话语往往围绕同一对象展开。恩克维斯特的例子在于，虽然用了本应起衔接作用的一系列手段，但由于这些衔接手段各有所指而无法集中在话题规定对象上，因而这些衔接手段并无什么实际效力。为什么无效呢？因为它们只是在符号层面让人感到是一样的，但在实际使用的真实身份上它们各自相去甚远。

"恩克维斯特问题"的最大价值，在我们看来，不在于批判了韩礼德的连贯标准，而在于提出了一个让人颇费思量的问题，这就是衔接在何种情况下无效？另外，恩克维斯特问题还让人思考语词本身的联系能否进入实际的话语交流？即两句话之间的唯一联系纽带仅仅是建立在语词本身特征上，那么这两句话连贯吗？想想第一章中汪文华的唱词和话例 1，我们倾向于做出肯定的回答。语词或者说符号本身可以被当成可以利用的资源而得到开发而参与连贯的话语互动。这样一来，我们又陷入困境：话例 1 中的"小龙"与"小笼"二者除了字音上有联系外，它们风马牛不相及，而在两小孩那里怎么就连贯了呢？这就是说无效的衔接却收到了连贯的效果，这是怎么回事呢？再有，汪文华那顶针式唱词不也说明其中有大问题要回答吗？

二、连贯的必要性

如果把话例 1 置于语用推理法的研究视角下，我们又会发现什么呢？我们又该如何看待格莱斯的合作原则与会话含义在连贯研究的作用呢？

语用推理法中的经典例子有甲乙两人对话，乙故意答非所问，于是违背了对话的合作原则，从而产生含义。在有含义的对话中，那对话即便是表面上不衔接、不连贯，但深层上却有实实在在的连贯构建。比如你问我晚上去不去看电影，我本该回答去还是不去，但我可以不这么说而说明天有期末考试，我得准备准备。这样的话语互动在日常生活中颇多，谁会怀疑它的连贯性呢？

如果把话例 1 换成是两个成人间的对话，我们又会怎样理解其中的连贯呢？如下例：

> 成人甲：看！我画的小龙多好啊！
> 成人乙：我爸爸带我去吃了小笼包子的。
> 成人甲：不准吃我画的小龙哟！

成人乙对成人甲的话不直接回应，而说出那话。显然是不愿意直接评论甲的"小龙"嘛。生活中这种"王顾左右而言他"的例子不少。

我们觉得，真实的话语互动有没有衔接不太重要，重要的是必须有连贯。没有连贯的话语还成其为话语吗？我们在第一章中曾提到，我们从不思考马致远的《天净沙·秋思》是否连贯，可为什么呢？这词除了有尾韵和节奏，还有其他什么可以让人感觉得到的连贯手段吗？要是断言这尾韵、这节奏决定了连贯，那么未免让人顿生疑惑，是这韵让人着迷还是别的什么呢？此外，这词里堆砌有那么多的名词，它们是靠什么联系成整体呢？名词写在一块就能连贯吗？

也许有人会说马致远的词是名作，本身就有连贯，我们都感觉得到其中的连贯。对此，我们要问：连贯是话语与生俱来的吗？想想看，一个初学汉语的外国人勉强把这词译成英语后，他会感觉得到连贯吗？也许他也只能说，这是中国得名作，里面肯定有连贯。

其实，连贯不连贯肯定不能从单方面去考虑。"It takes two to cohere."（两两粘连）。连贯首先要涉及两个对象。你要在静态的语篇寻找两者是怎样连贯的，你恐怕不得不依赖韩礼德的连贯标准，然后再面对恩克维斯特问题。

我们认为话语存在的理由从来不是单方面的，不存在私人话语。话语存在于互动与理解中。谁理解什么，谁通过什么去理解别的谁，这都是互动，有互动就有两两相接，就会涉及连贯的构建。

你要是没感觉到马致远的词有连贯而断言其中必有连贯，那么恐怕你并没有参与互动。你仍置身于事外，连贯就不可能形成。连贯的隐蔽与开显就是话语互动的存在方式。

三、连贯的不确定性

在讨论连贯的不确定性前，我们要注意一个概念的澄清。我们论述在连贯的二元性特征时，谈到了确定与不确定之分，那是从研究的方法去考虑的。当我们说连贯是确定的，我们是指话语互动中肯定有连贯的存在，不管它开显与不开显，连贯是话语互动中的灵魂。互动是连贯存在的形式。我们在第二章第二节所说的不确定性是指话语没有互动，只是杂乱地堆砌成孤立的东西。

本节要讨论的不确定性是指互动中的话语连贯的不同开显与隐蔽情况。语言学解释无法完成的任务除了上述两节所指出的问题外，还有一个最大的问题就是无法确定地描述连贯。之所以无法确定描述连贯，原因就是连贯本身具有不确定性。连贯的不确定性就在于，它不受物理性质所规定。即我们不能说只要用了多少多少语词，采取了什么什么样的句式结构，于是连贯就形成了。诚然，连贯可以通过语词、句式来开显，但连贯并不具有固定的构成标准。

所幸的是连贯研究并不需要终极目标的连贯来，一是没有那么一个目标，二是连贯研究关注的是连贯形成的基础，即关注的是连贯何以可能。打个比方说，我们关注的不是鱼塘里有多少鱼，每条鱼有多少斤，我们关心的是话语这个鱼塘里怎么就有连贯这鱼。话语鱼塘的鱼根本不能用数量、重量等这些物理指标来衡量。在我们看来，连贯是一个没有确定性，没有要素也没有界限的整体。从局部上说，它不是分开来的具有特性的个体，从整体上说，它也不是众多个体的总和。连贯不是一堆东西，但它有某种黏性。

第五节　关于话语互动与连贯的基本认识

有什么样的理论态度就有什么样的关于事物的看法。连贯的语言学解释展开的是对连贯求解的各种画面。不难发现，对连贯进行理解与解释已经远远超出了语言学。人们对连贯的好奇心已经充分表现出来。柏拉图在《泰阿泰德》（Theatetus）中说，好奇心是描述从事哲学活动的人的最恰当之词，哲学似乎并无其他基础，只有求解的好奇心①。

对话语互动、对连贯进行考察，恐怕起点就在于对话语与连贯进行理解的好奇。不管我们理解的目的是不是为了话语连贯方面更多的知识，我们求知求解的欲望促使我们对连贯要探求更好的理解，对话语互动有更完善的理解。在我们看来，任何人要建立起话语分析、连贯研究的理论来，那么他的首要任务就是必须对话语互动和连贯进行理解。对话语互动、话语连贯的理解，恐怕不仅仅是语言学的一项重要任务，而且还是哲学的一项重要任务。

为了避免空谈问题、避免浮于问题表面，我们对话语和连贯的考察必须加倍小心。我们也担心，如果一上来就对话语或连贯进行某种不完善的定义，那么恐怕就难有良好的开端。为什么呢？我们怎能知道我们所给出的定义、所建立的理论刚好就能够为话语分析、为连贯研究提供一条正确之路呢？然而，我们的研究总得有起点，总得有某种假设。好在我们的假定来自于对话语实例的观察与反思，而在反思中，我们又不得不做出判断与选择。

我们在第一章和本章前面几节里或多或少地宣明了本书的立场与观点。在谈论到相互矛盾、或不太一致的观点时，我们也做了选择。为了便于后面章节的讨论，我们在这里先总结一下我们对话语互动和连贯的基本认识。

一、话语的存在基础

我们首先宣布我们的看法，然后再简略讨论一下有关看法的理据。在我们看来，话语的存在基础离不开人与人的接触与交往。其次，话语之所以为话语，是因为话语是在人与人之间的互动中存在，没有孤立存在的话语。从发生机制看，话语是心灵的运作和理性的外在反映。从目的看，话语出于激情、满足需要、反映现实、"带出人与世界的存在"②。说出的、写出的话语并不是话语生产者想要表达的全部，甚至在很多情况下，无论形式上看上去多么完整，那说出的、写出的话语只是话语互动的开始，或者说是对某种画面或境界的开启。任何话语，无论书面的还是口头的，无论是长期流传下来

---

① 《柏拉图全集》第二卷，王晓朝译，人民出版社2003年版，第670页。
② 李洪儒：《试论语词层级上说话人的形象》，《外语学刊》2005年第5期。

的，还是瞬间即逝的，都具有这样的存在基础。

海德格尔在其著作《在通向语言途中》有如下的表达：

> 那么，何谓说话呢？流俗之见认为，说话是发声器官和听觉器官的活动。说话是有声的表达和人类心灵运动的传达。而人类心灵运动是以思想为指导的。根据这种语言规定，有三点是确定无疑的：
>
> 首先并且最主要的一点：说话是一种表达。……
>
> 其次，说话是人的一种活动。……
>
> 最后，人的表达始终都是一种对现象和非现实的东西的表象和再现。
>
> （海德格尔，2004：4，5）[①]

显然，这并不是海德格尔对话语的独特看法。根据海德格尔研究专家陈嘉映的研究，海德格尔关于"语言的本质"的讨论散见于他的著述。《在通向语言的途中》有较为集中的讨论。在《存在与时间》里，引导语言讨论的基本词是"言谈"。"言谈与情绪领会并列为此在之此借以开展自身的三种基本方式之一。"

> 聆听和沉默是言谈的组成部分。发音根源于言谈，对语音的听觉则源于聆听。"每一个此在都随身带着一个朋友；当此在听这个朋友的声音之际，这个听还构成此在对它最本己能在的首要和本真的散开状态。此在听，因为它领会。"先得能听，才能聆听。我们从不首先听到音响与料；首先听到的是事件，听到行军，北风，笃笃的啄木鸟，劈啪作响的火焰。相反，要听到纯粹音响则需要非常复杂的训练。听说话时，我们首先听到的是言谈所及之事，而非首先听到发音。甚至在听外国话听不懂时，首先听到的仍然是理解不了的语词，而不是各色各样的音来，一句话，"言与听皆奠基于领会。领会既不来自喋喋不休也不来自东打听西打听。唯已有所领会

[①] 海德格尔：《在通向语言途中》，孙周兴译，商务印书馆 2004 年版，第 4—5 页。

者能审听"。

（陈嘉映，2005：296 — 297）①

　　谁在聆听？谁在聆听谁？沉默有没有孤立的沉默？有没有纯粹的沉默？同样，领会，或者说理解又是在什么情况下发生的呢？对这些问题的回答，无论是从语言学角度、采用流俗的观点，还是推进到本体论哲学，我们势必会得出判断——话语没有私人的话语，话语就是互动。马致远的《秋思》不是马致远个人的秋思，我们不能完全把自己抛掉而只看到马致远的言说方式。我们看到的不是文字的书写、不是符号、不是某种标记；我们听到的不是物理学意义下的声音。

　　陈嘉映说，海德格尔的"言谈"（das Rede）相当于希腊文中的 Logos（逻各斯），而 Logos 类似于我国老子所谓的道，是话语，也是道理之理或道本身。海德格尔要抓住 Logos 这一深层内容，遂把言谈规定为"交流的勾连"。而甚至在解释之前，所欲加以解释的理解已经是分成环节相互勾连着了。"就原初情形考虑，任何言说都是让某种东西现出，而任何让某种东西现出的活动也都在自身中包含了言说。"②"语言是存在的家"这一命题众皆认可。"语言，即存在的家，不是人随心所欲构筑的"。"语言总是与某种分段分节有关"。"语言可以使最亲近的变成对象，也可以使远在天边的到眼前现场。语言不能只被看作人的能力之一，语言是人的天性。"

　　面对海德格尔的上述观点，我们对话语互动的分析将如何展开呢？对此，陈说："语言学、词源学、语言心理学、语义分析、外语知识，这些虽各有其重要性，同经验语言却不是一回事，因为经验语言根本不是要收集关于语言的知识。"③话语互动连贯的语言学解释几乎不可避免地会把语言当成对象（object），或者说把语言当成表达工具。对此，陈说，"把话语当作表达工具这种观念是很成问题的。……在相似的意义上海德格尔可以说：'把语言定义为交流信息促进理解的……只不过指点出了语言本质的一种效用。语言不仅仅是一种工具。'"④

---

①　陈嘉映：《海德格尔哲学概论》，三联书店 2005 年版，第 296—297 页。

②　同上书，第 301 页。

③　同上书，第 304 页。

④　同上书，第 316 页。

　　把语言作为对象，人们对语言结构所作的独立分析却把语言隔离开来了，把语言当作一个自主的组织结构，切断了语言与判断、归属和断言之间的联系。这样一来，话语互动之存在与思考之间的本体论关系就被中断。话语的认识特性在语言学解释中逐渐消隐，话语与人的存在被割裂。

　　对话语互动的思考并不是对语言的单独思考，而是对人的存在的研究。因此，话语连贯研究不仅仅是语言学的问题，更多的是哲学问题。

二、连贯的特性

　　概括起来讲，连贯研究已经目睹了三种潮流的更替。最早的连贯研究倾向于把连贯简单看做形式表征，如将其当作衔接的产物；后来再过渡到把连贯归为意义连接；随着受语用学微观语境论、认知语言学、认知语用学的影响，连贯研究倾向于注重对话语接受者和话语发生的语境的理解，不再纠缠于语言本身。这三种潮流下的连贯研究，虽然在连贯概念认识上有所不同，但研究的基本立足点始终是广义的语言学，所以本书把这三种连贯研究都归为连贯的语言学解释。

　　我们在第一章断言连贯更多地是一个哲学概念，就是设想从语言哲学的角度来认识连贯。在我们看来，连贯离不开话语互动的各种因素。话语互动的基本因素包括话语生产者、话语接受者、话语分析者、话语发生的背景与环境。从话语参与者的角度看，连贯是理解与阐释的概念，连贯是互动性概念。连贯既不是话语的内在特征，又不是由语义所规定；连贯是在话语互动中形成的而不是先验的；连贯是话语双方共同创造出来的，而不是任何一方发现的，即连贯是创造物而不是发现物。

　　连贯并没有什么一成不变的固定形式，更没有专施连贯的语词来构成连贯。在此处话语互动中，对连贯构建起到了关键作用的语词，在彼处话语却可能并不具备任何连贯的功效。连贯是话语生产者和接受者双方缔约共同创造出来的。换掉任何一方，哪怕使用了同样的话语形式、使用了等量的话语语词，也不能确保一定创造出同样的连贯来。连贯毕竟是各种因素交互作用的产物，任何因素的变化或者说出现差异都可能导致不同的连贯。

　　连贯具有一定的持续性，连贯一旦形成就不会随话语互动的结束而马上消失。具有持续性的连贯关系可能会在新的话语互动中得到完善或者被修饰，而不会被彻底消除。连贯具有强弱之分，其强弱之分在于连贯不同程度上的开显与隐蔽。对连贯的强弱的感觉有时与话语的长度有关，长的语篇容易显露连贯或者不连贯。但是，对于分析者而言，即席互动的话语最能体现连贯的构建机制。所以，在我们看来，连贯研究的理想对象应该是互动中的话语。

三、连贯的断面分析

本书是连贯研究的哲学思考，或者说哲学解释。而我们在这一节里突然提出一个断面分析来，似乎有概念矛盾之嫌，因为断面分析是具体科学的术语，怎么会用到连贯的哲学解释上来呢？

世间对哲学的成见由来已久，若只是出于泰勒斯的女仆那种对哲学家本人之天真劲的讽笑，倒也无什么关系。就算是《围城》里的赵辛楣喉咙里冒出干笑："从我们干实际工作的人的眼光看来，学哲学跟什么都不学全没两样。"① 这话多少还加了范围限定，况且那还是出于赵辛楣对臆想中的情敌方鸿渐的一种醋意。

别人对哲学怎么看，且由他去。不过，对于眼里还有哲学的人来说，倒应该记住陈嘉映的话："我们不要被名称弄糊涂，并非咱们哲学系是柏拉图和亚里士多德的传人，整所大学才是柏拉图和亚里士多德的传人。当然，传到今天，差不多传到头了，大学正在逐步变成职业训练班，若说不止如此，那么对教师还是学术名利场，对学生还是青年娱乐城。"② 如果说这话很深刻，这绝不是出于奉承，倒是这世间悲哀使然。我们总认为，学术可以有学派之分，但万不可存门户之见。真正的学人首要关注的是问题而不是固守什么学科。美国符号学会皮尔士研究会主任皮尔森博士说得好，做一名学人就要时时扪心自问——我来到这个世上到底发现没发现什么问题，自己又能解决什么问题？

连贯仍是一个需要解释的问题，目前的既有解释未能从根本上揭示连贯形成的机制。如果继续把连贯限定在篇章语言学范围内来研究，恐怕难有真

---

① 钱钟书：《围城》，人民文学出版社 1991 年版，第 50 页。
② 陈嘉映：《哲学科学常识》，东方出版社 2007 年版，第 11 页。

正的突破。所以，本书试图把连贯放在语言哲学的视角下，借鉴断面分析的方法对话语互动的连贯给予新的解释。

1. 断面分析的基本内容

当我们说话语互动的连贯研究可以采取断面分析的时候，我们已经设定连贯是一个过程，而且至少是两两相连而成的一个抽象意义上的连贯通道。我们的断面分析就是要把这个通道切开而研究连贯的剖面图。这也是本书的独特之处，以往的连贯研究主要集中在通道的整体形态上，而对通道的断面情况未作实质性研究。

我们的设定并非没有根据，因为话语不是孤立的话语，话语必须在两者之间或两者以上进行。从话语生产者到接受者这么一个通道来看，话语在两者之间存在信息通道的建立。虽然这种说法多少具有类比或隐喻的性质，但并非不可以对连贯进行这样的分析。

断面分析多用于生物科学如解剖学、水利科学、地质矿产科学等领域。断面分析手法上有横断面和纵剖面。水利上，为了对一条河道进行洪水情况作历史分析，就可采取河道断面分析的方法。一个城市之所以充满活力，是与其基础设施的完备状况有关，其中各种地下管线主要分布在城市道路之下，多呈立体交叉网状分布。对城市的地下管线做断面分析目的就是要了解各种管线沿着道路的地下埋设情况，并标识出沿线各管点的位置和各种管线的埋深，从而理清管线断面对应的属性及数据结构和线上各管点的属性数据。借用维特根斯坦的话说，语言是一座古城，话语互动的连贯犹如城中道路下的管线，维护着话语互动的活力。我们做连贯分析就要对组成连贯的各种管线（后文称为脉络）进行必要的断面分析。

我们在第一章中提出假设，既然话语互动是两者的互动，那么连贯的形成应该有两两相接的基本黏合点，我们把这个基本黏合点称为连贯因子。连贯就是话语互动的双方根据各自的连贯因子库进行因子与因子之间的黏合。基于这种假设，我们对连贯做断面分析就是要理清话语互动双方脉络贯通的实际情况与可能情况。话语连贯就是各自凸显的连贯因子的两两相接。话语连贯的断面分析的基本内容就是要弄清连贯因子的活性与功用，弄清连贯因子怎样在实际话语中连接，从而帮助话语参与者弄清与预测连贯因子活动的可能性。

2. 断面分析的认知视角

当我们断言连贯是生成的而非给予的时侯，我们已经把话语连贯现象确定为心灵活动的产物，从而排斥连贯的先验观。为此，我们选取的视角是认知自然主义（cognitive naturalism）。

认知自然主义是一些哲学家、认知科学家、神经科学专家普遍认同的哲学观点，即认为心灵属于自然的组成部分，对心灵的认识与研究只能通过经验科学的方法。当然，认知自然主义曾遭到本体多元论和认识多元论的批判。本体多元论认为，世界由不同的、不可还原的现实层面组成，而认识多元论则认为，心理科学和社会科学对其对象的描述与解释依赖的是概念，而这些学科的概念不可还原成自然科学的概念。从根源上看，本体多元论来源于柏拉图的理型论和笛卡尔的二元论。现代哲学家波普（K. R. Popper）是颇具影响的多元论者，而认识多元论的代表人物有麦克道维尔(J. McDowell)。[①]

认知自然主义有三条基本原则：第一，心灵（包括意识、精神或主观性／主体性）是自然的组成部分；第二，自然界没有任何先验的知识，知识的获取依赖的是经验科学的方法，除此之外，别无他法；因此，可以断言心灵、意识和主体性作为自然的组成部分，只能通过经验科学的方法才能认识；第三，物理世界是一个封闭的系统；没有任何非物理性质的事物能够干预物理世界；没有任何物理事件的原因会是非物理活动，即一切物理活动的原因只能是物理活动，不可能是非物理活动。

显然，认知自然主义这三条标准在笛卡尔二元论那里行不通。笛卡尔二元论排斥这三条原则，在笛卡尔看来，心灵与躯体或者说心与物属于不同性质的事物。物理学，从更广的意义上讲，一切经验科学只能研究心灵的外部世界，它们只能研究物体的运动，身体运动，而且按科学的机械原理与观点去研究，但它们无法理解心灵状态。

根据笛卡尔的思想，心灵可以离开物质大脑而独立运作。物质大脑对"纯粹理解"没有别的用处，只有想象与感觉。换句话说，心灵行为还需要物质大脑，不过，笛卡尔似乎也承认心灵与躯体之间存在着因果性互动的可能。这样，我们可以推知：躯体运动 P 的发生必定有一个必要条件。这条件

---

① P. Thagard, *Coherence in Thought and Action*, MIT Press, pp.9-13.

是心灵行为 M。就是说，M 引起 P，没有 M 就没有 P。例如，我举起我的左手是因为我的心灵行为 M 要举起左手；如果我没有想举起左手的心灵行为就不会有实实在在的左手举起来。这样一来，如果心灵行为没有物理相关性的话，那么任何物理活动都不可成为物理行为 P 的因果性的充分条件。那就是说，物理活动发生的充分条件并非任何其他物理活动。这么一推算，作为物理世界组成部分的物理活动却应归因于非行为，于是物理活动 P 的存在违背了物理世界是封闭的系统这条规则。换句话说，封闭系统的物理世界之所以封闭，其必要条件是只有物理活动才引起物理活动。那么，那些确确实实存在的心灵行为、心灵因果只能被看成是物理活动。如果心灵行为不是物理活动的话，那么心灵行为就不可能成为物理世界任何事物的原因。这么一推论，认知自然主义的三条原则就出现了矛盾。

尽管认知自然主义的三条原则有相互矛盾之处，但它作为一种分析方法并非没有可取之处。根据加德内尔（Gardner）[1] 的观点，认知自然主义兴起于上个世纪 50 年代，它与认知科学紧密联系在一起，在方法论上，它又是语言学、心理学、神经科学和人工智能的交叉。对于话语互动的连贯分析而言，认知自然主义的中心信条正是连贯断面分析的指导原则，这条原则就是思维或者心灵活动可以用心理表征的计算程序来理解。我们假定连贯具有不同层面的脉络贯通，根本出发点与这条原则一致。

根据撒加德（Thagard）[2] 的观点，人类的话语理解、视觉感知、决策制定等思维活动可以自然而然地理解成以连贯为基础[3]。连贯研究的认知自然主义取得了巨大的经验上的成功，为语言使用、语言学习、和人类问题的解决等各种心理活动现象提供了科学的解释。尽管人们就理解心灵现象的程序和表征存在一些分歧，但认知自然主义的计算方法和表征方法是当今理解心灵运作的普遍方法。根据认知自然主义，心灵运作可以根据规则、概念、类比、意象和神经网络等来理解。

我们把话语互动的连贯确定为一个哲学概念，并在认知自然主义视角下，利用认知科学的计算方法来理解连贯，这在学理上并非违背科学或哲学

---

① 　H. Gardner, *The Mind's New Science,* Basic Books, 1985.

② 　P. Thagard, *Coherence in Thought and Action*, MIT Press, p.03.

③ 　笔者由此得到启示，而在第三章里将专门考察连贯与理性、知识、他心感知、纯粹经验、意向立场、交往理性等哲学概念的关系。

的基本要旨。现在的学术研究关注的是问题本身，而非问题的学科归属。对哲学概念进行考察离不开具体科学，如对时间、空间的形上之思完全可以放在物理学的普遍相对论视角下进行考察，同样，学科性问题从来没有离开过哲学的指导。

第六节　本章小结

本章利用文献梳理的方法，回顾了连贯研究历史，展示了连贯研究的现状，指出了本书研究的基本观点与方法。

在连贯研究的方法上，我们认为过去的或者说现有的连贯研究，无论是从语言形式角度，还是从语用推理和认知心理方法的角度看，都可被归为广义的语言学解释。连贯的语言学解释反映的是连贯研究三十年来三个阶段或者说三种做法：第一，主要从语言形式的考察去认识连贯；第二，主要从话语的环境和接受者的角度去考察连贯的构成；第三，从话语双方的认知心理角度去研究连贯。我们之所以把这三类方法归在语言学领域，是因为这三种方法有一个共同点，它们或多或少地认定连贯是"给定的"（given），连贯已经存在。语言形式法认定连贯是语篇内在的特征；语用推理法相信连贯存在于环境中；而认知心理法或明或暗地预设，连贯存在于话语双方的心灵中，或者说在认知环境中。

尽管我们在第二章第二节前两部分中陈述了关于连贯研究的三类方法及相应的解释标准，但我们并不认为连贯的特性分析就因此而得到了可靠的结论。于是，本章在开篇之初引出"恩克维斯特问题"和"连贯研究的困惑"来，所指向的就是连贯的概念认识。其实，在对连贯研究的重要文献进行简述中，我们已经逐步推论出连贯的概念性质。我们宣称连贯更多地是一个哲学概念，是话语双方共同创造出来的，而不是给定的；连贯是动态的，而不是静态的。这就把问题推回到"连贯何以可能"这一大问题上来。我们回到这一问题，对话语的本性做了反思，然后强调话语之所以是话语，就在于话语存在于互动中，存在于理解中；而话语的存在基础就是连贯。

最后我们假定话语双方具有连贯因子。连贯是不同层面的连贯因子黏合而形成不同的脉络贯通。对连贯这一概念，在认知自然主义的视角下，我们打算做断面分析。乍一看，认知自然主义是把心灵活动视为物理行为，这样一来，我们好像又把连贯视为物理的东西，而物理的东西多属于静态的。我们似乎自相矛盾，因为我们在批判连贯的语言学解释时指出连贯不是静态的。实际上，这里并不矛盾，我们采取断面分析法，出发点就是把连贯当成动态的过程。要对动态的连贯进行研究，采用断面分析法应该可行。从流动里切出一个断面来，再去做连贯的概念考察，这就是第三章的任务。

第三章　连贯的哲学解释

歌德有句名言:"凡是值得思考的事情，没有不是被人们思考过的。我们必须做的只是试图重新加以思考而已。"(All the things worth being contemplated have been pondered by human beings. What we must do is nothing more than trying to consider them in another way.) ① 这话似乎具有 "闲人免进" 式的警告味道，但对于真正的 "爱智闲人"② 来说，这却是无声的邀请与鼓励。毕竟，歌德在说这段话时还有一个前提，那就是世上最难的工作就是思考。思想是导游者，没有导游者，一切都会停止，目标会丧失，力量也会化为乌有。对于话语连贯的追问与思考——连贯何以可能——既是本书研究的导游，又是本书研究的目标。连贯研究三十余年来，学者们对话语连贯给予了千百次思考，而每一次思考都是迈向真正的智慧。所谓真正的智慧，在歌德看来，都是曾经被人思考过千百次，但要使他们真正成为我们自己的，一定要经过我们自己再三思考，直至它们在我们个人经验中生根为止。我们对于连贯的追问也正是出于这种 "爱智" 动机，在被反复思考过的问题上进行我们自己的思考，提供新的解释。

话语连贯的语言学解释囿于一个共同的设定，那就是连贯是给定的，连贯犹如某种给定物已经存在，语言学解释的一切方法就是揭示连贯及其方方面面。在语言学解释的视角下，我们从事的连贯研究在 "好像是，但实际不是" 这样的活动中苦苦挣扎。这种挣扎正好反映了 "古希腊所强调的哲学传统的理论——似乎是，但不是" (It seems, it is not.) ③。这种 "似与不是" 的境况容易促人思考，让人提问。每一个提问就是辩论的开始，而哲学的辩论

---

① 爱克曼:《歌德的格言和感想集》(中译本)，中国社会科学出版社 1982 年版，第 3 页。

② 哲学一词在希腊文里有 "热爱智慧" 的意思，而爱智者往往给人感觉是闲散者。

③ 叶秀山:《哲学要义》，世界图书出版公司北京分公司 2006 年版，第 3 页。

瞄向的是问题，但又不封闭于问题。大概哲学的精神就在于——在辩论中不掩饰问题，不掩盖矛盾，而是要揭示问题，让人去思考问题。哲学瞄向与所要揭示的问题应该是真正的问题，而不是公说公有理婆说婆有理的空问题。这也是哲学思考的态度，对于哲学思考的态度，我们认为波普（Popper）说得好："我可能错，你可能对，经过努力我们更加接近真理。"[①]（I may be wrong. You may be right. And by an effort, we may get nearer to the truth.）

连贯的哲学解释所针对的问题就是话语连贯何以可能。我们提出这个问题来，把话语连贯放在哲学中进行追问，借用陈嘉映所说，我们旨在把这一问题向各个方向延伸，但我们不是想看看"问题被抻到哪里就变得荒唐不可理解"[②]，倒是要探测话语连贯的达成是以哪些基本理解为条件的。对这些"基本理解"的理解或者说解释就是本章的中心，也是本书的理论基础。

对连贯进行哲学解释，势必要把连贯放在哲学的概念体系下进行新的思考，然后，就话语的发生机制与连贯形成的基本因素进行综合分析。因此，本章会讨论哲学中的连贯、连贯与理性、连贯与知识、连贯与交往理性、连贯与纯粹经验、连贯与意向立场、连贯与交往理性等内容。这些讨论会涉及相应的理论，但所有这些理论的探讨都围绕连贯何以可能这一中心问题进行展开，从而形成本章的思考主线。

第一节　哲学中的连贯

在第一章我们断言连贯是一个哲学概念，并指出哲学概念下的话语连贯本身与哲学的知识论、真理论的"融贯"并非泾渭分明。在第二章第一节中讨论连贯的概念性质时，我们声言判断话语连贯与否，发话者、受话者以及话语分析者始终要参与连贯的开显与隐蔽。这一声言为第二章第五节关于话语互动与连贯的基本认识这一问题做了铺垫。所有这些断言与观点构成了本书的立足点或者说出发点。本书的旨趣在于回到连贯本身而反思"连贯何以可能"这一中心问题。为此，我们认为在讨论哲学中的连贯时，有必要从常识中的连贯、文章学中的连贯和心理学中的连贯入手，然后把它们整合到哲

[①]　马克·诺图洛：《波普》，华夏出版社 2005 年版，第 2 页。
[②]　陈嘉映：《无法还原的像》，华夏出版社 2005 年版，第 154 页。

学中的连贯这一概念范畴内。

一、常识中的连贯

　　常识中，现代汉语"连贯"一词并不是人皆知晓的词语。你要是问山里目不识丁的老头老太或者去问尚未启蒙的孩童什么是连贯，恐怕他们会反问什么是连贯。连贯这一词不是我们生活中的基本词汇，更不是一个具有实实在在、看得见摸得着的指称物的实体词。然而，我们却不能因此而断言连贯并不属于所有能正常话语交流的人。也就是说，虽然一部分人不知道连贯这一词，但所有能够进行正常话语交流的人都有话语连贯的体验。

　　对于每个人来讲，话语能力的获得必须要经历话语累积这一过程，也就是个人话语词汇不断增加的过程。在话语累积的过程中，我们每每遇到新词时，我们自然而然地或求教于权威或求助于字典词典。

　　《辞源》和《辞海》里均没有"连贯"这样的词条。考虑到古汉语多以单字词为主，那么现代汉语的"连贯"是否由"连"与"贯"构成的合成词呢？无论怎样，我们可以把"连贯"拆分成"连"与"贯"两个词素（或叫语素）。"连"在古文中与"联"相通，所以"连贯"亦可称"联贯"。现在我们知道，"连贯"是一个抽象词，但"连"与"贯"在古汉语里均是指代实物的实体词。"连"指古代一种人拉的车，而"贯"既可指古代串钱的绳索，又可指古代铜钱用绳穿，千钱为一贯。后来经词义引申与拓宽，"连"具有"联合、联络、连接、串联"之意，而"贯"有"串连、贯通、条理、序次，按顺序排列"等意思。《楚辞·离骚》有语曰："擎木根以结茝兮，贯薜荔之落蕊。"此处的"贯"是"串连、连接"之意。《战国策·楚·第四》中有"祸与福相贯，生与亡为邻。"此处的"贯"是"通，贯通"的意思。

　　《汉语大词典》收有"连贯"一词，作"连接，贯穿"讲。从其中所举的例子看，"连贯"并不是用来衡量话语的。有人说连贯是修辞学的概念，但在现代汉语有关修辞的经典著作中却并没有把"连贯"作为修辞现象来解。在陈望道的《修辞学发凡》和王希杰的《汉语修辞学》里也找不到"连贯"或"联贯"这样的修辞词条。不过，陈望道的《修辞学发凡》[①]中所说的"消

---

① 陈望道：《修辞学发凡》，上海教育出版社1976年版，第60页。

极修辞"之三"伦次通顺",颇与我们所说的"连贯"相似。

凭常识,我们判断话语连贯与否,多是针对一段话及以上的话语单位的语句间的组织关系。一般不会以一句话来谈论连贯。连贯不连贯是针对两句以上的话语情况的。如果一个话语单位只有两句话组成,我们考察其中的连贯就要考察这两句是如何相接的。如果是三句或者三句以上的话语,我们考察的连贯基本上也是以两两相连为基础的。毕竟,无论多长的话语,其扩句成段、连段成篇的推展关系都以两两相连、两两相贯为基础。话语互动更是如此。

连贯这一概念目前多在国内外语界流行。在连贯研究方面,也主要是外语界人士援引国外的理论或做应用研究、或做对比研究。连贯的英文词"coherence"的基本意思来自于动词"cohere",而"cohere"一词出现的年代大概是 1598 年,基本意思是指"同一整体的各个部分紧密地黏合在一块"(to hold together firmly as parts of the same),其引申意义有"根据某种原则,或某种关系,或某种兴趣联合在一起。"无论在何种英文词典里,把 coherence 做何种解释,coherence 的基本原则是"It takes two to cohere." **两两相连**。这倒也与汉语的连贯具有同样的道理。不同的是,coherence 在英文篇章语言学领域里已经成为一个成熟的概念,而"连贯"却仅仅多见于国内外语界的话语研究,而鲜见于汉语文章学研究。这里并不是说,连贯只属于英语或其他外语,而不属于汉语。其实汉语里早就出现了"连贯"一词,只不过作为研究对象,汉语文章学多避开"连贯"一词而谈论"脉络"、"脉理"、"文脉"等。我们发现,汉语文章学或文论中的"文脉"、"脉络"、"脉理"等共同关注的核心内容与外语界的连贯研究相互重叠。

二、文章学中的连贯

汉语文论中直接出现"联贯"(同"连贯")字样的有清朝文论家刘熙载的《艺概》。《艺概·经义概》中说:"题有筋有节。文家辨得一节字,则界画分明;辨得一筋字,则脉络联贯。"[①] 虽然这里出现了"联贯",但它并不是核心概念。在经典文论中,"脉"或"脉络"倒比"联贯"或"连贯"出现

---

① 刘熙载:《艺概》,上海古籍出版社 1978 年版,第 173 页。

的频率高得多。

《文脉》卷一说："宋潜溪曰：濂尝受学于吴立夫，问其作文之法。谓有篇联，脉络贯通；有段联，奇偶迭生；有句联，长短合节；有字联，宾主对峙。"①其中的"脉络贯通"点出的就是文章基本要义或组织规律。

至于文章的组织规律，刘勰在其《文心雕龙·章句》中共谈了三个问题：第一，章句的含义和作用；第二，安排章句的原则；第三，安排章句应该注意的要点。在关于章句的原则讨论上，刘勰着重提出以下两条：

第一，"控引情理，送迎际会"。这就是说，安排章句要配合文章的情理，做到送往迎来，恰到好处。刘勰说："夫裁文匠笔，篇有小大；离章合句，调有缓急；随变适会，莫见定准。句词数字，待相接以为用；章总一义，须意穷而成体。其控引情理，送迎际会，譬舞容回环，而有缀兆之位；歌声靡曼，而有抗坠之节也。"②这里"须意穷而成体"、"控引情理"、"随变适会"，以及关于舞蹈和歌唱的比喻，都体现了内容决定形式的原则，又说明了在一定的原则下要富有变化的辩证法因素。应该说，这是对话语连贯的多样性的暗示。

第二，"搜句忌于颠倒，裁章贵于顺序。"刘勰说："然章句在篇，如茧之抽绪，原始要终，体必鳞次。启行之辞，逆萌中篇之意；绝笔之言，追媵前句之旨；故能外文绮交，内义脉注，跗萼相衔，首尾一体。若辞失其朋，则羁旅而无友，事乖其次，则飘寓而不安。是以搜句忌于颠倒，裁章贵于顺序，斯固情趣之指归，文笔之同致也。"③这里，从话语连贯的角度思考，刘勰将文章的思路、层次，对文章的结构、次序阐述得明晰深刻。其中的"外文绮交，内义脉注"，在日本人遍照金刚看来，只有"通人用思，方得为之。大略而论：建其首，则思下辞而可承；陈其末，则寻上义不相犯，举其中，则先后须相附依。此其大指也。"④这大概可以算是对文章脉络要求深入浅出的解释。

至于文章的脉络，周振甫在其《文章例话·脉络》中说："文章中的脉

---

① 丛书集成初编：《东坡文谈录（及其他二种）》,《文脉》和《文评》,中华书局 1985 年版,第 1 页。

② 刘勰：《文心雕龙注释》,周振甫注,人民文学出版社 1981 年版,第 375 页。

③ 同上。

④ 遍照金刚：《文镜秘府论汇校汇考》,卢盛江校考,中华书局 2006 年版,第 1471 页。

络好像山水画中的道路，脉络是清楚的，只是有的露，有的隐，这是一种。另一种是像人身上的脉络没有露出来，不过是贯通的。所谓天衣无缝，就指后一种的脉络。"① 周的这段话实质上道出的是话语连贯的开显与隐蔽。他在文中举例，以某个关键词为脉络贯通的基础，这说明的道理是话语连贯具有连接点，而每个连接点具有不同的活性，而且还有不同的激活方式。这为我们后文的连贯因子说提供了解释。

《写作大辞典》用类比的修辞方法对脉络做了解释："脉络是贯通全篇文章的枢纽，体现作者思路的线索。古人解释'筋脉'、'命脉'。它像人体中的血脉、经络贯通全身，把零散的材料连成一个有机的整体。如对一大堆材料，看似各不相干，若梳理其内在联系，归并分类，便可有层次地进行叙说。把一个旅游区各自独立的名胜古迹连缀在一篇文章里，随着'移步'而'换景'，则许多'景'就由'移步'联系起来……脉络在文章中一贯到底，能使文章系统化，使描述的事件、景物、人物、事理有秩序地呈现出来，达到顺理成章的效果"②。这里虽然是在静态的篇章里讨论脉络，但篇章作为话语互动的一种形式，其本身的脉络识别仍然是以双方互动为基础。这里所说的双方互动既包括话语生产者与话语接受者之间的关系，又包括话语内部单位间的组织关系。在两者及以上的互动对话中，各自都存有大量的材料，以某种基本单位（如脉络贯穿点，即后文所要讨论的连贯因子）存在于头脑里或话语中。这些零散的连贯因子是怎么贯穿起来的呢？再有，就同一个话题，各自都有自己的连贯因子，那么话语互动中双方要达到的目的是什么呢？特别是两者的因子刚好一样的话，那么他们话语互动的目的又是什么呢？是不是要把连贯因子"移步换景"似地结合起来而创造新的东西呢？这些就是文章的脉络所带出的但又未解决的具体问题，在后文里我们将专门论述。

至于什么是文章的脉络或者话语的脉络，我们不难给出定义，但那定义统统是循环论述，或者总停留在某种过于概括、过于笼统的层面。沿用既有定义，我们知道文章的脉络就是文章结构的脉络，即文章的条理。在文章写作中，文脉体现着材料安排的序列，是结构的内在线索，对表现主题有主要

---

① 周振甫：《文章例话》，中国青年出版社 1983 年版，第 275 页。

② 庄涛等：《写作大辞典》，汉语大词典出版社 1992 年版，第 149、321 页。

作用。文脉要求清晰、合理、逻辑性强。这里所讲的文脉就相当于外语界所讨论的连贯。

文脉被理解成"内在线索"，那么这个"内在"又是什么样的"内在"呢？是形式化的手段呢还是无法形式化的不可说的因素？从《东坡文谈录（及其他两种）》中的《文脉》一文论述，我们可以看出文脉是非形式化的。《文脉》中说："一元清明之气，界于心，以时洩宣，名之曰文。文之脉，蕴于冲穆之密，行于法像之昭，根心之灵，宰气之机。先天无始，后天无终。譬山水焉，发源于昆仑；譬星宿焉，禀耀于日也；譬荣卫焉，包络于心也。是谓之脉。……夫脉以贯道，道原于心。……接一元之文脉，指人心之文原，美矣至矣。"① 不难看出，这里把文脉同气与心相连，用中医的"荣卫"作比。荣指血的循环，卫指气的周流。荣气行于脉口，属阴；卫气行于脉外，属阳。荣卫二气散布全身，内外相贯，运行不已，对人体起着滋养和保卫作用。倘若话语好比一生命有机体，那么话语连贯，亦就是此处所谈的文脉，就好比包络于心的荣卫。于是，从学理上讲，文脉或者说话语连贯已经被纳入心理学的范畴。

三、心理学的连贯

连贯在文章学尤其是汉语文章学中虽然多以判断式的概念出现，但在西方哲学和心理学的视野下不无源流可考。

20世纪初，心理学与哲学开始相互分离。由于冯特（Wundt）和詹姆士（James）的实验研究，实验心理学在德国和美国得到迅速发展。相比之下，物理学早在几百年前的17世纪就已成为实验科学，心理学的实验研究则晚了几百年。从柏拉图开始，心理的特征与运作一直是哲学关注的中心内容之一。经验信息的获得本应成为哲学家欢欣鼓舞的事，然而，哲学却仍沿行旧路，远离心理的实验研究，否认实验研究与哲学的传统问题如推理与知识的特性方面的问题具有关联。

20世纪的两大主要哲学运动——分析哲学和现象学——旗帜鲜明地反

---

① 丛书集成初编:《东坡文谈录（及其他二种）》,《文脉》和《文评》, 中华书局1985年版, 第1、4、5页。

对心理主义。分析哲学在英语国家成为主流，建立起一套方法论，强调逻辑分析和概念考察才是哲学的中心任务，而把心理研究置于冷宫。而在德国以及后来在法国，胡塞尔创立的现象学哲学方法以描写意识现象为中心任务，目的是要把握住意识现象的理想意义。显然，现象学和分析哲学都把自己同实验心理学分离开来，而把哲学当成一门非经验的，纯概念考察的学科。

尽管分析哲学和现象学至今仍有广泛的实践与传播，但从文化影响上讲，最近几十年，它们遇到了困难，举步维艰。分析哲学和现象学运动已有日渐消退的迹象。相反，心灵哲学却日渐强劲起来。心灵哲学及其相关领域同实验心理学发生联系，特别是与认知心理学产生了紧密的联系，大有淘汰盛行于上个世纪五十年代的行为主义的趋势。认知科学作为研究心灵和智慧的一门交叉学科，它涉及的领域不仅有语言学、人类学和神经科学，而且还有心理学和哲学。可以说，在 21 世纪的开端，心理学与哲学已经明显地相互结合起来，而且富有成效。本书把连贯放在心理学和哲学中综合起来考察，目的就是要揭示连贯在思维中的形成机制。从这个意义上讲，连贯是心理学的关键概念，又是哲学中的重要认识内容。我们在第二章第五节中声明，本书采取认知自然主义的视角来考察连贯，从学理上讲是把心理学和哲学结合起来。

从心理学角度来考察连贯，关键在于理据证明与推论。我们通常要对我们的行为与思想进行推论。例如，你要考虑是不是买一辆二手车，你就要推论这车是不是状态完好。这时，你一边要依赖你的观察，另一边却依赖于卖主就这辆车进行的介绍：车龄、保养情况和维修记录等。你相不相信卖主的话，就在于你对车主的为人和诚信进行推论，推论他说的是不是真话。从亚里士多德以来，传统的推论包括若干步骤，每个结论都是从一些前提中推论得出。你的推论部分可能会包含这样的信息：卖主看上去比较诚实，因此他是诚实的，因此他说的话是真话，因此这车可靠，于是你决定买下它。

另一种推论模式不是像上述意识过程那样，而是一种非意识过程。在这种过程中，许多平行信息结合在一块形成一个连贯的整体。根据这种连贯模式，你就车和卖主所作的推论是一种互补信息与冲突信息进行心灵平衡的结果。你的推论结果是这些信息相适应地结合在一起，令人满意。这种结果是对车的性能和是否买下它做一个连贯整体的判断。这样的判断来自于你对各种信息进行整合，而形成一个连贯的全面信息。你相不相信卖主的话就在于考察这些全面信息的连贯性。这就是整体主义的连贯认识。

提到整体主义和连贯，这让人听起来有点神秘。实际上，基于连贯的推理可能特征上同传统的逻辑推理一样严格。立该说，人类思维的大部分内容都是以连贯为基础的，比如在话语理解、视觉感知、选择与决断等行为方面，我们的思维运作是以连贯为基准的。本书就是要说明话语互动的连贯及其基础，试图解释认知与话语、认知与情感、话语与理解等方方面面的关系。

四、哲学中的连贯

我们在第一章曾指出，在对 Coherence 进行断面分析时，即在考察两两何以相连、两两何以相接时，西方哲学上"the coherence theory of truth"或者说"the coherence theory of knowledge"，以及 coherentism 中的 coherence 并非与话语互动的 coherence 大相径庭。我们承认在严格的学科分类上，coherence 在不同的学科里有不同的界定标准，但在总体上，所有的 coherence 具有共同的特点，那就是考察部分之间特别是两两之间是否一致，是否有序，是否相接，是否相连，是否相符。"一致"、"有序"、"相接"、"相连"、"相符"等虽然在字眼上各有差别，但是在用意上都是同一家族的概念。尤其是"相接"和"相连"二者共同具有宽泛的应用面。

Coherence 在汉语里主要有两种译法：语言界的连贯和哲学界的融贯，但 Coherence 在英语世界里就一个词，其基本意义就是 It takes two to cohere，即连贯至少是两者及以上对象间的关系。正如斯波恩（Spohn）[1] 所言，"连贯就是连接，连贯就是整合。"（Coherence is connectedness, integratedness.）在斯波恩看来，连贯可以由下面一条原则来定义：

> 只有当且仅当一个信念状态 β 满足连贯的连贯原则时，这个信念状态 β 才是连贯的。（A doxastic state β is coherent if β satisfies the general coherence principle.）

---

[1] W. Spohn, *Two Cohernce Principles*, Erkenntnis, 1999, Vol. 50, pp.155-175.

邦俞尔（Bonjour）[①] 在其《经验知识的结构》一书中对连贯做了定义，并限定了几个条件。在他看来，连贯在直觉上是一种信念如何依附凝聚在一块儿。连贯的基本条件是：

（1）只有当一个信念体系在逻辑上一致，这个信念体系才是连贯的；

（2）一个信念系统是连贯的，在比例上具有相应程度的可能性一致；

（3）一个信念体系的连贯随其信念组成成分之间的推论性连接的增加而增加，并随这种推论连接的强度和数量的增加而增加；

（4）一个信念体系的连贯会随着该体系分解成无法推论出联系的各种次级体系的出现而消解；

（5）一个信念体系的连贯会随着体系内的无法解释的反常现象的出现而减少。

从以上五个条件看，连贯与解释（explanation）密切相关。这也是现代哲学关注的重要话题之一。哲学区别于心理学，就在于哲学在传统上关注的是人们应该怎样思考这样的规范性问题，而不仅仅是人们如何思考这样的描述性问题。规范关注的中心就是理据（justification）问题：我们对我们所获得的信念有理据吗？以及我们怎样对新的信念的获得提供理据？对许多哲学家来说，提供理据就是寻找真正的基础。这种真正的基础由一整套不可怀疑的信念组成。在这个基础上，其他信念可以得到推论。于是，人们追求确定知识有两种源泉：理性和感官经验。像柏拉图和笛卡尔这样的理性主义者企图完全通过理性来达到知识的基础，因为这种基础可能会为其他信念提供理据来源。相反，像洛克、贝克莱和休谟这样的经验主义者却以经验作为所有知识的基础。

现在我们知道，人们普遍认为这两种寻找理据的基础主义方法都是失败的。根本没有柏拉图和笛卡尔所寻找的那种理性的、不可怀疑的真理，即便有，它们也可能太微不足道，不足以为我们所知道的其他事物提供真正的基

---

① L. Bonjour, *The Structure of Empirical Knowledge*, Harvard University Press, 1985, pp.93-99.

础。同样，也没有不可怀疑的感觉经验性的真理。感觉经验建立起来的基础太瘦弱，不足以成为我们在科学和生活中所获得的丰富的理论知识的基础。在这意义上说，理性主义和经验主义的知识论是残缺的，不完整的。

基础主义知识论的失败促使许多哲学家如黑格尔、布拉德雷、奎因等人从连贯的角度来追寻理据的解释。我们的知识并不像一座建筑在坚硬石头基础上的大厦，而更像是海洋中的筏子。我们这知识的筏子由一块块筏木黏合、相互支撑。一个信念的依据不在于它不可怀疑，或者说不在于它派生于其他不可怀疑的信念，而是因为它与其他相互支撑的信念相互依附、黏合成连贯的整体。连贯主义的理据考察不仅适用于为具体的演绎和归纳推理提供理据，也适用于伦理法则。要为一个信念、推理实践或伦理法则提供理据，我们不必立足于不可怀疑的基础上。我们只不过是要调整我们的整套信念、调整我们的实践和法则，直到达成一种连贯状态。这个状态就是罗尔斯所说的"反应均衡"（Reflective equilibrium）①。

虽然连贯主义者的这种理据提供法则比基础主义者的方法有前途得多，但是，连贯主义仍然有不尽如人意的地方。基础主义的定理在欧几里得平面上整齐干净，其中的一些定理也可以产生出另外的一整套完全有理据的定理来。然而，相比之下，连贯主义所谈论的相适应而黏合在一起的一切事物却是那么模糊。说一个信念是最大连贯整体的一部分，这究竟是什么意思呢？连贯是怎样最大化的呢？罗尔斯的"反应均衡"只适用于描述一种状态，这种状态获得了最大连贯，但这并没有为怎么达到连贯提供任何见解。

本书要解决的问题就是从话语互动的角度为连贯提供较为彻底的解释。把连贯简约成话语片段和连贯因子，然后从理解的合作原则的角度来分析与论证连贯的形成条件。我们的主要目的不是描述连贯的逻辑，而是对连贯在人类心灵里面的运作机制作出合理的解释。

要对话语连贯的形成机制加以解释，以及要对连贯的数据结构进行计算，我们得对话语连贯所牵涉的各种因素进行分析。我们说连贯是话语互动的连贯，而话语又是人的话语，而人之所以为人是因为人有理性，有知识的获得，有经验。人不是一个个孤立的人，人之间要交流，话语反映人的存在，连贯与人具有不可分离的关系。

---

① J. Rawls, *A Theory of Justice*, Harvard University Press, 1971, p.20.

第二节　理性与连贯

戴维森（Davidson）说，要对话语交流进行理解，就是要把话语置于话语交流的自然环境中，并把话语交流看成是某项更大事务的组成部分[①]。这一观点乍一看并没有什么特别艰深之处，话语互动不过是发话者和话语解释者之间的公开交易而已。然而，仔细推敲，要把话语置于其发生的自然环境中并当成某项更大的事物的组成部分，这并不是一项容易完成的任务。就算我们能把话语现象简约成行为上的、生物学意义下的或物理学的现象，但我们仍然难以确保在概念上进行这样简约的可能性。造成困难局面的原因是我们并不清楚究竟是语言塑造了我们的思维，还是思维塑造了我们的语言。更大的问题还在于我们甚至会问语言和思维是否同一？思维就是语言吗？或者要问如果语言是人们创造的，那么思维是不是独立于语言呢？不管站在何种角度对这些问题做何种解答，有一共同之处就是，语言是解开思维和人的个性特征的钥匙。说到思维，又会不可避免地谈及人的理性。粗略地看，我们说人是有语言的动物，人是有思维的动物，以及人是有理性的动物，这三者几乎表达了同样的意义。

一、话语与理性

语言、思维以及理性各有其存在的根据。然而，这三者是否同一呢？这是一个不好回答的问题。根据常识来看，语言可以接受度量，而度量的方法就是切分，然而理性却并不像语言那样可以切分。语言有规约，而理性恐怕无所谓规约不规约。至此，我们得表明一个立场，正如维特根斯坦不承认有私有语言的存在一样，我们认为不存在私有的理性。我们甚至赞同孔狄亚克（Condillac）的观点，语言与理性密不可分，语言和理性共同生长[②]。

陈嘉映说："理性是个太大的词，有太多的词义。……在我们的日常用语中，理性这个用语的意思大致可辨的。我们说某人理性，是说他着眼现

---

① D. Davidson, *Problems of Rationality*, Oxfrod University Press, 2004, p.151.

② G. A. Wells, *The Origin of Language: Aspects of the Discussion from Condillac to Wundt,* Open Court Publishing Company, 1987, p.9.

世、重经验重常识、冷静而不迷狂。"① 在话语互动中，如果我们说某人的话语很理性，恐怕是说那话合乎情理，甚至有克制某种恶的意味。其实，理性是选择，是凸显出来的选择。我们恐怕不能断言理性有生有灭，但似乎可以说有选择理性的情况。在汉语里，明智似乎就是在说理性的选择。至于理性到底是什么，哈曼（Hamann）说："理性就是语言。"（Reason is language.）②

我们曾断言，话语之所以为之话语就在于互动，而话语互动的实质又在于话语互动中的连贯。如此推导，考察话语连贯就是要考察话语和理性。

话语是人与人之间相互联系，发生交流的手段。从直观上讲，这种说法倒也没什么不对。但关键问题是，我们是否可以把话语当作锤子、斧头这样的工具呢？回答这个问题，我们恐怕得从戴维森的角度来解释。戴维森说：

> 我们通常认为，拥有一门语言很大程度上在于能够说话，但在下面的讨论中，说话只起着某种间接作用。对我的论证至关重要的是解释者这样一个观念，解释者是那个理解其他人之话语的人。我认为，适才所提出的这个想法蕴涵了说话者本身必须是其他人的解释者……一个生物不可能有思想，除非他是别人言语的解释者。这个论点并不蕴涵在行为上或在其他方面把思想还原为言语的可能性；确实，这个论点也不把任何优先性归约语言，无论是从认识论上还是从概念上说都是如此。
>
> （Davidson，2001：157-158）③

从戴维森这段话出发，我们可以看出：话语与理性联系在一起，二者之间的联系并非一个是另一个的简单表达。话语要求有解释者，而成为他人话语的解释者却是人有理性、有思维的一个条件。如此看来，理性也并非私人的理性，理性的人要求有理性的解释者。这是本研究对话语连贯进行哲学考察的立足点之一。

然而，认识到话语连贯与理性的这种关系，我们还不能完全解释话语互

---

① 陈嘉映：《哲学科学常识》，东方出版社 2007 年版，第 36 页。

② T. C. Williams, *Kant's Philosophy of Language: Chomskyan Linguistics and its Kantian Roots*, The Edwin Mellen Press, 1993, p.4.

③ D. Davidson, *Inquiries into Truth and Interpretation* Oxford Scholarship, 2001, pp.157-158.

动中连贯的形成基础。我们在此有一个问题要追问，既然话语互动的参与者互相是理性的话语解释者，那么我们该怎么衡量话语解释是否合乎理性的要求呢？换句话说，解释者的理性是否与发话者的理性合拍呢？这又是一个难以回答的问题。对这个问题的回答，我们只好从话语本身的生长情况来间接解释。

二、理性与话语起源

话语的生长问题涉及话语发生，乃至语言的起源问题。关于语言的起源问题，广义上讲有两种维度下的认识：一是人类语言的起源，另外一种认识就是个人语言的获得。对于人类语言如何起源这一问题，大致上可以划分为神创说和人创说两大类。对于人创说又可分为个人独创和众人经过漫长的生活实践逐步演化。人类语言究竟从何而来，至今这个问题还没有取得人皆信服的定论。语言起源问题不像考古学那样拥有可以追本溯源的真凭实据。对人类语言起源这一问题实际上都是建立在种种无法证实的假设上。正因为如此，语言的起源问题曾经在法国语言学学会被列为禁谈的话题。

然而人类有追本溯源的癖好。语言的起源问题的讨论近年来正在逐步升温。毕竟，对世界及其构造、人类的目的与意义等这样的问题进行追问，或者说做哲学研究，追根求源，不可避免地会对语言的起源进行思考。

1. 关于语言起源的思考

关于语言起源的思考，有两方面的争论值得注意：争论一，就语言起源的目的而论，语言起源是出于激情需要呢还是实际需要？争论二，是理性促使语言起源呢还是语言的产生继而逐步推动理性的发展？

法国哲学家让－雅克·卢梭（1712—1778）在《论语言的起源》中说，言语的最初发明出于心灵的激情需要而不是实际需要，"激情激发了所有的 [发声] 器官，使之竭尽全力修饰声音，令语音绚烂多彩；于是，诗、歌、话语有着同一个源头……诗、歌曲、语言不过是语言本身而已"[①]（卢梭，

---

① 卢梭：《论语言的起源》，洪涛译，上海人民出版社 2003 年版，第 85—86 页。

2003：85—86）。在卢梭看来，语言与音乐有着关联①，而且语言出于人类激情的需要。

在马克思看来，语言是由于需要才产生。马克思说："语言是一种实践的、既为别人存在因而也为我自身而存在的、现实的意识。语言也和意识一样，只是由于需要，由于和他人交往的迫切需要才产生的。"②

从前面卢梭和马克思的话里，我们已经注意到关于语言起源的动因之争：卢梭认为语言产生于激情，而与他同时代的哲学家孔狄亚克（Condillac）认为语言产生于实际需要。卢梭说：

> 有人说，人创造语言，是为了表达他们的需要；我以为这种看法是站不住脚的。第一需要（the first needs）的自然后果，乃是使人分离，而不是使人联合……人的第一需要不是语言诞生的原因，倒是使人分离的原因……那么，语言起源于何处？精神的需要，亦即激情（passion）。激情促使人们联合，生存之必然性迫使人们彼此逃避。逼迫着人类说出第一个词（voix）的不是饥渴，而是爱，憎，怜悯，愤怒。
>
> （卢梭，2003：14—15）③

卢梭的这段话是针对孔狄亚克在《论人类知识的起源》的第 2 部分第 1 章第 1 节及第 10 章第 103 节所表达的观点而说的。孔狄亚克的《论人类知识的起源》最早发表于 1746 年，不久就引起很大的反响，它直接促使了黑尔德（Herder）对语言起源的讨论。今天有学界人士认为，18 世纪的欧洲学界在反对语言神创论并"用世俗眼光看待语言的起源和发展"的学者中"最有名的三位"是孔狄亚克、卢梭和黑尔德④。孔狄亚克在他的著作里首先提

----

① 卢梭不是唯一的把语言和音乐联系起来的哲学家。苏格拉底、洪堡特、叔本华、维特根斯坦等人都认为语言与音乐有着这样或那样的联系。值得注意的是，1998 年比利时人瓦尼苏特和英国人斯戈伊思提出了一个崭新观点：语言起源与获得依赖的是"音乐习得机制"，这是继乔姆斯基"语言习得机制"之后的又一大胆假设。

② 《马克思恩格斯选集》第 1 卷，人民出版社 1995 年版，第 81 页。

③ 卢梭：《论语言的起源》，洪涛译，上海人民出版社 2003 年版，第 14—15 页。

④ 姚小平：《黑尔德的名著〈论语言的起源〉》，《外语与外语教学》1997 年第 3 期。

出了三个公理性的观点：第一，人是社会性的化物（social creature）；第二，人具有感知经验的能力（capacity）；第三，人具有理性（reason）。在孔狄亚克看来，人的这三种性质是自然赋予的，虽然对它们难以解释，但经验告诉我们，人确实拥有这三种性质。人不同于动物就在于这三种特性尤其是人具有理性，人靠这三种特性来获取知识。人是怎么获取知识的呢？孔狄亚克回答说人通过特意使用约定俗成的符号来获取知识，这种任意约定的符号的表现形式为语言或话语，它是人之所以为人的不可或缺的东西，没有它，人就只能处在动物的生存状态下。人类知识起源的关键要素就是语言的起源，语言是人类最卓越的，最具决定性意义的创造物。有了这种人工创造，人类就有了知识的基础①。

　　语言起源所涉及的问题实际上是语言的本质问题，孔狄亚克对这个问题的考察程序就是寻找最基本的原理，寻找基本原理或第一原理是 18 世纪相当盛行的做法。而在孔狄亚克看来，有关语言的基本原理就是语言如何开始，语言起源何以可能。为此，孔狄亚克在《论人类知识的起源》里探索的问题概括起来有"人类心灵的运作"和"语言与方法"两大相关论点。孔狄亚克认为，所有的知识始于简单的感知，而感知的行为是由容纳感知行为的意识相伴。由于有意识相伴，感知行为就落实为注意。人的注意能力能让心灵注意到感知的变化，感知的消失和再现。当注意发生的时候，其结果导致回忆，回忆乃是经验的开始，如果没有回忆，那么每个时刻对我们的存在来讲都是新鲜如初。注意植根于心灵的联合中，它的进一步功用是把一些感知联系在一起，使这些感知相互间不可分割且相互忆想，即一个感知忆想另一感知。感知的这种联系就是记忆，想象和沉思的源泉。当注意高度密切以至于忆想起某个对象的感知来而且仿若对象在场的时候，想象就出现了。记忆是对象在心灵中的不完全再现，只有它的部分感知在心灵里呈现。例如，心灵可能忆想得起某种花的名称，第一次看见那花的地方，而可能忆想不起它的香味与其他细节。想象和记忆以沉思拓展的方式取决于观念的联系，而观念的联系却是注意的产物。注意的力量强度与内容选择由伴随情景中的具体需要所控制，因此，具有强势情感

---

① H. Aarsleff, *From Locke to Saussure: Essays on the Study of Language and Intellectual History*, University of Minnesota Press, 1982, p.286.

如害怕的情景特别富有注意效果。然而，想象与记忆都不在心灵的主动控制之下，只有当心灵遇到能够诱发想象与感知时，想象与记忆才发生。正是在这种情况下，才出现了人类需要积极地、特意地使用某种符号的可能性。于是孔狄亚克断言，只有具备足够的符号供心灵调遣，心灵才能控制过去的经验，也就是说，只有具备足够的符号，心灵才具有可靠的信息处理系统。

在这里，孔狄亚克指出的是心灵需要符号系统。当然，现在我们知道语言就是一个符号系统，问题是心灵需要的符号系统是从哪里来的呢？对此，孔狄亚克说有三种符号供我们考虑。第一种偶然符号，这种符号显然不在我们的控制范围内。第二种是天然符号，我们有天然就会的表达痛苦、欢乐、惊恐等情感的叫声，这种叫声是在相应的场景下非自愿发出的。如果某种情感与某种声音伴随出现非常频繁的话，那么这种声音就会和这种亲情感联系起来形成诱发关系，即听到这种声音就想起那情感。于是，这种声音就变成一种符号，能够引起想象。不过由于这种符号不会形成习惯，所以它们也不在人的自动控制范围内。第三种是设置的符号，是我们自己选择出来的，与我们的观念的联系是任意的。我们所有的知识及其积累就是建立在这种内在的使用上，因为内在的符号为我们的思考开路，而思考就是对我们过去的经验进行创造性的控制。思考是自然赋予给人类的，是理性的一种表现方式。我们能够进行程度越来越高的思考来与理性看齐，就这样从细微开始，逐步增加，我们的语言与知识的进步就有了可能。任意约定的符号同思考能力二者相互促进，逐步提高。

孔狄亚克所说的第三种符号即设置符号还并不是我们现在意义上的语言，设置符号产生于思考，思考把观念与设置符号对应起来，但是，我们不知道我们是怎么样使用设置符号的。正是在这点上，整个西方哲学传统中出现了争议。实际上，孔狄亚克和卢梭一样，主张的是语言约定俗成或社会规约说。但是，在赫尔德看来，"任何社会规约都以某种选择为前提，而选择本身无疑是一种理性行为。由于语言的运用为理性行为所必须，语言当然也是达成任何社会规约的先决条件，即便存在某种约定，那也只能是人与自己的心智的约定。显然，赫尔德无意从人的社会环境中寻索语言的起源，尽管他承认，语言始终是'社群的语言'。他相信，即使没有社会，没有舌头，人也必须发明语言，因为语言源出于人的心智"①。

2. 最初的语言怎么产生

　　在西方哲学传统中，古希腊哲学晚期的斯多葛认为人类最初拥有一些"声音元素"②，它们是内在的而且具有拟声性，第一个单词就是从声音元素中派生出来的。而伊壁鸠鲁却认为，第一个单词或者说第一批单词产生于嗓音活动，是自发的嗓音片段。在伊壁鸠鲁看来，最早的嗓音是自然之声，人发出自然之声不仅是出于"情爱（passion）"而且还出于"表征（representation）"③。

　　比斯多葛派和伊壁鸠鲁那个时代更早一点的公元前 5 世纪，甚至更早，就有观点认为人类最初的语言像动物发声，然后慢慢发音说话、发音指物。这点在柏拉图的《普罗泰戈拉篇》中有明确的叙述，大意是说人先会迅速发声，然后很快而且蛮有技巧的发声命名④。根据《克拉底鲁篇》的叙述，苏格拉底提出单词合成拟声说，最早的单词是拟声词，拟声遵循的标准是尽量模仿所拟对象的声音本质。拟声过程是先从字母开始，经音节，再到单词。在苏格拉底看来，人模仿羊叫或鸡叫并不是给羊或鸡命名，而这种模仿本质上属于音乐，指向的是拟声对象的声音而不是拟声对象的本质。

　　从苏格拉底的拟声说看，语言产生于模仿。那么，这里暗含的问题是模仿作为一种行为是不是受思维支配呢？如果是受思维支配的话，那么这是不是正说明先有思维后有语言呢？对于语言与思维的关系问题的处理，孔狄亚克的方法是思维是属于先天理性的表现形式，思维与语言相互促进。显然，孔狄亚克在思维上预设了一个先天的理性，尔后又把思维与语言并列。语言与思维的关系一直是一个理不清道不明的哲学问题，就此，20 世纪末平克在《语言本能》一书中批评说，"把思想和语言画上等号的想法，就是所谓

---

① 姚小平：《黑尔德的名著〈论语言的起源〉》，《外语与外语教学》1997 年第 3 期。

② J. Allen, "The Stoics on the Origin of Language and the Foundations of Etymology", In *Language and Learning: Philosophy of Language in the Hellenistic Age*, ed.by D. Frede &B. Inwood, Cambridge University Press, 2005, pp.36-55.

③ A. Verlinsky, "Epicurus and His Predecessors on the Origin of Language", In *Language and Learning: Philosophy of Language in the Hellenistic Age*, ed.by D. Frede & B. Inwood, Cambridge University Press, 2005, p.66.

④ Ibid., p.58.

的无稽之谈……全然是错的"。①

　　理性在孔狄亚克那里处于语言之上，但在 18 世纪德国哲学家哈曼（Jo-hann Georg Hamann）那里理性就等于语言。根据威廉姆斯（Williams）② 的研究，哈曼在与黑尔德的通信中说语言就是理性，而且他认为康德在《纯粹理性批判》中本来应该关心的是对语言的批判而不是理性的批判。我们认为，在语言的起源上加上先天的理性，并不能说明语言就会必然产生。所以毕克顿（Bickerton）③ 认为，人类是在一次幸运的进化突变过程中偶然地获得语言。于是，进化论者试图从大脑的进化、从基因的角度去寻找语言起源的证据。为此，狄肯相信语言和大脑是共同进化的（Deacon）④。

　　从苏格拉底的拟声说看，我们要思考的另一个问题就是拟声模仿与音乐的关系问题。苏格拉底认为拟声模仿在本质上属于音乐，对这个观点的回应在西方哲学传统中并不多。除了卢梭明确指出语言与音乐为一体外，这在蒙博杜、洪堡特、叔本华、维特根斯坦和叶斯柏森那里只能大致找到直接或间接的回应。与孔狄亚克、卢梭同时代的苏格兰作家蒙博杜（Lord Monboddo）早在达尔文之前就有了进化论思想，在他那长达六卷共三千多页的鸿篇巨制《论语言的起源与进步》⑤ 里，蒙博杜明确指出人类语言并非天生，乃是获得的，而人的语言的获得需要社会作为条件，没有社会就没有语言；社会对人而言也是后天形成的。蒙博杜认为，人类获得语言的第一步可能就是"音乐性语言"，但"音乐性语言"自身具有局限性而且不够复杂，所以在此基础上又发展出较为成熟的语言来⑥。

　　叶斯柏森归纳语言起源的可能性时，总结了人类自然发音的"噗噗理论"、人类模仿外界声音的"叮咚理论"和"汪汪理论"、以及起源于劳动

---

① 　平克:《语言本能》，洪兰译，汕头大学出版社 2004 年版，第 65 页。

② 　T. C. Williams, *Kant's Philosophy of Language: Chomskyan Linguistics and its Kantian Roots*, The Edwin Mellen Press，1993，pp.4-5.

③ 　D. Bickerton, *Language and Species*, University of Chicago Press, 1999.

④ 　T. W. Deacon, *The Symbolic Species: The Co-evolution of Language and the Brain*, W. W. Norton & Company, Inc., 1997.

⑤ 　Lord J. B. Monboddo, "Of the Origin and Progress of Language", *Eighteenth Century Collections Online*. Gale Group, pp.1773-1792.

⑥ 　S. K. Land, "Lord Monboddo and the Theory of Syntax in the Late Eighteenth Century", *Journal of the History of Ideas*, 1976, Vol.37, No. 7, pp.423-420.

号子式的"呦嘿喝理论"。在回应苏格拉底拟声说方面，叶斯柏森显然赞成卢梭的观点而主张语言起源于人类以唱歌的方式进行情感宣泄的"啦啦理论"①。

　　不过，古罗马哲学家卢克莱修却认为人类最早发出的声音是无用的噪音，是由于实际需要的驱使人才逐步学会发出有用的声音。噪音当然没有什么用处，但是音乐肯定不能被当成噪音。我们今天说音乐是一种语言，虽然多半有点隐喻的意味，但是这隐喻的背后道出的本质是音乐确实是情绪、情感和情怀的交流方式。音乐的力量，在叔本华（Schopenhauer）看来，可以震撼一切生命体。音乐独立于现象世界而又存在于好像没有世界的世界，音乐是整个世界，它让事物的内心得到释放，在我们本性的深处进行表达，事物本身的表达就在于开始用音乐歌唱②。苏格拉底认为，拟声的本质不在于指物命名，那么拟声是不是在于情感的宣泄呢？假若在还没有语言产生的时候，人们就会发声，而且发的不是卢克来修所说的噪声的话，那么人的发声是不是单纯的鸟鸣兽吼似的没有目的呢？想想哑巴和不会说话的婴儿，我们可以说人还没有语言前或者说在没有完整的语言前就有表情。在这点上，维特根斯坦说：

　　　　528 我们可以设想一种人，他们所具有的并非完全不像语言：带有表情的声音，但没有词汇或语法。
　　　　529 "但这些声音的含义是什么呢？"——音乐中声音的含义又是什么呢？尽管我根本不是要说，这种由带有声音组成的语言必须同音乐等量齐观。

　　　　　　　　　　　　　　　　　（维特根斯坦，2001：222-223）③

　　比维特根斯坦早出世一百多年的洪堡特说得更直接，在他看来：

① J. Aitchison, *The seeds of speech: language origin and Evolution*, Foreign Language Teaching and Research press, 2002, p.13.

② A. Schopenhauer, *The World as Will and Representation*, MIT Press, 1958, p.256, 263.

③ 维特根斯坦：《哲学研究》，陈嘉映译，上海人民出版社 2001 年版，第 222—223 页。528 等乃小节序号。

　　语言产生自人类本性的深底……语言具有一种能为我们觉察到，但本质上难以索解的独立性，就此看来，语言不是活动的产物，而是精神不由自主地流射……最初，当言语和歌唱自由自在地涌流而出时，语言依照共同作用的各种精神力量的热烈、自由和强烈的程度而构造起来。

（洪堡特，1999：21）[①]

　　语词并不是迫于需要和出于一定目的而萌生，而是自由自在地、自动地从胸中涌出来的；任何荒原上的游牧人群，恐怕都有自己的歌曲，因为人作为动物的一类，乃是会唱歌的生物，所不同的是他把曲调同思想联系了起来。

（洪堡特，1999：73）[②]

　　如果不从贝多芬或现代音乐的角度去看，我们仅从原生音乐和原始发声的角度来看的话，音乐与成熟的语言最大的差别恐怕在于音乐没有维特根斯坦提到的词法或语法。实际上，不管原生音乐需不需要这样的语法和词法，恐怕人类在获得语言前最容易使用的有声交流方式应该是音乐。看来，卢梭的断言并非没有道理。至此，我们是不是可以推测出在原生文化保持得比较好的部落或人口不多的经济发展滞后的民族中音乐总是在整体上占据着那样重要的位置的道理呢？他们的那种音乐是不是人类最初交际形式的孑遗现象呢？

3. 唱与说的关系

　　1998 年，瓦尼苏特和斯戈伊思（Vaneechoutte & Skoyles）提出"音乐习得机制"（music acquiring device，以下简称 MAD）时说，唱为言语准备了物理器官、练就了神经调节和呼吸调节能力；唱的习得能力是本能式的心

---

① 洪堡特：《论人类语言结构的差异及其对人类精神发展的影响》，姚小平译，商务印书馆1999 年版，第 21 页。

② 同上书，第 73 页。

灵句法与话语句法产生联系的途径①。本能式的心灵句法在某些动物那里也有，但动物不具备这种联系。如果要为瓦尼苏特和斯戈伊思的观点提供理据，恐怕我们得站在进化论的角度来思考。

我们都知道人区别于动物在于人有语言，然而这么笼统地说并没有道出问题的本质。我们需要明确的是语言只有声音还不成为语言，许多动物与鸟都会发音，但它们却没有人类的语言。卢梭说语言产生于情感，狗、大象、猴子等它们也有情感，但为什么没有产生出复杂的语言呢？孔狄亚克认为是由于需要，是由于注意、感知行为、忆想、想象等活动迫使人类产生对语言这样的符号的需要，语言才逐步产生，而且语言产生离不开思维。然而，根据平克的叙述，动物也会注意、也会感知、也有思维等，但动物为什么没有语言呢？面对这么复杂的问题，平克从乔姆斯基的语言内在说、普遍语法和语言习得机制（LAD）等观念得到启示，总结说语言实际上是人的本能。

然而，乔姆斯基语言内在说的普遍语法仅仅属于哲学思辨，并不是对事实的描述。我们知道，乔姆斯基的普遍语法特别是由此发展出的转换生成语法的哲学根源在 17 世纪欧洲大陆哲学的笛卡尔哲学。根据阿尔斯勒夫（Aarsleff）② 和威廉姆斯（Williams）③ 的研究，笛卡尔的哲学直接影响了孔狄亚克的语言思想，而孔狄亚克直接影响了卢梭和德国的黑尔德与洪堡特。由于乔姆斯基主要从德国人特别是洪堡特那里继承语言学思想，所以他从来未提到孔狄亚克。乔姆斯基与孔狄亚克最大的共同点在于从心智研究来揭示语言的获得与起源，只不过乔姆斯基关注的焦点是人的语言习得而孔狄亚克试图揭示的是语言的起源。应该说，他们的语言思想都是对笛卡尔思想的提升，反对语言研究中的经验主义、行为主义和联想主义。在语言学传统上，乔姆斯基批判的是布龙菲尔德，而在语言习得上批判的是斯金纳的行为主义。

如果说乔姆斯基的普遍语法观可以通过他的参数原理等来解释不同语言

---

① M. Vaneechoutte & J. R. Skoyles, "The Memetic Origin of Language : Modern Humans as Musical Primates", *Journal of Memetics* (online journal), 1998, No. 2.

② H. Aarsleff, *From Locke to Saussure: Essays on the Study of Language and Intellectual History*, University of Minnesota Press, 1982, pp.101-102.

③ T. C. Williams, *Kant's Philosophy of Language: Chomskyan Linguistics and its Kantian Roots*, The Edwin Mellen Press, 1993, pp.2, 9, 10.

的句法多样性而还能勉强站住脚的话，那么，它却无法解释为什么人类能够发出的音多达数百个，可人类的语言使用却偏偏只使用有限的几十个元音和辅音来说话。实际上，对地球上的语言的句法多样性，普遍语法观也无法进行令人信服的解释。于是，笃信乔姆斯基学说的人会说乔姆斯基的普遍语法根本不是我们常规意义上的语法，而是一种内在的心理机制。如果这么阐释乔姆斯基的话，那么乔姆斯基的语法有如康德哲学那么深奥。实际上，乔姆斯基的学说确实具有康德哲学根源。

现在的关键问题是，语音是如何产生和变化的呢？语言产生除了需要大脑进化以外，最基本的条件还需要恰当的发音器官。大多数动物和鸟类都有发音器官，人类的发音器官与它们有无本质的差异呢？与人类相似性不大的许多动物的发音器官肯定与人类有差别，但问题不在于发音器官的硬件差异上，而在于发音过程差异。恐怕人类区别于动物的关键所在就是，人在发音时具有气流控制。驴子、狗、猪，甚至猴子只会一呼一吸式的发音，它们无法通过控制气流的强弱来修饰不同的音，尤为关键的是它们无法在一呼一吸之间发出一连串的不同的音，这大概是我们无法教狗学语言的原因吧。在这点上，鸟类似乎要比兽类更接近人，因为有些鸟类可以拖长元音，甚至能简单模仿人的声音。对此，狄肯（Deacon）教授在他的《符号物种》（The Symbolic Species）里专门就哺乳动物为什么不能像鸟儿那样歌唱做了解释[1]。

把歌唱与呼吸整合起来而进行控制性发音的能力，应该是人的特有能力。对声音的修饰与控制是基本的歌唱基础，人在获得语言前就会歌唱了。人类最早的歌唱像说话，但不太可能是指物命名，这正如鸟鸣一样，谁能说鸟叫是在命名事物呢还是在呼唤同伴？最原始的唱歌极为简单，不必有太多的变化，不必有太长的连续歌唱时间，更重要的是不需要句法，也不必像现在我们所知道的歌唱那样需要专门训练以及那样的高难度。当然，人类唱歌能力的获得是经过长期进化的。

瓦尼舒特和斯戈伊思提出 MAD（音乐习得机制）时说，人类是先学会歌唱，经过漫长的进化后，人类逐步获得一种能歌唱的能力，并在偶然的基因突变中成为可遗传性状，后来的人就在原来的基础上逐步进化出复杂的说

---

① T. W. Deacon, *The Symbolic Species: The Co-evolution of Language and the Brain*, W. W. Norton & Company, Inc., 1997, pp.236-247.

话能力来。瓦尼苏特和斯戈伊思说，语言源于歌唱，源于 MAD（音乐习得机制），这正好能说明为什么人类的发音只集中在几十个音节上。在他们看来，在歌唱的进化过程中，人类经历的是"摹因演化"（memetic evolution）而不是盲目的自然选择，正如道金斯的自私的基因一样，歌唱摹因也是自私的，有利于"摹因"①（meme）本身存在与发展的歌唱摹因得到遗传。这正好能说明为什么音符数量有限。认为歌唱遵循的是摹因进化，在这点上瓦尼苏特和斯戈伊思同苏珊·布莱克摩尔观点相似。布莱克摩尔在谈论语言的起源时说，人类具有说话的激情，而试图说话的这种激情不是出于对基因有什么优越性和利益，而是出于摹因的利益，说话为摹因提供了有效的传播途径②（布莱克摩尔，2001：144—146）。

在瓦尼苏特和斯戈伊思看来，乔姆斯基的 LAD 与内在普遍语法是人类言说进化到较高层次后才偶然形成的。因此，当人类语言习得基本成熟后，MAD 与 LAD 整合为一体。瓦尼苏特和斯戈伊思进一步说，现代人仍然具备歌唱的本能，而且歌唱是言语的基础。对于这一点，他们认为可以从音乐治疗的实际功效来说明。对有言语障碍的儿童进行音乐治疗的成功案例说明，通过修复音乐功能，失语儿童能够获得说话的能力。显然，瓦尼苏特和斯戈伊思试图说明的是在语言起源问题上，甚至在个人语言获得上，先有唱然后才有说。这个观点肯定会引发不少疑问。如果疑问是围绕**人类整体语言起源**进行，那么上述思考只能提供部分解释。如果疑问是针对**现代人类个人获得语言**的实际情况而发，那么这就需要做大量的实证研究来回答。我们不妨从观察婴儿说话入手，去做实证研究，收集一些证据。我们在给婴儿说话时，我们总是倾向于拖长声音，总是带着情感去诱导婴儿说话，而婴儿首先发的"爸爸"、"妈妈"等听起来本身就是音乐。

---

① 根据道金斯观点，人之为人有两种基本单位组成：负责生物遗传的"基因"和负责文化传递的"摹因"。摹因（meme）现还属于假设性概念，而且译名纷杂，有"谜米"、"觅母"、"幂母"、"敏因"、"拟子"等。

② 布莱克摩尔：《谜米机器》，高春申等译，吉林人民出版社 2001 年版，第 144—146 页。注意：布莱克摩尔热心于摹因研究，2011 年她在摹因的基础上提出了文化传递的又一新概念"替因"（teme）。

4. 理性与语言的共同演化

从前面关于语言起源的各种观点中，我们不难看出理性与语言对于人之为人而言具有同等重要的地位。不管把语言置于理性之上，还是把理性放在语言之前，在我们看来二者具有不可分离性。但似乎二者又相互影响。也许正是基于这种观点，孔狄亚克干脆断言理性与语言共同生长。

前面提到，孔狄亚克的三个公理性观点之一就是人具有理性，人凭着理性而获得语言。在孔狄亚克看来，理性处于语言之上。但在哈曼看来，理性就等于语言。我们从考虑话语连贯的角度看，在理性与语言这个问题上，我们认为马克斯·缪勒（Max Müller）那具有折中意味的观点比较可取。缪勒说："语言是我们的卢比孔河①，任何野兽都不敢跨越……没有话语就没有理性；没有理性就没有话语。"② 其实，缪勒这话与黑尔德相应观点同出一辙。黑尔德（Herder）说："没有语言就没有理性，没有理性也就没有语言。"③ 为此，我们不必再纠缠于理性与语言孰先孰后这一问题，而更应该关注理性与语言的体现。

从苏格拉底的拟声说看，语言源于模仿。既然是模仿，自然就有理性在支配。在这一点上，惠特尼说，人是具有模仿能力的动物，人的模仿不是本能的、机械的模仿；人的模仿由理性支配，具有更高级、更复杂的目的，如为了交流、娱乐、艺术等。

说到理性与模仿，我们发现一个潜在的问题。话语模仿可以量化，话语也就有一个从少到多的累积过程。如此推演，我们要问理性有没有什么量化办法呢？一般，我们不太愿意承认某些动物也具有理性，但我们不得不承认，就算动物有理性，动物的理性也没有人的理性高级。在这一点上，黑尔德说人有一种特性的东西，可以叫做 Verstand，Vernunft，Besonnenheit；这东西本来不是使人区别于动物的独特特征，它并不新奇，但它奇就奇在能够把所有的"官能"（faculty）组织起来，这样人就有别于动物。理性加在动

---

① 卢比孔河（Rubicon）位于意大利中部，公元前49年恺撒领兵过河与庞培作战。英语成语 to cross the Rubicon 意思是有去无回、破釜沉舟。Müller 把语言比作卢比孔河意在说明语言与理性的神圣。

② M. Müller, *The Science of Language*. Vols I & II. London, 1891.（该文献从网络数据库获得，无出版信息。）

③ J. G. Herder, *Essay on the Origin of Language*, The University of Chicago Press, 1966, p.121.

物身上并不全成为一种新的力量，但理性是人类整个行为模式的表达①。在黑尔德看来，理性的一个主要特征就是行为的选择。既然有选择，既然理性表现为一种明智，那么理性就有明智与不明智之分了。如果人与人之间并没有理性上的某种差异或区分，那么我们该如何解释在其他方面都相同的情况下，却会出现不同的话语情况呢？就算没有绝对的相同情况，那么就某一种情况所说的话为什么并不是我期望的呢？回到话语连贯这一话题上来说，为什么会有不同的构建连贯的方式呢？

对于上面提出的问题，我们可以从黑尔德的上述言论得到启示：话语与理性在本质上都具有选择性。这一观点可以从笛卡尔那里获得支撑。笛卡尔在《谈谈方法》中说：

> ……我们称为良知或理性的那种东西，本来就是人人均等的；我们的意见之所以有分歧，并不是由于有些人的理性多些，有些人的理性少些，而只是由于我们运用思想的途径不同，所考虑的对象不是一回事。因为单有聪明才智是不够的，主要在于正确地运用才智。
>
> （笛卡尔，2005：3）②

说理性人人均等，笛卡尔未免有点武断。然而，我们倒也无法对此加以验证，试想一个成人与一个三岁小孩进行对话，由于话题及话语互动本身的特性，他们间的对话固然会成功，但是，二者之间的理性会等同吗？小孩之间的对话在成人看来有时显得幼稚可笑，是不是由于成人的理性有别于小孩的理性呢？再有，小孩们自己为什么不太会觉得他们的话幼稚可笑呢？我们在第一章所列出的话例1不正是在说明某种道理吗？重要的不是考虑理性是否人人均等，倒是应该关注理性的选择差异。我们坚信理性选择的差异势必会导致话语的差异，由此，话语连贯也会有差异。

导致理性差异的原因是什么呢？对于这个问题我们恐怕只得求助于演化论。由于演化的关系，理性就表现不同。既然理性与语言不可分离，我们可

---

① T. C. Williams, *Kant's Philosophy of Language: Chomskyan Linguistics and its Kantian Roots*, The Edwin Mellen Press, 1993, p.38.

② 笛卡尔：《谈谈方法》，王太庆译，商务印书馆 2005 年版，第 3 页。

以从语言的演化来推断理性与语言共同演化。

三、演化与个人话语的累积

虽然我们不可把个人话语能力的获得同整个人类话语起源等量齐观，但是就个人而言总是存在着话语如何起源、获得、发生的问题。演化论能够为人类话语的起源提供一个相对完整的解释，其根本前提在于人类的语言演化享有一个奢侈的条件，那就是漫长的岁月。而对于个人而言，生命如此短暂，如果一切语言都是演化而来的话，那么得惊叹我们的演化速度如此之快，而且演化的方向如此明确。当然，演化总是和变异与遗传联系在一起，于是我们可以解释说，现在的个人之所以有语言，是有先天的遗传和后天的学习，二者缺一不可。

语言也属于遗传，那么我们从父辈那里继承的是什么呢？是一整套语言还是获得语言的某种机制或能力？演化论也许能为我们为什么能获得语言这个问题提供物理学、生理学上的解释。我们为掌握语言演化出了物质条件，具备了生理基础。但是，演化论却怎么也无法提供令人信服的解释，即无法说明人类那演化得越来越复杂的大脑是怎样把物质的、生理的东西转换成意识的东西。演化论在生物学科里具有实质的意义，但在人文学科里，演化论为什么会举步维艰呢？我们可以说某种生物比另外一种生物高级，那高级的是演化的结果，但我们却不能说某种语言特征就比另一种语言特征高级，比如我们不能断言句法上的"主语——谓语——宾语"这种结构要比"主语——宾语——谓语"这种结构高级，反之亦然。

在语言的起源、语言获得等方面还有许多谜尚未揭开，但现在一些研究表明，无论是人类语言也好，还是个人语言也是罢，语言是一个连续体。它肇始于思想与交流的零星片段，经慢慢发展而最终成为越来越有力、越来越有效的表达体系[1]。仅从话语本身看，我们认为个人的话语具有一个由少到多的累积过程。

既然话语是一个累积的过程，那么每个人的累积速度与累积量肯定不会

---

[1] B. H. Bichakjian, "Looking for Neural Answers to Linguistic Questions", ed.by M. I. Stamenov & V. Gallese , *Mirror Neurons and the Evolution of Brain and Language*, Benjamins, 2002, pp.323-331.

完全相等。再有，语言是一个开放的系统，那么语言累积，对于个人而言是一生的事，对于整个人类而言是永远的事。这一认识给话语连贯带来的启示是，处于不同话语累积过程中的不同话语参与者之间进行话语互动时，他们的话语连贯是如何构成的呢？试想一下，马致远的《天净沙·秋思》在一个具有不同话语累积情况的解释者眼里会是什么样的呢？比如初学汉语的外国人很难感觉到《秋思》的连贯与美，恐怕这与话语累积不无关系。

我们在谈论话语累积时有一个基本前提就是语言或个人话语能力是从初步的片断零星逐步发展成为一个高级的开放的表达体系。在这里，我们似乎回避了一个问题，或者说存在一个大胆的假定，这就是语法问题。语法是哪来的呢？语法存不存在累积情况呢？当我们说一个人的词汇量在不断增加，我们基本上已经能确定这个人拥有了语法。谈到这一问题，我们不由得想起乔姆斯基来。

今天我们知道乔姆斯基的转换生成语法、语言内在说、普遍语法等理论或学说引发了一场认知革命。乔姆斯基认为，我们的语言形成不可避免地取决于我们的心灵形式。我们天生就有抽象的语法分析能力，天生具备把句子切分成抽象的短语结构的能力。对于乔姆斯基的上述观点，赛尔（Searle）解释说：

> 乔姆斯基提出的句法极为抽象、复杂，这提出一个问题："小孩是如何学会极为复杂的语言的呢？"你无法教会小孩公理性的集合论；然而乔姆斯基却表明英语在结构上比公理性的集合论复杂得多。而小孩能学会它，那么这是怎么回事呢？对此，乔姆斯基的答案是小孩们早就有这方面的知识。若认为人的心灵生下来就是一块白板，这完全是错误的。小孩自出生时心灵里早就编制起了一切自然语言的语法形式。
>
> （转译自 Magee,1982:170）[①]

毫无疑问，乔姆斯基的理论假设并无足够的证据，只不过是一种心理现

[①]　B. Magee et al, *Men of Ideas: Some Creators of Contemporary Philosophy*, Oxford University Press, 1982, p.170.

实而已。由于语言的复杂性，小孩又在短短的时间里能够学会，所以有理由断定语言形式是既定的，语言是人类心灵的产物。说语言是心灵的产物，这话倒也不会引起多少争议，但如果说语法是天生的或者说是心灵的产物，这就不可避免地引起争论。这个问题将在本书第四章进行专门讨论。我们紧接的要讨论的是话语连贯与知识的问题。我们将从乔姆斯基提出的问题出发，也附带考察一下人在出生时心灵是否就是一块白板这一问题。如果话语参与者的心灵都是两块白板，那么这样的话语互动之连贯会在什么层面上构建呢？如果心灵是白板一块，那么理性又该作何选择呢？理性意味着明智地选择，而选择应该有可选的对象，这可选的对象就是心灵的内容，而心灵的内容离不开知识。

第三节 知识与连贯

乔姆斯基的学说，在詹金斯（Jenkins）[①] 看来，提出了关于语言与生物学研究的几个中心问题：第一，语言知识由什么组成？第二，这种知识如何获得？第三，这种知识如何投入使用？第四，相关的大脑机制是什么？第五，这种知识是怎么演化的？

乔姆斯基[②] 在上个世纪 50 年代就把这五个问题置于他的生成语法内进行讨论，自那时起到现在这段时期关于语言的研究可以算是一场"认知革命"。然而，在乔姆斯基看来，"认知革命"号角下的当代语言研究本质上却是欧洲 17 世纪、18 世纪一些"经典问题"的"翻新"。在乔姆斯基看来，语言知识由什么组成这一问题在根源上是"共堡特问题"；而语言知识如何获得这一问题可以算是"柏拉图问题"的一个特殊案例；语言知识如何投入使用这一问题归属于"笛卡尔问题"。如果这三个经典问题得到解决，那么上述第四、第五个问题就迎刃而解了。

我们知道，从狭义上讲乔姆斯基的语言知识限定在语法知识上，考虑的是语言的骨架而非语言的血肉，基本上不考虑语言的意义。不过，乔姆斯基

① L. Jenkins, *Biolinguistics: Exploring the Biology of Language*, Cambridge University Press, 2000, p.1.

② N. Chomsky, "Language and cognition", In *The Future of the Cognitive Revolution*, ed.by D. M. Johnson & C. E. Erneling, New York, Oxford University Press, 1997,pp.15-31.

对这些问题的追问所带来的启示远远超出了语法或语言形式。从广义上看，语言是知识的话，那么语言不仅仅有语法知识，而且更多的是人及各类世界知识。话语连贯的构建实际上也包括知识的运用。那么，什么是知识呢？语法与知识有什么关系呢？

一、关于知识的考察

从哲学的概念考察角度看，不太容易把"知识"说清楚。《汉语外来语词典》（上海辞书出版社 1984 年版）把"知识"一词确定为外来语，解释为："人们对事物的认识和经验的总和，有时包括有关的技能。"而《汉语大词典》（汉语大词典出版社 1991 年版）第 3 卷第 1536 页对"知识"这一词列有 4 条词义。前三条释义分别为"相识的人"、"结识；交游"和"了解；辨识"，并分别从古典文献中引出例子来说明。第 4 条释义为："人类认识自然和社会的成果和结晶。包括经验知识和理论知识。"这条释义下的例子来自毛泽东、朱自清和巴金等现代伟人，并不见古典文献。由此看来，即便不把"知识"当成外来词，"知识"也至少归入陈嘉映所说的"移植词"① 这一类。所谓移植词，是指汉语原有的词被用来翻译外文词语，逐渐不再在它原有的意义上使用它们，而主要以其外文翻译意义来使用。我们现在所使用的"知识"对应的是英文"Knowledge"和德语的"Wissenschaft"，然而，这三者并非完全对应。

要是一个概念定义不清，那么就容易引起认识混淆。认识混淆下的话语互动也就会出现不同互动效果，从而构建出不同的话语连贯。正是基于这一认识，本节才致力于连贯与知识的考察。试想一下，如果一个人的话语既可能被当成知识，又可能被当成真理，或当成看法，或当成认识，或当成信念，或当成意见等，那么在这些种种不同的情况下会发生什么样的话语互动呢？想想第一章所给出的话例 1，两小孩就"小龙"和"小笼包子"发生的话语互动，我们就会明白，知识在话语连贯中起着重要的影响作用。要知道，"知识"这一概念很容易与"真理"、"认识"、"看法"、"意见"、"信念"、"知道"等产生联系。这些就能说明为什么对于"知识"这一概念会有不同的界定。

---

① 　陈嘉映：《从移植词看当代中国哲学》，《同济大学学报（人文社科版）》2005 年第 4 期。

当说一个人有知识时，往往首先想起的是他饱读诗书或满腹经纶，然后可能会想起某人经验丰富。一般不太会把技艺精湛或技艺高超归为知识。在这种认识维度下，知识似乎与小孩，尤其是婴儿没有关系。知识似乎是后天学来的、积累起来的。小孩犹如一张白纸，知识慢慢在白纸上堆砌。凭直觉，我们会把知识同科学知识等同起来，而不太容易把知识同常识等同起来。

二、知识的种类

金岳霖[①] 说，知识究竟是什么，对于这一问题我们现在无从答复。在金先生看来，知识的对象可以大致分为两类：普遍的和特殊的。"前者是普通所谓理，后者是普通所谓事实"。知识的对象是我们求知上所欲达的，可达的与不达的理仍然是对象。同样可达的与不达的事实也是对象。这就是说，理与事实不会因个人知道与不知道而改变。金先生把知识的内容也分为普遍的理和特殊的事实两种。我们求知有时能达，达则有所得。在普遍方面有所得就是明理，而在特殊方面有所得就是知事。

罗素[②] （1983：502—516）把一般所说的知识分为两类：第一类是关于事实的知识，第二类是关于事实之间的一般关联的知识。与这种区分紧密相关的还有另外一种区分就是"反映"的知识和能够发挥控制能力的知识。关于事实的知识和关于事实之间的一般关联的知识可能属于非推理的知识。就非推理的知识而论，我们关于事实的知识有两个来源：感觉与记忆。尽管感觉是知识的来源之一，但感觉本身却不是通常所说的知识。当我们说道"知识"时，我们常常要把"认识"和"认知对象"区别开来，但是在感觉上却没有这种区别。在大多数心理学家看来，"知觉"具有知识的性质。知觉之所以如此是由于经验。作为一种心理现象，知觉是一种事实，但是就它所加给感觉的来说，它却是一种可能与实在不相符的事实。

在罗素看来，记忆是"反映"的知识的最完全的范例。在一定范围内，我们完全相信我们的记忆，即使它不能通过考验。记忆的考验，只不过是一

---

① 　金岳霖：《知识论》，商务印书馆1996年版，第1—2页。

② 　罗素：《人类的知识——其范围与限度》，张金言译，商务印书馆1983年版，第502—516页。

些证实；记忆本身就带有相当程度的可信性。

当然，知识在罗素那里不仅仅是上述内容。上述主要讨论的是非推理的知识，而推理的知识却占有人类知识的主要地位。

为了论述方便，我们不打算从知识论的角度去讨论知识，而从已经成为知识的认识角度来看知识的类型。

知识作为一个广泛使用的词，其内涵和外延因使用者不同而有所差别。一般可分为狭义和广义的知识。知识是通过实践、研究、联系或调查获得的关于事物的事实和状态的认识，是对科学、艺术或技术的理解，是人类获得的关于真理和原理的认识的总和。总之，知识是人类积累的关于自然和社会的认识和经验的总和。这是广义的知识概念。

广义的知识按内容分为如下四种：

（1）关于"知道是什么"的知识，记载事实的数据；

（2）关于"知道为什么"的知识，记载自然和社会的原理与规律方面的理论；

（3）关于"知道怎样做"的知识，指某类工作的实际技巧和经验；

（4）关于"知道是谁"的知识，指谁知道是什么，谁知道为什么和谁知道怎么做的信息。

其中关于"是什么"和"为什么"的知识，即关于自然和社会的运动规律、原理方面的理论体系，可称为狭义的知识概念。

从表现形式看，知识还可以分为"明显知识"（explicit knowledge）和"默会知识"（tacit knowledge）。明显知识可以通过文字、语言、数字、数据、公式、原理等形式进行表述，容易编码，容易信息化，可以通过各种传媒进行传播和分享。就话语分析而言，这类知识与语言密切相关是有语言记载的知识。上文说到的"知道是什么"和"知道为什么"这两类知识多归于明显知识。默会知识具有很强的个人特性，很难用形式化手段表述出来；个人需要亲自实践才能领会与获得。前面所谈的"知道怎样做"和"知道是什么"的知识多属于默会知识。默会知识包括主观洞见、自觉、预感等，它植根于个人的行为和经验，带有个人的理想、价值观念或情感。默会知识具有两个维度：个人特技和个人认知。有些工匠或艺术大师技艺高超、本领特强，他们知道怎么把事情做好，但他们那技艺和本领几乎无法记载下来，无法与人分享。

　　话语互动中的连贯构建不仅要受明显知识的影响，而且还要受话语双方默会知识的影响。

　　就话语分析而言，知识还可以分为逻辑知识、语义知识、系统知识和经验知识。不管在知识分类上有多少分歧，这四类是话语分析中知识的基本分类。比如对于下列话语："三角形有三条边，内角和为 180 度"，"你面前有一本书"，"二加二等于四"，"光棍汉就是未婚男子"，"如果甲大于乙，而且乙大于丙，那么甲肯定大于丙"。对于这样的句子，我们可以判断其真假，因为它们都是真正的命题。问题是，我们是怎样知道这些的呢？显然，我们具备不同的相关知识。

　　我们的逻辑知识用于命题的逻辑判断。你如果说"甲比乙高，乙比丙高"，当然你的结论"甲比丙高"在我看来是正确的。但如果你突然得出结论说"丙比甲乙都高"，这时我知道你的结论不符合逻辑。然而，现实生活中的话语往往会出现不符合逻辑的情况来，对于这点我们在后面再做讨论。

　　要判断"光棍汉是未婚男子"的真假，一般我们得求助于我们的语义知识。对于一般人来讲，语义知识往往取决于对单词的意义的解读。然而语义知识并非确定不移，我们很多时候仅仅是凭常识来解读这样的句子。常识告诉我们，面对一位带着三岁男孩的母亲，我们一般不会说"你有一个光棍汉孩子"。这说明，语义知识还要受社会规约限定。

　　系统知识往往与数学知识和几何知识有关。说"二加二等于四"，"三角形的内角和等于 180 度"，我们凭借所拥有的系统知识来判断这话确实为真。但在日常话语中，如果有人说："1 加 1 等于 1"或者"1 加 1 等于 3"时，我们马上会把这话排除在系统知识之外，而期望说话人给予进一步证明或解释。否则，我们会认为你的语句虽然对，但我们不能理解你那语法正确而系统知识出错的话是什么意思。日常话语中，许多语句不受系统知识的约束，这样就会出现，话语语句在形式上正确无误，甚至语句的每个词、每个字都清清楚楚，但在表达意义上让人难以理解。

　　来源于我们感官的知识通常被称为经验知识。科学为我们树立了一个最好的范例，即以某种方法去获取精确的经验知识。说大象有四条腿，一根尾巴，一根鼻子，两只耳朵，两颗长牙等，这是我们观察看到的事实。但你如果说，眼前的大象有 500 块长城砖那么重，我就会猜想你肯定沿用过曹冲称象的方法。如果说眼前的大象有 1273 公斤，我相信你这是用某种衡量手段取得的结论。这是科学知识，是使用某种方法的结果。不过，科学知识的得来并非如此简单。科学知识的获得往往要经过观察，提出假设，对假设进行溯因推理，再仔细观察，修正假设，演绎验证假设的方法、实验，然后确认或推翻原来的假设。然而对于普通人来讲，我们所获得的科学知识，并非我们亲自经验过。我们往往是从各种记载或者某题间接获得，而且深信不疑。在这个层面上讲，我们所知道的知识，往往是接受与相信。我们接受那是知识，我们相信那是知识。为此，知识意味着相信或意味着某种信念。这样一来就容易产生出问题，因为知识可以成为信念，而信念并不一定意味着知识。我们日常的话语互动并不总是以可靠的知识为基础，我们的话语往往受信念支配。科学勾画出的世界，无论数目有多少，始终要少于话语构建出的世界。现实中不可能的东西，往往在话语世界里被描绘得活灵活现。

什么样的信念是知识呢？答曰：验证过的有根据的信念。于是我们可以说，知识就等于验证过的、有根据的真信念。提到验证和根据，我们既要当心偶然性和巧合，又要区分不同程度上的验证与根据。电视连续剧《家有儿女》中小男孩小雨凭想象说："刘星考试得了 2 分"，结果刘星真得了 2 分。这种情况下，在未验证前小雨的话是真是假呢？古人行军打仗最怕听到不吉利的话，那不吉利的话与后来发生的事有因果关系吗？即便是现在的人对语言仍然持有这样的敬畏。

验证和根据往往还有程度之分，有部分与总体之分。你要是取整体的一部分来验证某话，那话也不一定就因所验证的部分为真而整句为真。日常话语中，往往有打着验证的幌子，以偏概全。香港有一部影片描绘了一场法庭辩护。辩方律师与控方证人有一场精彩对话，大致如下：

话例 18

  律师：请回答，案发时你在现场吗？

  证人：是！

  律师：你看见整个案发现场和作案过程了吗？

  证人：我想是的！

  律师：案件发生的具体场所在哪里？

  证人：车里。

  律师：你当时在哪？

证人：山坡上。

律师：（拿出一张图片来）是这样的车吗？

证人：是。

律师：你当时看见整个车了吗？

证人：是！

律师：你现在看清了我手上整张图片了吗？

证人：看清了。

律师：（马上厉声呵斥）你撒谎！你根本无法看清整张图片！你只看见了图片的一面。同样，你在山坡上不可能看清整个汽车，你只看到了汽车的一面。是吗？

证人：（呆了，说不出话来）

律师：你既然只看到汽车的一面，你怎么能说你看到了整个案发现场呢？

　　这场对话中，律师是在验证证人的话呢还是在玩逻辑游戏？验证应该以什么为根据呢？律师那图片肯定不能成为证据，但那图片却在这场对话中起到了主要验证作用。实际上，这种对话并不是对他人的经验事实进行验证，而是律师抓住全称量词"整个"、"整张"和部分量词"一面"的矛盾性在做文章。然而，假设我们的逻辑知识在法庭中未突显出来或者被遮蔽了的话，那么凭自觉我们很可能会认为律师是正确的。

　　日常话语中，对经验知识的验证并不是一件容易的事，而日常话语都以经验知识为主。我们仅凭逻辑知识、语义知识和系统知识来考虑话语的连贯构建，显然只能揭示冰山之一角。合乎逻辑的信念未必是事实，而经验的事实未必合乎逻辑。比如一个公司老板在批评合同期未满就要辞职的员工说："如果所有员工都不按合同办事而中途辞职，那么我这个公司还办不办呀？"老板这话合乎逻辑，但不合乎事实。这话只不过是一句未经验证的信念而已。现实生活中，这样的话语互动并不少见。看来，话语的公平与否，并不完全依赖于逻辑。

　　话语互动并不构成一个欧几里得平面，并不是一切都整齐划一，并不是井然有序。话语互动是圆形的，一切均有可能发生。虽然说话语是圆的，一切都可能发生，但话语毕竟是互动的话语。话语互动蕴涵了各种话语可能性，同时又带来了限制。这限制表现为双方要追求共晓性（common intel-ligibility），双方应该有"共有话语知识"（common discursive knowledge）。

三、共有话语知识

"共有话语知识"是从希尔（Heal）[①] 的"共有知识"（common knowledge）和乐热尔（Lehrer）[②] 的"话语知识"（discursive knowledge）综合而成的概念。共有知识与静态话语分析的"Shared knowledge"共享知识有区别。共享知识主要是指外部的，大家熟知的知识，这种知识不一定参与话语交流，而共有知识是话语双方在特定的场合共同关注到的知识，它是暂时的，动态的。川菜馆卖川菜，这样的知识属于话语双方共享的知识。当你和我在川菜馆共进晚餐时，邻桌的人突然高声划拳喝酒，你我都被他们的吵闹声所影响，这时我们注意到的就是共有知识。共有知识是双方都明白、都知道对方也知道的现场知识。如果有一方认为对方并不知道，那么这时的知识是不属于共有知识，哪怕双方都各自单独注意到了。比如：你我在川菜馆共进晚餐时，我不小心把红酒滴到了自己的白衬衫上，我不想让你知道，悄悄擦了一下我的衬衫，而你又刚好注意到这一细节，但你装作我不知道你已经知道了，这时的现场知识不是共有的，因为双方都认为对方不知道。另外一种情况是，我认为你知道某种情况，而实际上你并不知道，但你表现出好像知道，这时的知识也不是共有知识。话语连贯的构建的最佳基础就是共有知识，然而现实话语互动中往往出现上述非共有知识的情况来。试分析下面的话语情况：

甲、乙二人同在一个公司当中层干部，各自都应在自己的办公室坐班办公。而甲喜欢躲在办公室下棋，乙喜欢利用空闲时间躲在办公室写小说。每天下班时，乙的夫人丙知道乙容易忘记下班时间，所以都要到乙的办公室去看看，而丙去乙的办公室又必须经过甲的办公室。有一天，甲在下班的人流中碰到了去找乙的丙，于是甲开口就说："哟嘿！检查工作来了?! 你老公规矩得很呢。整天在办公室里写小说！"丙回答道："真的呀？我以为他在办公室下棋呢。"这里的话语表面上没有什么异样，但仔细分析起来，甲与丙的

---

① J. Heal, "Common Knolwedge", *The Philosophical Quarterly*, 1978, Vol. 28, No. 1, pp.116-131.

② K. Lehrer, "Discursive Knowledge", *Philosophy and Phenomenological Research*, 2000, Vol. 60, No. 3, pp.637-653.

对话并没有在共有知识上构建话语连贯。表面上甲、丙的话构成了一种连贯，而深层上，甲与丙各自都在寻求各自的连贯构建。

在希尔看来，共有知识是话语双方共同努力的指南。希尔设计出了一条原则来说明什么是共有知识：

（i）只有当且仅当下列条件得到满足时，命题P才是你我之间的共有知识：

你我互相理解，知道对方的背景知识、观察能力和推理原则与自己相似；因而，相同的证据会得出相同的结论。简言之，你和我有共同的推理标准。

（ii）有一个具体场景，牵涉到你和我，还有命题P。在这个场景中，

a）你我都有足够的证据证明这个场景确实存在；

b）这个场景的存在对我们来说是命题P的最佳证据；

c）这个场景的存在对我们来说是可以作为最佳证据来说明你我都有证据来证明这个场景的存在。

（Heal,1978：116—131）①

在我们看来，希尔的这条原则有些繁琐，但是这条原则关心的是话语双方使用的是共同的推理标准，是否意识到在同一个场景中共有同一个命题P。前面话例中甲、丙的对话里"你老公整天在办公室里写小说"这一命题虽然是同一命题，但并不在同一场景中推理，甲、丙二人没有共有知识的推理基础。

"话语知识"是乐热尔（Lehrer）提出来的概念，是指我们在推理中用来反驳或确认某种假设的知识，是思考和推理的前提。话语知识为我们提供有根据的推理的前提和结论，能让我们证明合理的接受与合理的拒绝。话语知识是根据提供和批判性评价的组成部分，它满足的条件是如果知道命题P，那么就有根据接受命题P。话语知识不是小孩的原始知识，所谓原始

① J. Heal, "Common Knolwedge", *The Philosophical Quarterly*, 1978, Vol. 28, No. 1, pp.116-131.

知识就是小孩和动物拥有的并不作对错区分的认识[①]。

乐热尔提出"话语知识"的基本出发点是：第一，任何认知理论都有多重目的，在这些多重目的当中联接有原始知识和话语知识；认知理论的关键任务之一就是要说明人心如何接收信息；另一关键任务就是说明人心怎样评价所接受到的信息，即要说明人心怎样依据某些背景系统来接受或拒绝所接收到的信息；第二，人心可以分成一级心灵和二级心灵；一级心灵指不依赖于我们意志的欲望、信念等；一级心灵的活动是自动的，可能不明显；二级心灵是评价我们心灵状态的心灵，是元心灵（metamind），具有透明性和弹性，具有求真、理解和阐释的理性活动；第三，话语的背景体系是一个评价体系，与背景体系连贯一致的根据（justification）就是知识；换句话说，在对根据进行证明的活动中，经得起证明的根据就是知识，就是内在证明和外在真理的系统匹配。

乐热尔对心灵的划分给话语分析的启示是，心灵的活动在话语中体现出来，然而心灵活动又分为一级心灵和二级心灵。欲望、信念等属于一级心灵，它们往往违背我们的意志。恶的欲望并不会随我们的憎恶而消失，我们唯一能做的就是选择，尽量不去满足它。信念实际上也是一种初级心灵活动，不论对错，我们首先倾向于相信或不相信。然而二级心灵活动又理性地告诉我们，信念的可接受性并不以一级心灵活动为转移。接受、选择与推理是二级心灵活动，是元心灵活动。理性的话语互动应该在二级心灵活动中构建连贯，而不应受制于一级心灵活动。

评价、证实、寻找根据就是在我们心灵的背景里寻找连贯点。连贯不是系统性的，而是关系性的；连贯不是背景系统的特征，而是某种知识与背景系统的粘连。与背景系统紧密相连又有足够根据的就是可靠的知识。

话语互动是在双方中进行，所以话语双方的共有知识和话语知识都要参与连贯的构建。参与连贯构建的共有知识和话语知识，简称为"共有话语知识"。即在话语互动中，我们不能确保我们的一级心灵活动如欲望整齐画一地活动，但我们应该拥有共同的二级心灵活动，即共同的评价体系。显然，这是一种理想化的话语互动，在现实话语互动中，连贯的构建往往是错乱的。

[①] K. Lehrer, "Discursive Knowledge", *Philosophy and Phenomenological Research*, 2000, Vol. 60, No. 3, pp.637-653.

第四节　他心与连贯

　　庄子与惠子的濠梁之辩堪称经典，对喜爱传统文化的人来说，这场论辩耳熟能详。经典毕竟是经典，再述一遍也不嫌累赘，况且我们打算由此引发新的思考。《庄子·秋水》中有下面一段：

> 庄子与惠子游于濠梁之上。
>
> 庄子曰："儵鱼出游从容，是鱼之乐也。"
>
> 惠子曰："子非鱼，安知鱼之乐？"
>
> 庄子曰："子非我，安知我不知鱼之乐？"
>
> 惠子曰："我非子，固不知子矣；子固非鱼也，子之不知鱼之乐，全矣。"
>
> 庄子曰："请循其本。子曰：'汝安知鱼乐'云者，既已知知之而问我，我知之濠上也。"

　　在辩家眼里，这里有雄辩和诡辩之分，称雄辩者为惠子，诡辩者是庄子。从话语解释与连贯构建的角度看，庄子那所谓的"诡辩"除了借力发力之外，还有刻意对"安"字进行双重解释。借力发力是指，针对惠子的话"你不是鱼，怎么知道鱼的快乐呢？"，庄子把它套用来反驳惠子："你不是我，怎么知道我不知道鱼的快乐呢？"庄子对"安"字的双重解释是，古文的"安"既可作疑问副词，当"何也"、"怎么会"讲，又可作疑问代名词，代"处所"、"在哪里"[1]。惠子质问"安知鱼之乐"本意是"怎么会知道鱼的快乐呢？"而且惠子对庄子的反驳以守为进回答说："我确实不是你，固然不知道你；可是你到底不是鱼呀，所以你不知道鱼的快乐，这是完全肯定的呀！"针对惠子的有力反驳，庄子利用"安"字的双重意义而偷换字眼，把"安"字解释成"在哪里"，庄子说，得啦，我们就回到你厚来那句话"汝安知鱼乐"上吧，你这话本身就是说："你在什么地方知道鱼的快乐呢？"意思就这样，你惠子明确地预设了我庄子已经知道鱼的快乐了。我在又在濠水之上，你这不是明

---

① 杨树达：《词诠》，中华书局 2004 年版，第 458 页。

知故问吗？

　　庄、惠二人的濠梁之辩不管谁胜谁负，在我们看来，其中提出了一个严肃的哲学问题。"子非我，安知我不知鱼之乐？"这话直接把西方哲学中的"他心问题"（other minds）提了出来。扬雄在《问神卷第五》中说："故言，心声也。"①。刘熙载在《艺概卷一》中明确断言道："言语亦心学也"②。话语互动实质上是心与心的互动，因此，对话语互动之规律如连贯构建的研究势必要揭示心与心的互动规律。他心问题是话语连贯研究不可回避的问题。尽管这个问题早在庄子那里提了出来，在汉代扬雄、清代刘熙载等人那里有所提及，然而，这仍是现代语言学界极少论及的问题。

　　若干年前，台湾歌手苏芮的一首流行歌曲《牵手》声称："因为爱着你的爱，因为梦着你的梦，所以悲伤着你的悲伤，幸福着你的幸福。因为路过你的路，因为苦过你的苦，所以快乐着你的快乐……"很明显，这是在宣称"我的悲伤"与"你的悲伤"一样，"我的快乐"与"你的快乐"一样。然而，这话在哲学家看来过于武断，因为我们很难甚至根本无法证明你我的悲伤和快乐是一样的。日常话语中，我们凭着信念认为我们将心比心，我们能够以己之心度他人之心；甚至我们会说，你在想什么，我心里太清楚了。哲学家虽不否认你我都有心，你我的心都思考问题，但哲学家苦苦追问的是，我凭什么断定我心之外还有他心，比如你的心？日常话语互动中，我们也常常听到"明明白白我的心，渴望一份真感情"、"其实你不懂我的心"等话语来。虽然话语交流是心的交流，那么我们有必要谈谈他心问题。

一、他心问题的由来

　　他人与我们一样拥有心灵，这是一个普遍认同的信念，但问题是我们如何证明我心与他心一样呢？这个问题，在普通人看来未免有点空洞，然而自这个问题正式提出来以来，一直有人致力于解决这个问题。

　　一般认为，他心问题作为正式的哲学问题是在 19 世纪由穆勒（John Stuart Mill）提出。穆勒的他心问题现在被广泛认为是一种类比推理。不过，

---

① 扬雄：《扬子法言》，黄寿成校点，辽宁教育出版社 1998 年版，第 37 页。
② 刘熙载：《艺概》，上海古籍出版社 1978 年版，第 37 页。

早在穆勒之前，利德（Thomas Reid）就注意到了他心问题，而且他心问题的英文名称 other minds 首先在利德那里使用，而且很频繁①。在利德看来，正如我们的信念一样，他心无法观察到，只有通过推理才能触及；他心是内在的，正如我们自己的心是内在的一样。从哲学渊源上讲，他心问题可以追溯到笛卡尔和洛克那里去。笛卡尔的二元论把身心分离开来，并认为只有人和动物具有心灵，这本身就暗示除我之外他人也有心灵。同样，洛克认为他人的心灵是看不见的，这一论断也预设了他心的存在。对心灵的认知从笛卡尔那里看是一个私人领域的认知，只有心灵的拥有者才能直接认知。应该说，笛卡尔的身心分离二元论直接道出了心灵认知的不对称性，也就说明了他心问题之所以成为问题。

穆勒关于他心存在的类比推理法影响深远。关于他心问题，穆勒提出了这样的问题："我根据什么证据知道，或者我基于何种考虑竟至相信，存在其他有知觉能力的生物；我所看到或听到的那些正在行走或讲话的人有思想或感情，或者换句话说，有心灵！"② 穆勒的说明如下：

> 我之所以断定，他人也像你我一样拥有情感，首先是因为，他与你我一样拥有身体，就我自己而言，我知道我的身体是拥有情感的前提条件；其次是因为，他们表现出动作以及其他外在的标记。就我自己而言，我根据经验知道，它们是由情感引起的。我意识到，在我的身体中有一个由统一次序所联结的事实系列。在该系列中，我体内的变化是开端，中间是情感，终端是外向行为。就他人的情况来说，我有关于这个系列首尾两个环节的直接的感觉证据，但是没有中间环的证据。然而，我却发现，其他人的首尾两个环节之间的次序如同我自身中的次序一样都是有规律的、恒常的。就我自己来说，我知道，第一个环节通过中间环节产生了终端环节，没有中间环节就不能产生终端环节。因此，经验使得我得出必然有中间环节的结论；这个中间环节在他人身上和在我身上或者相同，或

① J. Somerville, "Making out the Signatures", In *The Philosophy of Thomas Reid*, ed.by M. Dalgarno & E. Mathews, Kluwer, 1989, p.249.

② 转引自马尔科姆：《关于他心的知识》，载于高新民等编：《心灵哲学》，商务印书馆 2002 年版，第 893—894 页。

者不相同。我必须或者相信他们是有生命的，或者相信他们是自动机。由于相信他们是有生命的，即由于设想这一环节与我对之有经验的本质是相同的，而且这一本质在所有其他方面也相似，因此，我就将作为现象的别人归入下述同样的普遍原则之下，这些原则是我看过经验所知道的关于我自身存在的真实理论。

简单地说，穆勒关于他心问题的类比论证的大意是：他人拥有与我一样的心，因为他人拥有与我一样的身体、一样的身体组成、一样的组成材料；在相似或相同情况下，他人与我表现一样，有一样的行为举止；火烧到我的身体时，我哭我叫；火烧到他人时，他人也会像我一样哭、一样叫；于是，我可以推论出他人与我一样因烧伤而疼痛；以痛为例，我们有一样的痛；其实，我与他人还有许许多多相似性、共同点；说得直截了当点，我直接知道自己有信念、情感、感情、感觉等心灵活动；我完全可以说，他人之心与我心一样。

哲学的情形就是这样，任何观点的提出总会有拥护者和反对者。穆勒的类比论证在其拥护者那里得到了不断的修正，把科学论证和假说论证纳入论证中来。然而，不管怎样修正，对他心问题进行论证存在一个共同点，就是我们与他人之间存在的相似性，以及论证者自身的经验仍然起着至关重要的作用，这在认知上形成了不对称性：我们对自己的心灵的认识是直截了当的，而对他心的认识却是间接的。正因为这种不对称性，类比论证的结论就无法得到核实，甚至在逻辑上都无法检验。正是在这一点上，莱尔（G. Ryle）[①] 就类比论证进行了批判。不过莱尔的批判并未切中要害。马尔科姆认为，类比法把对他心的认识建立在对自己心灵认识的基础上，但实际上二者之间并不存在逻辑上的一致性，其结果反而会导致人们对他心的存在产生怀疑。

罗素似乎站在穆勒的立场，企图为类比论证建立一个公设。罗素的公设如下：

---

① Gilbert Ryle 中文译名有"赖尔"和"莱尔"，本书根据具体情况而分别使用这两个译名。此处观点参见：G. Ryle, *The Concept of Mind*, Hutchinson's University Library, 1949, p.15.

如果每当我们能够观察 A 和 B 是否出现（或不出现）时，我们发现 B 的每个实例都有一个 A 作为原因上的先行事件，那么大多数 B 有 A 作为原因上的先行事件这一点就具有概然性，即使在观察不能使我们知道 A 出现（或不出现）的情况下也是这样。

（罗素，1983：580）①

罗素的公设有点理想化，他想在他心论正上建立起一种具有"A 引起 B"的形式因果律。这里的 A 是一种思想活动，B 是一个物理事件。比如，"妈妈生气了"是 A，那么与 A 相联系的必然有一个物理事件 B。然而，在现实生活中，"妈妈生气了"这个 A 往往不会只引起一个物理事件 B，那么我们该怎样来确定"A 与 B"之间的因果关系呢？实际上，类比法大有可疑，罗素本人也这么认为。

自穆勒正式提出他心问题以来，他心问题连带穆勒的类比论证就成了哲学争论的一个焦点。围绕对穆勒的类比论证的批判，哲学界出现了对他心问题的新思考与新方法。

二、他心问题的性质

对于棘手问题的处理，中国人有句话叫快刀斩乱麻，把问题消解掉。快刀斩乱麻的作风有两种倾向：一是把难于解答的问题彻底否定，或者给它贴上"伪问题"标签而打入冷宫；二是把问题重新归类，放在更容易理解的视角下来重新审视。

对于他心问题，中国人可以自豪地说，其提出权应归属于先辈，因为它由庄子与惠子联袂提出。西方正式提出这一问题的人是穆勒，就算笛卡尔是这个问题的鼻祖，然而，与公元前三四百年的庄周相比，差不多晚了两千年。早也好，晚也罢，重要的是我们是否有求解的执着，以及有没有挑战常识、从平凡中发掘伟大的勇气。

他心问题不是一个单一的问题，而是一个复合问题。在我们看来，它既是一个认识论问题，又是一个概念问题，更是一个话语分析问题。

---

① 罗素：《人类的知识——其范围与限度》，张金言译，商务印书馆 1983 年版，第 580 页。

他心问题之所以是认识论问题，是因为我们对自己的经验的了解完完全全不同于我们对他人经验的了解。这两者间的巨大差异给我们带来了认识论问题，恐怕还得包括生活上的某些问题。我们处于何种心理状态，往往只有我自己知道，而且很直接。我的肚子疼不疼，身体痒不痒，面前的桂花香不香，情绪低落还是高涨等，我自己清楚得很。我相信 2012 年地球不会爆炸，足球世界杯将会在中国举办等，我实实在在有这些信念。然而，我永远无法直接知道他人的心灵状态，无法直接知道他有无和我同样的想法，对他人的心灵状态或想法我只能间接地了解，我只能加以推测。这种认知上的不对称性直接导致了他心问题在认识论上难以解答。这种不对称性是一种介于直接知道与间接知道同具体知识之间的不对称，而不是介于能观察到的或感觉到的或感知到的，同无法观察到的或感觉到的或感知到的之间的不对称。当你抱怨没人懂你心时，你已经在遭受心与心之间难以理解的困扰。其实，我毫无根据这么说，因为就算你明言无人懂你心时，我也无法直接知道你的心是不是在遭受困扰。至于，他人在想什么，我一直处于猜测或相信中，但我无法处于知道中。我常把相信当成知道。我渴望具备洞悉他心的能力，但这似乎无法做到。要知道，杨修如果真的知道曹操之心，那么杨修将另有死法。于此，我们突然发问，洞悉他心的能力究竟可以用来干什么呢？难道就是为了直接获取他人的心理状态？难道就是为了直接经验他人的心灵？我们从自己的心灵直接得知心灵毕竟只是心灵。如果没有心灵的外在表象，难道不可以说心灵就是我们直接拥有的同时也是我们直接缺乏的？我们依据他人的外在表现，可以间接获得他心有关知识。直接观察我们不是没有，同样，直接知识也并非那么重要。当然，我们需要强调的是无论何种直接知识的缺乏并不意味着知识的缺乏。直接知识的缺乏仅仅意味着直接知识的缺乏，并不意味着最终知识的缺乏，也不是认识的缺乏。

凭着这种认识，作为认识论问题的他心问题有三种传统解答方法①。当然，这三种传统方法至今还有争议。最为普遍的方法就是科学论证法。科学论证法的指导思想就是人类的心灵是行为的原因，人的内心活动是行为的最好解释。因此，他心存在的论证基础恰恰就是他人行为的最佳解释。科学论

① 对于他心问题解答法的讨论，参看华东师范大学 2005 届硕士毕业生王晓丰毕业论文《日常语言哲学中的他心问题》（陈嘉映指导），以及华中师范大学 2004 届硕士毕业生沈学君毕业论文《他心问题及其解答》（高新民指导）。

证法是哲学家们喜欢采用、讨论、甚至批判的方法。对于普通人而言，凭常识多倾向于传统的类比论证法，诉求于我们与他人之间的相似性。根据类比论证法，相似性是确信他心存在的基础。这种方法我们在上一节中已有所叙述，在此做几点补充说明。

类比论证法倾向于把他心问题简单化，其中包括行为主义倾向和功能主义倾向。在行为主义看来，行为表现就是心灵状态。心灵注定是行为，我们能直接观察到行为，那么我们也就没有观察心灵的困难。功能主义承认他心问题是个问题，但这个问题不太难。功能主义认为，心灵状态是内部状态，而内部状态是生命体对外部环境的反映。心灵状态的特征就是外部表现出来的各种作用、各种因果关系。烧伤在心灵内部会引起烧伤的疼痛感，而烧伤的疼痛感的典型表现包括大叫、哭喊等相关行为。因此，对他人心理的认识就在于仔细观察他心在具体场合下的各种表现。

第三种方法就是"基准法"（criteria solution）。基准法认为心灵与行为之间的联系（link）不是演绎推理，也不是蕴涵关系，而是以基准为特征的概念关系。他心问题是一个概念问题。根据基准法，行为是心灵呈现状况的基准，维特根斯坦的相关论述与基准法不无关系，但很难认定维特根斯坦一定持有基准法的观点。然而，基准法遇到的问题之一是，如果没有推理性联系，那么我们关于他人经验的概念又从哪里来呢？基准法的基本出发点是要避免推理，避免类比论证那种个案性问题。在基准法视角下，非推理性联系属于概念本身的联系。如痒与抓痒并不是推理性联系，而是二者同属于一个概念体系。我们关于痒的概念已经把痒与抓痒联系在一起。基准法面临的另外一个问题就是，没有推理、没有蕴涵，那么在观察到的行为和未观察到的内心之间会出现断沟，要跨越这断沟仅凭概念联系是不够的。不过，无论存在什么样的问题，基准法从概念联系的角度来考察他心问题并非不可取。在基准法的视角下，他心问题是一个概念问题。

作为概念问题的他心问题在问题认识二倒也没什么大的差异，但在提问方式上却有所不同。如果我们每个人都有自己经验的直接知识，那么我们可以通过什么途径来获得我们心灵状态的概念呢？我们获得的关于心灵状态的概念应该是人类的而不仅仅是我们自己的。呈现在我们面前的经验必须是我们自己的经验，但问题并不在于我们无法观察别人的疼痛。问题在于我们怎么认定别人在经验着疼痛。我们可以从另外的途径来追问他心这个概念问题：我怎样才能把我关于疼痛的概念延伸到我个人的疼痛之外？就是说，疼痛这个概念不应该只是我个人的，还应该是他人的。我有了疼痛这个概念，那么我如何把这个概念用到他人呢？这样的提问方法把问题的焦点放在概念的传递上了，仿若他人已经与我一样确定有疼痛。沿着这个路子，我们不由得想起维特根斯坦的话来：

> "但若我假设某人有疼痛，那我干脆就假设他有的和我经常有的是一样的东西。"——这却没有领我们多走一步。就像我说："你知道什么叫'这里是五点钟'；而且你也知道什么叫'太阳上是五点钟'。这就是说：这里五点钟的时候，那里的钟点和这里的钟点一样"——用一样来解释在这里行不通。因为，我虽然知道可以把这里的五点钟和那里的五点钟称为"一样的事件"，但我却不知道在何种情况下人们会讲到这里和那里有一样的时间。
>
> （维特根斯坦，2001：170）①

对于这个问题，克里普克（Kripke）②认为维特根斯坦的观点与休谟及其错误颇有关联，从自我内部去寻找别的自我这是行不通的。如果根本没有一个自我来承受疼痛，那么根本就不存在把我的疼痛转移到别人的疼痛上这样的问题。

概念视角下的他心问题直接与话语联系起来。普赖斯（Price）说："人们关于他心存在的证据主要来自对话语的理解。"(One's evidence for the existence of other minds is derived primarily from the understanding of language.)③。这话不仅让我们想起维特根斯坦的"私人话语论证"来，而且，更重要的是他直接开启了认识他心问题的一个新的视角。我们结合乔姆斯基关于话语知识的假说，加上吉冯（Givón）对他人心理（他心）的理解，完全可以说他心问题还是一个话语分析的问题。对话语分析的他心问题，我们将在第三章第四节第四部分专门论述。在此之前，我们先简单的看看他心问题的消解。

---

① 维特根斯坦:《哲学研究》，陈嘉映译，上海人民出版社 2001 年版，第 170 页。
② S. A. Kripke, *Wittgenstein on Rules and Private Language,* Blackwell, 1982, pp.114-145.
③ H. H. Price, "Our Evidence for the Existence of Other Minds", *Philosophy*, 1938, Vol. 13, p.429.

三、他心问题的消解

我们前面对他心问题论述主要是在认识论下进行，也对他心问题做了点概念考察。既然他心问题是一个哲学问题，那么本节就把他心问题放在本体论的视角下做点尝试性的考察，主要探究他心问题在胡塞尔、海德格尔等人那里如何理解。

就他心问题而言，粗略地讲，欧洲大陆哲学有两种立场：一是认定我们有直接经验他者的能力，另外一个就是承认在经验自己与经验他者之间存在着极度的不对称性。胡塞尔与前者有关，虽然他的先验哲学可能会把问题引入到唯我论的困境，但是他仍然有一出路，那就是认为我们经验客观世界的同时也是一种对他者的经验[①]。海德格尔似乎持有上述两种立场，但他的哲学并不致力于论证他人或者他心存在。毕竟，他持有的视角是本体论的视角而非认识论视角。然而，从海德格尔的角度看，他心问题完全可以消解，不过消解的前提就是要对问题根源的错误观念进行揭露。这一观点多少带有与海德格尔同时存在的分析哲学的味道。当然，分析哲学主要致力于澄清我们阐述问题时所使用的语言问题。不能说，海德格尔对语言的复杂性未加注意，不然，我们怎能发现海德格尔所组织起来的一套新的语汇可以陈述他心这一经典问题。我们用海德格尔的语汇可以追问："此在"（Dasein）在世的照面与对其他"此在"（Other Dasein）的照面有区别吗？这一问题不能说与海德格尔哲学无关。海德格尔认为，此在照面于世界是独立的，并不是凳子触墙那样。"绝没有一个叫做'此在'的存在者同另一个叫作'世界'的存在者'比肩并列'那样一回事。当然我们的语言习惯有时也把两个现成东西的共处表达为：'桌子'倚着门，'凳子'触着墙。严格地说起来，这里没有'触着'这回事。"[②] 然而，从他心问题，我们对此可以表示怀疑：照面他人与照面他物有没有区别呢？我们能否把人与人之间的联系同物与物之间的联系区别开来呢？于是，结合他心问题，我们可以进一步问：我为什么相信他人有像我那样的内心活动呢？

---

① 　E. Husserl, *Cartesian Meditations*, The Hague, 1977.

② 　海德格尔：《存在与时间》，陈嘉映译，三联书店 2006 年修订本，第 64 页。

从传统的解答方法看，海德格尔可能的回答是，"朝向他人的此在"，即"其他此在"与"此在对自己的认识"的关系好比认识"他心"与"我知我心"的关系。不过海氏的本体论关注的是"我们自己"，传统的他心问题似乎是他要真正正视的。然而，他却彻底消解了传统上的他心问题。在他看来，本体论先于心灵、自我和人。因而，从本体论上看，无论有没有像此在的其他存在都归属于"与他者存在"（being-with-others）。他心问题属于心理学、社会学问题，根本不在本体论里形成问题；此在一开始就已在世，他心问题只不过是一个"伪问题"。在海氏看来，他者、他心、他人必定以我们拥有的存在而共同在此。

此在只要生存在世就与其他存在者打交道……他人虽以用具的照面方式来照面，他人的存在方式"却与此在本身的存在方式一样……他人也在此——共同在此。"不过，

> "他人"并不等于说除我以外的全部余数，而这个我则是从这余数中兀然突立的；他人多半倒是我们本身与之无别、我们也在其中的那些人……此在的世界是共同世界。在世就是与他人共同在世。
>
> （陈嘉映，2005：80）[1]

由此观之，海氏对他心问题的消解，几乎与胡塞尔同出一辙。本来"他心"这一概念相对于"我心"而提出，这种主客划分本身就会带来许多问题。

四、话语分析的他心问题

他心问题在本体论中犹如海市蜃楼，但他心问题毕竟不会因此而真正消失。本体论超越了认识论，提前支取了认识过程中仅有的黄金，留下的是虚幻。在认识论上尚未解决的问题并不会在虚幻中真正消退。本体论好比梦幻中的明天，离我们不是很远，但终究我们还在认识论的今天挣扎。在许多实实在在、真真切切的问题尚未解决之前，谈本体论我们总觉得那是一种奢侈

---

① 陈嘉映：《海德格尔哲学概论》，三联书店2005年版，第80页。

与浪费。哲学从本体论到认识论再到分析哲学一路走来给我们留下了许多难以理清的问题。不过这些问题正如维特根斯坦所说，与我们使用的语言大有关系。

我们回到话语分析的领域，断定他心问题属于话语分析问题，我们如此说并非没有根据。莱尔、奥斯汀、斯特劳森以及维特根斯坦等人的考察正是把他心问题纳入到了语言分析的范畴。"莱尔通过考察日常语言用法，将描述心理的概念归属于趋向、动机和能力等逻辑类型，然后又还原为对行为、表现的描述，从而将心化解为行为或活动，他心问题随之轻易化解了。"① 奥斯汀从考察"知道"的用法入手，瞄向"怎么知道他心"，拓宽了对日常用语、情感以及感觉语词等的考察之路。斯特劳森紧紧抓住"人"的概念，清算了二元论对人的理解所带来的错误，为理解他心问题提供了新的范式。维特根斯坦关于私人语言不可能的论证彻底批判了传统的心灵观念，为我们展开了认识个人心灵的图景；不存在隐秘的、只为个人所私有的心灵实体；内在的过程应该有外在的标准，心理与行为紧密相联。不过，值得注意的是，私人语言不可能的论证并非直接为他心存在提供辩护。

以他心问题的上述解答为基础，我们所说的"话语分析的他心问题"关注的是话语互动中连贯何以构建。我们认定话语交流是心与心之间的交流，交流的基础是共同语言。我们这里所说的"共同语言"不是指同一门语言、或同一门方言或口音，而是指交流中双方"话语投机"的共同语言。我们根据功能语言学家吉冯（Givón）的观点，认定话语交流的语境，实质上是他心语境。在吉冯看来，我们对语境的考察不是从话语的交流者的外在物理环境去考察，而是从人心的角度来认识话语互动的语境。语境是动态的，是通过关联判断而运行的概念"框定"（framing），是具体的心理运作，是关于话语参与者的现状、快速转换的信念与意向状态的心理模式。话语互动与人际交流赖以运行的语境，就是关于他人心理的心理表征。吉冯这种观点预设的是穆勒关于他心的类比论证的观点，正因为我知我心所以才知他心，而心与心相知的基础在于特征联系和语法。语法具有预料或影响他人心理的作用，语法是演化而成的一种社会适应，它能促成人们在话语互动中的心领神会。

① 王晓丰:《日常语言哲学中的他心问题》，华东师范大学硕士学位论文，2005年，第8页。

　　吉冯的"他心语境"观点为我们所说的"话语分析的他心问题",在语言表层上开辟了认识他心存在的道路。吉冯立论说:语境是被他人解读的他人心理①;语法与他心构建关系紧密;对他人行为的预见是社交主体最重要的社会适应能力,而对话语参与者现实认知状态的心理模式进行系统的在线构建,是语法演化的主要适应动因。话语互动的语境实际就是双方进行在线构建他心的动态过程,在这个过程中语法是轴心,是自动、高速的信息处理的轴心工具。怎样验证他心确实存在呢? 根据吉冯的观点,如果话语互动中双方共有的语法预料同时生效,那么我们可以根据表层结构与深层结构的一致性来断定,对方与我拥有共同的语法机制,能构建出同样的话语。更重要的是对方与我一样具有顺应话语交流的动因。从这点看,吉冯预设的观点是乔姆斯基的普遍语法。在乔姆斯基的普遍语法理论基础上,吉冯完全可以说我与他人拥有共同的深层语法。由于我们共有的深层语法结构,我们可以构建出互相可以理解的话语来。吉冯的观点难免有点武断,甚至有点幼稚,但是,他认定我与他人拥有共同的语法结构,并以此作为论证他心构建的基础并不是没有根据。在学理渊源上,我们可以追溯到乔姆斯基、维特根斯坦,乃至康德那里去。对于这一点,威廉姆斯(Williams)在其《康德式语言哲学——乔姆斯基语言学及其康德哲学根源》一书中作了大量论证。我们在此按下不表。

　　话语分析的他心问题,在我们看来并不拘泥于验证他心的存在,而主要在于话语双方判断对方的话语脉络。当我们经验到对方的话语时,我要试图搜寻这话语与我的话语是否有连贯关系。我对他人话语进行验证的方式就是就所听到的话语给予回应。这种回应是在心里。客观地看,话语互动就是我心与他心的连贯性互动,是连贯构建过程。在心与心之间的连贯构建中,我心要构建他心,同理他心要构建我心,最后形成话语互动的统一体。从他心角度看,话语互动有一个反复的过程:从主客分离,到主客统一,再到主客分离,再到主客统一。第一个主客分离状态是话语互动以前,我心与他心的分离,话语双方总是要以己之心揣度他人之心,第一个主客统一是主体和客体的瞬间消失,纯粹经验的凸现,第一个主客统一是没有意义的状态。第二

---

① T. Givón, *Context as Other Minds: The Pragmatics of Sociality, Cognition and Communication*, John Benjamins Publishing Company, 2005, p.221.

个主客分离是话语双方各自的纯粹经验与别的意识发生关系而产生出意义、构建不同连贯的过程。第二次主客统一是双方心灵的交融，互动连贯的达成，共为一体。

第五节　纯粹经验与连贯

话语互动的双方在互动之前处于什么状态呢？恐怕都是以主体的形式存在，都会认为外界是客体。我自然有心，我也承认与我一样的人有心。我与他进行话语互动自然是心与心之间的交流。在交流之前，我心我知，他心他知。然而是什么东西把我心和他心联系起来的呢？是话语。然而，我心与他心如何通过话语联系起来的呢？我和他都经验到了话语。我们对话语的经验有一个过程：他人话语作为纯粹经验时，我与他在那一瞬间没有分别，我与他成为了那纯粹的经验。在这纯粹经验的一瞬间，并没有什么意义生成。那么纯粹经验是什么呢？

一、詹姆士的纯粹经验

纯粹经验这一概念分别在詹姆士[①] 和西田几多郎的理论中论述得较多。提到纯粹经验，我们自然会想起詹姆士和西田来。纯粹经验的建立是詹姆士用"彻底经验主义"（radical empiricism）的思想对二元论思维模式的批判。在詹姆士看来，传统的经验主义和理性主义没有认识到甚至不承认感觉体验中的关系的真实性，而关系的真实性就在于可以直接经验。洛克、贝克莱、休谟等人的经验主义，把经验首先看作是一种属于主体的事情，看作是主体的感觉。洛克认为，经验是主体对于客体、对于自身的最初级的认识，它以感觉和反省作为知识的两个源泉。可以看出，洛克这一认识的前提是笛卡尔分裂的二元论。这样，洛克无法对感觉的主观性作出解释，只能将经验分为"感觉的经验"与"反省的经验"。不过，洛克把感觉经验看作是主体内部的"观念"（idea），动摇了二元论的根基，因为他已经对"实体"的存在与否表示了冷漠。洛克在他的《人类理解论》中说：

---

① 根据国内译著译名的不同，本文相应使用"詹姆士"和"詹姆斯"（见第五章）这两个译名。

实体和附性在哲学中并无多大功用——有的人们忽然发生了附性底意念，并且以为各种附性虽是真实的实有，却需要一种寄寓的所在，因此，他们便不得不找出"实体"一词，来支撑它们。……如果想到实体一词，则他便不必费心来找一只像，来支撑地球、再找一个龟，来支撑他底像；只有实体一词就很够他用了。欧洲哲学家如果不知道实体是什么，就说它是附性底支托，……因此，我们对于实体并无任何观念，只是对它底作用有一个含糊的观念。

（洛克，1959：142）①

洛克这段话清楚地表明了附性才是真实的存在，"实体"不过是为了说明属性的一种设定罢了。而洛克这里所说的"附性"就类似于詹姆士后来称作"经验"的东西。和洛克相比，贝克莱似乎更进了一步，贝克莱似乎要批判洛克的理论矛盾。他把经验论原则贯彻到底，使之成为纯粹的感觉论，最终将物质客体予以否定。休谟认为，人的知识最终建立在经验的基础上，而经验的来源无非是印象（感觉）和观念（反省）两种，他否认任何实体的存在，主张认识产生于既非来自物质实体也非来自精神实体的印象②。

詹姆士彻底经验主义的"彻底"之处就在于看到了关系是可以直接经验的。詹姆士与休谟在认识关系的问题上存在着区别。休谟认为，经验无法为人们提供观念之间的联系，理性永远不能向人们指出一个对象与另一个对象之间的联系。于是，他把关系从经验的乃至理性的范围中剔除，而代之以"习惯"和"信念"。这样一来，休谟所谓的印象或观念就成为一个个独立的、分离的原子，相互间没有联系。这些分离的原子只有通过非经验的因素才联系起来。休谟说："我们全部的各别知觉都是各别的存在物；……心灵在各别的存在物之间无法知觉到任何实在的联系。"③休谟喜欢用分明而非关联来分析经验，这种分析在詹姆士看来不够彻底。对于休谟来说，两个分明的东西比起两个东西之间的联系来更加基本也更加可靠。色彩是色彩，形状是形状，这种两相分明的印象是最基本的。但对詹姆士来说，联系和分明是同等重要的，色彩和形状之间的那种实际联系（如苹果的"红"与"圆"之间的

---

① 洛克：《人类理解论》，关文运译，商务印书馆1959年版，第142页。
② 李孟国：《詹姆士的纯粹经验探析》，《广西社会科学》2005年第9期。
③ 休谟：《人性论》，关文运译，商务印书馆1983年版，第673—674页。

不可分的结合）是一种连贯的经验统一。联系的重要性决不亚于将色彩与形状区分开来。休谟将清晰、精确看作是首要的或基本的，而在詹姆士看来，清晰和精确是分析的结果，是反思的产物，它们并不是原始的、最初的；最初的经验是一种模糊的、边缘并不清晰的东西。詹姆士指出休谟把经验只看作是知觉，否认关系属于经验的范围而把关系排除在经验之外。这种做法没有囊括经验所包含的全部内容，经验并不彻底。要彻底就必须既不要把任何不是直接经验到的元素当作经验的一部分而接受下来，也不要把任何所直接经验到的元素从经验中剔除掉。詹姆士说："经验的各个部分靠着关系而连成一体，而这些关系本身也就是经验的组成部分。总之，我们所直接知觉的宇宙并不需要任何外来的、超验的联系来支持；它本身就有一个连续不断的结构。"[1]

那么究竟什么是詹姆士所说的"纯粹经验呢"？詹姆士认为，世界上只有一种原始的素材和质料，一切事物都由这种素材构成。这种素材就是"纯粹经验"。它是连续的，似乎完全是流动的，它不能被说成是任何事物，而简单的就是"这"。只是由于原来的反思，由于概念的切入，这种纯粹的经验才被分割、归属，冠以名称。但这些都是后来发生的，是经验在各个不同的上下文结构中的表现。由于长期受教育、训练的结果，我们已经习惯了概念式的思维，反而忘掉了纯粹的经验，认不出它了，错把反思的结果当作了原始的素材。只有在一些偶然的场合下，由于摆脱了概念思维的束缚，我们才能意识到纯粹经验的存在。詹姆士说：

> 我把直接的生活之流叫做"纯粹经验"，这种直接的生活之流供给我们原来的反思与其概念性的范畴以物质材料。只有新生婴儿，或者由于从睡梦中猛然醒来，吃了药，得了病，或者挨了打处于半昏迷状态的人，才可以被假定为具有一个十足意义的对于"这"的"纯粹经验"。这个"这"还没有成为任何确定的什么，虽然它已准备成为一切种类的什么；它既充满着一，同时也充满着多，但是各方面都并不是显露出来；它彻头彻尾在变化中，然而却是十分模糊不清，以致它的各方面相互渗透，并且无论是区别点还是同一

---

[1] 詹姆士：《实用主义》，陈羽纶、孙瑞禾译，商务印书馆 1979 年版，第 159—160 页。

点都抓不住。

（詹姆士，1987：49—50）[1]

生活本身是前反思的，只是当我们回过头去看它时才进入了被反思的状态，这时的生活已被割裂，这已经隐退。在詹姆士看来，这种流动的纯粹经验本来是自身明朗而不出现什么矛盾情况。它的困难是不如意的事情和不确定的东西。由于困难和不如意的事情，反思才被搅起。"它把经验的各个元素和各个部分区分开来，加给它们一些的名称，而像这样分割开来的东西，它就很难把它们弄到一起了"。[2]

我们对接受到的话语有纯粹经验的瞬间，甚至我们凭着纯粹经验而宣泄我们的"这"；然而更多的情况是，我们是在纯粹经验的基础上添加我们的反思，然后发出不再反映纯粹经验的话语来。同一话语能在不同的话语接受者那里产生同样的纯粹经验，但同一话语不可能产生同样的非纯粹经验来。这就是为什么话语连贯的构建具有流动性的原因之一。

二、西田对纯粹经验的认识

日本哲学家西田几多郎（Nishida Kitarō，1870—1945）在其《善的研究》中对纯粹经验作了论述。不过从理论来源上讲，西田的纯粹经验出自于詹姆士[3]（Dilworth，1969）。西田在《善的研究》开篇中说："所谓经验，就是照事实原样而感知意思。也就是完全去掉自己的加工，按照事实来感知。"[4]在西田看来，我们平常所说的经验，实际上总夹杂着某种思想，并不是纯粹的经验。纯粹经验是指丝毫未加思虑辨别的真正经验的本来状态。例如，我们在看到一种颜色或听到一种声音的瞬息之间，不仅没有考虑这是外物的作用或是自己在感觉它，而且没有判断这个颜色或声音是什么之前的种种状态。因此，在西田看来，纯粹经验与直接经验是同一的，当人们直接地经验到自己

---

① 詹姆士：《彻底的经验主义》，庞景仁译，上海人民出版社 1987 年版，第 49—50 页。

② 詹姆士：《彻底的经验主义》，庞景仁译，上海人民出版社 1987 年版，第 49 页。

③ D. Dilworth, "The Initial Formations of Pure Experience", *In Nishida Kiaro and William James*, Monumenta Nipponica. Vol. 24, No.1/2, pp.93-111.

④ 西田几多郎：《善的研究》，何倩译，商务印书馆 1989 年版，第 7 页。

的意识状态时，这个时候时没有主客之分。于是，可以说，知识与其对象完全合一。这就是最纯的经验。西田断言："真正的纯粹经验是不具有任何意义的，而只是照事实原样的现在意识。"①

至此，我们可以看出，西田几多郎的纯粹经验已经与詹姆士有所区别了。西田把经验的所有内容，如意义内容、知识内容统统排除在外，只留下一种最纯的形式，一种"当下经验的直接性"。这有点还原主义的味道，即西田似乎沿还原主义的路子，把心灵现象简约还原成"当下经验的直接性"。与此相比，詹姆士的纯粹经验还有其自身的内容，还是当下意识的关系，具有连接作用。按詹姆士的观点，起连接作用的关系本身也是经验连续的组成部分，这就意味着，意义就是经验流动的一种联系。然而，西田并未对此加以详细说明。

在西田看来，所谓的"纯粹经验"就是主客合一、主客未分的直觉经验的意识现象。当我们忘我地观看盛开的鲜花时，没有加进我们自己（主观）在观花（客观），或花是什么，或花是否美等意识或判断在里面。也就是，并未加"看花的我"和"被看的花"之间的关系、概念、判断等。这是主观、客观等一切思虑分别的前的意识的统一状态，即主客合一，主客未分的状态。

在谈论纯粹经验的概念范围时，西田认为，不仅感觉和知觉属于纯粹经验，而且一切精神或者说心灵现象都是以纯粹经验形式表现的。即使以记忆来说，它既不是过去的意识的直接重现，因而也不是对于过去进行直觉。即便感觉到是过去的，这也是现在的感情。西田说，即便是那些抽象的概念，也决不是超验的东西，仍然是一种现在意识。比如几何学在想象一个三角的时候，把它当作一切三角的代表，这种概念的代表因素也不过是当前的一种感情而已。

纯粹经验究竟是单纯的还是复杂的呢？西田回答说，虽然说纯粹经验是直接的，但如果从它是由过去的经验所构成的这一点来看，或者从往后可以把它分析成为单一的因素这一点来看，好像可以说是复杂的。然而，"不论纯粹经验如何复杂，在那个瞬息之间，却始终是一个单纯的事实。""即便是过去的意识的再现，当它被统一于现在的意识中，并成为它的一个因素而得

---

① 西田几多郎：《善的研究》，何倩译，商务印书馆1989年版，第7页。

到新的意义时，就已经不能说它与过去的意识是同一的了……从纯粹经验上来看，一切都是种别不同的，在每个场合都是单纯的和独立的。"①

　　值得注意的是，西田把纯粹经验说成是"瞬息之间"的"一个单纯的事实"时，他与詹姆士有所区别：詹姆士把纯粹经验看作是"经验流"中的一种特殊关系，并非一种经验的最小原子粒，并非"经验原子"，在性质上是连续的；而西田所谓的单纯的事实似乎是离散的，一个个单纯的事实。西田所谓的"瞬息之间"似乎有一范围，即有长短之分。因为在西田看来，纯粹经验的范围和注意的范围趋于一致，判断纯粹经验的标准不是瞬间的长短，二是经验的单纯性，不掺杂任何思想的单纯，以及注意力所处主客未分的状态。在西田看来，主客未分状态下的观花那一瞬间属于纯粹经验，同样，爬山者拼命攀登悬崖时只注意登山而无其他意识杂念所处的那一过程状态也属于纯粹经验；再如，音乐家演奏熟练的乐曲时所处的状态，也是纯粹经验。在西田看来，属于过程的那些纯粹经验，只要知觉保持着严密的统一和联系，即使意识由一转而为他，而注意却始终朝向同一事物，前一个作用自动引起后者，其间没有插入思维的一点空隙。这与瞬息之间的知觉比较，虽然注意有所转移，时间又有长短之别，但从直接而主客合一这点来说，就没有丝毫差别。纯粹经验之纯并不是指单一，而指具体意识的主客统一。

　　纯粹经验的提出，无论是在詹姆士还是在西田那里，却是指向意识的严密统一。然而，詹姆士和西田都承认，纯粹经验并非一个永恒的状态，它会受到其他因素的影响。只要主客统一的状态一旦受到外界阻碍，统一状态被破坏时，纯粹经验就与其他发生关系，便会产生意义和判断。在詹姆士看来，经验可以归类。纯粹经验的归类和我们人的实践目的是分不开的。正是我们的目的、兴趣决定了我们从什么样的角度去切入纯粹经验，从而决定了经验和什么样的结构相关联。就我们对纯粹经验的归类而言，我们是主动、积极的，但并非是任意的。因为我们的目的兴趣并不是个人随意的而是教育训练的结果。"需要训练来使我们熟练"②。但是，纯粹经验本身潜在地具有各种关系、性质，这样经验与经验的结合便有了各种形式，这些是我们无法控制的，它完全是经验自身的事。比如纯粹经验状态下的钢笔，作为这，它

①　西田几多郎：《善的研究》，何倩译，商务印书馆 1989 年版，第 8—9 页。
②　詹姆士：《彻底的经验主义》，庞景仁译，上海人民出版社 1987 年版，第 77 页。

是进入意识结构还是物理结构，是和人的干预分不开的。但一旦进入了某种结构，它就和其他经验构成了一种固定关系，使它有别于纸、刀、水等。在这点上，西田与詹姆士持有相同认识，但西田更强调纯粹经验的转换。在西田看来，纯粹经验与客观实在相结合时就产生意义和形成判断。意义或判断，其实就是把现在的意识和过去的意识结合起来而发生的，是从经验本身的差别而发生的。一切判断都是由分析复杂的表象而发生的。不过，判断逐渐受到训练，其统一臻于严密时，便完全成为纯粹经验的形态，例如，学习技艺，开始时是有意识的行为，熟练行为，就成为完全无意识的了，这种无意识状态是意识的严密统一，这就成了纯粹经验。

三、话语互动中的纯粹经验

我们从詹姆士和西田的纯粹经验得到启示，话语可以分为纯粹经验的话语和非纯粹经验的话语，凡是已成习惯的话语，以及不假思索的话语都可视为纯粹经验话语。如已成习惯的问候语等。一切与某种目的、某种变化、某种新的意识联系起来的话语，可以列入非纯粹经验话语。这样的分类有些粗略，而且似乎对话语连贯分析的直接关系不强。为此，我们在这粗略的分类下继续细分。

我们进一步的分类是按照话语互动的参与者来进行。从发话者角度看，我们有发话者纯粹经验的话语和发话者非纯粹经验的话语。受话者也有这两类。更重要的是，话语分析者也有这样的分类。我们要强调的是，话语分析者并不孤立存在而置身事外。话语分析者是发话者和受话者随时扮演的角色。话语可以永远是双边互动的关系，即使是学术意义上的话语分析者在研究双边互动的话语时，他要么是开启了新的双边互动关系，要么选取某一立场加入原有的双边互动。对于任何一个话语参与者而言，话语互动过程都有纯粹经验，但不一定有非纯粹经验。即当任一话语参与者接收到话语时，首先有纯粹经验的瞬间，然后才有可能的非纯粹经验，即可能有意义和判断的生成。一般来讲，没有特别含义的人与人之间的见面和相互招呼都属于纯粹经验话语。但是，如果一方故意打破纯粹经验的习惯性话语的话，见面招呼话语也可以变成非纯粹经验话语。脑筋急转弯式对话，多属于非纯粹经验话语。

我们利用纯粹经验可以解释为什么同一话语会在不同的受话者那里产生出不同的意义和判断来，可以解释为什么有不同的连贯构建。第一章所列出的几种情况，其后面存在的道理就在于此。

至于如何从纯粹经验的角度进行话语连贯阐释，这会在余下章节里再做论述。实际上，话语互动中的程式性话语和机构性话语的连贯分析离不开对纯粹经验的探讨。

第六节　意向立场与连贯

从学科分类上讲，连贯研究属于话语分析的范畴，而话语分析在很大程度上是哲学意义下的语用分析。随着语用分析以及语用学的不断发展，人们发现对心灵哲学的研究已经变得非常重要。语用分析的许多问题实际上反映的是人类心灵的语用化。自维特根斯坦后期学说的形成与传播以来，分析哲学发生了语用学转向，形成了以维特根斯坦、莱尔、赛尔等人为代表的语用分析范式，这种范式对心灵哲学的研究有着直接的影响。而随着心灵哲学的发展，心灵意向的分析又对话语分析起着直接的回拨作用。因此，本节就丹尼特（Dennett）的心灵意向论，特别是他所提出的"意向立场"（intentional stance）作一简述，以便为话语互动的连贯研究作一铺垫。

一、丹尼特的意向立场

心灵意向论最早由奥地利哲学家布伦塔诺（Brentano）引入到现代哲学中来。当代西方心灵哲学关于心灵意向的观点大致可以分为四类：意向实在论（intentional realism）和意向工具论（intentional instrumentalism）。前者以福多（Fodor）为代表，后者可以以丹尼特（Dennett）为代表①。福多在其《思

---

① 学术界认为丹尼特是工具论的代表，这观点尚有争论。丹尼特本人也不确定自己究竟是实在论者还是工具论者。丹尼特说："I have myself been called an instrumentalist for a half-dozen years (so it's my fault), but I am not all happy with the guilt-by association I have hereby acquired". 参见 D. C. Dennett, *The Intentional Stance*, The MIT Press, 1987, p.71. 另外，C. Viger 在《丹尼特的哲学》论文集中说："Dennett is a realist about beliefs and desires, just as he is a realist about many other things."

维的语言》（The language of Thought）一书中，提出了当代认知科学的本体论承诺，这就是意向实在论。即肯定命题态度是在物理系统（如神经系统、计算系统等）中得到实现的具有语义性质和因果效力的状态。其关键点在于肯定命题态度的意向性质和因果效力，肯定具有语义性质和因果效力的命题态度的实在性①。意向工具论以丹尼特为代表，具有反实在论的立场。在意向工具论看来，意向性只是一种工具性的设定，只是人们用以描述和预测事物的一种工具；心灵意向依赖于主体与环境的关系或语言共同体的关系而存在，并不存在与心灵意向对应的本体性实在。因此，心灵意向工具论认为对心灵意向的说明应是外部的而不是内部的。

在对心灵意向性的诸多工具主义说明中，丹尼特的"意向立场"（intentional stance）理论最具有代表性，也是目前最为系统、最有影响的一种心灵意向理论。在丹尼特看来，当我把心灵意向归于某个对象时，就是对这个对象采取了意向立场，而所谓采取意向立场就是这样一种策略：通过把一个实体（人、动物、人造物等）处理为它仿佛是通过"考虑"其"信念"和"愿望"来决定其"行为"之"选择"的合理性的对象，来解释其行为。丹尼特认为，任何对象或系统，只要我们能够通过意向立场来描述和预测其大部分行为，这个系统就是一个意向系统，就可以把信念、愿望、（布伦塔诺与其他人称为）意向性的那些精神赋予这个对象。而我们对某个对象或某个系统采取意向立场只是为了更方便地描述、解释和预测其行为。②

为了进一步说明心灵意向的归属只具有工具性意义，以及为了说明意向立场只是一种工具主义策略，丹尼特还创造性地引入了物理立场和设计立场的概念，并把这三种立场进行了对比。所谓物理立场就是以标准的物理科学的方法来描述、解释和预测事物行为的立场；在物理立场中人们运用关于物理定律和事物物理构造的知识来描述、解释和预测事物的行为。例如，当我们预测松开手时，手中的杯子将坠落到地上。又如，在实验室中预测某种物质的变化等。在这样的例子中，我们所运用的就是物理立场。虽然可以对任何对象采取物理立场，但对某些对象和某些行为进行解释和预测时，我们需要从物理立场转向设计立场，因为此时物理立场不便解释，甚会出现至解释

① 田平:《模块性、经典计算和意向实在论》,《自然辩证法研究》2006 年第 7 期。
② D. C. Dennett, *The Intentional Stance*, The MIT Press, 1987, p.49.

无效。所谓设计立场也就是基于对象被设计的目的去预测其行为。例如，当要预测闹钟之类被设计的对象的行为时，我们就需要从物理立场转向设计立场；我们只需了解闹钟是被设计来做什么的，就可以通过相应的一些操作来预测其行为，而无须去理解它发挥这种功能的详细物理过程。而当我们面对的是比闹钟复杂错杂得多的对象时，我们必须从设计立场转向意向立场才能够方便而有效地预测其行为。例如，当我们预测计算机下象棋的行为时，我们就几乎无法采取物理立场和设计立场；而当我们采取意向立场时问题的解决就容易得多了：只要把下棋的计算机设想为以赢棋为目的、懂得下棋规则和下棋原理的合理性的对象，就可以方便而有效地预测其下一步行为。

在丹尼特的意向立场论看来，生物拥有心灵，严格地说就是我们为了实用的目的把这种生物看做拥有心灵。在实践上，这等于我们把这个生物处理为"我们中的一员"；首先，把要预测其行为的对象处理为合理性对象；断定这个对象应该具有什么信念、给出它所处的地位和它的目的；然后，断定这个对象应该具有什么愿望；最后，预测这个合理性的对象将根据其信念和愿望而奔向其目的的行动。这里的关键点是，丹尼特认为拥有信念和愿望就等于是可以通过意向立场来解释其行为，即我们凭意向立场来解释、理解和预言对象的行为，而不是其他别的什么。

因此，在丹尼特看来，把信念和愿望赋予单细胞组织、植物和人工物件，并不比把它们赋予我们人类同伴更具有隐喻性质。即，说某个细胞、某种植物具有信念或愿望，这样的隐喻性话语只不过是选择意向立场的问题。一个实体拥有信念和愿望、一个实体根据理由行动的全部意义就是，这个实体的行为显示出仿佛它有信念和愿望并根据理由行动。由于我们采取意向立场来解释某对象的行为，信念、愿望和理由等才被归于该对象，而不是别的什么。而我们之所以选择意向立场来解释对象的行为，那只是因为在特定的环境中意向立场使我们能够更加方便有效地理解和预期被归在意向立场之下的任何对象的行为。也就是说，我们把信念、愿望和行动的理由进行归属的正确性不在于它与某些独立事实或事物状态的符合，不在于这些对象是否实在地拥有这些状态，而在于它对"我"的有用性和方便性。

意向立场理论对心灵意向的说明既避免了实在论的难题，也符合人们现实中运用心灵意向去解释和预测他人行为的实际情况。人们的确是通过归于其心灵意向来解释和预测他人乃至动物之行为的。

二、意向立场视角下的话语互动

无论丹尼特的意向立场有没有哲学价值，无论把他当成工具论者还是实在论者，我们认为意向立场论对话语互动的分析具有积极的意义。在话语互动中，乃至在话语分析中，心灵存在不存在这样的本体论问题可以被悬置在一边。重要的是要寻求一种有效的预测办法，为此，韦吉尔（Viger）[①]对意向立场的评价较为合理，意向立场论所做的意向性解释不仅是有用的解释策略，而且还是一种具有预测成功有效的解释实践。

丹尼特把任何具有信念、愿望、行为理由等的对象置于意向立场论中，认为该对象实质上就是一个意向理论，在这个系统中，我们可以根据其意向立场来解释乃至预测其行为。这种观点并不是宣传意向系统本身有信念、愿望等，而是说可以解释与预测这样的对象、这样的系统的行为。丹尼特并不否认理性的存在，但他关注的是怎么样把理性的内容进行归因（ascription）。在他看来，理性的考虑、理性的思维本身就是一种过滤器（filter）。经过理性的过滤，意向模式就可以被观察到，意向模式是可见的。行为模式在意向立场下清晰可见。

话语双方的心灵意向依赖于主体与环境的关系，依赖于语言共同体的关系而存在。那么，有什么样的连贯构建，在意向立场视角下是可以得到解释的。第一章话例3所出现的四种情况，都是连贯的话语互动，但它们的连贯构建的方式却出于不同的意向立场。不同的家长具有不同的信念、认识与理由，所以在不同意向立场下发生话语行为。然而，这里面潜在着一个问题，就是那四位家长为什么会对老师那同样的话采取不同的意向立场呢？具体地说，站在老师的角度，我们可以采取不同的意向立场来预见可能发生的情况（遇到四位家长前的情况），也可以解释在发生的情况（四位家长的实际反应），但我们却无法站在不同家长的角度而认定那老师具有不同的意向立场。也就是对于这发生的事实，我们可不可以采取不同的意向立场给予截然不同的意向性解释呢？一种行为是不是只有一种意向立场解释呢？对于这里提出

[①]　C. Viger, "Where Do Dennett's Stances Stand? Explaining Our Kind of Mind", In *Dennett's Philosophy: A Comprehensive Assessment*, ed.by D. Ross, A. Brook & D.Thompson, The MIT Press, 2000, p.137.

的问题，我们将在以后的章节进行讨论。

第七节　交往理性与连贯

话语互动的基本形式是发话者与受话者之间进行的言语交流，而正常的言语交流必定围绕某种目的而展开。如果话语双方享有共同的目的，那么双方都要设定各自的意向立场，根据各自的经验与知识来组织话语。话语要连贯，这就要求双方都在理性的状态下进行对话。按照哈贝马斯的观点，话语交际离不开交往理性。

一、Reason 与 Rationality 的区分

我们在本章"理性与连贯"一节谈到了理性，而本节标题又是"交往理性与连贯"。为此，有必要对"理性"与"交往理性"做点说明。汉语的理性在英语中对应着两种不同的表达：reason 和 rationality。Reason 与 Rationality 在西方哲学种原本也是一对高度相关而难以分清甚至易被混用的概念。Reason 源于拉丁语词根"rĕrī"，意思是"计算 calculate；思考 think"；Reason 的希腊语词根是"arariskein"意思是"适应 fit"。在古希腊哲人那里，人的 Reason 往往被看作是整体灵魂的一部分，灵魂包含着宇宙及人生的目的，带有价值和方向感；reason 使人区别于其他生物物种，同时体现了人在宇宙、神和命运面前的界限感；reason 是一种判断力，其作用就在于支配、控制和协调决定人类行为的各种因素。

Rationality 的拉丁词根使 ratío，来源于 rĕrī，可以说与 reason 同源。15世纪，欧洲的文艺复兴，宗教改革冲破了神学的藩篱，理性从中世纪的蒙昧中获得了释放，促成了欧洲近代科学的建立，以及促动了后来西方社会的现代化过程。这期间启蒙理性呈现出两大对立的传统：英伦的经验主义和欧洲大陆的理性主义。理性主义者更多强调和关注与理性相关的问题，而经验主义者多强调和注重与经验相关的问题。不过，二者的共同点是都试图以永恒和先验真理的姿态来获得认知真理和指导实践的普遍规律，于是 reason 仍是上帝的同义词。

德国学者韦伯（Weber）为了消解 reason 的绝对化和神秘化倾向，提出

了用 rationality 来替代 reason 概念。韦伯把西方社会理解为一个逐渐"合理化"（rationalization）的过程。在一些学者眼里，欧洲社会的"现代化"（modernization）过程也就是 rationalization 的过程。Reason 遇到了两大猛烈批判：一是 reason 被指控为欧洲中心主义的、与社会毫不相关的、具有毁灭性的、压迫性的、支配他人的东西；在对 reason 进行批判时，人们更愿意谈论 rationality，而"告别理性"（Farewell to Reason）成了人们的座右铭；另一种批判并非来自 reason 的对立阵营，而是那些自称为 rationality 的捍卫者，他们的口号是"We don't need reason any more. All we need is rationality."[①]（我们不要理性，我们只需要合理性。）

　　宽泛地讲，中文"理性"一词对应着两种不同的理性，即直觉意义上的理性 reason 和逻格斯意义上的合理性 rationality。Reason，在古希腊哲学家眼里，源自上苍赐予，使人类超然区别于一般生物物种，而在我们的演化体系中，则是源自人类自身，在生物演化中获得的脑功能。Rationality 是人类在演化中获得的能力，在某种程度上是 reason 的一种状态[②]。罗尔斯（John Rawls）在《正义论》（A Theory of Justice）中对 reason 和 rationality 之间的区分[③] 是：常识把 reason 理解为包含着道德感的道德观念，而 rationality 则不是这样的道德观念；reason 是人作为生物体思考并提供理由的能力，而 rationality 则更进一步需要提供诸理由之间的规则、步骤、阶段、可行性、正当性以及合理性。对 Reason 的认定需要语言陈述者和行为展示者具备可观察的自洽（self-consistency），而对 rationality 的认定则需要上述语言陈述者和行为展示者体现其所属的群体某些共享的意义；或者可以认为 reason 是哲学意义的，而 rationality 是社会意义的[④]。

　　威尔西（Welsch）在对 reason 和 rationality 做区分时说，当我们谈论 rationality 时，我们意指人们遵从的一套具体原则。这套原则用以决定生活世界的有效性、鉴别生活的目标、廓清行为的目的、提供行事的指南；这些原则相互连贯。因此，"rational 合理的"就意味着符合上述原则。Reason 是

---

① W. Welsch, "Rationality and Reason Today", In *Criticism and Defense of Rationality in Contemporary Philosophy*, ed.by D. R. Gordon & J. Niznik, Rodopi, 1998, pp.17-31.

② R. Nozick, *The Nature of Rationality*, Princeton University Press, 1993, p.23.

③ J. Rawls, *A Theory of Justice*, Harvard University Press, 1971, pp.142-143.

④ 席天扬：《普遍冲突和自由主义》，《东岳论丛》2004 年第 4 期。

我们的一种官能 faculty，它具有跨越、转接功能，活动于 rationality 的各个层面。

二、哈贝马斯的交往理性

哈贝马斯的交往理性也可叫做"交往的合理性"。从哲学渊源看，交往理性是对韦伯的 rationality 的发展。从柏拉图到黑格尔，西方哲学的核心是理性。一方面理性是掌握世界的方法，另一方面，理性是评判世界的标准。但近代以来，理性越来越采取（自然）科学的范式，而最终堕入工具理性的框框。理性慢慢失去了至上至佳的女王地位，似乎蜕变成了一个爱惹是生非的问题少年而成为众矢之的。从而，人们对理性的批判一直不停。西方哲学的历史被看成是"理性主义"和"非理性主义"之间"永恒的"斗争史①。

从 19 世纪下半叶开始对理性的批判达到顶峰时，西方哲学又出现了另一种思潮，这就是重建理性。卢卡奇在《理性的毁灭》②中就特别指出，毁灭了的理性并不是理性，而是膨胀为理性的知性；哈贝马斯也认为哲学的危机不是理性的泛滥而是理性的匮乏，他也以重建哲学理性为己任，但不同于卢卡奇、马尔库塞过分依恋古典的黑格尔式的理性。哈贝马斯（Habermas）的理性不是"认识的理性"，不是"技术的理性"而是一种改造过的，大大扩展了的交往合理性③，是一种道德实践合理性④。普特南（Putnam）的"合理性"观念表达了与哈贝马斯同样的批判立场。他认为："包括我们当前的意识形态都是文化上相对的，每一种文化中的人都是在一系列包括若干非理性决定因素的、无意识的先入之见支配下生活、思考和观察。"所以，交往理性意义上的理性不是德国传统哲学的"Vernunft"，而是拉丁文的"Reationalitaet"，即合理性。哈贝马斯确认："合理性很少涉及知识的内容，而主要涉

---

① 卢卡奇:《理性的毁灭》，王玖兴等译，山东人民出版社 1988 年版，第 77 页。

② 卢卡奇:《理性的毁灭》，王玖兴等译，山东人民出版社 1988 年版，第 77—79 页。

③ 哈贝马斯:《交往行为理论》第一卷《行为合理性与社会合理性》，曹卫东译，上海人民出版社 2004 年版，第 4 页。

④ J. Habermas, "Some Further Clarifications of the Concept of Communicative Rationality", In *On the Pragmatics of Communication*, ed.by M. Cooke, The MIT Press, 1998, pp.307-342.

及具有语言能力和行为能力的主体如何获得和运用知识。"[1] 交往理性不是本体论，也不是认识论，而属于语言论。

哈贝马斯的交往行为不同于目的论中的某些人行为和策略行为，而是导向社会主体间相互理解的活动，与语言有着密切的关系。在哈贝马斯看来，交往行为的构成是种种理解行为把不同参与者的行为计划联结起来，并把指向目的行为同相互作用这种联系衔接在一起；这些理解行为不能归结为目的论的活动。理解过程以意见一致为目标，而这种一致依赖于合理促成话语参与者对某种意见内容表示同意。意见一致不能强加于另一方，不能通过处置强加于对方；明显是通过外在干预而产生的共同东西，不能算作达成意见一致。意见一致是基于共同的信念。这些信念的产生可以按照对一种建议进行表态的模式来分析。只有当对方接受其中包含的提议，一个人的语言行为才达到成功。由此可见交往行为是相互理解的行为，它以达成共识为目标、为"规定"；交往中的理解行为构成话语互动过程[2]。

在 20 世纪语言论哲学转向的背景下，要制定普遍合理的交往理论必须深入到人类生活的最深层次——语言中。语言不仅起着描述世界的作用，更主要的是起着主体间的交流作用。人类最初的语言表达了普遍的、非强迫的交往意向。如果说目的——手段的技术经济行为，服务于征服自然，提高生产力，那么交往行动则是主体间通过相互协调的作用，以语言为媒介而达到人与人相互理解、达成一致的话语互动。

因此可以说哈贝马斯的交往行为理论旨在把人的理性解释为成功交往的必然结果。交往行为理论与哈贝马斯的普遍语用学、话语伦理和理性重建紧密地联系在一起。根据这些理论，理性潜力蕴藏于交往本身，亦就是在哈贝马斯看来，理性以潜力的形式存在于人际交往过程中，是交往本身内在的东西。基于这一观点，哈贝马斯构建了交往理性的概念。交往理性就是把暗含的理性潜力转接成明白的知识（explicit knowledge），暗含的理性潜力相当于"知道怎样做"（know how），明白的知识就是"已知内容"（know-that）。交往理性的目的就是要把"暗含的知道怎样做"（implicit know-how）转接成"明白的已知内容"（explicit know-that）。在这种情况下，主体具有话语

---

[1]　H. Putnam, *Reason, Truth and History*, Cambridge University Press, 1981, p.158.

[2]　曹卫东:《曹卫东讲哈贝马斯》，北京大学出版社 2005 年版。

和行为的能力，在直觉上知道如何进行争论与达成理解。哈贝马斯的交往行为理论的提出旨在为后形而上学运动潮流提供说明。在哈贝马斯看来，后形而上学哲学运动有以下几点主张值得注意①：

第一，后形而上学认为实在性理性观念大有问题，即认为"有理性的人认为这样"无道理可言；因而提出"程式性理性概念"或叫"形式化理性概念"②。程式性理性概念的表达方式是"有理性的人像这样认为"。

第二，在有效知识及有效知识如何获得方面，后形而上学用"易谬主义"（fallibilism）去取代"基础主义"（foundationalism）。

第三，对"理性超越于历史和社会的复杂性而只能被抽象设想"这种观点表示怀疑，而认为理性可以在具体的历史实践中情景化、语境化。即后形而上学认为具有情景化的理性。

第四，抛弃对意识个体结构的关注，取而代之的是重点关注语言与行为的语用结构；认为语用结构是理性情景化的组成部分。

第五，放弃哲学对理论真理和语言的表征功能的传统关注，而认识到语言的道德功能和表达功能是理性情景化的组成部分。

围绕后形而上学上述五点，哈贝马斯对他的交往理性加以说明。针对的一点，哈贝马斯认为交往理性主要表现的是语言和行为中知识的使用，而不是知识的特征。也可以说交往理性是进行"有效性认定"（validity claim）的模式，而不是这些认定的特征③。对于后形而上学的第二点主张，哈贝马斯旗帜鲜明地重构交往理性，认为交往理性并非是关于理性是什么的定义与转述，而是易谬的但又确实实在的认定或假说；交往理性本身是程式化的与易谬的理性，它可以用形式规定来说明什么是合理的，而且，就算那些关于什么是合理的形式规定是易谬的，也可以根据经验和学习加以修正。

针对后形而上学的第三点和第四点主张，哈贝马斯交往理性的整个理论框架始终以互动和社会交往为中心，而把理性紧紧地维系在日常话语的有效基础上，在现代个体日常话语实践中对理性进行情景化。这明显与柏拉图、康德等人的哲学背道而驰，在柏拉图、康德等人看来，理性的基础应该处于

---

① 哈贝马斯：《后形而上学思想》，曹卫东、付德根译，译林出版社2001年版，第27—50页。
② 程式性理性概念 procedural conceptions rationality，国内又叫"程序性的合理性"。参见郁振华：《哈贝马斯的后形而上学的哲学观》，《学术月刊》1998年第5期。
③ M. Cooke, *Language and Reason: A Study of Habermas's Pragmatics*, The MIT Press, 1994.

明确的、非时间性的所在（realm），它从外部视角可以对时间和偶然性领域作出判断。

对于后形而上学的第五点，哈贝马斯的交往理性强调三个"有效性维度"（validity dimensions）具有同等的重要性，这就意味着理性的潜力具有"规范性正确"（normative rightness），"理论性真理"（theoretical truth）和"表达性或主体性为真"（expressive or subjective truth）。这三个维度可以看成是三种策略。理性的这三种维度相互关联、相互补充、相互渗透。这三个维度标明了交往理性的范围，具有重要的含义。对这三种维度进行区分，并认为它们具有同样的价值、同样合理，而且体现的是理性的各种层面，这就意味着通过对交往进行语用分析，完全可以揭示理性并不局限于客体，理性在主体上有真；交往结构本身显示出规范和评价可以通过理性的程序来解决。

有效性维度暗含在交往中，这就意味着，如果发话者置话语理性于不顾时，自然会被判为非理性的。在哈贝马斯看来，交往之所以可以进行就在于双方拥有基于"有效性认定"的一致基础，而这个基础往往是暗含的。有效认定必须包括"规范性正确"、"表达或主体性真"与"理论性真理"。话语双方的相互理解也以此为基础。相互理解就要在需要达成一致的基础上进行评判。

哈贝马斯认为理性的重建工作，只能合法的集中在言说的层次上，也就是奥斯汀所说的"言语行为"，或索绪尔所说的"言语"，而非语言的使用结构。他主张通过一种主体间性的互动而形成交往资质。交往资质所蕴涵和展现的是一种交往理性，理性即是交往主体之间的开放和诚信，因此达成的是主体间的共识，共识以主体间性的开放和多元为前提。作为社会化交往行动的主体，在这一过程中，一方面导致了稳定的自我形成、发展与完善；另一方面则是这个自我对社会道德和其他规范的认同。"自我"的核心意义不是孤立的个人，而是"主体间的自我"，是"生活世界的自我"，即与他人的社会性关联。只有在这种关联中，单独的个人才能作为与他人不同的个体而存在。自我的主观能动性才能在主体间交流的共同体中获得发挥。因此，取代工具理性的交往理性能够保证不同的文化传统、不同的思想学说不会成为意识形态的障碍，增加探索的可能性，增强取得更好、更高的人生理念的机会。

哈贝马斯立足于交往行为进行历史唯物主义重建，立足于理性化的语言交往进行社会的合理重构。在他看来，交往行为比工具合理意义上的生产力具有更大的社会进化意义，而且交往行为本身遵循独立的规范进化逻辑，也就是道德意识的发生学逻辑。交往的合理化构成其全部理论探索的核心价值。交往合理化意味着对幸福的期待，**幸福不在于聚敛物质的东西，而是指去建立一种社会关系，在这种社会关系中，相互共存占统治地位**……哈贝马斯认为，交往行为理论具有人类解放的旨趣，具有社会发展的旨趣。这种旨趣意在解决晚期资本主义社会的合法性危机，即系统对生活世界的侵入，也就是解决市场金钱关系和权力统治关系对生活世界的渗透，消除伪交往，重建合理的生活世界，实现人与人之间的和谐、亲善。途径在于建立理想的语言交往，通过平等的对话与商谈来实现。为此，哈贝马斯通过一种普遍语用学的理路来建构理想的交流语境，实现主观世界、客观世界和社会世界等三个相关视域的统一，达到工具合理性、交往合理性和审美合理性的三种生存维度的统一。从而挽救现代性，疗治西方文明的危机。实际上，哈贝马斯的交往理论是对西方许多交往理论和社会理论的一种综合，具有极大的合理性，但它仍具有乌托邦的性质。此外，有反对文化的多样性，主张西方中心论的嫌疑。

三、主体间性与话语互动

"主体间性"（intersubjectivity）问题是构成胡塞尔现象学哲学不可或缺的内在组成部分。现象学的理论旨趣在于寻求知识的确定性和认识的绝对有效性。哲学能够作为严格科学的典范，提供确然性的真理。为了达致这种确然性，胡塞尔找到一个绝对无可怀疑的明证性的基点，就是纯粹意识或称先验主观性。它是一种可靠的反省之后的自明性。先验的自我主观性是意识行为和意识之流的执行者和统调者，具有主动性、能动性、连贯性、意向性、构成性。在胡塞尔看来，认识便是纯粹意识对于客体对象的"立义"或者"赋义"，就是意识行为通过自身统摄性的"共现"，将杂多的感性材料构成一种确定了的统觉或者说具有某种规定性的形式。由此事物、对象、客体在纯粹的先验意识之中被构成①。

---

① 倪梁康：《现象学及其效应——胡塞尔与当代德国哲学》，三联书店2005年版，第50—61页。

　　意识主体显然不是一个而是多个，由此必然要面临的问题是：另一个认识主体是如何被认识为一个意识主体的？一个主体的认识对另一个主体的认识而言能否或如何具有同样的普遍有效性？对此，胡塞尔依然遵循主体构造客体对象的思路，认为通过纯粹意识的立义构造活动，经过"移情"和"共现"等环节来实现对他我的构成。与此同时，他我的心灵意识及其相关视域被构造出来。他人也如此构造我的自我及相关视域，从而实现了相互的理解。而主体间的共识问题，胡塞尔求助于莱布尼兹的"前定和谐"，认为不同主体的认识和世界视域所以相合，由于世界视域都是经"共现"途径而形成的。主体之间相互理解的条件就在于主体之间基于相同的感知系统的"共现"构造能力。

　　实际上，胡塞尔试图解决的不是人们之间的现实交往问题，而是纯粹的认识论问题，并且只局限于认识论的领域。胡塞尔看到了交互主体性是必须予以解答的问题，并试图寻求认识的普遍原则以提供现实交往的可能性、文化交流的可能性，从而克服主观主义、相对主义。

　　然而，胡塞尔的交互主体性理论似乎存在以下难以解决的问题：1）他我的主体性来自于先验主观性的构造，但外在的类比推论无法提供确实的保证和坚实基础；2）共识不可能通过静态的直观来实现。"前定的和谐"作为根据流于简单化的假想和猜测。

　　胡塞尔现象学的问题、缺陷与困难，导致了后来的社会现象学的产生，就是许茨（Schütz）的理解的社会现象学。许茨关心的仍然是主体间的理解和共识问题。许茨[①]认为，胡塞尔的失足就在于局限于感知的认识论层面来解决，这一结果，正是胡塞尔将生活世界悬置的结果。在他看来，生活世界正是主体间理解和达成共识的基础条件。在生活世界中，人们基于各种现实的需要，在各种具体的情景下，参与社会行动，从而进行沟通和互动。通过共同在场和面对面的情景，个体与他人互换空间视角，使他人的意识流反思式地呈现出来。这种情况可称为"生动的同时性"。在许茨看来，生动的同时性就是主体间性的本质。许茨的主体间性理论有很大的合理性，在一定程度上克服了胡塞尔的局限。但许茨的交互主体性理论考察的是成熟状态中的

---

① 许茨：《社会实在问题》，霍桂桓、索昕译，华夏出版社2001年版，第199页。也可参见：
　　A. Schütz, "The Problem of Transcendental Intersubjectivity in Husserl", In *Collected Papers III*, The Hague: Nijhoff, 1966, p.147.

认知主体，没有考察个体的社会化过程，主体是一种理想化的、抽象的，而且他对生活世界本身的合理性没有质疑。我们认为，生活世界的合理与否直接决定着主体之间理解实现的可能性及其程度。

主体间性问题在哲学解释学的视域内，表现为文本的理解。在伽达默尔看来，这是一种时空错位的距离性交往类型，即作者与读者的非共时性沟通。解释学的基本问题是：在通过写作而固定下来的意义与通过读者进行理解的意义之间的距离如何能够达到沟通。伽达默尔指出，柏拉图在修辞学上的创造性贡献是，将修辞学与辩证法联系起来，辩证法在其本来意义上被理解为一种引导谈话的艺术，即使人们取得一致意见的艺术。由此，理解在人们取得一致意见的交往联系中获得了重要的地位。哲学解释学的基本任务就是揭示理解得以可能的条件。这些条件包括文化、传统、语言的解释学定位。理解是一种效果历史，是一种视界的融合。理解不是静态的，而是意义不断开放的过程。因而理解对于伽达默尔而言，更具有本体论的意义，即本体论解释学。主体的理解表征了一种人的生存的历史性，同时也意味着世界经验，即人的本体论存在方式。伽达默尔所揭示的是特定的主体间性，理论的视域仍然是认识论层面的，因为这里的主体间关系是一种理解关系。其基本结论是，文化、传统是一种使理解、交往成为可能的东西。然而，伽达默尔没有怀疑传统本身的合法性，而且确立了理解的主观主义和相对主义标准。

哈贝马斯在韦伯的理性化概念的基础上，提出了"系统—生活世界"的概念，"生活世界"指人类在文化传承上、社会秩序的构成上以及相互交往的过程中所必需的资源。它提供世界观、约定俗成的符号及其他人们相互作用所需要的要素。"系统"指人类为了满足物质生活需要在进行劳动时按目的理性的原则建立起来的一套组织机制。在某种程度上可以说，生活世界提供的是交往合理性，系统体现的是目的合理性。

生活世界是与"客观世界"、"主观世界"完全不同的独特世界。人类之所以可以进行交往并且发展出一套非强制性的理论来作为协调行动的准则，在于每个人都拥有一组庞大的、"并不明确的背景资料和知识。生活世界是主体间认可的共同视野，始终与以理解为目的的交往行动联系在一起。因而，以交往理性为指导的交往行动的核心是主体间性。交往行动是行为主体之间的互动，他们使用语言和非语言符号，以相互理解为目的，在意见一致的基础上遵循语言和社会的规范而进行的，被合法调节的，使社会达到统一并实现个人同一性和社会相统一的合作化的、合理的内在行动。只要进行交往和对话，就必定以这种或那种形式承认和遵循一些规范的要求。在这种意义上主体性意味着互主体性。理性的主体，即交往行动的主体，为了达到理解的一致而自觉采取的立场，其本质和衡量的标准只能是互主体性即主体间性。拉康认为所谓主体间性指的是主体之间的相互关系和交互影响。在拉康的理论中主体即认识者、行动者，不是自然界中的生物性存在，而是一个人文世界里的文化性存在。而一旦涉及主体间性，我们处理的必然是文化关系。从这样一个主体观出发，主体的规定性特征是由主体间的关系决定，而维系主体之间关系的最主要的活动，当然是主体之间指称事物传送意义的活动，这就是说语言的使用是主体间性的本质所在。

主体间性的本质：在生活世界及其意义结构为基本前提下，言语交际与社会交往所形成的统一性①。即生活世界是主体间性的本质性基础，言语中的意义构建与传递是主体之间的交往实质。因此，哲学活动的使命就是充分描述语言的实际作用，而不是把哲学活动纳入理想语言和脱离现实的图式中。人们通常把这种观点称作"语言分析"或"日常语言分析"用以区别于理想语言学派的逻辑分析。语言不仅有描述世界的作用，而且还在主体间的交往中起着决定作用，即主体间的交往离不开语言。奥斯汀提出的言语行为理论为主体间的言语交际直接的理论基础，并对当代的语言学的发展产生了重要影响。奥斯汀（Austin）分析了日常语言的具体使用方式，提出了"言语行为"（speech act）理论。其中论述了句子通常可以完成的三种言语行为②："言内行为"(locutionary act)，即用句子表达某种思想；"言外行为"(illocutionary act)，即表示句子在被说出时带有某种力量；"言后行为"(perlocutionary act)，即利用说出句子来产生一定的效果。奥斯汀强调对句子的分类研究，目的在于表明这样一个中心思想："说话就是做事"，说话就是主体间在具体场合下完成一种类似身体活动的行为，即"言语行为"。言语行为是人类的一种特殊行为方式，我们在从事言语行为时并没有对错或

---

① 何林：《许茨的主体间性理论初探》，《求是学刊》2005 年第 3 期。

② 奥斯汀这三种言语行为的汉语译名不统一，除本节所采用的译名外，本书第六章第一节采用"以言举事，以言行事，以言成事"。英文参见：J. Austin, *How to Do Things with Words*, Oxford University Press, 1962.

真假之分，只有恰当或得体与否之别。奥斯汀的言语行为理论与后期维特根斯坦的语言游戏，有异曲同工之处。维特根斯坦把语言游戏看做是人类生活形式的一部分，而奥斯汀则直接把言语行为看作人类行为的一部分，不同的是奥斯汀更注重对语言用法更加细致的，近似语言学的分析，这使他的理论远离了哲学意义的探讨，而陷入对语言细节的推敲考证。

从语言学或交际学的角度看，言语行为是交际过程中的最小单位，是更大单位的交际结构的组成部分。根据奥斯汀和赛尔的观点，言语行为是建筑社会交往的基石，在日常交往中，尤其是跨文化交往，尽管任何语句都可能被解释为具有某种行为的施为之力，然而，当某一具有"施为之力"的语句直译为外语时，对该语用的理解可能会各式各样，也就是说语句可以被翻译，但语句的"施为之力"会丧失，即语句的施为之力是不可翻译的。言语行为理论的研究成果不仅对语言研究，而且对外语学习，跨文化交往研究都有重要意义。因此，言语使用之社会规范或语用规则会因文化差异的存在而相去甚远。社会规范就是"行为的准则"，"文化或社会期望"。在跨文化交往时，人们常常理所当然地以本文化的准则和社会规范作为解释和评价别人行为的标准，而产生"语用迁移"（pragmatic transfer）现象。这种迁移必然造成交往中的语用失败而产生心理和社会距离。

实际上，社会语言相对论的概念是文化相对论的引申。根据本尼迪克特（Benedict）的观点，某一特定文化的标准、态度、规范、信仰等只能在其自己的文化中按其特定条件加以理解①。根据这一理论，普遍的文化信仰和文化价值观是不存在的。而社会语言相对论则是社会语言规则只能在其自己的文化中按其特定情况加以理解。也就是说，不能用不同文化的社会语言或言语使用规则来描述某种特定的文化中的言语行为。人生活在言语行为的世界中，因为人一直在"制造"言语行为，这意味着人具有生成、改变和指挥言语行为的能力。如何具备言语行为能力，即哈贝马斯所说的交往资质，必须做到以下几方面：

(1) 对语言系统及其使用系统的高度意识性。

(2) 每一言语行为都可能有多层潜在的意义，这要求交际主体对情景、文化等因素有高度的洞察力，对其话语的意义进行准确地阐释。即对言语行

① R. Benedict, *Patterns of Culture*, Houghton Mifflin Company, 1961, pp.xx-xxi.

为的多层面意义具有高度的敏感性。

(3) 对信息设计的逻辑能力的掌握。信息设计的逻辑能力分为：信息设计的表达逻辑、信息设计的习俗逻辑和信息设计的修辞逻辑。

四、交往理性对话语分析的启示

话语互动自然是主体间的话语交往，而根据哈贝马斯的理论，话语交往就是对双方交往理性的有效性认定。交往理性并不是语言内在的特征，而是语言表达式在交往使用中体现出来的[①]。为此，交往理性既不可还原成知识的"认识论理性"（the epistemic rationality of knowledge），既不能按古典真值语义学那样去分析交往理性，又不能按意向主义者那样把交往理性还原成"行为的目的理性"（the purposive-rationality of action）。那么，交往理性在话语分析中意味着什么呢？

我们认为，哈贝马斯对交往理性的分析与界定正符合我们对话语连贯的认识。我们在第二章曾声明，连贯不是语言内在的特征，而是话语双方共同创造出来的，这本身与交往理性发生了直接关联。现在我们可以推出，交往理性时连贯构建的基本条件之一。站在分析者的角度，我们可以说对于话语连贯的解释，可以从哈贝马斯的交往理性入手。为什么呢？哈贝马斯认为：**交往理性以话语的"统一力量"（unifying force）表达出来，这统一力量瞄向的是理解的达成，而要达成理解，交往理性就要为话语参与者寻求一个"主体间共有的生活世界"（an intersubjectively shared world）[②]**。在对共有生活世界的寻求中，话语双方同时还要寻求一个共同的"视域"（horizon）。在这个共同的视域中，每个人都可以指涉一个共同的客观世界。从哈贝马斯的这一观点看，对连贯的考察离不开对话语双方共同视域下的客观世界的考察，而决定这视域和客观世界的力量就是交往理性表达出来的统一力量。

毕竟，在哈贝马斯看来，语言表达式的交往使用不仅仅是传递说话者的意图，而且还"表征"（represent）交往事态的状态，更重要的是要与他人建立人际联系。从这个角度看，话语的说出代表着三层关系的存在：

① J. Habermas, "Some Further Clarifications of the Concept of Communicative Rationality", In *On the Pragmatics of Communication*, ed.by M. Cooke, The MIT Press, 1998, p.315.

② Ibid., p.315.

第一，语言意义与话语意图之间的关系；

第二，语言意义与话语内容之间的关系；

第三，语言意义与话语表达方式之间的关系。

根据哈贝马斯的交往理性，结合以上观点，我们认为关于话语互动连贯的研究离不开对这三层关系的详细考察。

第八节　本章小结

本章从对连贯这一概念进行重新考察入手，从常识的角度、文章学的角度、心理学的角度和哲学的角度分析了连贯最基本的含义。我们认为，把连贯还原成最原初的关系的话，那么连贯的基本含义就是"两两相连"、"两两相接"或"两两相关"。常识中，我们感觉到连贯话语序列的流畅感，但在我们看来，话语序列的流畅感本身暗含的就是受话者与发话者及其发话内容间形成的互动。这种互动可以还原成"两两相连"的双边关系。在静态层面上，话语序列本身也可以被切分成若干或无数的"两两相连"。由此可以推断出，文章学的连贯亦符合这样的分析。

在分析心理学中的连贯时，我们简略回顾了哲学与心理学的关系。然后重点剖析心理活动中理据证明与推论的基本模式。在连贯的视角下，我们心理活动赖以进行的基础是各种信念组成的连贯的整体。因此，连贯体现为信念与信念之间的"两两相关"。哲学中的连贯本身关注的就是"两两相符"这样的关系。哲学中的知识论、真理论考察的中心问题如知识、知识的主体与对象等，离不开检验信念的状况，离不开验证经验与知识、知识与真理间的关系。这从根本上讲，会牵涉到连贯的考察。不过，我们把连贯放在心理学和哲学的范围里进行考察，主要目的是为说明话语互动中的连贯所涉及的方方面面做一铺垫。我们的基本出发点是对话语连贯的认识就是对人及其赖以生活的世界的认识。这样的话语连贯考察势必牵涉人的理性、知识、他心、纯粹经验、意向立场和交往理性等问题。

我们对连贯与理性的考察采取的认识角度是理性的常识观，认为理性就是明智、判断与选择。同时，我们从演化论角度考察了理性与话语的相互作用，特别是语言的产生离不开理性。本章花了大量的篇幅来讨论语言的起源，目的是打算从人类语言起源的角度来思考个人话语的产生与累积情况。

个人语言的获得当然与人类语言的起源关系不大，但是对二者的综合分析有助于对话语互动的基础进行反思。连贯与理性的关系在于：理性的对话是连贯的基础，连贯是理性话语的正常反映；理性是避免对牛弹琴式的话语发生的根本保障，即话语互动是话语双方理性的交融。

对话语与知识的考察，既有静态的观点，又有动态的认识。在静态的观点下，我们预设了知识在话语里累积，意义通过语言而彰显这一观点。在动态认识上，我们发现话语互动的连贯是以共有话语知识为基础的，而共有话语知识反映的是我们认识世界的过程。因此，连贯与知识的关系表现为：话语之所以能互动，之所以具有连贯，是因为话语双方具有理性的知识交流，具有连贯的话语必定具有共有话语知识。话语互动本身就是知识的分享和意义的彰显。

话语互动是人与人之间的交往，而人与人交往是以心与心的交往为基础。由此，我们分析了他心问题。对他心问题的分析，我们的目标不是要寻求验证他心存在的可靠方法，而是认定话语互动中双方就对方的心理推测。他心实质上是与我心处于共同的话语互动中。他心具有动态语境的作用。话语双方连贯的构建就是对他心进行一定程度上的识别与重建。所以，我们赞同吉冯的观点，他心实际上是我们对他人、他人对我们相互进行的动态的在线心理模式的构建。话语互动中双方不一定要就他心存在与否进行终极论证，但一定要对他人心理进行解读。虽然在形式表现上，对他人心思的解读集中在话语或以话语为起点，但就互动连贯的构建与分析而言，对他心状态的在线解读与构建是话语互动的核心内容。

连贯与纯粹经验强调的是话语经验与话语意义与判断发生的基本原理，目的是瞄向解释不同意义与不同判断的发生机制。对意向立场的讨论主要是打算从意向系统的建立角度来考察话语的行为与理由。对纯粹经验的认识，有助于我们判断对话伙伴的意识流动的变化情况，有助于我们解释意义的产生原理。话语参与者在纯粹经验层面上具有稳定性，但在纯粹经验与别的意识发生联系时，各自均有各自的选择情况或凸现情况。而对于意向立场而言，我们需要的是预料他人行为表现、或者从他人行为来回推他的目的。

对话语连贯与交往理性的考察，主要关注点在话语互动的客观世界、主观世界和双方赖以理解的交往理性。交往理性在我们看来，可以为话语分析提供较为全面的视角。话语可以放在社会交往中，这样话语连贯的构建与研究就成了理解生活世界的活动。

　　本章是整个研究课题的理论基础，虽然牵涉了不少理论，但是其唯一的目标就是从不同范式的角度来理解话语连贯的构建与分析方法。毕竟，话语本身不是单一层面、欧几里得平面上的现象，而是人与世界的复合。从理性到交往理性，我们在话语连贯构建与分析方面既有统一的认识，又企图形成统一的解释模式。理性告诉我们在话语互动时应保持理性处于活跃状态中，同时需要我们具有明智的判断与选择能力。但是，理性尚不能帮我们演示出话语理解的基本运作方式，只有从交往理性的视角看，我们才能意识到规范性、评价性、主体性与主体间性在话语互动中的重要作用。交往理性告诉我们话语互动的基本规则和社会规则。

　　本章所牵涉的问题虽然分属不同学说、不同理论，但这些来自不同理论的观点却总是汇集到具体的话语分析上。在具体的话语互动中，它们为连贯的构建与分析各自从不同角度提供不同的认识，而这些认识都指向的是话语互动的连贯。

第四章　话语连贯的规范性

《三国演义》第四十二回讲到赵云孤勇救主，怀揣着小阿斗，单骑杀出重围来，终于把刘禅刘阿斗交给了刘备刘玄德，这时有一对话：

> （赵）云曰："幸得公子无恙！"双手递与玄德。玄德接过，掷之于地曰："为汝这孺子，几损我一员大将！"赵云忙向地下抱起阿斗，泣拜曰："云虽肝脑涂地，不能报也！"

站在分析者的角度，把这段话当成一个静态的语篇片段，结合小说前后的信息，一般不会让人感觉到这里有什么令人困惑之处。然而，这里的对话并非那么简单，即刘玄德与赵云间的话语互动正好反映了连贯问题的复杂性，这复杂性正与我们在第三章所做的思考相应。试想一下，刘备那话"为汝这孺子，几损我一员大将"是怎样与赵云的"云虽肝脑涂地，不能报也"这句话发生关联而自然连贯的呢？实际上，这里简简短短的对话蕴藏着我们关于话语连贯问题的不同认识。

第一节　连贯的多样性与规范性

如果按话语互动形式来记录刘备与赵云的对话，我们会得到下面一个会话实例：

话例 19

刘备：为汝这孺子，几损我一员大将！

赵云：云虽肝脑涂地，不能报也！

把这例话语转述成我们现在的话，便成了：

刘备：为了你这个小东西，几乎损失我一员大将！

赵云：我赵云虽肝脑涂地，也不能报答呀！

从语言形式上看，刘与赵二人的话并不相关，根本无连贯可言。似乎，刘备的话描述的是事实，似乎很客观，而赵云的话却表达的是一个信念。表面上，刘备的话并不是对赵云说的，而是对阿斗。然而，赵云却对此反应最激烈。因此，对于这样的对话我们该如何分析呢？我们如何把这对话与上一章关于理性、知识、他心纯粹经验、意向立场、乃至交往理性等方面的讨论联系起来呢？

从理性的角度看，只要不是疯话，任何话语都表现出理性，出自理性的选择。刘与赵的对话自然以理性为基础。理性是一种判断力，其作用就是支配、控制、协调和决定行为的各种因素。如果我们把本体论意义上的理性讨论悬置起来，而从人的活动来看待理性，那么理性与价值有关系吗？当把理性解释成明智的时候，我们本身是在价值意义上作出判断。刘备说的话明智不明智呢？明智代表的理性的选择，那么也就是刘备本可以说出不同的话来，比如，他可以说："谢天谢地。儿子你能安全回到我身边。"或者"儿子啊！你受惊了。"等。刘备是直接对刘禅而说的，因此这些话对于刘禅而言，从刘禅的角度看，都要比那带有责骂的话更顺耳。倘使刘备真这么说，那么也就不会有赵云感激涕零了。

实际上从意向立场看，刘备那话有它特定的意向，刘备并非是要与刘禅对话。从纯粹经验的角度看，刘备见到儿子归来，首先应该是喜悦；同样从纯粹经验的角度看，对于赵云成功突围回来，刘备首先应该是直接夸奖，同样应该是喜悦当先。他可以对赵云说一些像"将军辛苦了"这样的话。然而，这种属于纯粹经验的反应并不具备实际意义，要有实际意义，要表达自己特殊的意向，刘备就必须理性地选取一个意向立场，说出非纯粹经验式的话来。即，他要用心琢磨，组织思路与话语，最后说出"为了你这个小东西，几乎损失我一员大将"这话，关顾的并不是刘禅。此时此景，刘备与赵云具备共有的话语知识，有当时背景，而且刘备那话一出口直接道出了与赵云潜在的共有知识，即刘禅与赵云的比较。站在刘备的角度看，我刘备把你赵云视为比我儿子还重要，而赵云也从刘备的话中读出了刘备的话的含义。将心比心，刘备一方面要抚慰赵云的心，同时另一方面也明白赵云的心能够理解自己的意，刘备并不怀疑他与赵云间在这一点上能够心心相通。从交往理性的角度看，刘备的话乃至赵云的话有一种"统一力"，这种统一力促使刘备与赵云双方达成理解，而且这种理解是在共同的视域里瞄向共同的目标。

局外人或者旁观者会认为，刘备说出那话来是刘备的聪明或狡猾的表现。我们认为说刘备聪明也好，狡猾也罢，这只不过是对刘备的话语策略进行了价值判断和道德判断。然而，问题的症结所在并不是我们的判断，而在于刘备以及赵云两人都能如此迅速地组织起那看似平常却并非平常的话语来，这说明的是什么道理呢？

我们设想一下，听到刘备的话时，赵云有什么样的话语可能性呢？赵云是不是可以说："主公休怒！他可是你的亲儿子呀！"，或者"主公！他可是我拼死救回来的呀。要是你把他摔死了，不值呀！"或者，赵云在听了刘备的话后，根本不做任何反应，毕竟刘备的话表面上针对的直接对象并不是赵云。在这种场合下，对于不同人当然会有不同的话语形式。人世间就是这样，同样的事情往往会因为当事人不同而有不同的处理情况，甚至有不同的结果。赵云最终选取的话语可以说与刘备的话语策略达到了同样的效果，这就不能以谁高明谁不高明来判断二人的话语互动了。

刘备与赵云之所以有这样的对话，是因为二人具有独特的连贯构建。二人的连贯构建没有拘泥在话语形式上，而是理性快速计算、纯粹经验的突然加工转换而产生判断与意义，是双方作为话语交往的主体而共同寻求理解的结果。

从对刘备与赵云的话语分析入手，我们在此要提出一个问题，即在同种情况下，同样的场合中，话语双方既然有不同的话语可能，那么相应的话语互动有没有不同的话语连贯呢？连贯讲究的是双方一致，那么连贯有没有一致性呢？

连贯究竟有没有一致性这一问题本身暗含了连贯的多样性。也就是说，如果回答连贯没有一致性，即没有千篇一律的连贯，那么就意味着连贯具有多样性。如果说连贯具有一致性，那么连贯的一致性的取得也是以众多连贯为条件的。于是，这也说明连贯具有多样性。

一、连贯的多样性与一致性

　　语法上，英语中的连贯并非是一个可数名词，它没有计数的概念。我们不会说一个连贯、两个连贯……一百零一个连贯这样的话来，因为这样的话没有实际意义。然而，根据我们对连贯的基本理解，连贯的基本形式就是两两相连、两两相接或两两相关。这不正是说连贯不会单一吗？不同的两两相连不正是不同的连贯吗？实际上，当我们说连贯具有多样性时，我们是从构成连贯的多种可能性的角度而言的。

　　连贯的多样性在概念认识上不属于话语双方，而属于分析者，即只有话语分析者，或者话语参与者站在分析者的角度看，才会认为连贯具有多样性。话语的实际发生只会有一种连贯最终在话语双方中创造出来。对于一种连贯的多种理解，那不是话语参与者所关心的，而是话语分析者所关心的。不过，很多时候，话语参与者本身也是话语互动中的分析者。

　　话语互动过程中实际构建出的连贯是不是话语双方共同期望的呢？如果发话者所希望的与受话者所反应的并不一致时，那么这时构建的连贯并不是双方共同预料到的，哪怕这时的话语互动仍然具有连贯，但这连贯并非双方达成一致的结果。相反，如果发话者的意图被受话者充分理解，受话者相应地做出发话者所希望的反馈来，那么这时的话语连贯就是话语双方的连贯的一致性。但要注意，话语双方所达成的一致性连贯并不一定是最完善的一致性，因为话语双方的一致性连贯并不一定符合话语分析者所期望的连贯。只有话语双方与话语分析者共同认定的连贯才是最完善的连贯。如第一章所提供的话例 1 中，小孩甲说："看！我画的小龙多好啊！"而小孩乙对此的反馈是"我爸爸带我去吃了小笼包子的。"这里的话语互动在两小孩之间是连贯的，没有什么异样，但在分析者或者说作为潜意识下的分析者的旁观者眼里，甲乙小孩二者的对话并不具备连贯，两句话似乎毫不相干。然而，在我们看来，这里却是反映了连贯的一种初级形成模式。对于这一点，我们将在后文加以论述。

　　我们又回到刘备与赵云的那段对话上来，我们首先断言刘、赵二人之间形成了一致性的连贯，而且他们双方能相互理解各自的心意。然而，这个例子在分析者眼里却并不那么容易运算。对于这个例子，我们无法用语言形式法来推算二者的连贯，同样我们也无法用语用推理法来演算。

从语言形式法看，刘备的"为汝这孺子，几损我一员大将"，这话是一句陈述事实的话，它在形式上与赵云的话："云虽肝脑涂地，不能报也！"二者间没有形式上的衔接手段。也许有人会说，"我一员大将"与"云"两者间有关联，均指称赵云，于是，可以说两句话的连贯点就在这里。在意向上看，"我一员大将"是指称赵云，然而在语汇上，"我一员大将"仅仅是泛指，并不特指赵云。正如有人说，"为了你，几乎损失我一百元钱"一样，其中的"一百元钱"并不是指具体某张某一编号的一百元钱，而只是做了一个价值评判。刘备那"我一员大将"在那句话里也只相当于价值评估，并不是指赵云。如果说，"为汝这孺子，几损我一员大将"与"云虽肝脑涂地，不能报也！"的连贯点就是"我一员大将"与"云"的话，那么恩克维斯特问题中所列举的例子中的句间联系就有这样的连贯点。然而，我们曾在第二章明确指出，恩克维斯特问题中那些作为连贯手段的衔接点均属于伪衔接点，即假连贯点。它们只是在符号上相关，而在内容上相差甚远，这好比把同样的标签贴在了种类与性质均不同的商品上一样，没有实际的联系。

对于刘、赵二人的这一例子，我们也根本无法从功能语法的角度来计算二者的关联。及物系统、主位推进模式等解释法均不适用于这一例子。从语用角度看，言语行为理论、会话含义理论、合作原则等能揭示整个互动过程中的部分道理，但无法解释连贯形成的内在机制与全貌。

刘、赵二人的话符合行事分析的范围要求吗？刘备的话是属于"表述句"（constative）呢还是"施为句"（performative）？按奥斯汀（Austin）的言语行为三分说，刘备的话的着力点是在言内行为呢还是在言外行为或者是言后行为？这些问题在刘、赵二人的话语互动中并不能到完善的解答。我们总以为，言语行为理论主要关注的是话语双方完成交际的整个过程，揭示的是话语交际的结果，而对话语交际过程中的动态情况缺乏解释力。刘备的话的确具有一种"言外之力"（illocutionary force），它直接促使了赵云的激烈反应。然而，刘备那话并不具备施为句或行事句的特征要求，那话更像表述句。我们从这些术语得出这样的结论，并不是出于经过了严密的演算，而是出于判断。因为用奥斯汀的言语行为三分说，乃至赛尔（Searle）的言语行为五分说以及其间接言语行为理论作比照，我们只能凭直觉得出奥斯汀和赛尔所谈的结果，却无法按照他们的理论进行一步步地推算。为什么呢？话语互动始终是两个人的心灵交流，心灵的活动只可能推测、判断，而不可能直接观察。**奥斯汀与赛尔的言语行为理论是从结果反推过程的理论，他们分析的中心在于一个完整的过程，而对这个过程的横切面未作分析。**

　　格莱斯的合作原则与会话含义理论也面临着同样的问题。格莱斯的合作原则及其四条守则为话语含义的产生情况建立了衡量标准，具有广泛的指导意义。我们可以根据质的守则、量的守则、方式守则和关系守则来判话语互动双方的意义是否明显或隐含。在这一方面，我们承认格莱斯的会话含义理论具有一定的解释力。然而，就刘备与赵云的话语互动而论，刘备的话有没有含义呢？如果有含义的话，我们该依据哪条守则来推算呢？我们说，刘备的话是有含义的，但刘备的话并非违背任何一条守则。在我们看来，他的含义不在于话语形式手段上，而在于他那描实的话语在赵云心中激发起了含义。

　　用言语行为理论和会话含义理论各自的例子与刘、赵二人的对话做一比照，我们可以看出话语连贯的构建与分析其实还有许多问题值得探究。

话例 20
　　甲：几点了？
　　乙：送奶工刚来。

话例 21
　　甲：教室太冷了。
　　乙：（马上打开空调）

　　话例 20 中，甲询问时间，乙违背了方式守则和关联守则而称"送奶工刚来"，其含义是甲可以大致知道现在几点，因为按生活习惯，送奶工经常在那一个时间点左右出现。不可否认，话例 20 是连贯的，但这里暗含的问题是，话例 20 的甲、乙双方都知道送奶工什么时候到，而说"送奶工刚来"这话并不是回答"几点了？"的标准答案。这话不具普遍性，即在没有送奶工的地方这样的句子肯定不能用。即使在有送奶工的地方，也并非人人关注过送奶工的工作习惯。这里引发的问题是连贯的构建似乎完全依赖于话语双方心里所想到的内容，或者说是处于激活状态的内容。没有想到、没有被激活，也就不会参与连贯构建。

按格莱斯合作原则，从方式与关联性看，话例 20 中乙完全应该直截了当地告诉甲几点几十分，甚至可以精确到秒。当然，格莱斯的合作原则并非像交通规则那样，人人都得遵守，而合作原则只不过是一种检验尺度。不过，话语互动毕竟是有规则可言的，既然话语互动有规则，为什么双方不遵守话语本身的规则呢？按省力原则或经济原则看，直接告诉甲几点几十分是最佳回答。由此看来，话语本身所遵守的形式规则并不一定要与连贯的规范一致。连贯似乎有其独自的规范。从话例 20 看，连贯构建似乎具有多种可能性，而在具有多种可能性的情况下，连贯构建有没有规范性而言呢？连贯的规范性怎样体现出来呢？

话例 21 中，甲的一句"教室太冷了"施展出了言外之力，让乙打开了空调，从而完成了言后行为。从言语行为理论看，这算是话语互动的一种自然方式。然而，间接的言语行为并不一定能确保交际的成功，再有"教室太冷了"并不一定就暗含"请把空调打开"这样的指令。说话者也许仅仅是一种表达。如果这表达是出于夸张呢？另外，对"教室太冷了"的解读也并非一定能出现完全一致的情况。如果甲真是希望打开空调，那么只有反应迅速、领悟快的人才能明白甲的意思。毕竟陈述句在形式规则上并不表达建议或命令，陈述句充当命令的情况不符合语言形式规则，然而在话语交际中，陈述句却可能被理解成命令。这样，连贯的构建完全依赖于主观解读了。为此，话语双方应该依据什么标准来构建连贯呢？

连贯是两两相接，那么两两相接有没有规范性可言呢？

二、连贯的规范性

在谈论语言形式时，我们用"规则"（rule）一词，而在讨论连贯时，我们用"规范"（norm）一词。当然，规则与规范属于同一个家族的概念，具有家族相似性。然而，二者却存在着区别。

1. 关于规则与规范的争论

在谈论我们关于规则与规范的观点之前，先看看维特根斯坦、克里普克、乔姆斯基以及布兰顿等人的观点。根据陈嘉映[1]分析，克里普克和乔姆斯基就规则问题进行过争论。一般认为，"遵行规则"（rule-following）是维特根斯坦《哲学研究》中的一个重要论题，维特根斯坦用了将近40节行文来讨论[2]。

克里普克在解读维特根斯坦的"遵行规则"时，认为维特根斯坦继休谟之后提出了一个新的"怀疑者悖论"以及该悖论的"怀疑论式的解决"。克里普克认为维特根斯坦关于"遵行规则"的讨论，其核心是私有语言论题，而在讨论私有语言问题时，克里普克引入"共同体"（community）[3]概念，认为遵行规则就要依赖于一个共同体，因此一个人不可能遵行规则。由此推出，私有语言是不可能的。乍一看，克里普克对维特根斯坦的理解是正确的，但实质上，克里普克的观点与维特根斯坦的观点已经貌合神离了。克里普克把私有语言理解成了"独在者语言"（solitary language），就是说一个人被隔离后，我们无法根据其内心或行为来判断他是否和过去的意图一致，他有没有遵守规则我们不知道。我们只能说他觉得规则是某种样子就按那样子去应用规则。隔离开来看一个人，就无所谓他是否遵行规则。一个被隔离开来的人的"独在者语言"应该是由个人特征组成，然而他生活的世界并没有私人物体，即根本不存在他人无法明白的所谓的私人物体。因此，在克里普克看来，我行我素的"独在者语言"也是不存在的。应该说，克里普克对私有语言和遵行规则的理解是以符不符合"共同体的规范"为基本认识，而非维特根斯坦所说的私有语言与遵行规则。

维特根斯坦对私有语言的解释是：

　　§243 但是否可以设想这样一种语言：一个人能够用这种语言写下或说出他的内心经验——他的感情，情绪，等，以供他自己使用？——用我们平常的语言我们就能这样做吗？——但我的意思不是这个，而是：这种语言的于此指涉只有讲话人能够知道的东西；

---

① 陈嘉映：《语言哲学》，北京大学出版社2003年版，第304—316页。

② W. Goldfarb, "Kripke on Wittgenstein on Rules", *The Journal of Philosophy*, 1985, Vol. 82, No.9, pp.471-488.

③ Community 一词在生态学里是"种群"，社会学里是"社区"，语言学里是"社群"，政治学里是"共同体"。

指涉他的直接的、私有的感觉。因此另一个人无法理解这种语言。

（维特根斯坦，2001：135）[①]

维特根斯坦认为私有语言不可能，并非是克里普克所论证的那样。陈嘉映说，维特根斯坦并不是克里普克所说的那样的怀疑主义者。对于规则，维特根斯坦明确断言：遵守规则是一种行为而不是一种解释（陈嘉映，2003：307）。维特根斯坦说：

> §202 因此"遵行规则"是一种实践。以为（自己）在遵行规则并不是遵行规则。因此不可能"以私人方式"遵行规则：否则以为自己在遵行规则就同遵行规则成为一回事了。

（维特根斯坦，2001：123）[②]

乔姆斯基在《语言知识：其性质、来源及使用》一书中指出，生成语法的实质就是要回答有关语言知识的三个基本问题[③]：（1）语言知识由什么组成；（2）语言知识怎样获得；（3）语言知识如何使用。这里的第三个问题直接面对的是语言规则的遵行与使用，因此乔姆斯基不得不面对维特根斯坦和克里普克关于规则的讨论。关于规则，乔姆斯基认为有两个问题需要澄清：一是常识意义下的规则问题。乔姆斯基把它称为"笛卡尔问题"（Cartesian problems）；二是关于遵行规则的"维特根斯坦问题"（Wittgenstein problems）[④]。常识意义下讲，语言使用是在规则指导下的行为，人们拥有语言规则的知识，属于默会知识。普通使用者都会自然而然地使用规则而进行自由表达。然而，常规意义下的规则概念是不是语言的组成成分呢？人们怎样按规则行事呢？根据笛卡尔的观点，"动物机器"（beast-machine）可以被强制地按某种方式运行，而具有心灵的人类却只能在鼓励、刺激或诱

---

① 维特根斯坦：《哲学研究》，陈嘉映译，上海人民出版社 2001 年版，第 135 页。引文前的阿拉伯数字是原著与译著的小节序号。

② 维特根斯坦：《哲学研究》，陈嘉映译，上海人民出版社 2001 年版，第 123 页。

③ N. Chomsky, *Knowledge of Language*, Foreign Language Teaching and Research Press, 2002, p.3.

④ Ibid., pp.222-223.

导下行事，因为有灵魂就具有对行为的反思，它可能阻止某些行为的发生。这样一来，该怎样做不该怎样做，这种属于规则遵行的问题，就超出了我们的理解，很神秘。实际上，乔姆斯基在暗示规则属于内在的心理机制。这就与维特根斯坦私有语言不可能的论断发生冲突。因为，根据克里普克对维特根斯坦的解读，乔姆斯基的语法规则是每个人内在具有的心理机制，而在克里普克眼中的维特根斯坦看来，"只有着眼于语言使用者的共同体才谈得上遵行规则，因此假设 KW（克氏维氏）论题成立，生成语法或普遍语法学说将被彻底否定。"①

对于"维特根斯坦问题"，乔姆斯基的主要观点是，"一个人不遵行我们的规则，不一定就是不遵行规则。"遵行规则有三层意义："一，合乎我们所遵行的规则；二，合乎另一个共同体的规则；三，合乎普遍语法。"② 值得注意的是乔姆斯基在谈论克里普克与维特根斯坦关于遵行规则的问题时，有意无意间用了两个词"规则 rule"和"规范 norm"，而且乔姆斯基并未把 rule 和 norm 当成等同的词。乔姆斯基在《语言与天性》一文中说："根据共同体规范而来的克里普克眼中的维特根斯坦关于遵行规则的概念，实际上是日常用法的补充，典型地把规则指导下的行为归于偏离这些规范的情况，如刚给出的例子所示。"③ 乔姆斯基所给出的例子是，"I rided my bike and brang it home." 乔姆斯基说这个句子是他孙女说出来的，句中违背规则的地方是不规则动词的使用形式。按英语语法，句中的"rided"和"brang"分别是"rode"和"brought"。在乔姆斯基看来，这个句子只是偏离了英语日常用法的共同体规范，而在语言学家眼里他孙女的这句偏离规范的话完全可能是出于对"管约理论规则"的遵守。从这里可以看出，乔姆斯基是在两个层面上谈论规则：表层结构和深层结构。按照他的理论，我们听见和读到的句子是表层结构，由深层结构转换而来。在表层结构上谈论遵行规则实际上是在谈论某个共同体（或叫言语社群）的语言规范的遵守与偏离。从深层结构看，"如果遵行规则，我无需理由地遵行。"(If I follow R (a rule), I do so without reasons.)，原因是，"我刚好是由我所遵行的规则所构造的。"(I am just so

---

① 陈嘉映:《语言哲学》，北京大学出版社 2003 年版，第 309 页。

② 陈嘉映:《语言哲学》，北京大学出版社 2003 年版，第 310 页。

③ N. Chomsky, *Language and Nature*, Mind, 1995, Vol. 104, No. 413, pp.1-61.

constituted.）①

布兰顿（Brandom）从"规范语用学"（normative pragmatics）②的角度说，语言规范是通过社会实践行为而设置（instituted）起来的，语言规范暗含在语言实践活动中，以某种具体的义务形式（deontic form）呈现出来。所谓的义务形式又是指社会地位形式，是由出于某种具体社会地位的人根据他们有关态度来设置的。我们生活在一个自然世界，我们在自然世界的话语行为实际上就是"守诺"（commitments）与"授权"（entitlements）。守诺与授权不是自然世界的产物，而是人类活动的产物。比如，作为银行职员，上班着装要打领带这种规则（rule），规范（norm）或规定（requirement），就是社会活动所形成的要求打领带的实际理由。这是规定，但更是一种规范。

作为自然存在物，我们按规则行事，而作为理性存在物，我们按我们的规则概念行事。规范并非自然本性的固有部分，而是经过理智存在的意志，被强制实行于行为的自然倾向和模式之上。受规范指导的行为区别于单纯的习惯行为，因为在这种情况下，行为主体知道别人对他们有何预期，并遵循着他们也能违反的某个规范的概念。这样，布兰顿就根据如下事实说明了这一规范性的起源：某共同体赞誉或制裁某种行为模式，视之为正确的或越轨的。于是，布兰顿说："我们的行为设置起规范……行为者形成偏好，排定顺序，达成一致，或褒或贬，估量评价，从而使规范性意蕴被强加于非规范性的世界之上，如同用斗篷罩住赤裸一样。"③在布兰顿看来，建立规则必须遵从理性标准："我们作为理性存在物的尊严恰恰在于：我们只受我们认可的规则（rules）的约束，这些规则乃是我们自由选择的，用以约束我们自身。"④

关于布兰顿，哈贝马斯评论道："布兰顿采用了康德的自律概念，以区分理性的立法与纯粹的自由选择行为。当立法者依照概念性规范，以洞见为基础，选择了某些规范，并完全以它们来约束自己的时候，他就是在以自律

---

① N. Chomsky, *Knowledge of Language*, Foreign Language Teaching and Research Press, 2002, p.225.
② R. Brandom, *Making It Explicit,* Harvard University Press, 1994, pp.xiii-xiv. also see R. Brandom, *Action, Norms, and Practical Reasoning*, Noûs, 1998, Vol. 32, No. 12, pp.127-139.
③ R. Brandom, op.cit., p.40.
④ R. Brandom, op.cit., p.50.

的方式行动。自由意志是允许自身被好的理由所确定的理性意志"①。

　　根据布兰顿，我们是理性的从而是自由的，也因为是理性的从而被规范所约束。康德使自由与理性统一而不相矛盾，从而使我们具有特殊类型的即合乎理性的规范所约束的自由，因此在这二者之间达成的一致就包含这样的观点：把道德义务的规范性地位视为由"规范性态度"（normative attitudes）设置②。

　　不难看出，规则与规范两个概念在布兰顿的规范语用学里经常混用。但是，布兰顿是在语用的角度来考虑规范的问题的。根据我们的理解，规范是属于语用的范畴，由言语共同体设置，共同体的成员应该遵守。然而，对于这种规范而言，遵守是一种道义态度（deontic attitude），那就是说，如果某个成员不遵守这种规范，他的行为并不会因此而难以理解。而对于规则而言，一旦破坏或违背，就不再有规则概念下的行为。因此，结合以上关于规则与规范的争论，我们将从话语连贯的角度给规则与规范作一区分。

2. 连贯是规范而不是规则

　　规则是规章、法规，是属于某个共同体共同约定而必须遵守的一系列规定，是刚性的，强制性的，即不允许违背。而规范具有典范、合乎某种模式，合乎某种权威标准等意思，规范具有弹性，是义务性或道义性的，有正常与不正常之分，而没有错误与正确之分。而在规则面前，就有正确与错误之分。英语中的 rule 与 norm 也有这样的区分。对语言规则与语法规则的违背，那就是错误，而对规范而言，无所谓违背，而仅是偏离，或符合与不符合；偏离规范的现象仍然可以接受、可以理解。例如："昨天我将要准备明天和大前天的饭菜"这句话明显地违背了语言规则。与此相比，**我记得昨天的祝福，却感受着今天的痛苦，曾希望明天会更好，可昨天的明天为何依然如故**，以及"我被青春撞了一下腰"、"三个老婆以前，他年轻而富有"、"我不会跳舞，我会跳六"等，这样的表达虽然对规范有所偏离，但仍然可以接受，而且还具有表达的生动性。

---

① 这是哈贝马斯评论布兰顿时所说的话，参见 R. Brandom, "Facts, Norms, and Normative Facts: Reply to Habermas 'From Kant to Hegel: On Robert Brandom's Pragmatic Philosophy of Language'", *European Journal of Philosophy*, 2000, Vol. 8, pp.356-374.

② R. Brandom, *Making It Explicit,* Harvard University Press, 1994, p.51.

对于连贯而言,我们应该说"连贯的规则"、"连贯的规则性"或"合乎规则的连贯"呢,还是说"连贯的规范"、"连贯的规范性"或"规范的连贯"?我们认为用规范更为可取。为什么呢?如果把连贯形式化,那么用规则来判断和描述连贯是可以接受的。连贯的语言学解释,实际上就是企图为连贯建立起规则来。然而,我们知道连贯并不受规则所约束。温特楼德(Winterowd)① 在《连贯的语法》一文里探讨了连贯的深层结构与表层结构,这只是把连贯解释置于乔姆斯基的转换生成语法视角下,但并未能证明连贯具有语法规则。连贯可以通过语言形式开显出来,但连贯并不由语言形式所决定。这就是连贯的语言学解释终究无法揭示连贯之真相的原因所在。值得指出的是,规则与规范究竟是从哪里来的呢?乔姆斯基倾向于回答说,语法规则是内在的、天生的,但这只不过是一种假说,一种旨在解释人们如何学习语言、如何获得语言能力的假说。规则在维特根斯坦看来,在于语言的使用,是由我们约定的。我们由此推问,既然连贯不是规则而是规范,那么连贯又是从哪里来的呢?在话语互动中,我们说连贯表现为两两相接,但我们凭什么区分不同的两两相接具有或不具有连贯呢?这样追问下去,我们又只能回到连贯属于规范这样的认识上来,回到维特根斯坦关于规则的观点上来,于是,我们认为连贯存在于话语互动过程中,是由话语双方共同创造出来的,既可以在语言形式内又可以在语言形式之外表现为两两相接。

从规范的角度看,话例 20 与话例 21 似乎都不是连贯的典范模式。在话例 20 中,乙应该直截了当告诉甲几点几十分。而在话例 21 中,乙似乎应该说"你多穿点就不会感到冷了"等这样的话。我们这么解释马上会带来提问:难道话例 20 中的乙必须说几点几十分才合乎规范吗?难道话例 21 中的乙直接打开空调就不合乎规范吗?问题就集中在什么是连贯的规范性上面来了。

我们知道连贯无规则可言,而连贯的规范似乎也不太明确。语文课、写作课上,老师也时不时提到连贯,但就是不会说连贯的衡量标准。老师能很有把握地分析语法,分析话语的组织规律,但对连贯却总是语焉不详。提到连贯,总是给予判断。不过,就文章分析而言,我们的语文老师有意无意地避开连贯这一概念,而喜欢说文章通顺不通顺,倾向于用脉络来分析文章的连贯。我们觉得,脉络不仅是描述话语连贯很好的隐喻,而且也确实具有可

① W. Winterowd, *The Grammar of Coherence*, College English, 1970, No. 31, pp.828-835.

分析性。于是，我们认为，**话语的脉络贯通就是连贯。**

既然话语的脉络贯通、乃至文章的线索这样的概念与我们所论的连贯吻合，那么脉络又是怎样贯通的呢？脉络贯通而形成的连贯有什么样的规范呢？连贯的规范性应该体现在话语各种脉络的贯通情况中。注意，我们在此断言话语有多种脉络，也是出于类比或隐喻的考虑。无论是以树叶的叶脉作喻也好，还是以人体的血管、经脉为比也罢，脉络不会是单一的。各种脉络的贯通形成了话语的连贯。从整体上看，脉络贯通给人一种连续的感觉，每一脉络好比一根线。从断面分析角度看，脉络贯通包含两两相接、两两相连。既然，连贯的基础就是两两相接，那么多种脉络也具有两两相连、两两相接的情况。

3. 连贯基于两两相接

既然连贯的基础就是两两相连、两两相接，那么我们有必要弄清什么叫两两相连或两两相接。第三章第一节指出，连贯一词在汉语里是抽象名词。追本求源，它由两个自由语素复合而成，自由语素又叫自由词素，就是可单独成词的语素或词素。组成连贯的自由词素是"连"与"贯"。"连"的主要意思有"联合；连结；连接；串联"，而"贯"的主要意思有"串连；通；贯通；序次，按顺序排列"等，"连贯"作"连接、贯穿"讲。不难理解，"连接"包含有点与点的接合，而"贯穿"则意味着连结成线。英语中的连贯 Coherence 基本意思也有"连接；黏合"的意思。我们对连贯进行考察的方法是断面分析，因而考察的焦点问题就是两两如何相接。

从概念的相似性看，"两两相连"、"两两相接"、"两两相关"，以及"两两相通"这样的表达属于同一家族的概念。在本书不做严格的区分，因而，在我们看来，这些语词表达的是同样的概念。

两两相接这一概念在物理世界里，有两根绳子头的两两相接，两个接线点的两两相接，手拉手的两两相接，面与面的两两相接，摄影镜头剪辑点的两两相接，国与国接壤的两两相接，链条环与环之间的两两相接，几何图形的两两相接，化学原子或分子的两两相接，目光或视线的两两相接，房间的两两相接，连续数字的两两相接等，这些两两相接是指两个对立或对等物联系在一起，或紧挨在一起，或并排在一起。这样的两两相接比较直观。物理世界的两两相接，宽泛地讲，还包括两个物件以各种方式并置在一块而共同服务于某种目的，如螺帽与螺栓，插头与插座等那样的两两相接。然而，话语上的两两相接比上述现象抽象，包括的种类更多，而且两两相接的 A 与 B 或甲与乙不必是对等的。

从语言形式上看，两两相接包括词与词之间的各种联系，句与句之间的各联系。词与词的联系主要是句法内的关系，而句与句之间的联系则是句际关系，篇章组织的模式，语言形式上的两两相连还包括音与形方面的关系，以及包括句法上横组合与纵聚合关系、同源词的关系、原生词与次生词的关系、搭配关系、习惯用法等。

语言上的相关、相连更多的是从意义上考虑的，主要是指语义上的联系。语义上的联系比较复杂。意义联系的基本形式主要以词与词之间的联系为基础。词与词之间的意义联系包括同义关系、反义关系、上下义关系等。同义关系又包括绝对同义词关系(如技术词汇)和依赖于语境的同义词关系，反义关系又分为等级性反义词（如长与短、大与小等）、互补性反义词（如男与女、生与死、在场与缺席等）、对立反义词（如买与卖、上与下、雇主与雇工等）、关系对立反义词（如亲情关系、空间对立、时间对立、社交互往对立等层面的词）。

从语义场的角度分析，话语上的两两相接可以发生在各种语义场，语义场分为分类义场、顺序义场、关系义场、反义义场、同义义场、两极义场、部分否定义场等。

从联系纽带的种类看，两两相接包括逻辑关系、语法关系和词汇手段关系、修辞关系等，其中修辞关系中的隐喻关系在连贯关系构建中尤为重要，因为这里涉及域与域之间的映射关系。

从心理表现的背景知识看，两两相接可以表现为心理框架、心理脚本、心理情景、心理图式、以及心理模式等方面的联系①。根据明斯基的框架理论，当某人遇到一个新情景时，他可能从记忆中选取一个框架结构来应对新的情况，根据需要他可以对记忆的框架结构进行细节修改。比如当甲谈到房子时，乙可能会根据自己的心理框架结构想起房子的一些组成内容来，从而与甲发生两两相接的连贯关系。心理脚本是阿贝逊依照明斯基的心理框架而发展出来的一个概念，主要考察的是态度与行为之间的关系，包括考察相柯

---

① 　G. Brown & G.Yule, *Discourse Analysis*, Blackwell, 1983, pp.238-255.

所提出的概念依赖关系。心理情景是相柯和加罗德发展出来的话语理解的概念，理解是基于心理情景的理解，理解成功与否取决于是否激活了恰当的心理情景。图式理论与心理模式，近年来在话语连贯研究中应用颇多，我们在此不赘言。

话语互动中的两两相接并不像物理世界中的两两相接那样直观，但话语中的两两相接比起物理世界的两两相接来目的性更强。地缘上的两两相接是没有目的可言的，A 地与 B 地只是紧挨在一起而已。但在话语中，并置的事物、紧挨在一起这样的关系却可能进入连贯构建而服务于某种表达。我们在这里所列举的两两相接的各种情况，既有常识意义下的两两相接，又有规范和规则视角下的两两相接。

根据常识以及心理表征的背景知识，别人谈到山，我们很可能想到水，谈到北京会想起天安门，说到川菜可能会想起麻辣来。根据规范，话语有话语的表达习惯，对于表达习惯而言，有恰当、不恰当之分。比如"儿童"与"孩子"两词各有自己恰当的运用场合。我们说儿童节、儿童影片、儿童服装、儿童商店等，但不会说孩子节、孩子影片、孩子服装、孩子商店。我们说孩子脾气、孩子王、小孩子见识等，但我们不太会说儿童脾气、儿童王、小儿童见识。这些不是语法规则问题，而是规范问题。很多情况下，不合乎规范并不一定不可接受。如鲁迅曾写过："我家屋后有两棵树，一棵是枣树，另一棵也是枣树"。从语法上看，这里把限定性数量词"两棵"分解成"一棵"与"另一棵"完全符合语法规则，但并不符合规范。不符合规则基本上是不能接受的，但不合乎规范的表达不但可以接受，而且放到更大的语境里看，可能还是最佳表达。在这点上，连贯的构建并不一定拘泥于规范。

话语互动中，合乎语言形式规则的两两相接多属于韩礼德衔接研究的范围。连贯不仅有形式上的两两相接，更重要的是连贯往往建立在令分析者意想不到的两两相接上。表达与理解不仅依赖语言形式，而且往往只是以语言形式为媒介让暗含的内容发生两两相接。连贯的两两相接在于话语双方对于语言形式的利用与解释。发话者从头脑里选择出某个话语形式来，以期在话语接受者那里引起相应的解释。话语接受者对发话者的语言形式解释成功与否又取决于双方共同认定的条件是否得到满足。一般来讲，连贯构建仍然是在规则范围内追求规范或不规范的脉络贯通。

在规则允许范围内要求最为规范的表达或行事，这固然是人们交往的普遍表现。然而，同样在符合规则的情况下，我们完全可以突破规范而寻求新的表达方式。诗人、发明家具备这样的潜质。诗人完全可以说"上可九天揽月，下可五洋捉鳖"、"白发三千丈"、"我的眼光长着手指"、"掌心是海"等这样的话。诗人或者说具有诗人气质的话语表达者是语言世界的拓荒者，他们致力于把语言世界不断地扩大，语言世界越来越大。诗人"九天揽月、五洋捉鳖"这样的开路先锋式的概念先行，往往会引发新的世界与规范的建立。话语作为世界，为世界而开启世界。

4. 两两相接的条件限制

从断面分析的角度看，话语连贯是话语双方经过某一话语形式而达成两两相接。两两相接的表现形式可能有话语形式的共有、话语知识的共有、话语提供的各种信息、话语开启的世界、话语代表的活动、话语揭示的人或事等。一方面，说话者要通过话语形式来给出这样那样的内容。另一方面，话语接受者和分析者要对话语形式以及所给出的内容进行阐释，然后以话语形式或者某种行为做出反应，就在这解释与反应的过程中，话语双方的连贯就形成了。

然而，话语连贯毕竟是一个指抽象复杂的概念，其复杂性太强，到目前无且尚无有效的计算方法来计算连贯。加拿大哲学家撒加德（Thagard）在《思想与行为中的连贯》(Coherence in Thought and Action) 一书中试图建立连贯的算法规则来，撒加德的连贯研究主要针对的是哲学和心理学领域的连贯现象的解释。不过，他认为连贯是所有领域的问题，他关于连贯限制条件的研究对语言使用同样具有应用价值[1]。为此，撒加德指出，话语连贯值得详细论证，然而他本人不是语言工作者，不具备语言研究方面的专业知识。所以，在他看来，这项工作有待他人来完成。本书吸取和借鉴撒加德的连贯研究成果，重点讨论话语连贯的限制条件及种类。

在撒加德看来，连贯可以进行特征化，把连贯进行特征化的目的就是为了让连贯研究走上计算之路。话语交流有一个隐藏的现象就是话语双方总是力求最大化的连贯，因为连贯的构建是话语互动之所以为话语互动的根本条件。因此，连贯构建可以理解成最大化的满足连贯的条件。

---

[1] P. Thagard, *Coherence in Thought and Action*, MIT Press, 2000, p.80.

我们在第一章中谈论本书的方法时，提到了断面分析。进行断面分析我们提出一个假设：连贯的形成应该有两两相接的基本黏合点，这种黏合点的最小形态就是连贯的基本单位，我们把它称为"连贯因子"。本书所提出的"连贯因子"相当于沃尔夫与吉布孙（Wolf & Gibson）[①] 所提出的"结点"（node）和撒加德（2000）所说的"连贯元素"（coherence elements）。但是，我们的连贯因子并不拘泥于在"话语片段"（discount segments）上，也不是千篇一律地确定在某种形式单位上。关于连贯因子的具体说明，详见第四章第二节。在这里，可以简单地说一个连接点就是一个连贯因子，当然连贯因子具有种类与活性程度之分。正如第一章第三节所述，连贯就是相应的连贯因子的黏合或连接，在话语互动中达到各种脉络贯通。每个话语参与者，每个具备话语能力的人都具有各自的"连贯因子库"。连贯因子库存在于大脑中，它随个人的词汇、经验、知识的增加而增加。

为了便于说明话语连贯形成的情况，我们设立以下表达式。

设话语互动的连贯为有限集合 $C\{(fm, fn)\}$，fm 为有限集合 $\{f1, f2, \cdots fm\}$ 表示发话者的连贯因子，fn 为有限集合 $(f1, f2, \cdots fn)$ 表示受话者的连贯因子；设 $T(fm, fn)$ 为双方连贯因子共同处于激活状态，$T(fm)$ 为发话者连贯因子处于激活状态，$T(fn)$ 为受话者连贯因子处于激活状态。连贯形成的条件如下：

（1）只有且仅当 $C\{(fm, fn)\}$ 处于连贯条件 $T(m, n)$ 时，话语双方才有均可接受的连贯形成，这时（fm, fn）形成双方共晓的两两相接。

（2）当且仅当 $C\{(fm, fn)\}$ 处于连贯条件 $T(m)$ 或 $T(n)$ 时，话语双方只有单方可接受的连贯，这时（fm, fn）是基于单方的两两相接。

试看话例 22，23，24：

话例 22：

甲：唉！我遇到我的滑铁卢了。

乙：没什么大不了的，失败乃成功之母嘛。

---

① F. Wolf & E. Gibson, *Coherence in Nartural Language: Data Structures and Application*, MIT Press, 2006, p.3, pp.12-14.

话例 23：

　　甲：唉！我遇到我的滑铁卢了。

　　乙：谁？你遇到谁呀？

话例 24：

　　甲：今天是个好日子。

　　乙：你缺德不缺德呀？去年的今天我出了车祸，差点丢了命

啊。

　　不难看出，上述三例中话例 22 具有最大连贯，甲的连贯因子"滑铁卢"与乙的连贯因子"失败"相连，构成话语的连贯。而在话例 23 中，甲的连贯因子处于激活状态，而乙未有相应的连贯因子。在话例 24 中，甲可能出于纯粹经验式的表达，根本没想到什么其他的东西，而乙呢，"好日子"成了引发他痛苦记忆的连贯因子。

　　值得注意的是，从话语互动双方的角度看，话例 22 具有最大的连贯、双方在共有知识下构建起了连贯，而在话语围绕着同一个话题。话例 23、24 似乎不连贯，但双方至少有一方会认为是连贯的。不过，从话语分析者角度看，三例话语均有自然的连贯，差别只是在于甲方的话在乙方头脑里刺激出了不同的连贯因子来，产生不同的理解而已。在话语形式上，连贯因子的激活始终是以话语片段为焦点的，有时话语片段会充当唯一的激活因子。如在第一章所给的话例 1 中，小孩甲的"小龙"直接在小乙中发出"小笼包子"以及对"小笼包子"那件事的记忆来。这里至少可以说明，话语片段有可能同连贯因子重合。

第二节　语词和话语片段

　　乔姆斯基说："……接收到的符号会在听话者的概念系统内激活一个相应的联系，这被激活起的联系会引起一个相立的而不是等同的概念浮现。而且，当心灵乐器的一个键被这样触动时，整个系统就会共鸣，并且这浮现出来的概念会与周围的一切处于和谐之中。"（…the received signs activates within the listener a corresponding link in his system of concepts causing a corresponding, but not identical, concept to emerge. When a key of the mental instrument is touched in this way, the whole system will resonate, and the emerging concept will stand in harmony with all that surrounds it to the most remote regions of its domain.)[1] 乔姆斯基这里所说的"接收到的符号"可能是一个词，一个词组或一句话。广义上，人们总把一个词当成一个概念或观念（idea）。本书采用话语片段（discourse segment）这一术语来代指凡是那些能引起某个概念浮现的词，或词组，或短句。乔姆斯基这段话表达了一个重要的观点，那就是我们的概念系统在话语互动中常常由我们所接收到的话语片段所激活，然后导致相应的概念浮现。这话不是没有道理，本书话例 1 中小孩甲的"小龙"在小孩乙的头脑中激活的概念是"小笼包子"，这正是对乔姆斯基的观点例证。

话语交际中，概念的浮现是由话语符号即话语片段所激活的，这似乎说明充当激发因子的话语片段并不一定等于所激活的概念。这里要特别小心的是，话语片段本身可以就是一个概念。而这个概念从发话者出发到受话者，最后激活另外一个概念浮现。这就说明话语互动并不一定是相同概念的比对。换个角度说，同一个话语片段并不一定会确保发话者与受话者具有同样的想法。对于这一点，歌德早就注意到了。歌德说："我早已完全清楚地认识到：没人理解他人，对于同一个词，张三也不会像李四那样想到同一件事；一个对话或者说阅读会在不同的人那里刺激出不同的思路来。"(I had already all too clearly recognized that no one understands another, that no one, in relation to the same words, thinks the same thing that another does, that a conversation or a reading stimulates different trains of thought in different people.)[2]

乔姆斯基和歌德都注意到了单词与概念的关系问题。虽然他们都认为同一单词不一定会在受话者那里得到同样的概念，但是他们也并未否定单词与概念的对应关系。单词与概念是一一对应，这应该是理想语言，或者说是语言的理想。我们日常语言拥有的绝大多数单词并不与其所代表的概念一一对应。正因为如此，我们的话语才丰富多彩，连贯才有多种多样。

---

[1]　N. Chomsky, *Current Issues in Linguistic Theory*, Mouton, 1966, p.21.

[2]　转引自 R. Steiner, *Goethe's World View*, Ungar Publishing Company, 1963, p.23。

一、话语片段与概念的关系

前面提到，我们所说的话语片段包含单词、词组、短语或短句，主要是从话语互动的连贯构建来使用话语片段这一术语。一个话语片段是一个或多个连贯因子的表现形式。例如在语句"我若关公走麦城"中，"走麦城"是一熟语，我们往往把它当成固定的一个话语片段，但在具体的话语互动中，"走麦城"却可能被拆分开来理解，如分成"走"和"麦城"。

要理解话语片段与连贯因子的关系，我们有必要讨论一下话语片段与概念的关系。用语言学和语言哲学的话讲，我们先得考察"词与概念"或"语词与概念"的关系。

二、词、事物、概念

我们首先要明确的是，在未受教育或者说未接受语言分析训练的人看来，话语就是话语，没有现在语言学家所分析的那么多分类。甚至词的概念都不一定明晰。毕竟，我们把话语切分成句、短语、词汇、词、词素、音位这样的等级单位，走的是语言学家的路子。在句本位、词本位、以及潘文国的"字本位"① 研究视角下，我们的话语呈现出这样或那样的组织规律，好比化学家把水分析成氢原子与氧原子一样。于是，我们对话语有了分析性的认识，乃至知识。然而，正如水并不是只为化学家存在一样，话语并不只是语言学家的话语。话语是互动中的话语，要对互动的话语进行切分，并不一定要严格遵循语言学家的分类方法。

话语分析不仅仅是对语言内部结构、内部组成成分及相互关系进行剖析，不仅仅在于对成分之间的组织规律进行探索与归纳，而且更重要的是要对话语成分与外部世界和内心世界的关系进行追问。在语言内部进行研究，确实能够分析出语言结构的复杂性，能感觉到语言的一些规律，以至能够从语言形式上建立起一些规则来，比如语法规则，但语言的全貌并不会因此而得到揭示与展开。尤其是在话语互动中，至关重要的问题不是语法问题而是

① 潘文国：《字本位与汉语研究》，华东师范大学出版社 2002 年版。

语言实际使用问题。

　　要解释语言如何使用，势必会涉及经验、判断与概念的形成。根据我们的经验，句子"马是一种动物"是可接受的，而句子"马有两只角"却被认为是错误的，这很容易判断。值得注意的是，从纯粹的句法关系看，句子"A 是一种 B"和"A 有两只 C"并不违背语法规则，这就是分析者所谈的语法正确但表达错误。为什么说"马有两只角"是表达错误呢？因为，我们经验到的外部世界的马没有长角。这似乎可以匆忙下一结论，话语是要接受我们的经验与外部世界的检验。

　　然而，话语表达中还有一些现象并不受外部世界和我们的经验所影响。句子"你能站起来说话吗？"明明是一个问题却成了一项建议或要求、或命令。而句子"我的老板是一台机器"有时能接受而有时却不能接受。为什么呢？这时，我们不得不面对话语的意义来源这一问题。显然，我们不能武断地说话语的意义来自外部世界或我们的感官经验。

　　试想一下我们学习语言的过程，开始说话时，小孩问什么是马，如果刚好面前有匹马，大人就会指给小孩看。如果面前没有呢？大人也许会说马是一种动物，甚至会求助于字典的解释。然而，用实物来解释单词的意义会遇到很大的问题。比如问"什么是鸟"，我们是指着麻雀来定义鸟呢，还是指着鸽子、鸵鸟、孔雀或别的什么？如果没有实物可指而求助于字典，甚至为了直观解释特地画出一图来，那么这时的鸟又是什么样呢？你是画一只麻雀还是画一只老鹰？我们抛开所谓的共相与殊相不谈，因为刚刚学语的小孩还没有那么复杂的概念体系。那么，我们不得不承认，对于同一个概念"鸟"，不同的小孩会有不同的理解，至少在他们那会出现不同的意义。

　　对鸟的解释，我们遇到了问题，但这还不是最大的问题，最大的问题是我们如何给小孩讲"貔貅"的意义呢？我们能说"貔貅"没有意义吗？说它有意义，除了借助于字典外，我们估计会把被称为是"貔貅"的挂件展示出来。如果这样传授，那么小孩对"貔貅"的理解与大人的理解会一样吗？

　　关于语词与事物、语言与世界的关系问题不仅仅是话语问题，它更多的是哲学上的古老问题。令人困惑的是，这样的问题在分析者、哲学家那里是难题，而在普通人那里，几乎不是问题。这样的问题，藏于平凡中，平凡得不容易让人发现。于是可以说，能够从平凡中发现问题的人恐怕就不再是平凡人了。在平凡中发现问题并解决问题就是对平凡的超越。

对语词与事物的关系问题，直觉上而且出现得比较早的解释观点是，单词直接指代事物。不过，单词直接指代事物这一观点，曾一度是哲学界争论的中心问题：语词到底是不是直接对事物的指代？在普通人看来，这个问题稍有点古怪，是无事找事的问题。世间不乏一些人直接指着马说这就是马。若问什么是鸟，也不乏人直接抓一只鸟来，然后告诉你那就是鸟。殊不知，这里有一个前提，这些人知道什么是鸟，什么是马。他们甚至可以在看不见鸟与马的时候谈论鸟、描述马。这样一来，关于什么是鸟、什么是马这样的问题，在他们的头脑里并不是语词与实物的对应关系，而是他们头脑里还记有了相应的概念，在这种情况下"鸟"与"马"的意义好像是指代的是实物，而实际上指代的是他们头脑中的观念或心理意象（mental image）。这就是意义的观念论。在意义的观念论看来，语词的意义指代的是内心的印象，而内心的印象来源于我们对世界的经验。然而，意义的观念论面临的最大问题是观念的普遍性问题，即鸟有一个普遍观念，但这个普遍观念究竟应该具有多大的普遍性才能与所有的实实在在的鸟相匹配呢？

于是，对意义的观念论的一种普遍的说法就是，"鸟"这一概念指称的是实实在在的各种鸟的总称。鸟的外延就是各种各样的鸟。然而，这种指称论却无法解释没有指称、没有外延的语词如"貔貅"、"独角兽"为什么有意义。对于这样的问题，有一种重要解释，尤其在语义学领域里，称单词的意义分为外延和内涵，"貔貅"这样的词有内涵意义，却没有外延意义。然而，这种解释忽略了一个问题，那就是内涵意义究竟是从哪里来的？换句话问，内涵意义与外延意义有无关系呢？另外一个问题是，像"馆长"、"系主任"等这样的词在某一个具体地方确确实实有外延与内涵，但内涵却可能保持恒定，而外延却会变化，如不同时期有不同的人当馆长或系主任。这样的现象说明的是什么道理呢？

语词与事物的关系问题是一个复杂的问题，其复杂性往往会在我们日常话语互动中体现出来，比如："翠花有一个好名字"与"翠花是一个好名字"两句中的"翠花"意义一样吗？"倭寇曾侵扰宁波"与"倭寇与狗押尾韵"中的"倭寇"具有同样的意义吗？追根问底，这些问题却属于语词与事物的关系问题，在哲学上具有悠久的讨论。

1. 柏拉图、亚里士多德的观点

怀特海（Whitehead）在其《过程与实在》（Process and Reality）一书中说："欧洲哲学传统共同的、最谨慎的个性化演绎包含一系列的对柏拉图的脚注。"（The safest general characterization of the European philosophical tradition is that it consists of a series of footnotes to Plato.）[①] 怀特海这话最早见于 1929 年，慢慢地在哲学界流传并演绎为：整个欧洲的哲学发展实际上是对柏拉图的注解。意思是现代哲学所谈论的重要问题归根到底能够在柏拉图那里找到根源。

从根源上讲，语言与现实、语词与事物的问题是柏拉图所关注的重要问题。要理解柏拉图关于语词与事物之间的关系的论说，我们得弄清他的"理型论"（Theory of Ideal Forms）。柏拉图的《国家篇》第 596 节写道：

> 那么还是按我们通常的步骤来考察，行吗？我想我们习惯于为多种多样的同类事物确定一个类型，并用这类型的同一名称来称呼这些事物。你明白吗？
>
> 我明白。
>
> 现在让我们以你喜欢的任何一类杂多的事物为例，比方说有许多床和桌子。
>
> 当然可以。
>
> 但我认为只有两个类型可以用于这些家具：一个是床的类型，一个是桌子的类型。
>
> （柏拉图，2003：613）[②]

> Well then, shall we proceed as usual and begin by assuming the existence of a single essential nature or Form for every set of things which we call by the same name? Do you understand?
>
> I do?
>
> Then let us take any set of things you choose. For instance, there

---

① A. Whitehead, *Process and Reality*, The Free Press, 1978, p.39.

② 《柏拉图全集》第二卷，王晓朝译，人民出版社 2003 年版，第 613 页。

are any number of beds or of tables, but only two Forms, one of Bed and
one of Table.

(Plato, 1945: 325)[1]

柏拉图在这段话中表达的观点是，我们生来有一种内在的非经验获得的
关于具体事物的理型，它是具体事物存在的标准或样式，是绝对的、不变
的。而我们感觉得到的具体事物仅仅是理型的个体形式，相对于理型而言，
作为具体事物的各个体始终不是完美的。

根据柏拉图的理型论，理型有一个名称，或者说公共名称就是理型的名
称，我们可以用同一个名称来称呼属于同一理型的不同个体。例如，"大熊
猫是大熊猫这一理型内的各个大熊猫的理型名称。""团团"、"圆圆"、"思思"、
"芳芳"、"福龙"是不同的个体名称。"团团"只指代那一个体，而那一被称
为"团团"的亦可叫"大熊猫"，因为理型的名称"大熊猫"适用于所有的个体。
在柏拉图看来，语词与事物或性质的关系，或者说用语词命名事物或给性质
定名，依赖的基础是恒定的理型与不完善的个体之间的关系。例如，如果我
们看到某物具有某种特征，我们称那特征为"美"的时候，这并不是因为那
具体事物的"美"与理型的"美"一样而是因为不完善的具体事物与理型
有足够的相似性，这相似性足以配得上理型的名称。在《斐多篇》(Phaedo)
第 102b 节[2] 中苏格拉底确立了一个观点："各种理型单个地存在着，其他事
物参与理型的存在并从理型中派生出它们的名字。"(Socrates establishes that
the Forms exist individually and that other things participate in them and derive
their names from them.)[3] 以"美"这个词为例，具体事物的美从理型的美中派
生出来，即把具体事物命名为美，命名的根据在于理型的美作为具体事物的
美的标准。对于单词"美"而言，"美"这一词的意义与理型的美的意义相符。

现在可以看出，柏拉图对于语词的意义的论说已经有别于逻辑上外延与
内涵的词义界定。从外延上看，"美"的词义是具体事物的集合，美适用于

---

① Plato, *The Republic of Plato*, Oxford University Press, 1945, p.325.

② 这里所说的节是柏拉图原著古本的页码。希腊古典著作常有这样的页码标记，今本翻译
中为了方便查对原文，也往往在页边标出古本的页码来。此处的译文与王晓朝的译法有
些差异。参见王译《柏拉图全集》第一卷，人民出版社 2003 年版，第 112 页。

③ B. Jowett, *The Dialogues of Plato*, 4vols, 4th ed., Clarendon Press, 1964, p.102b.

这个由具体事物组成的集合。而柏拉图的"美"的意义并不是指具体事物的集合，而是理型的美。具体事物的美只不过是与理型的美有足够的相似而已。对于理型，柏拉图明确指出，我们无法经验理型，对于理型我们只能想象，不过，我们天生就有理型的内在知识。由于有这种天生的内在知识，我们经常把所经验到的与理型作比较。对于柏拉图的理型与具体事物的关系，市井里有一则笑话。那笑话反映的是人们对柏拉图的误解。说有一主人请客人吃饭，那客人好哲学，言必称柏拉图。席间端上来一只鸡，那主人调笑说："按您的意思，这里有两只鸡，盘里面装的是一只不太完美的具体的鸡，盘外边有只抽象的完美的鸡。我作为主人应该吃这不完美的鸡，您是客人就吃那完美的鸡吧。"笑话毕竟是笑话，但这笑话有一个重大错误，把具体事物与理型等量齐观，认为理型是可以被触摸到、被经验到。要知道，柏拉图在《斐多篇》第 79 节明确写道："你们能够触、看。或者用你们别的感官察觉到这些具体的事物，但那些永久的实体，你们无法感觉到，而只能靠思维去把握；对我们的视觉来说，它们是不可见的。"①

柏拉图的论说关注的是抽象，属于形上之思，思考的是我们无法用感官去感觉的存在。形而上学意义下的存在并不像物理实在那样的存在。我们说杭州湾有座跨海大桥，我们是从看得见摸得着的物理角度来断言的，而柏拉图的桥是理型的桥。杭州湾有没有桥，并不影响柏拉图的桥。杭州湾的桥只不过与柏拉图的桥有足够的相似性而已，正因为有足够的相似性杭州湾的桥才可以称作桥。

理型论是柏拉图关于事物与名称的学说赖以成立的基石，然而，对于理型论这一基石，亚里士多德却要加以摒弃。亚里士多德要从"常识"（common sense）的视角来解释世界，似乎在亚氏那里，没有直接证据的事物就无法进入亚氏的慧眼。在亚氏看来，"实在"（reality）就是我们通过感官经验到的。应该说，亚氏的方法是经验定义的方法。对于实在事物的认识，亚氏与柏氏完全不同，因此亚氏的词义观也完全不同于柏氏。

柏拉图在《克拉底鲁篇》（Cratylus）中对曾经一度盛行的意义理论进行了持续的批判，并在克拉底鲁和赫谟根尼（Hermogenes）之间展开了"自然论"（naturalism）和"约定论"（conventionalism）之间的讨论。这里的讨论

① 《柏拉图全集》第一卷，王晓朝译，人民出版社 2003 年版，第 82 页。

虽然不彻底，但对亚氏来说，其中的问题颇有意义，是一项值得认真对待的挑战①。在克拉底鲁看来，名称是自然的而非约定俗成的，一个正确的名称，无论专名还是普通名词，却是对所指称的对象进行正确的描述。而赫谟根尼则持约定俗成的观点，他认为词语是约定的符号，其意义是由人们指定而分配给符号，人们也可以改变符号与意义的关系②。

需要指出的是，现在有分析者③认为《克拉底鲁篇》表达了关于名称与其指代物的关系的五个不同观点。这五个观点是"温和约定论"（moderate conventionalism）、"彻底约定论"（radical conventionalism）、"形式自然论"（formal naturalism）、"词源自然论"（etymological naturalism）和"语音自然论"（phonetic naturalism）。在温和约定论看来，说话者使用约定的名称来指示名称的承担者，意义就是事物与所约定名称的、大家都认可的用法之间的关系。你要想知道一个名称意味着什么，你就得看社交群体把这个名称用来指代什么。在彻底约定论那里，说话者可以根据他们个人喜好使用任何名称来指示名称的承担者，意义是事物与任意名称的、非一致认可的用法之间的关系。你要想知道一个名称意味着什么，你就必须了解说话者个人使用这名称来指代什么。形式自然论认为，说话者使用名称来指代和传递名称所命名的事物的形式，这些名称必须满足语音要求，而对语音要求不必给出规则。只要名称形式对事物恰当，不管以什么样的音节来表达，名称都是正确的。词源自然论认为，可以通过词源分析来考察某些处于使用中的名称与世界特征之间的对应关系，这样的名称在语音上派生于其他意义已明的词。语音自然论认为，说话者所使用的名称的组成成分如字母和音节代表的就是事物的特征。

针对这些观点，亚里士多德在《解释篇》中说："口语是心灵的经验的符号，而文字则是口语的符号。正如所有的人的书法并不是相同的，同样地，所有的人也并不是有相同的说话的声音；但这些声音所直接标志的心灵

---

① D. K. W. Modrak, *Aristotle's Theory of Language and Meaning*, Cambridge University Press, 2001, p.4, 14.

② 《柏拉图全集》第二卷，王晓朝译，人民出版社2003年版，第57、58、65、68页。

③ A. A. Long, "Stoic Linguistics, Plato's Cratylus, and Augustine's De Dialectia", *Language and Learning: Philosophy of Language in the Hellenistic Age*, ed.by D. Frede &B. Inwood, Cambridge, Cambridge University Press, 2005, p.43

的经验，则对于一切人都是一样的，正如我们的经验所反映的那些东西对于一切人也是一样的。"① 看得出，亚里士多德是在自然论和约定论之间进行折中，而且比克拉底鲁和赫谟根尼分析得更深透一些。在亚氏看来，文字与口语之间的联系是约定的，口语与心灵状态之间的联系也是约定的；心灵状态是意义的载体；对于同一意向内容，在不同的语言里有不同的声音形成，同样，同一个音却在不同的语言里表达不同的意向内容。不过，心灵状态与其所代表的事物之间的联系是自然的，相关的心灵状态对于所有人来说是一样的。

亚里士多德认为，语词既不指代抽象的理型，也不指示具体的物体，而表示的是我们感官所获得的印象（impression）。当我们描述事物的时候，我们根据对事物的现象而获得的印象来命名事物。对于具体事物的名称，比如我们看到单个的狗时，我们会根据狗留给我们的经验印象来命名狗。当具体的狗不在场时，我们没有对于某一具体的狗的印象，这时我们如仍然谈论狗，那么这时的狗是普通意义上的狗，它的意义来源于我们以前看到过的狗所留下的经验印象的总和。同样，对于抽象名词，如"正义"，我们把"正义"用来指示我们从每个具体正义行为中所获得的印象。在亚氏看来，语词的有效表达就在于语词是我们心理经验的印象的符号。从这里我们可以看出，亚氏的观点正是意义观念论的雏形。单词的意义是具体的观念，或意象，而具体的观念或意象的形成来源于我们对世界的经验。

柏氏和亚氏的词义观对后人具有极大的影响，在他们的基础上，后来的哲学家纷纷提出了各自的观点。

2. 洛克、贝克莱、莱布尼兹的观点

我们说亚里士多德的词义观是意义观念论的雏形，因为在亚氏看来，心理意象或者说外部物体留给人们的印象意味着观念，而观念就是单词的意义。亚氏的这一观点给 17、18 世纪启蒙运动的一些哲学家带来了深厚的影响。英国经验主义哲学家洛克便是其中一位。

洛克在其《人类理解论》第三卷第九章第 21 段中说："我必须坦白，在我开始写理解论这部书的时候，以及在后来相当长的一段时间内，我丝毫没

① 亚里士多德：《范畴篇》、《解释篇》，方书春译，商务印书馆 1997 年版，第 55 页。

有想到，对语词的考察对本书完全必要。不过，在写过观念的起源和组成之后开始考察知识的范围和确定性时，我发现知识与语词的联系太紧了，如果对语词的力量和意义方式不加首要的仔细考察，那么就可能说不上对知识有清晰、恰当的表述。"① (I must confess then, that when I first began this Discourse of the Understanding, and a good while after, I had not the least Thought, that any Consideration of Words was at all necessary to it. But when having passed over the Original and Composition of our Ideas, I began to examine the Extent and Certainty of our Knowledge, I found it had so near a connexion with Words, that unless their force and manner of Signification were first well observed, there could be very little said clearly and pertinently concerning Knowledge.) ②

　　不言而喻，洛克对认识论的反思促使他对语言问题进行探索。正如瓦尔特·欧特（Walter Ott）所言，语言问题虽然不能说是洛克哲学的基础，但洛克对知识的特性与范围的考察却怎么也脱离不了对语言运作机制的研究③。实际上，洛克哲学中的许多问题都或多或少地依赖于他的意义观。

　　洛克认为，语词的意义指示着人类能够形成各种简单的和复杂的观念。对于观念的来源，洛克说："一切观念都是由感觉或反省来的——我们可以假定人心如白纸似的，没有一切标记，没有一切观念。"④ 在洛克看来，一切观念都从经验来。我们觉得，从话语累积角度看，洛克的这一观点并非没有道理。兰德（Land）解读洛克的观念与思维时认为，观念在心里不断出现，没有观念就没有思维⑤。《人类理解论》第三卷第一章说："声音必须成为观念的标志——因此，人不仅要有音节分明的声音，而且他还必须能把这些声音作为内在观念的标记，还必须使它们代表心中的观念。只有这样，他的观念才能表示于人，人心中的思想才可以互相传达。"⑥ 从这里我们可以看出，我们使用一个词时，如"树"，我们是在措述心中的观念，而我们关于树所形成的心中的观念来源于我们感官对树的经验。在洛克看来，语言的目的就

---

① 洛克这段话由我们按英文原文译出，与关文运 1959 年的相应译文有些区别。

② J. Locke, *An Essay Concerning Human Understanding*, Clarendon Press, 1975, p.488.

③ W. Ott, *Locke's Philosophy of Language*, Cambridge University Press, 2004, p.2.

④ 洛克：《人类理解论》，关文运译，商务印书馆 1959 年版，第 68 页。

⑤ S. K. Land, *The Philosophy of Language in Britain*, AMS Press Inc., 1986, p.43.

⑥ 洛克：《人类理解论》，关文运译，商务印书馆 1959 年版，第 383 页。

是把心中的观念传递给他人。这里多少带有语言功能观的意味。

语词也可以用来传递"普遍观念"（general ideas）[1]。当我们在谈论各种"树"的特征时，我们使用的观念来自于我们对各种树的经验。我们可以使用普遍性语词，即概括性的一般语词来使每个词标记许许多多的特殊的存在。一个概括性语词可以把分别来自于不同感官经验的各种简单观念组合在一起。在洛克看来，"普遍性语词"用来表示抽象观念的名称。例如老虎并不指示某一具体的老虎，也不指示对某一具体老虎所形成的观念，而是从老虎这一类形成的抽象的观念。抽象观念的形成并不是对具体的"公老虎"、"母老虎"、"大老虎"、"小老虎"的特殊性的总结，而是对所有老虎形成的一种观念[2]。

兰德认为，洛克的观念论可以称为"观念原子主义"（ideational atomism）[3]。洛克的观念分类如图 4—1 所示：

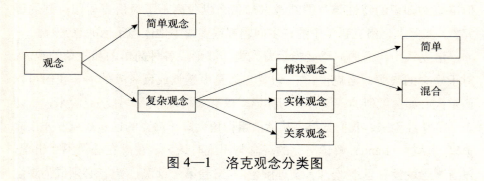

图 4—1　洛克观念分类图

简要地讲，简单观念是人心中不能再细分的独立观念；简单观念只含有一种纯一的现象，只能引起心中的纯一的认识。复杂观念是由简单观念合成的，人心可以把复合而成的复杂观念认识为一个整体，并且用一个名词来表示。复杂观念分为三大类：情状观念、实体观念和关系观念。情状无论是怎样组合成的，他们只是实体的一些附性或性质，正如"三角形"、"感激"、"暗杀"等词所指示的那些观念那样。实体观念是简单观念的组合，代表着独立自存的一些独立的、特殊的事物；而且在这些事物中，那个简单的或混合的

---

[1]　表示 general ideas 的语词亦称"通名"，参见陈嘉映：《语言哲学》，北京大学出版社 2003 年版，第 12 页。

[2]　N. Melchert, *The Great Conversation*, Mayfield Publishing Company, 1999, p.393.

[3]　S. K. Land, *The Philosophy of Language in Britain*, AMS Press Inc., 1986, pp.44-45.

实体观念，永远占着首要地位。① 各种观念的转换见图 4—2 所示。

　　洛克语言哲学的中心论题是语词"指示观念"，而观念一词"足以代表一个人在思想时理解中所有的任何物象"，"人们都容易承认，在人心中是有这些观念的，而且人人不但意识到自己有这些观念，他们还可以借别人的言语和动作，推知别人有这些观念。"② 在此，我们想起他心问题来，在洛克看来，他心可知。了解他心的媒介就是他人的言语和行为。在关于语词和观念的关系上，欧特强调说这是对洛克产生误解最多的地方。为了不误解洛克的意思，必须分清"指示"（signify）、"指称"（refer to）、"意义"（sense）。洛克的意思是语词"指示"着观念，而不是语词"指称"观念。换句话说，语词"指示"观念也就是"指出"（indicate）说话者心中的观念③。在这一点上，洛克与亚里士多德的观念论有所区别。观念在洛克看来不可能"拿出来供他人直接观察，它只能存储于记忆中，而且记忆还不是很妥当的贮藏器。因此，我们如果相互传达思想，并且把它们记载下来为自己利用，则我们还必须为观念选一些标记。音节清晰的声音是人们所认为最方便的，因此，人们常常利用它们。"④ 由此，我们可以推出，语词是观念的指示器，也是理解他人观念的指示器。这可以算是对"言为心声"的一种具体诠释。

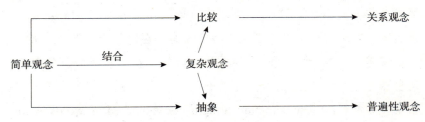

图 4—2　各种观念转换示意图

　　谈论洛克而不提起贝克莱，不能说不是一种遗憾。我们业已知道，洛克把语词当成是我们对物质世界所形成的观念的指示，实际上暗含着一个观点，就是形成我们的观念的物质世界是实实在在的，物质实体是恒定的。对此，贝克莱发起了批判。他认为，我们能进入的事物没有别的只有我们的观念，我们并没有足够的证据来说明独立与我们观念之外的物质世界的存在。

①　洛克：《人类理解论》，关文运译，商务印书馆 1959 年版，第 131—132 页。
②　洛克：《人类理解论》，关文运译，商务印书馆 1959 年版，第 5—6 页。
③　W. Ott, *Locke's Philosophy of Language*, Cambridge University Press, 2004, pp.4-5.
④　洛克：《人类理解论》，关文运译，商务印书馆 1959 年版，第 721 页。

因此，在贝克莱看来，我们所感知（perceived）到的就是我们观念的来源。存在就是被感知，对于观念来说也是如此。在贝克莱看来，根本没有洛克所说的抽象观念的存在，也就是说普遍性名称（通名）并不表示抽象观念，而是表示作为一个整体的成员那个类型。根据贝克莱，我面前的书桌不是一个实体，而是一个观念，因为我坐在桌前看书写字，我感觉到了桌子，桌子这一观念可能是一个复合观念，如看到、触摸到。如果我不在书房，我没看到书桌，这时我那书桌还存在吗？在贝克莱看来，仍然是存在的，不过不是物理意义上的存在，而是那桌子可能被别人感知到，被别的精神（spirit）感知到。再有，如果我不在书房，我可以假定我在书房，于是我还是可能感知到。

在谈论语言的功用时，我们知道语言的主要目的就是把观念从说话人心中传递到听话人心中。然而，贝克莱却认为语词并非一定要与观念联系在一起，在一些交际场合下语词在听话者那里起到的效果却是情感影响。对于这一点，贝克莱在《人类知识的原则》中说：

> 以语词为标记的观念交流并非像人们常常以为那样是语言的主要目的和唯一目的。还有其他功用，如引起某种情感，激发或者延迟某种行为，让心灵处于某种特定倾向。在这些情况下，原来的观念交流只是辅助性的，甚至在某些时候，在不需要它就能获得这些效果时，观念交流完全可以被略去，我想这在熟悉的语言使用中并非鲜有。（The communicating of ideas marked by words is not the chief and only end of language, as is commonly supposed. There are other ends, as the raising of some passion, the exciting to, or differing from an action, the putting the mind in some particular disposition, to which the former is in many cases subservient, and sometimes entirely omitted, when these can be obtained without it, as I think does not infrequently happen in the familiar use of language.）
>
> （Berkeley, 1988:20）[1]

---

[1] G. Berkeley, *Principles of Human Knowledge*, Penguin, 1988, p.20.

贝克莱对语词具有情感表达功用的揭示有助于我们对话语互动的情脉的思考。在这一点上，贝克莱应该是对洛克的补充。

洛克的词义观还受到了莱布尼兹的批判。莱布尼兹认为语词不仅仅表示观念或印象，而且还表示事物本身。在《人类理解新论》中，莱布尼兹写道：

> 有时语词本身被当成材料谈论，在这种场合下语词就不能被其指示关系即语词与观念或事物的关系所精确替代。当人们像语法学家那样讲话，或者像词典编撰者那样解释名词时，就会出现语词与其指示关系不可精确地替代的情况。(Sometimes words themselves are spoken of materially, and in such a context one cannot precisely replace the word by its signification, i.e. by its relation to ideas or to things. This happens not only when one speaks as a grammarian but also when one speaks as a lexicographer, giving the explanation of a name.)
>
> (Leibniz, 1981:287)[1]

这段话表明，莱布尼兹已经注意到语词并非总是用来指称物体或观念，有时语词还用来指称其自身。这实际上就是语言学界所说的**元语言问题**。在莱布尼兹看来，语言既是描写的手段又是被描写的对象。**这一观点与语词的使用与提及直接有关**。当我们使用语词，我们是把语词用来指示语言系统以外的事物或观念，而当我们提及语词时，我们把语词当成材料进行讨论。因此，"翠花有一个好名字"中"翠花"一词处于使用中，而"翠花是一个好名字"一句，"翠花"被提及。不过，这是在没有任何语境下讨论这两句话中的"翠花"。

在观念问题上，莱布尼兹认为观念是心理的某种东西，我们不能把观念或概念同我们思维的具体的心理行为或心理活动混为一谈，语词是语言共同体共有的符号，而观念却属于每个具体的人[2]。说语词指示着观念，这要特别小心。因为同一概念可能会以不同方式说出，而不同的人又可能有同一概念；当我并未想到那一概念时，可别人却会认为我有那一概念。这样，莱布

---

[1]　G. Leibniz, *New Essays on Human Understanding*, Cambridge University Press, 1981, p.287.

[2]　H. Ishiguro, *Leibniz's Philosophy of Logic and Language*, 2nd ed., Cambridge University Press, 1990, p.32.

尼兹似乎想否认观念就是大脑印象的追踪。于是，莱布尼兹认为，拥有一个观念或概念说明的是一个人有这种官能或能力，而最好不要说他有那相应的心理意象。比如，我有一个双曲线的概念，这并不意味着我心里有现成的双曲线意象，而是我有识别双曲线的能力。于是，在莱布尼兹看来，**有一个观念或概念实际上意味着有能力或意向去使用或理解关于这个概念的表达方式。**借用莱布尼兹的这一观点，我们可以说，话语双方有连贯这一概念就意味着有意向构建连贯或理解连贯。然而，如果话语双方有关于连贯的不同概念，那么我们只好说，话语双方会有不同的理解和构建。

在语言哲学领域，莱布尼兹的兴趣有三点：一是企图理解句法与结构的必要性；二是对语言的表面语法与语言的哲学语法的区分；三是弄清命题真值与意义的关系。在莱布尼兹看来，语言的表面语法不具有逻辑意义，表面语法往往带有个人语言癖好。实际上，莱布尼兹所说的表面语法恐怕就是我们个人语言使用的方式。**在实际话语交流中，我们遵守规则，但我们却常常远离规范，这种远离规范的行为就是我们个人的语言癖好的一种表现。**

3. 穆勒、弗雷格的观点

当莱布尼兹认识到语词并非一定要传递观念，并不总是用来指示事物或观念，而语词还可以指示其自身时，语词的指称问题便成了一个争论的焦点。穆勒（J. S. Mill）提出了"直接指称"（direct reference）的观点。在他看来，语言是科学和逻辑分析的必要工具，因此，语言就有必要像科学仪器那样精确，那样准确。于是，他追问语词究竟是事物的名称呢还是关于事物的观念的名称。在穆勒看来，我们应该回到常识上来看待语词的指称问题。常识中，我们把"太阳"这一词用来指称太阳，"太阳"就是太阳的名称，而不是关于太阳的观念的名称。当我们说"太阳是白天的起因"时，我们所谈论的"太阳"就是太阳那实体，而非观念。

穆勒的直接指称就是名称直接指称事物，而非指称观念。在这一认识上，穆勒又把名称进行了两种分类[①]：一种分类就是把名称分为集体名称和个体名称；第二种分类就是内涵名称和非内涵名称。这第二种分类让我们想起内涵和外延来。集体名称可以指称一个开放系统的一类，如"人"可以用

---

① J. S. Mill, *A System of Logic*, Langman, 1925, p.27.

来指称任何人，不管他姓张姓王，没有指称限制。为什么"人"可以用来指称所有的人呢？因为"人"指称的是人的特征。只要是人就有这些特征。个体名称只能用来指称一个个体，比如"张大民"只能指称张大民那个人。

在区分内涵名称与非内涵名称时，穆勒认为并非所有的名称都有内涵。在他看来，专名只用于识别个体，没有内涵。因此，询问某个专名什么意思，问为什么有这样的专名，这样的问题是不恰当的。值得注意的是，穆勒认为集体名称，如"人"，既指称所有个体，又有关于人的特征的内涵。集体名称是内涵名称。不过，穆勒强调内涵名称是该名称的指称内容的名称，内涵名称只不过提供关于为什么有这名称的解释而已。在穆勒看来，专名"刘玄德"和外延对等短语"刘阿斗的父亲"是两个不同的个体名称，它们用来指称同一个体。它们的区别在于，专名只指称个体，而名称短语不但指称那一个体而且还给个体进行了定义。我们可以追问为什么名称短语"刘阿斗的父亲"是一个恰当的名称，但我们却不能追问为什么专名"刘阿斗"是一个恰当的名称。为什么"刘阿斗的父亲"是一个恰当的名称呢？我们可以回答说，因为"他是刘阿斗的父亲"。然而，提问"刘阿斗为什么是一个恰当的名称"本身就显得荒唐，如果再回答说"因为他是刘阿斗"，这就更加荒唐，没有意义。穆勒认为，"刘玄德是刘阿斗的父亲"在日常生活中，比较常见。但用两个名称来指称同一个体，这个句子很琐碎没传递什么信息。在此，穆勒给自己埋下了地雷，势必会炸出问题来：专名真的没有内涵吗？"刘玄德是刘阿斗的父亲"这样的句子传递了什么信息呢？

穆勒的直接指称算得上是意义指称论的典型。名称有指称对象，而名称的意义是什么呢？如果把指称对象看成是名称的意义，那么没有指称对象存在的名称岂不没有意义了？对穆勒的批判，我们可以从弗雷格、罗素等人那找到方法。然而，我们在此想从话语互动的角度来考虑穆勒的直接指称。

话语产生的根本动机就在于出现了交流的需要，甚至是为了感情的表达。**现在的语言很复杂，是因为话语经历了漫长的累积过程，以至语言或者说话语变得越来越扑朔迷离**。就语言使用、话语互动的可能性而论，你在任何一点都可以断言，同时，你的任何断言都可能遭到批判。比如，你要说地球是圆的，马上就会有人说地球不是圆的。如果反驳的人在同一层面上思考问题，那是你的幸运。你与他有共同的立足点，甚至语境。不过，即使在同一层面上，同一语境中，也会发出许多枝节来。比如"对于地球是圆的"，可能会出现"地球是椭圆的","什么叫圆的，硬币那种圆吗?""地球是大家的"，等。对此，我们会认为这样的说法是抬杠、是曲解。但问题是，我们的话语，甚至我们的话语片段却常常会在不同人那里激发起这样或那样的联系来。在不同的反应中，怎样确定我们的表达范围，明确我们的意义，仍是话语双方共同要做的事。如果话语没有现在这么复杂，如果所有人都讲一种语言，而这一种语言又只有一个词，那么这个词会是什么呢? 不管这个词会是什么，设想我们只有一个词而且只有一个观念或事物或活动，那么这种情况下，有话语互动吗? 这时的对话会出现层面错乱吗? 后面这一个问题是一个悖论性问题，明明只有一个词、一个观念，哪来互动的层面错乱呢? 实际上，这里有一个第三者出现，即话语的评判者或分析者。话语互动往往在不知不觉中冒出第三者来，而充当这第三者的人又完全可能是话语互动中的任何一方。

在现代复杂的话语互动中，不管从不从内涵和外延的角度看，任何一个名称都有其意义，意义之一就是指示我们的思维。对于一个名称，在纯粹经验情况下，无什么意义可言，可一旦经过反思加工，任何名称都会产生意义，直接或间接地参与交际。一个成熟的名称，不管是专名称还是通名，在纯粹经验中是无内涵的，可在话语交际中，却可能会出现内涵来，这取决于话语的场合与互动的双方。

话语交织着许许多多层面的内容，你要是立足在一个层面行事，势必会受其他层面的影响。在谈论名称与事物的对应关系时，直接指称并非没有道理。而一旦引入意义，那么指称问题自然会暴露出自身的不足来。为此，我们觉得弗雷格的"三条原则"① 颇有警告的味道：始终把心理的东西和逻辑的东西、主观的东西和客观的东西严格区分开来；绝不孤立地询问一个词的意义，而只在一个命题的上下文中询问词的意义；绝不忘记概念和对象的区别。

弗雷格对意义（sense）和指称（reference）做了区分，直接针对"等同表达"进行分析。所谓等同表达就如穆勒所暗示的"刘玄德"这一表达在外延等同"刘阿斗的父亲"。在弗雷格看来，下列两句具有不同的信息量：

　　a. 刘玄德是刘阿斗的父亲

---

① 陈嘉映：《语言哲学》，北京大学出版社 2003 年版，第 88 页。

b. 刘玄德是刘玄德

从穆勒的角度看，a、b 两句话在外延指称上只有一个实体，那么这句话的信息量是一样的，二者的区别只是指称不同而已。然而，弗雷格认为，这句话的差别并不是指称不同，而是对指称对象进行的表述方式的不同。于是，根据弗雷格的观点，每个名称不仅有意义（对指称对象的表述方式）而且有指称（外延对象）。弗雷格的著名的例子是天快亮时出现在东方的"启明星"和傍晚出现在西方的"长庚星"，二者同是一颗星"金星"（也叫太白金星）。"启明星"和"长庚星"这两个词有共同的指称，却各有各的意义 sense，"启明星"是"长庚星"这句话也并不是重言累赘。

乍一看，弗雷格与穆勒除了在术语上有所区别外，好像没什么大的差异。不过，弗雷格与穆勒区别还是明显的。首先，弗雷格认为专名不仅有指称而且有意义，而穆勒却认为专名只有外延（即指称）没有内涵。弗雷格所说的意义 sense 相当于穆勒的内涵，也就是说，弗雷格否定了穆勒关于专名无内涵的观点。其次，按照穆勒的理论，"刘玄德"和"刘阿斗的父亲"这两个名称同有一个外延，但他还是承认二者有区别。而弗雷格却认为既然二者都有意义和指称，就没有必要对二者进行区别。再者，在弗雷格看来，对于所有名称而言，有些名称有意义（sense）却并无指称，但不可能出现只有指称没有意义的名称。弗雷格说："要把一个符号的指称和意义（sense）同相联系的观念区别开来，如果一个符号指称是感官所感觉到的物体，那么我对这个物体的观念就是内在的意象……观念是主观的：一个人的观念并不是另一个人的观念。"(The meaning and sense of a sign are to be distinguished from the associated idea. If the reference of a sign is an object perceivable by the senses, my idea of it is an internal image……the idea is subjective：one man's idea is not that of another.)[1] 在这一点上，弗雷格明确指出了符号或名称的意义如果与观念联系在一起的话，意义就有多变性。"在自然语言里，乃至在一些理论著作中，同一个符号往往有好几个意义。在弗雷格看来，这是造成混乱的一个根源。"[2] 这是穆勒未能详加注意的地方。

---

[1] G. Frege, *On Sense and Reference*, *Modern Philosophy of Language*, ed.by M. Baghramian, Counterpoint, 1999, pp.3-25.

[2] 陈嘉映：《语言哲学》，北京大学出版社 2003 年版，第 94 页。

关于弗雷格对意义与指称的界说，陈嘉映[①]总结说，弗雷格提出了一些论断：

一、一个语法上正确的表达方式总有一个意义。

二、意义提供了关于某种识别指称的标准。

三、理解就是理解意义，使我们能够根据意义所提供的识别标准去寻找指称，即所谓从意义推进到指称。

四、但我们不一定找得到指称，因为这个表达式不一定有一个指称……

弗雷格的这几点论断道出的并不是对语言进行科学分析和逻辑分析的标准。实际上，穆勒和弗雷格对语词意义的分析有一个潜在的直接观点：想用"真"与"逻辑"来衡量话语的意义，想用精确与准确来作为意义分析的标准。然而，日常的话语中，人们使用名称未必是在熟知名称的真的基础上进行话语交流。"启明星"与"长庚星"有没有指称，对一般的话语使用者并非十分重要。真实的话语交流不乏"A 是 A"、专名与等同短语混用之类的话，可人们不觉得那是重复累赘，也不关心它们的指称。话语毕竟是普通人的话语。

日常话语活动中，普通人的语词未必经过精密的逻辑运算。人们凭习惯、凭直觉使用语言。当然在分析者眼里，日常话语有这样或那样的道理。不过，意义问题绝不只是分析者的问题。

弗雷格断言有些名称有指称、有些名称无指称。这就把指称进行了限定，这种限定就是在物理世界来谈指称，如果是物理世界不存在的，就没有指称。在这种人为的限定下，"金山"、"独角兽"、"貔貅"、"飞马"、"孙悟空"都不存在，因为它们没有指称。

物理世界是自然的，不是约定的。然而，把语词的指称限定在物理世界，这种做法却不是自然的而是约定的、任意的。既然"指称关系"是根据约定的规定来理解的，那么这种约定本身就打上了不合逻辑的烙印。**在一个不合逻辑的框架内，要求语言合乎逻辑标准而追求语言的精确性，难免会出**

---

① 陈嘉映：《语言哲学》，北京大学出版社 2003 年版，第 94 页。

现片面、狭隘的认识。在语词的意义问题上，重要的不是去证明语词的指称，而是应该探究语词为何有意义。"金山"这样的词是有意义的，而去证明"金山不存在"这样的命题纯属逻辑学的任务，在日常话语交际中是没价值的。实际上，对"金山不存在"这一命题无论怎样证明，证明者最后都是指称论者，都在画地为牢。

4. 特定描述语与话语片段

从穆勒、弗雷格等人的论述中，我们知道关于"刘阿斗的父亲"这样的语词有不同的理解，尤其是从指称方面看，这样的语词引起了不少争论。穆勒把它当成个体名称，弗雷格把它当成与专名具有同样指称的一种"对等表达式"。二人或多或少地把它当成了一个名称，然而，罗素却不以为然。

对于"刘阿斗的父亲"这样的语词，罗素认为这是"特定描述语"(definite description，亦叫特定摹状词)。特定描述语就是要对某一个体进行确定的定义式描述，以确保传达这个体如此唯一这么一个观念，即要声明与强调那名称的承担者的唯一性。日常活动中确实有这种表达，而且在一些情况下也确实是为了限定对象、识别对象、弄明白被指称的对象究竟是谁。如网络图书《龙腾三国》第十一章中有如下一组对话：

> **话例 25**
> "敢问老丈尊姓大名?"小龙心仪老汉的风采。
> "老夫姓黄名承彦。"
> "黄承彦"三字闪过小龙的脑海，他脱口而出："老丈可是诸葛孔明的岳丈?"
> "算是吧。只是现在尚未成婚。小哥怎么知道此事?"

例中那"诸葛孔明的岳丈"正是对"黄承彦"的描述。

"特定描述语"与被描述的对象之间的关系。从组成上看会涉及其他名称及对象。被描述的对象本有一专名，如黄承彦，而这一专名对应描述语时，会出现另外的专名或名称，如"诸葛孔明的岳丈"。用符号表示为：A=黄承彦，B=诸葛孔明，X=岳丈。于是有：A=B 的 X。在这一等式中"B 的 X"是特定描述语，B 和 X 都是名称，其中 B 还可能是专名。从受话者的角度看，要用"B 的 X"来描述 A 的话，那么应该有两情况，一是 B 比 A 在理解上更易，受话者更熟悉 B，另一种情况是 A 和 B 在受话者那里没有理解的差异，而 X 作为一种辅助手段，提供某种信息。如果把 A 和 B 各自在受话者心中的熟悉程度或价值大小等因素考虑进去，那么罗素的特定描述语不只是在宣明唯一性，而还可能暗含着说话者的某种意向。

在我们看来，"A=B 的 X"并不是一个完全对等的关系，其中的不对等并不是体现在一个是专名，一个是描述语，而是对于 A 不可临时附加交际意向，要对 A 附加某种意向，就采用"B 的 X"这种表达方式。试想一下，张三要去某外贸公司面试，如果面试官不知道张三的一切信息，只靠张三自我介绍的话，那么张三可能会说："我是张三，第十届 CCTV 杯英语演讲比赛特等奖获得者"。这里的特定描述语肯定携带着含义。

当然，罗素对特定描述语的分析并非如此。罗素的特定描述语理论以分析的方法解决了一些难题。

试看例句 S1：

　　　　S1：法国现任国王是秃子。

按逻辑句法，句子 S1 可以分解成一些陈述小句来，而在这些陈述小句中，我们可以看出罗素、弗雷格和迈农的区别所在①。

　　　　J1：句子 S1 有意义。

　　　　J2：句子 S1 是一个"主词—谓词"句。

　　　　J3：一个有意义的"主词—谓词"句之所以有意义，条件是指示出某个体事物并赋予那个体事物某种特征。

　　　　J4：句子 S1 未能指示出或直接指代任何存在物。（因为，法国实现共和制，已经没有国王了）

　　　　J5：如果句子 S1 有意义的条件是指示出一个物并赋予那事物某个特征（即达到 J1，J2，J3），再有，如果句子 S1 的主词未能指示出任何存在的事物（J4），那么，句子 S1 要么是根本没有意义（与 J1 相反），要么指示出一个根本不存在的事物。可是：

　　　　J6："非存在物"不存在。

以 S1 句"法国现任国王是秃子"为例，按以上 6 小句所述，我们知道

---

① W. G. Lycan, *Philosophy of Language*, Routledge, 1998, p.13.

迈农（Meinong）直接否定 J6，即迈农承认没有指称对象的主词的确存在，即"王母娘娘"、"金山"、"方的圆"等这样的语词在迈农看来是存在的，因为他认为凡是可以被思考的都是对象。当然有些对象不在现实世界存在，但它们具有某种意义上的存在，有"虚存"（Subsist）。①

弗雷格不接受 J3，他认为有意义的条件不必一定是具体实在的事物，抽象的实体也有意义。

在 J1 到 J6 句中，J1 不易引起争议，J2 似乎显而易见有理，J4 是一事实，J5 乃为"平凡真"。弗雷格否定了 J3，迈农否定了 J6。而罗素本来打算否定 J2，却最后把 J1 连同否定了。罗素不承认"法国现任国王"是单词主词，句子 S1 只是表面上像"主词—谓词句"。在罗素看来，"法国现任国王"是一个描述语，可以分析为三个并列命题 conjuncts："至少有一个法国现任国王"，而且"最多有一个法国现任国王"，而且"是法国现任国王的人就是秃子"。在这三个并列命题中，第一个就为假，所以整个并列命题组成的描述语为假。这样一来，J1 本身就不成立。

罗素的特定描述语理论似乎找到了破解迈农悖论的方法。即在"那座金山不存在"这一命题里，罗素认为"那座金山"属于特形称描述语，可以分解成三个并列子命题，即"X 是金子做的"，"X 是一座山"，显然，这个"X"不可能在现实世界存在。"金山"不再是逻辑主词，而只不过是一个语法主词而已。

然而，对于罗素的特定描述语理论及其系列分析，斯特劳森不以为然。斯特劳森认为罗素犯了根本性错误。在斯特劳森看来，"罗素把意义同指称混淆了"②，罗素所犯错误的根源在于，他认为指称或提到就必定是意义。斯特劳森认为把语词的意义同"提及或指称"混淆起来实质上是把语词的意义等同于语词所指称的对象。如果我在谈论手帕时，刚好口袋里有手帕，于是我掏出手帕，那么这时，我掏出的是手帕呢还是掏出了意义？再有，对于语词"这"、"这个"。如果有人问"这"、"这个"的意义，我是不是该把先前谈话时"这"、"这个"所指示的那玩意儿展示给问话者呢？为了分析罗素的错误，斯特劳森特意做了以下区分：

---

① 陈嘉映：《语言哲学》，北京大学出版社 2003 年版，第 43 页。

② 斯特劳森：《论指称》，载于马蒂尼奇主编：《语言哲学》，牟博等译，商务印书馆 2004 年版，第 424 页。

　　（A1）语句（sentence）

　　（A2）语句的使用（use）

　　（A3）语句的表达（utterance）

　　语句有上述三种不同的情况，同样，语词要有相应的三种情况：

　　（B1）语词（expression）

　　（B2）语词的使用

　　（B3）语词的表达

　　罗素的错误在于没有把（A1）同（A2）区分开来，没有把（B1）和（B2）区分开来，在斯特劳森看来，意义是语句（A1）或语词（B1）的一种功能，而提到和指称，真或假则是语句的使用或语词的使用功能。语词本身不实施指称，而是使用语词的人用语词去实施指称。指称是一个行为而不是语词与事物间的抽象联系，指称这一行为是由某人在某时间某场合实施的，基于指称是行为这一认识，斯特劳森把他的论文定名为"On Referring"，应该译为《论指称行为》。对斯特劳森的这一论述，莱坎（Lycan）[①] 用美国步枪协会的口号——"枪不杀人，是人杀人。"（Guns don't kill people, people kill people.）——来做比附式说明，似乎是说：**"语词不实施指称，是人实施指称"**。斯特劳森认为，当然人们使用语词去指称特定的事物，但是，一个语词的意义并不是该语词可以被正确地用来指称的一套事物或单个的事物：意义在于把语词使用于指称的一套规则，习惯和约定，即实施指称行为时所遵守的规则，习惯和约定等决定语词的意义。

　　根据斯特劳森的观点，我们认为，**语词的意义在于具体的使用，但语词本身携带有旧信息。语词原有的旧信息参与交流的形式不是原样转移，而是作为激活因子提供使用该语词的规则、习惯或约定。**使用者遵守规则，习惯或约定时具有一定的自由，他可以严格遵守而不加任何修改，他也可以在既有规则、习惯或约定的基础上做出调整以顺应交际的场合。比如"法国国王"这一语词的旧有信息是法国处于君主制的统管国家者。这一"语词"习惯上用来指称这样的法国首脑。如果在法国处于共和时代的今天使用"法国国王"的话，严格遵守规则的话，"法国国王"只用来谈历史上的法国国王。

---

① 　W. G. Lycan, *Philosophy of Language*, Routledge, 1998, p.35.

但"法国国王"这一语词所携带的旧信息不只是君主制，还有"国家首脑"的意思，因此，现代人同样在可以遵守规则的情况下使用"法国国王"来谈论当今法国总统。比如有人一本正经地说："现任法国国王已是齐达内的铁杆球迷"。对于这一语句，参与交流的人根本不会像罗素那样进行逻辑分析，最后宣布这句话没有意义，因为在罗素看来，"现任法国国王"这一特定描述语并没有实际的指称对象，法国现在没国王。从逻辑分析上看，"现任法国国王"也不是逻辑专名，既然不是逻辑专名，所以说"现任法国国王是齐达内的球迷"这句话根本不符合"主词——谓词"这一逻辑句法，从而在罗素看来，这句话纯属瞎编，没有意义。然而，在这句话的特定使用场合下，发话者用了"现任法国国王"，听话者听到"现任法国国王"，双方都不会怀疑这个语词有没有指称对象。也许听话者会认为这一语词在用法上欠妥。罗素的结论还在于，把专名的指称对象的唯一性与他所说的特定描述语的唯一性绝对化，而且他站在直接指称的立场来审视语词的意义。有些特定描述语确实能限定出对象的唯一性来，比如说，"《三国演义》的作者"和"罗贯中"的关系。本来在指称对象上，专名应该具有唯一性，如我们说"秦始皇"时，基本上不会引起误解，因为到目前为止，我们的语言系统上还只有一个秦始皇及其唯一的指称对象。然而，对于"罗贯中"这一专名，且不说发音者有"罗冠中"来影响"罗贯中"的唯一性，现在社会里就有人叫"罗贯中"。如果我谈论现实生活中的"罗贯中"而突然说道："罗贯中的夫人有西施之貌"不知就里的人就要运算，也许会问："你谈的是《三国演义》的作者吗?"

在我们看来，专名和罗素所说的特定描述语都是相对的概念，要确保它们指称的唯一性，基本上无法在语言层面做到，只能根据物理世界所存在的或曾经存在过的实体来指示。某专名或某特定描述语的直接指称的关系。我们为什么做如此断言呢? 名称、语词毕竟是语言的组成部分，语言又是共有的。既然罗贯中可以被许多人使用，罗贯中就不再是唯一能指称罗贯中所指称的名称了。同样，《三国演义》目前只有一部，但这名称本身不会永远隶属于我们现在所指的那部书。只要不是直接指称，专名和语词还常常被用来传达其他的意思。前面说，秦始皇只有一个。我们是从直接指称这个角度而言的，但秦始皇这一专名所携带的旧信息完全可能激发现代人把这一名称用到其他场合，比如说"焚书坑儒"这一概念与秦始皇联系起来，再经过一系列的演变，于是就会有新的"秦始皇"的概念。当然起初可能是在隐喻上使

用，可能会加上一些限定，但慢慢地随着语词的演化，隐喻变成死隐喻，限
定条件被丢失，试问又会出现多少秦始皇呢？

　　至此，我们明白为什么在没有专名的情况下，我们有时还不得不依赖特
定描述语。与其说任何一个专名都是特定描述语，不如说任何一个专名的唯
一性的确保依赖于特定描述语。特定描述语的出现依赖于具体的语境。所以
弗雷格说得对，永远不要离开具体的语境谈意义。在批判罗素时，可以说斯
特劳森记住了弗雷格这一警告，所以斯特劳森说："除在真正的专名的情况
之外，在约定上，为了做到语词的正确指称使用，要求可以或多或少加以精
确陈述的语境条件得到实现。"① 不过，斯特劳森信任真正的专名，认为真正
的专名不受语境限制，然而，相信有真正的专名，而且宣称真正的专名不受
限制，这反而限制了语词的使用。限制语词使用就等于限制使用人的思维，
让话语使用者墨守成规。在这一点上，这是斯特劳森的一厢情愿。斯特劳森
未能说明什么是真正的专名，但我们可以问："太阳、月亮算不算真正的专
名呢？"我们承认由于英语里太阳有定冠词 the 来确保其唯一性，但这种确
保并非总能生效。人们完全可以说："You are the sun, and I'm the moon. I'm
bright just because of you.（你是那唯一的太阳，我是这唯一的月亮，因为有
了你，我才明亮。）"为此，真正的专名进入使用，仍然要满足语境要求。否
则，按真正专名的唯一性来理解这里的话语，那么这几句话语就很难有什么
意义。

　　我们认为，**话语常常作为片段被人记住，进入新的使用场合。我们的话
语的生命力不在于形成整体，整体的话语容易死亡。具有生命力而且最具有
使用活性的就是话语片段。**

　　罗素的另外一个错误就是用单一的物理世界之实存对象的可能性来衡量
话语片段所开启的世界或所指示的世界，他同时疏忽了话语世界根本不同于
物理世界。当罗素通过逻辑分析证明"现任法国国王"不存在的时候，他是
囿于以过去世界为标准，把指称对象绑在语词上，以致让斯特劳森抓住这一
错误而批评罗素把语词的意义同指称混为一谈。当罗素在分析"迈农悖论"、
解决迈农悖论这一难题时，他所依赖的世界仍是物理世界。

---

① 　斯特劳森：《论指称》，载于马蒂尼奇主编：《语言哲学》，牟博等译，商务印书馆 2004 年
　版，第 435 页。

我们不否认"金山不存在"这一命题在逻辑学领域的悖论性质。的确在逻辑学里，一个命题之所以成立，就在于其逻辑主词必须是真。只要逻辑主词是真，这个命题为真为假都是可接受的命题。如说"上海是中国的最大城市之一"，命题为真；而说"上海不是中国的最大城市之一"，命题为假，但不论为真为假，这两个命题都可以接受，因为它们的逻辑主词"上海"是真实的。迈农悖论的表达式是"金山不存在"这个悖论的困境是，按逻辑句法，说"金山不存在"的前提条件就是句中主词"金山"是真实的，然而说出这句话后，就把真实存在的说成不存在。前面说过，罗素的特定描述语理论似乎找到了摆脱这一困境的方法。按罗素的分析方法，"金山不存在"并不是一个"主词—谓词"句，因为"金山"不是一个逻辑主词，叫逻辑专名。而罗素之所以判断"金山"不是主词，所依赖的标准仍然是到物理世界去找有没有"金做的山"。这样一来，罗素仍笃信语词的意义以现实物理世界的指称对象为根据。

罗素挥舞着奥康姆剃刀，剃掉了"金山"，也会剃掉"方的圆"。实际上，一切无法在现实物理世界找到指称对象的语词都是他要剃除的。这就是罗素的不对了。套用斯特劳森的一句话说，话语信息的传达，并不像罗素这样的逻辑学家假定的那样，语词的意义以实际的指称对象为基础。在这点上，我们反倒觉得洛克、贝克莱、莱布尼兹比罗素对语词更为宽容。洛克认为，语词指示着观念，而观念种类很多，复杂的观念可分析成简单的观念。看来，兰德（Land）[1] 把洛克的做法称为观念原子主义不无道理。语词、话语片段、观念在话语交际中决定着连贯构建。贝克莱指出语词不必一定要传达观念，语词还可以传达说话人的感情，甚至在一些时候，语词只传递感情。这一认识，是罗素在挥动奥康姆剃刀时应该特别当心别要把"感情"也剃掉了！莱布尼兹有一深刻的观点就是语词还关乎语词自身，从这一角度看，语词自身的聚散并不受外在物理世界影响。我们所说的话语片段在一些情况下就是语词自身间关系的反映。在罗素的特定描述语理论面前，"连贯存在"和"连贯不存在"这样的表达能够存活下去吗？

回到柏拉图那里去看待连贯，连贯应该有一个理型。日常话语中我们所经验到的连贯是理型连贯的不完善的反映。不管怎样，连贯有其存在处所，

---

[1]　S. K. Land, *The Philosophy of Language in Britain*, AMS Press Inc., 1986, p.44.

所以连贯存在不存在这样的问题不可限定在物理世界来回答。

从词源和语词的演化角度看，汉语"连贯"和英语的"coherence"获得现在所使用的抽象意义仍然有其能用感官感觉的基础。汉语的"连"与"贯"曾都是指称具体的事物，人们在对具体事物认识与操控中逐步升华出、抽象出一些观念来。连贯就指示着那样的观念。英语 coherence 原初的意义就是感觉得到的"黏合"，即把两个物件黏合、把部分黏合成整体，后来用于话语，就表示话语的黏合，成了一种抽象意义。这里有两点潜在的观点：

第一，连贯的形成，在文字上体现的是语言的创造功能，即人们可以用现有语词创造出前所未有的新语词来，而新语词去指示新的事物、新的观念，或者指示尚未冠名的已有事物、已有观念。

第二，话语具有片段性，话语连贯就是把话语片段黏合成整体，这是语言形式上的要求。

语词本身就是一种资源，人们在认识世界的活动中免不了要对语词加以开发利用，推陈出新。在新的语词面前，我们用旧的知识去衡量新词的意义，在理解上难免自生疑惑。

第三节　连贯因子

话语互动在形式上是一个代码处理（编码与解码）的过程，但从互动的主体看，却是一个认知推理的过程。代码处理和认知推理均是确保互动成功的主要活动形式。而这两类活动赖以进行的话语基础是话语片段。话语片段实是代码处理过程中显现意义（explicature）计算的单位，又是认知推理过程中隐含意义（implicature）推导的基础。这是话语互动连贯构建与分析的基本出发点。话语进入受话者头脑，基本上以话语片段为基本单位。因此，考察话语连贯的两两相接实际上离不开考察话语片段在受话者头脑里的激活情况。

一、话语片段的活性

从话语分析的切分手法看，话语互动基本上以话语片段为基础，而片段性话语可以充实成完整的交际命题，携带交际内容、传递交际意图。话语互动是否成功可以用话语片段的连接而形成连贯的情况来衡量。判断话语双方连贯与否，我们就要考察话语双方有什么样的话语片段处于活性状态。试看话例 26。

话例 26

……

乙：你不会跳舞？

甲：我会跳六。

（侯宝林，1987）[1]

在这个简短的话语互动中，话语片段"跳舞"从发话者口中出来，在受话者脑中激活出"跳六"来。从语言形式上看，这两句话除了有"舞"与"六"在音序上的数字联系以外，二者风马牛不相及，答非所问。然而，"跳舞"这既有语词或语话片段，不但起到了激活因子的作用，而且还引出了"跳六"这一创造性词汇的出现。语言的创造性特点在此也体现了出来，当然不是每一次创造都能被广泛认同。发话者乙未必想到了"跳六"，但在受话者甲的头脑里却实实在在地激活了某种观念，而创造出"跳六"来。

这一话例折射出的道理是，语词表达意义在先，引导注意在后，语词表达话语双方的兴趣，引导话语双方进行探索。语词、话语片段会在受话者心中引起心理现象，但语词首先指示的却是发话者的心理现象。从发话者到受话者，话语交流中能够引起双方注意的语词所指示的心理现象和所激发的心理现象二者之间怎样贯通呢？这就要考虑这种语词在双方心中的活性情况。考察词语的活性，实质上就是要考察语词在话语双方心目中的意义。这不是一件容易做到的事情。所以维特根斯坦在其《心理哲学评论》第 1054 节中说："困难在于，要在这些心理现象的概念之间辨别方向。要在这些概念之间移动，而不要频繁地碰到障碍物。这就是说，必须掌握这些概念的相似之处和相异之处。正如一个人掌握了从一个音调到另一个音调的转化，从一个音调到另一个音调的变调。"[2]

---

[1] 《侯宝林自选相声集》，甘肃人民出版社 1987 年版。

[2] 《维特根斯坦全集》第 9 卷，涂纪亮译，河北教育出版社 2003 年版，第 260 页。

　　值得注意的是，我们对话语片段活性的认识，往往需要通过对比或者反衬才明白。正如没有死，我们不明白生一样。我们每个人现在所拥有的话语词汇组成话语片段，肯定有活性，但我们并非总意识到话语片段的活性。只有当某个话语片段突然激活出来，出于自己意料之外，但自己又恍然大悟时，我们才感觉到话语片段具有活性。比如，李白的《静夜思》，作为一个整体的那四句话在几乎所有接受过一定汉语文化教育的人心中都贮存了下来，甚至能背诵出来："床前明月光，疑是地上霜。举头望明月，低头思故乡。"在对这首诗的整体感受上，虽然会因人而异，但相同的是我们都有一种感觉。但是在细节上，就可以区分出我们的差异来。例如，我们对其中的"床"字有什么样的理解呢？"床"作为一个激活因子会激发出什么样的心理现象来呢？多数人都会不加思考地想到睡觉用的床，这是"床"在我们头脑里的活性。然而，唐诗研究专家对《静夜思》里的"床"却有不同的理解。

　　根据胥洪泉①的研究，《语文月刊》1984第11期登载了刘国成《床字小议》的文章，他依据许慎《说文解字》把床理解为"安身之处"、认为"床"就是"凳"。他理解说"根据'举头望明月，低头思故乡'两句，诗人既可以抬头，又可以低头，那么诗人当时应该是坐着的，所以'床'应理解为'凳'。"把"床"解为"凳"看起来似乎比较合理。然而，乔松不同意刘国成的观点，《语文月刊》1985第3期刊登了乔松的《李白〈静夜思〉中的"床"字》一文，他认为"床前明月光"之"床"，应同"几"，他根据《说文解字》所说"床之制略同于几而庳矮于几"。"床制同几，"故有足有桄"，"可坐"，"可卧"等话，就说"床"是可供人睡觉的家具；并引用《孟子·公孙丑》："不应，隐几而卧"为证，认为斜着身子也可以睡觉。那么，"举头"、"低头"就可以说通了。《易·剥卦》上说："剥床以足"一条的下面注："床者人所安也；又井干曰床"。这里把"床"引向了"井栏杆"。《辞海》第956页上对"床"解释为："床，井上围栏。古乐府《淮南五篇》：'后园凿井银作床，金瓶素绠汲寒浆。'"唐朝诗人李贺《后园凿井歌》有"井上辘轳床上转，水声繁，弦声浅。"这里的床都作"井上围栏"讲。②

　　"床"在普通人和专家之间明显存在着活性差异。这似乎有点极端，因

---

① 胥洪泉：《李白〈静夜思〉研究综述》，《重庆社会科学》2005年第7期。
② 关于"床"的讨论，本书还参看了宁波大学教授傅明善博士的演讲稿。

为普通人多倾向于凭字面、凭直觉去理解"床"。不过这里注意区分语词的指称与语词的意义，我们在阅读《静夜思》时，倾向于关注意义而不细究诗中名称的指称。诗，尤其像李白这类浪漫主义者的诗带给我们的是由语词引发、指示的意象和心理感受。而这心理意象并不是实物的一张照片在心理显现。我们不能把心理意象理解成实物照片搬家到头脑里，这样去追问床的实际指称到底是什么，对于诗歌的理解来说干系不大。话语片段的活性不在于想到未想到，而是在于由语词片段所引发的意象，心理观念等在话语双方的关联，这种关联就是语词的连贯。

从语言形式上看，话语片段的活性外现在语词的组合上，"我被青春撞了一下腰"、"大头针针头上可以站立十二个天使"等这样的语句不在于描实而在于表达某种心理感受或心理观念。同样，由于话语片段在不同人那里具有不同的活性，所以这样的表达并非能在每个人头脑里生成。不过，这样的表达却可能在不同的受话者心理引起共鸣。毕竟，自己想不到不等于领会不到别人的想到之处。

人的认识毕竟有限，且不说物理世界尚有许多未被人类探明的东西，就拿我们本以为熟知的话语来说，也并非彻底清楚。我们只是在局部范围内肯定我们的知识。**话语本身就是人们可以开发利用的资源**。在开发利用中，当然就有新的话语片段的产生。正如物理世界的石油，起初我们并不知道那是石油。后来开发利用有了汽油、煤油，有了化纤及化纤产品，甚至做成服装。从石油到服装，经历了无数次的资源开发与创造性利用。话语也是如此，就算最早的话语是指物命名，慢慢地从指物命名到激情的表达，到话语引领我们的思维、话语开启新的世界。以"金山"一词为例，恐怕这一词无论从人类的语言起源看还是从个人话语能力的获得看，金山绝对不是石油阶段的概念，不是指物命名而形成的词，金山应该是话语累积过程中，以既有语词本身为原材料加工成的词，相当于化纤产品了。有"金山"这样的语词的形成，这是话语片段的活性的又一种体现，因为任何语词都是心灵的产物。这正如古德曼（Goodman）[①] 在《维特根斯坦与威廉·詹姆士》一书的导言中所说：一切词汇，甚至包括那些我们极为严肃对待的词汇，那些用于自我描述的最根本的词汇，统统都是人类的创造。

---

① R. B. Goodman, *Wittgenstein and William James,* Cambridge University Press, 2004, pp.6-7.

　　话语本身具有活性，话语本身就是可开发、可利用的资源。话语用来做事、思考、生活、生存。**话语引导我们去开发别的资源，去创造新的东西，去建立新的体验**。哲学家追问"金山存在与否"的思路，一开始就有固步自封的错误，当批判实在论和自然论时，有人不小心自己也掉入了所批判的理论漏洞之中。说金山不存在，其根本错误就在于认识的局限，在于以自然主义的态度去框定一切存在物的存在场所。在有山有水的自然环境中去寻找金山，金山哪会存在呢？这对存在的理解出现了偏差。金山不存在于地球，但金山存在于语言中。迈农本人对于金山的认识并不僵化，他承认金山"虚存"，但把迈农放到逻辑学里，迈农原本可取的"虚存"就显得暗淡了。我们曾说，**知识在语言里沉淀，意义通过语言彰显，语言引领知识之路**①。当话语成了资源，语言必定引领知识之路。胡塞尔力图区分哲学问题和科学考察，从他的角度看，称"金山"不存在时，你已经不是在思考哲学问题了，你是在用某种算得上科学的眼光做判断，你已经设定了范围，限定了认识。金山问题是一个哲学问题，其根本前提在于认识世界的对象要超越。你若设定一认识角度，而证明"金山是描述语"、"金山是句子的词化结果"、"金山是隐喻"等，你做的工作是科学考察工作，不过科学考察本来不必与哲学认识形成水火不相容的态势，之所以出现不相容，恰恰在于认识上的圈地运动，以致成了画地为牢②。

　　话语片段活性在于突破思的界限，开启新的领域。话语形式上出现的奇怪组合，其实并不奇怪。话语是心灵活动的外在反映。**有了活性话语，就有概念先生、实体后生**。有了"金山"的想法，我们就有可能创造出一座金山。历史上，如果给吴三桂足够的黄金，他肯定会造出真正的金殿。即使他那留存于世的被叫做"金殿"的铜殿，也正是"概念，实体后生"的产物。而在指物命名的时候，似乎先有实体，后有概念，对于这点，柏拉图却不这么看。无论怎样，话语概念却在不断地产生。话语作为一种资源，这种资源也有原生与次生之分。对于"金山"而言，"金"与"山"属于原生概念，而"金山"就是次生概念。

---

① 杜世洪：《关于知识与意义的关联分析》，《自然辩证法研究》2006 年第 7 期。
② R. D'Amico, *Contemporary Continental Philosophy*, Westview Press, 1999, pp.8-9.

二、原生概念和次生概念

1984 年云南林学院（现名西南林学院）有位教授在给学生上《遗传育种》这门课时，开讲就说："遗传育种的任务就是要让牛与西红柿杂交，结果是西红柿植株上结出的是一块块牛肉，而牛排泄出的是西红柿"。在青年人求知欲极其旺盛的那个年代，此话一出引来的不是哄笑声，而是正襟危坐与吵吵的笔记声。正当热血已经沸腾而激情仍控于悄然之中的学子期待着"How（何以为之）"的时候，一句"这是不可能的"犹如千钧重锤无情地压出一片"啊"的失望声来，但教授接下来有句话有更加令人难忘："只知道利用原生资源就是原始，而立足于原生资源不断开发次生资源就是人类的进步。牛和西红柿杂交，纯属异想天开，但这异想天开背后却是我们追求进步的精神。"

我们说语言也是一种资源。**当人类把语言也当作谋生的资源后，世界因此就出现了很大的进步，人与动物之间的差别也就出现了本质的不同。**把语言当成资源后，我们能开发出许许多多的语言新产品。现实中无法做到的，但在语言中却完全可能做到。牛和西红柿不可能杂交，但在语言里牛和西红柿却能并置在一起，并冠以杂交之名。现实世界给人类设置了许多限制，人无法飞，这是出于客观限制的描实，而"我要飞，飞过那高山，飞过那大海"这样的表达出于思想上对客观限制的突破。于是，**语言有局限于现实的语言，更有突破现实的语言。**

从人类语言演化不断进步的角度看，语言可分为"**原生语言**"和"**次生语言**"[①]。根据演化论，在形成人类语言之前，意义的确定是通过实指来进行的，这种形式的语言交流在非人类物种中很普遍，如鸟儿、蜜蜂、猴子、蚂蚁等的信息传递，它们的交流属于实指交流。我们可以把这种实指交流的语言体系称为原生语言。原生语言仅仅具备完成报道和实指的功能，它们传递的是实体、实实在在的东西。鸟儿、蜜蜂、猴子、蚂蚁等对这种原生语言做出准确无误的反应，原生语言不会产生歧义。动物的原生语言之所以不会产生歧义，还在于它们的语言永远是对此时此地的表达，没有时空转移的功能。估计，动物大概说不出像《大话西游》那段被"粉丝"们追捧备至的台词：

---

① 杜世洪：《关于知识与意义的关联分析》，《自然辩证法研究》2006 年第 7 期。

"曾经有一份真诚的爱情放在我面前，我没有好好珍惜，等我失去的时候我才后悔至及，人世间最痛苦的事莫过于此……如果上天能够给我一个再来一次的机会，我会对那个女孩子说三个字：我爱你。如果非要在这份爱上加一个期限，我希望是……一万年。"这当然是新新人类的语言。

人类的语言与动物那单一的原生语言有所不同。人类的语言不仅具备原生的属性，而更重要的是人类的语言主要是次生的。次生语言可以传递并未发生的事件、信息，可以表达与传递可能或不可能发生的事件的信息。次生语言的意义常常无法用实指定义来确定，因为人们可以使用次生语言来指代并不存在的东西。正是由于原生语言与次生语言之间存在着这种差异，许多语言学家才坚信人类语言不同于任何非人类交际系统。然而，**在人类的话语使用中，原生语言与次生语言之间并没有一条清晰的界限，原生语言与次生语言总是交织在一起使用**。再有，人类语言不仅有从原生到次生方向发展的情况，同时，还有从次生到原生的退化现象。这主要表现在原生概念和次生概念的使用上。

语言学上对"语言的诗化"和"语句或话语的词汇化"这两种现象有所讨论。我们觉得这两种现象实际上代表的是原生概念和次生概念的相互发展的过程。一般来讲，从原生概念到次生概念的发展方向，这是话语片段化、短语化的过程，常常产生诗意；而从次生概念朝原生概念发展，这是词汇化过程，往往凝定词意。比如，原生概念"金"与"山"综合后生成次生概念"金山"，在生成之初，表达的是使用者尤其是该词的首次使用者那富有诗意的大胆的想法，甚至浪漫的情怀。但"金山"一旦凝定成词，不再是短语的时候，"金山"不再具有原来的概念，退化为词了，而成为后人的原生词。

根据上述内容，我们在此对原生概念和次生概念作一界定。大致上讲，原生概念是指人类在与自然接触过程中，用指物命名的方式对实物或直接感觉到的现象所形成的概念。大多数原生概念都具有直接的指称对象。而次生概念主要指人类对世界进行反思，用联想或类比的方式对想象中的对象所形成的概念，次生概念没有直接的指称对象，往往是对原生概念的加工利用而新创的概念。原生概念反映的是语言发生、起源的基本状态，而次生概念却是代表着语言的具有创造性的特征。人类语言之所以有别于简单的交际系统，就在于人类语言具有创造性，具有大量的次生概念不断涌现。次生概念的出现，给人类语言带来了复杂性，此外，原生与次生的交织是人类语言的另一复杂性。

原生概念和次生概念这种区分既具有生物学基础又具有深远的哲学渊源。从生物学角度看，生物具有从产生到成熟的生长过程。不管语言究竟如何起源，**语言从起源到成熟必定经历一个初级阶段到成熟阶段的过程**。我们现在所使用的各种语言已经是高度成熟的语言。从语言产生到成熟这一过程中，最早的语言概念与外部世界直接关联，随着原生概念的不断增加，人类理性的表现能力也逐步增强，这样利用既有原生概念来表达理性抽象活动，就促使了次生概念的形成，促使次生语言的形成。

柏拉图在《克拉底鲁篇》第 422CD 中间接说明，语言中有两类词，一类是"基本语词"（primary words）[1]，相当于我们说的原生词；另一类是以原生词为基础派生出来的词。伊壁鸠鲁认为语言起源分为两个阶段[2]：自然阶段和约定阶段。在自然阶段中语言直接与情感和外界对象发生关联，而约定阶段语词与对象发生直接关联，然后慢慢地语言与理性活动交织在一起。从伊壁鸠鲁的观点看，直接与外界对象以及我们情感发生关联的语词最早产生，然后随着理性活动的复杂化，语言中会出现一些抽象词汇来。这仍然说明，人类的语言有原生概念和次生概念之分。

认识论上的经验主义虽然有其自身的问题，但经验主义认识到了两类不同性质的语言符号："描述性符号与假定性符号"。本杰明（Benjamin）[3]在其《经验主义的类型》一文中分析了实证主义（positivism）、虚构主义（fictionalism）和实在主义（realism）。经验主义这三种基本形态有一共同特征"描述性符号"（descriptive symbols）具有意义而且有直接的"hard data"（硬料），"硬料"具有实在基础。实证主义不承认有"软料 soft data"，因此实证主义不承认"假定性符号"（suppositional symbols）具有意义。虚构主义和实在主义承认假定性符号具有意义，但二者在假定性符号的意义基础上有分歧。实在主义认为"假定性符号"代表的是"soft data"（软料），"软料"

[1] 《柏拉图全集》第二卷，王晓朝译，人民出版社 2003 年版，第 110 页。

[2] J. Allen, "The Stoics on the Origin of Language and the Foundations of Etymology", *Language and Learning: Philosophy of Language in the Hellenistic Age,* ad.by D. Frede&B. Inwood,Cambridge University Press, 2005, p.30.

[3] A. C. Benjamin, "Types of Empiricism", *The Philosophical Review*, 1942, Vol. 51, No. 5, pp.497-502.

可能没有真正的实在物。也可能与某种"硬料"有某种联系；虚构主义与实证主义一样不承认有"软料"，但虚构主义承认"假定性的存在并且有意义"，"假定性符号"的意义派生于"硬料"。根据本杰明的观点，从认识论角度看，我们认为经验主义的符号分类直接与语言概念分类相关，即语言可以分为原生概念和次生概念。

从整体上看，人类的语言可以分为原生概念和次生概念，对于人类个体而言，原生概念和次生概念同样存在。语言毕竟是公共的语言，并没有私人的语言。现代智力研究越来越多的成果倾向于说明语言与智力，语言与理性共同增长。在增长过程中，人脑要不断完成把原生概念修饰成次生概念这样的任务。根据达马休（Damasio）[1] 在其《笛卡尔的错误》和《对发生的感觉》中所表达的观点，人脑有两类不同性质的构成：物理成分和意识成分，物理成分的基本单位是神经元（neuron），而意识无法用物理手段来区分出最小单位，但作物理形态而存在的神经元与意识心理之间存在着一种"壁标"（somatic marker）。由于壁标的存在，我们可大胆解释为什么"神经元的水可以转化成意识的佳酿"。根据这种假设性的理论，人脑是由数十亿神经元组成，而神经元之间还有数十亿的连接点。人脑的功能发挥并不是以单一器官形式，而是有无数的分工。当一个人看到眼前的一把椅子时，他的视网膜上就会留下冲击印象，视网膜的神经元把这个冲击印象传入大脑的神经元。这时大脑发生分工，椅子的高度、颜色、形状、摆放的地点、以及看到椅子时的时间、场合等属性（features）分别被注册到不同大脑区域的不同神经元里。而且，这些属性的注册速度也不一样。椅子的颜色注册速度要比形状的注册速度快。人要使用"椅子"这一词时，分散注册在大脑的属性又会重组而形成要表达的概念。因此，"桌"或"椅"这样的词通常并不只是意味着一种单独的东西，而是一类事物。人的智力就有这样的认识特征。[2]

达马休的上述观点当然是基于实验研究的假设性结论，并非就是证实了的真理。然而，这种观点潜在的意义就在于语词概念是组合而成的，而组成概念的可辨特征具有量的累积，概念本身可以被再度开发使用。这样一来，

[1] A. R. Damasio, *Descartes' Error: Emotion, Reason and the Human Brain*, Collins, 1995.also see A. R. Damasio, *The Feelings of What Happens: Body and Emotion in the Making of Consciousness*, Harcourt Brace, 1999.

[2] 理查森：《智力的形成》，赵菊峰译，三联书店 2004 年版，第 151 页。

我们认为语言的原生概念和次生概念之间的关系已经明确。

在个人语言获得上，行为主义与心灵主义存在分歧，无论语言获得归于刺激、反应也好，"语言互动是人类生理而不是人类文化的一部分"也好，还是语言属于天赋，语言的获得都要经历一个从少到多的累积过程，而在这个累积过程中，人的理性、意识也会与语言交织，结果体现出语言的创造性。这同样说明语词可以分原生概念和次生概念。

话语互动过程中，原生概念与次生概念会不会发生错乱性理解呢？即发话者在原生概念层面上用词，而受话者会不会从次生概念层面去理解呢？反之，明明用的是次生概念，而受话者却把它当成原生概念，会有这样的情况吗？再有，每个人的原生概念和次生概念在种类和数量上会一致吗？回答这样的问题，就要回答个人话语的累积情况是否一样。

三、话语的累积差异

当我们谈论话语累积这一概念时，我们主要出于对语言习得与使用的实际观察。我们无法回避"语言到底是什么"、"语言是怎样习得的"这样的问题。对于这样的问题，争论很多，而且观点是差异很大。但是，我们不能因为这样的问题尚未取得一致答案而忽略一些不争的事实。**个人语言获得有一个量的累积过程这是一个明显的事实。同样，语词可以分为原生概念和次生概念。这也是一个显而易见的事实**。而且，不可否认的是，语言由规则和词汇两大系统构成。规则倾向于朝封闭系统发展，而词汇却主要是开放系统。对于语言而言，这也是一个事实。至于，那些颇有争议的问题，比如语言究竟是演化而来还是天生的，语言是本能还是后天经验的累积等，这样的问题有没有定论并不影响我们关于话语累积的讨论。

乔姆斯基，以及后来的平克(Pinker)[1] 坚持语言是天生的或是人的本能，主要是站在规则的角度进行论断的。当然，平克所坚持的语言本能说虽然与乔姆斯基有血脉联系，但毕竟不完全等同于乔姆斯基的主张。二人相同点在于都认为语法规则是内在的、天生的，是本能，而差别在于乔姆斯基主要从语言的深层结构与词汇的组合之间的关系来推测普遍语法的存在。平克坚持

① 平克:《语言本能》，洪兰译，汕头大学出版社 2004 年版，第 30 页。

从文化与人的心智结构来看语法的本能特征。另外，乔姆斯基不太注意探索词汇本身的原理，而平克却主张语法与词法都具有各自的原则或原理①。乔姆斯基令人困惑的地方不仅在于其繁琐的句子结构分析，而且还在于对人类心智论证乏力。而平克令人起疑的地方在于他的矛盾之处，平克认为语法规则（主要是句法层面上的规则）属于本能，因此语言习得是一种本能，但同时，他又认为词法却是约定的。他把词法排斥在句法之外，与此同时又认为词汇的习得又必须受制于语言习得关键时期的种种限制。然而，平克倾向于词汇与语法分属于大脑的不同部位这样的观点。

柏拉图《克拉底鲁篇》中的赫谟根尼认为，"自然界没有把名字给予任何事物，所有名称都是一种习俗和使用者习惯"②，而克拉底鲁却反对这种约定论而相信事物的名称的正确性符合自然原则。面对这两种观点，语言学界更倾向于认同赫谟根尼的约定论。现代语言学之父索绪尔认为语词的符号（包括声音与书写）与意义之间的联系纯属约定俗成，而拟声词甚至关于单词来源的拟声说并不具备普遍性。在某一门语言内有规律的拟声却在另一门语言里并无规律。比如狗叫声在俄语里的拟声近似于"涅夫—涅夫—"这样的发音，而在英语里是"宝—宝—"，日语里叫"布—布—"，汉语里为"汪—汪—"，印度尼西亚则为"拱—拱—"，等，这说明语词多为约定，而约定与生活环境有关，而生活环境会有很大的差异。于是，我们可以说从起源上看语词的累积，并不会千篇一律。**要让所有的人拥有同样的语言，而且同一语言的所有使用者拥有同样的词汇，这只能靠上帝来完成**。现实生活中，个人话语的累积情况肯定有所差异。年龄、职业、教育水平、地域、认识世界的方式等都会影响个人的话语累积。即使是有相同背景的人，他们之间也存在着兴趣的差异，也存在活性词汇不一样的情况。

话语累积的差异主要体现在以下几方面：第一，处于不同累积过程和阶段的人具有不同的话语片段；第二，具有不同话语源泉的人有不同的话语累积；第三，具有不同价值取向的人话语累积亦不一样。第四，话语累积会因个人对语言资源进行创造性运用的不同而不同。

话语累积的差异越大，话语交际的困难也就越大。但是，话语累积的差

① S. Pinker, *Words and Rules*, Basic Books, 1999.

② 《柏拉图全集》第二卷，王晓朝译，人民出版社 2003 年版，第 58 页。

异不会构成不可逾越的交际障碍。我们所说的话语累积，主要指话语词汇、话语概念的累积，而我们认为话语规则是封闭系统，易于被言语共同体全体成员完全领会与遵守。所以，规则如果有累积的话，也只是一个短暂的过程，而话语概念，话语片段的累积却是一个无休止的过程。话语累积中，原生层面的概念趋向于稳定，而次生层面的累积却总是动态的。从句法上看，句法规则是有限的，而实际语句是无限的。从词汇学上看，词素的数量趋向于稳定，而词素组合而构造单词，复合词，词组等却是动态的，开放的。

话语累积一方面要受现实世界的限制，但另一方面现实世界又是话语累积的促发因素。**话语累积的过程反映的是观念体系形成与变化的过程。**这一论断基本上与洛克对语词与观念的关系的认识一致。仅仅就话语累积的过程而论，洛克的观点并非不可取。语言指示着观念，是揭示话语双方心灵的媒介。虽然正如平克所说，"思想并不是一定需要语言才可以存在"[1]，但是要传递思想揭示思想恐怕语言算得上是最主要的媒介。

我们这里所说的话语累积与平克所说的语言学习并非一样。保守地讲，人类从一出生就开始学习语言，而学习语言这一过程势必包括话语累积。但是，平克认为："总的来说，在六岁以前，孩子都一定可以学会语言，而且这个能力一直不退，直到青春期，过了青春期后就很难了。"[2] 平克如此断言恐怕是站在语言规则的习得上而做的假设，虽然这种假设有实验观察为基础，但是，我们所说的话语累积并不会因此而休止。话语累积包括原生概念和次生概念的累积。如果说语言学习真有一个最佳时期，那么话语累积主要在那一最佳时期完成大量的原生概念的累积和一部分次生概念的累积。**一个心智正常而且成熟的成年人在原生概念累积的基础上需要不断进行次生概念的累积。**

次生概念的累积并非是凭空创造出来的概念，而是在原生概念的基础上不断地加工新的概念。**一个人掌握的原生概念是有限的，但在这有限的数量上，他却可能创造或领会无限的次生概念。**当然，实际生活中，次生概念并非时时都在产生。对于在原生概念上加工次生概念，我们可以借用平克关于语言习得的比喻。我们认为对既有原生概念的使用，就好比"一个预算很紧

---

① 平克：《语言本能》，洪兰译，汕头大学出版社 2004 年版，第 9 页。
② 同上书，第 313—314 页。

的剧团的工作室，那些布景、道具、戏服都要不停地回收，另有他用。在任何一个时候，这个工作室都得依照下一个戏目，制造出适用该戏的布景或道具。"①

　　语词累积量的大小往往标志着一个人的心智水平。对一个语言共同体而言，话语累积是标志着这个共同体看待世界的态度与方式。不同的民族、不同的个体在原生概念的数量上具有不同。语言学上，把这种不同性归为切分世界的不同，比如说对色系的切分，印第安人在概念体系上只有两大颜色概念："蓝一点"和"红一点"这样的划分。这好比我们照相技术，在没有达到精深水平前，我们的照片基本为黑白二色，但这并不等于感知只有两色。印第安人不可能只感知到两种色，只不过他们的概念体系不够精细。同样，韩少功在《马桥词典》里谈到的马桥弓人的味觉描述比较粗放，凡是好吃的都称为甜②。英语本民族人对"辣"和"麻"这两种味道都用一个字"hot"来描述，这并不是说他们的舌头感觉不灵，而是他们的概念不同于中国人，尤其不同于四川人。对于同一物，同一现象而言，概念的精细程度指示着一个人或一个民族对那事物或现象的认识水平。原生概念的量越大，这就意味着见识很广；而次生概念越多，这就意味着思维越发达与创造性越强。原生概念是认识的结晶，而次生概念则是认识的突破，延伸或创造。由此，从"冰"到"冰糕"再到"油炸冰糕"，这就代表着原生概念到次生概念的升华。就指称对象而言，求"冰"易，求"油炸冰糕"难。冰是自然之物，而"油炸冰糕"是人类创造之物。这类创造并非无中生有式的创造，而是资源加工利用的创造，但这类创造却源发于"概念先行"。然而，对于个人而言，在从"冰"到"冰糕"再到"油炸冰糕"这一飞跃过程中，有些人的起点并非是"冰"，比如，住在城市的小孩可能首先接触到的是"冰糕"，在他们看来，"冰糕"就是个专名，是一个原生概念，有具体的指称实体。他们基本上不会去思考从"冰"到"冰糕"这种飞跃的复杂性，他们甚至觉得这很简单，不用细想。我们的世界充满着许许多多这样的实物及概念，这也是人们话语累积差异的另一种原因。

　　具有不同话语累积的人相互间的话语互动，势必会出现不同的连贯情

---

① 平克:《语言本能》，洪兰译，汕头大学出版社 2004 年版，第 314 页。
② 韩少功:《马桥词典》，作家出版社 1997 年版，第 16 页。

况。第一章话例 1 中孩子甲与孩子乙的对话，折射的正是话语累积的差异。孩子甲那画中的"小龙"与孩子乙"小笼包子"的"小笼"之间的相接，在小孩的世界均是一个层面上的两两相接。从成人的角度看，"小笼包子"是一个原生概念，而"小龙"是一个次生概念，因为"龙"这一概念是反思的产物。然而，孩子在接受"小龙"这一概念时，并没有对抽象与具体进行清晰地划分，而是把"小龙"当成一个成熟的原生概念来接受，正如接受"冰糕"一样那么自然。

同样，马致远的《天净沙·秋思》会给具有不同话语累积的人不同的感觉，加拿大多伦多大学教授 Wayne Schhelp（施文林）按原样直译，用相应的英语单词或词组排列成：

Tune to "Sand and Sky"
——Autumn Thoughts

By Ma Zhiyuan

Dry vine, old tree, crows at dusk,

Low bridge, stream running, cottages,

Ancient road, west wind, lean nag,

The sun westering

And one with breaking heart at the sky's edge.

（转引自黄宪芳，2004：75）[1]

这样把名词词组堆砌成文，却很难保证英语民族的人领会到原词的意境。这种跨语、跨文化的话语互动之连贯自然不同于我们汉语民族的相应互动。同样的话语累积、同样的思维是同一话语互动成功的基础。只有当话语双方能够成功地进入对方的话语累积与思维，他们的话语互动之间才有成功的连贯构建。

---

[1]　黄宪芳：《再论古诗英译中的文化内涵》，《外语教学》2004 年第 2 期。

四、连贯因子的种类

连贯是话语互动的连贯，而话语互动是意义生成的互动。从一方看，发话者提到一个物体，却在受话者这一方看来往往表达了一个概念或一个意图。当话语作为语言学的对象时，发话者提到的语词代表的就是那物体，结构主义语言学以符号本身为中心，然而，结构主义语言学仍然无法回避的是结构与意义的关系。意义概念一引入话语，话语就不再是单方的话语。话语不可能单独存在，单独存在的只是符号或者是延迟解读与反馈的话语。

所以，我们就话语进行连贯分析时提出断面分析。我们有一个基本假设：话语双方连贯的形成基于两两相接，而两两相接应该有基本的黏合点，这黏合点的最小形态就是连贯的基本单位，我们把这个基本单位称为"**连贯因子**"。连贯因子可能对应为话语片段、观念、物体或感知内容与想象内容。

粗略地分，**连贯因子可以分为符号性的、感知性的和想象性的三大类。**一个话语片段可能道出多种多样的连贯形式。这多种多样的连贯形式背后具有多种多样的连贯因子。符号性的连贯因子主要指示话语片段本身的音、形特征。**感知性的连贯因子**是指话语片段所携带的直接内容，如指称的物件，指示的观念，行为，意识活动等。**想象性的连贯因子**是话语片段间接引发的内容，包括间接引发的新的符号性和感知性的连贯因子。**感知性的连贯因子多属于当下的纯粹经验，而想象性的连贯因子属于纯粹经验之后的具有意向立场的反应。**比如，张三发话说："我有一个家"，此时若无接受对象，无反馈，那么这里就没有话语可言，没有话语互动。但是，当李四听到"我有一个家"时，他的纯粹经验式感知就是认定"张三有一个家"。在纯粹经验层面上，李四对张三的反应纯属自然反应，不采取任何意向立场，也不期待什么，表现在话语形式上可能是简洁地应和。这种情况下张三与李四的连贯构建是感知性连贯因子的相接。如果李四听到张三"我有一个家"后，他的反应是"别隐瞒，你还有一个家，男人家外有家嘛"，或者说："枷锁的枷，又一个不幸的人"，这时张三与李四的连贯构建是出于想象性的连贯因子的相接，张三的话，经李四感知后，李四再运算出"家外有家"来，其连接点在"一个家"这一话语片段上。李四那"枷锁的枷"具有两种连贯因子的相接：一是符号性的连贯因子，从"家"想到"枷"，"家"激活了"枷"；二是具有明显意向立场的想象性的连贯因子，对"家"作了价值和道德判断，有"家"等于有"枷"，这样的人是不幸的。根据这里的分析，我们可以把张三与李四的对话整理成以下几例：

话例 27
　　张三：我有一个家。
　　李四：哦，我还没有。

话例 28
　　张三：我有一个家。
　　李四：不止一个吧，男人家外有家呢。

话例 29
　　张三：我有一个家。
　　李四：枷锁的枷，又一个不幸的人。

　　值得指出的是，现实生活中张三的发话必定有其环境与背景，一般不会孤零零突然冒出"我有一个家"这样的话来。不过，我们在这里讨论的是话语层面上的连贯因子的两两相接，焦点自然在这样的单句上，更何况话语毕竟是以片段为基础的。当我们说话语以片段为基础，我们主要指话语的接受、理解、乃至记忆等活动在计算单位上是以话语片段为基础。

　　我们把连贯因子分为**符号性的、感知性的和想象性的**三大类，这时，还有一个问题需要回答。那就是怎样区分感知性的连贯因子与想象性的连贯因子？我们怎样认定话例 27 李四的回答属于感知性的连贯因子相接呢？对于这个问题，我们前面提到过纯粹经验这一概念，对此，我们将在下一章做仔细论证与分析。此外，我们认为钱冠连的"程式性言语行为"[①]对此具有解释力，这也将在下一章分析。在这里，我们先谈连贯因子的其他分类方法。

　　从话语互动的意义形式看，连贯因子分为上述三类，而从话语累积过程

---

① 钱冠连认为："人活在语言中，人不得不活在语言中，人活在程式性语言行为中"。参见钱
　　冠连：《语言：人类最后的家园》，商务印书馆 2005 年版，第 18 页。

看，连贯因子可分为原生的连贯因子和次生的连贯因子。连贯因子可能对应于一个语词，但一个概念却包含着多个连贯因子。也就是说，如果单从符号层面上看，一个语词或一个话语片段基本上对应一个连贯因子。也就是说，如果单从符号层面看，一个语词或一个话语片段基本上对应一个连贯因子。比如，"家"作为"居住的场所"在原生概念上就表达家的地位和物理性质。但是，在次生层面上，"家"却是一个内涵丰富的概念。这个概念可能含有多种不同的特征。如"天堂"、"地狱"、"起点"、"终点"、"顶峰"这样的实际用法的涵义。一个次生概念却可能因为其内涵不同而表现为不同的连贯因子。

连贯因子的划分还可以从话语脉络的层面来进行。话语脉络这一用语目前还不是一个专门用语，而且还是隐喻性次生概念。直观地讲，脉络有血缘、筋脉等属于动物肌体的实物，单就脉字而言，看得见的有叶脉。用在地理学，地质学上，有山脉、矿脉等。在人际交往的社会化过程中，我们有"人脉"。"人脉"主要指人与人之间的"联系"（connection）。"文脉"一词，《汉语大词典》把它解释为"文章的脉络"。《写作大辞典》释之为"文章结构中的脉络，即文章的条理"。《东坡文谈录》（及其他二种）之《文脉》篇释义为："一元清明之气，畀于心，以时洩宣，名之曰文。文之脉，蕴于冲穆之密，行于法像之照，根心之灵，宰气之机。先天无始，后天无终。譬山水焉，发源于昆仑也；譬星宿焉，禀耀于日也；譬荣卫焉，包络于心也，是谓之脉。"[1] 刘熙载解释为："自无题字处点题字，可谓之出，不可谓之落；自题中此字出彼字，就彼字而言谓之出，就自此之彼而言谓之落。审于之来路去路，文之脉理斯真矣。"[2] 傅勇林[3] 利用"文脉"和"意脉"来对应英语中的"cohesion"（衔接）和"coherence"（连贯）。现代建筑风水学中，"文脉"[4] 往往用来指城市或某个地方的文化遗产与渊源。可见，"文脉"一词的外延

---

[1]　丛书集成初编：《东坡文谈录（及其他二种）》,《文脉》和《文评》, 中华书局 1985 年版, 第 1 页。

[2]　刘熙载：《艺概》, 上海古籍出版社 1978 年版, 第 176 页。

[3]　傅勇林：《文脉、意脉与语篇解释——Halliday 与刘熙载篇章理论之比较研究》,《外语与外语教学》2000 年第 1 期。

[4]　古人的"文脉"相当于本书后文的"语脉"。现如今"文脉"多指文化遗迹或文化渊源, 比较宽泛, 故本书对文化意义上的"文脉"不做讨论。

与内涵都很广。因此，我们舍弃"文脉"一词，而**把话语脉络贯通总称为话语连贯**；把话语脉络分为**"语脉"、"意脉"、"情脉"和"理脉"**四大类（详细论述见下一章）。于是，根据话语的不同脉络，连贯因子可以分为：**语脉因子、意脉因子、情脉因子和理脉因子**。分别由这四种因子的凸显而形成的话语连贯相应地称为：**语脉连贯、意脉连贯、情脉连贯和理脉连贯**。这些，我们将在下一章讨论。

连贯因子虽然属于一个假设，但是在话语互动的两两相接中它确确实实有其指示的现象，这种假设实际上出于我们对日常话语的观察与反思。在这个假设的基础上，我们还认为每个具备话语能力的人都具有各自的"**连贯因子库**"。连贯因子库存在于大脑中，它随个人的话语累积、经验和知识的增加而增加。

连贯因子库和话语脉络是本书提出"连贯因子说"的两个基本点。

第四节　本章小结

本章以规范作为尺度重点讨论了连贯的多样性及本质成因。连贯体现在话语片段上，而话语片段直接与语词，概念等直接相关。语词指示着概念、指称着事物、代表着概念体系等。对语词与意义的不同理解正好反映的是话语连贯的多样性。话语累积的不同意味着话语双方连贯构建的不同。话语概念可分为原生概念和次生概念。次生概念的产生往往是以语词作为资源对原生概念的加工利用。在原生概念上我们可以谈论直接指称及指称物的存在，而在次生概念层面上，次生概念语词所指称的对象往往不在物理世界存在。连贯的基础是两两相接，而两两相接可能表现在话语片段或语词的对应上。所以，对话语片段、语词及其相应概念的考察实际上是对连贯的基本点进行考察。

本章还立足于讨论不同的词义观。简略地评述了柏拉图、亚里士多德、洛克、贝克莱、莱布尼兹、穆勒、弗雷格、罗素和斯特劳森等人的观点。对这些观点的回顾与评述，目的是为本书的话语累积论所涉及的原生概念和次生概念寻找相应的理论渊源。柏拉图关于自然论和约定论的讨论对现代话语分析具有积极的指导意义。亚里士多德的词义观给意义观念论提供了不少启示。亚氏的观点深深影响了洛克、贝克莱、莱布尼兹等人。洛克的词义观念论具有观念原子论的色彩，这对连贯因子的提出与论证提供了支撑。莱布尼兹独到之处在于看到了语词的自身指代，即看到了元语言问题，为连贯的符号性提供了启示。贝克莱关于语词的情感作用为本书的情脉因子提供了论据。穆勒的指称论与本书的原生概念直接相关。弗雷格对指称与意义的探讨强调了表达式与语境的重要性。罗素的特定描述语理论对指称的唯一性的限定提供了分析方法。斯特劳森批判罗素的错误，在语词的具体使用探讨上明确指出人的行为具有重要作用。

本章还专门讨论了规则与规范的差异。在规则的视角下，话语连贯应该具有一致性，然而，在不违背规则的情况下，连贯主要是以规范性为准绳。规范并非不可以背离，但规则不可违背。背离规范的话语表达往往代表着不同连贯的构建，同时也反映了个人话语累积的不同。所以，本书认为连贯并不拘泥于规范。

连贯既然是两两相接，那么两两相接必定有其条件限制。于是，本章提出了连贯因子假说。提出连贯因子是两两相接的最基本的黏合点。连贯因子可以根据话语的立义形式，话语脉络以及话语累积的不同而显现三种分类。根据立义形式，连贯因子可以分为符号性连贯因子、感知性连贯因子和想象性连贯因子。根据话语累积情况不同，连贯因子可以分为原生连贯因子和次生连贯因子。根据话语脉络的不同，连贯因子又可以分为语脉因子、意脉因子、情脉因子和理脉因子。

第五章　话语连贯与理解

詹姆斯说："此刻给定的实在世界是现在所有存在物与事件的总和。然而，我们能够想象这个总和吗？我们能否立刻意识到，在某个时刻世界的所有存在物的截面图会是什么样呢？就在我说话的时候，苍蝇在嗡嗡飞，亚马逊河口有一只海鸥抓到一条鱼，阿迪伦迪达克丛林中有一棵树倒了，德国有一个人在打喷嚏，鞑靼（Tartary）有一匹马死了，法国有一对对双胞胎降生了。"(The real world as it is given at this moment is the sum total of all its beings and events now. But can we think of such a sum? Can we realize for an instant what a cross-section of all existence at a definite point time would be? While I talk and the flies buzz, a sea-gull catches a fish at the mouth of the Amazon, a tree falls in the Adirondack wilderness, a man sneezes in Germany, a horse dies in Tartary, and twins are born in France.)① 对此，詹姆斯问道："这意味着什么呢？在同一时间里发生的这些事件，和数百万以上毫无联系的事件，它们之间能够形成一个'合理帮对'② (rational bond) 吗？它们能联合起来形成我们所意味的一个世界吗？"③ 在詹姆斯看来，我们所处的宇宙是一个"串结的宇宙"(concatenated universe)、"多元的宇宙"(pluralistic universe) ④。詹姆斯所说的宇宙实际上是指世界。在现实世界里同一时刻一个事件的发生与其他事件具有"同时性"(contemporaneity) 或"间接同时性"(collateral contemporaneity)。如果就此做一断面分析的话，我们会发现许许多多有联系或无联系的

---

① W. James, *The Principles of Psychology*, Vol. 2, New York: Cosimo, Inc., 2007, p.635.

② 本书把 bond 译为"帮对"，主要出于对 James 以及本章后文 Saussure 原文用词 bond 的具体理解。

③ M. J. Adler, *The Great ideas*, Maxwell MacMillan International, 1992, p.896.

④ W. James, *A Pluralistic Universe,* University of Nebraska Press, 1996, p.23.

事件来。对于有联系的事件而言，它们的联系具有什么样的合理性呢？

　　沿着詹姆斯的路子，我们要问话语事件中话语所开启的世界里有些什么样的合理联系呢？采用断面分析，话语双方会有什么样的连接点呢？我们在上章提出话语双方连接的基本点是连贯因子，那么话语互动中有什么样的连贯因子具有"同时性或间接同时性"？

　　所谓同时性和间接同时性，是指同一时刻同一断面上，处于核心联系的事件或事物具有同时性，而处于外围同时发生事件或出现的事物具有的同时性是附属的、旁系的，于是我们把它们的同时性称为间接同时性。当我们引入多种事件的同时性时，我们采用的是詹姆斯的多元世界论的方法来看待话语互动。我们所抛弃的是一元论绝对的统一和有序。按照一元论的方法，连贯因子的互接是绝对统一的，井然有序的，即一个连贯因子必定与其对应的另一连贯因子对接。然而，话语互动并非这么单调，不然，话语连贯就不会呈现多样性，理解也不会出现不同层次的理解。也就是说，话语开启的是多元世界而非一元世界，话语连贯构建是多样的而并非一致的。为此，话语理解具有复杂性。这一点可以由我们的观察来说明。

　　我们曾让某校英语专业三年级学生把汉语"烧火"一词译成英语，而且我们还给定了场景：乡村两人烧火做饭，一人在灶前添柴烧火，另一人在灶后料理食物。在这种场合下，汉语"烧火"一词会在学生头脑里激发出什么样的英语概念呢？全班 32 个学生有 21 个学生想到的是"make a fire"或"light a fire"，有 5 个学生用的是" tend the kitchen fire"，有 4 个学生用"take care of the fire"，另外 2 个学生用的是"fuel the fire"。如果从汉语"烧火"到英语"烧火"是教师与学生间的话语互动开启的是"烧火"这一概念体系的世界的话，学生的不同英译正好说明同一连贯因子从老师那里出来，却可能与学生的不同连贯因子发生对接。学生的这些表达反映的是学生对"烧火"的理解，而且这些表达与理解存在的差异十分明显。"make a fire"和"light a fire"都属于生火，把火点燃，处于"烧火"的开始阶段。"tend the kitchen fire"和"take care of the fire"点出的是"烧火"的行为性质与责任，并没有道出"烧火"的行为本身，这里的用词属于"道义用词而非行为描述，缺乏意象与形象感。相比之下"fuel the fire"比较准确。但从词源上看，fuel 本身指"fire"，"fireplace"，后来用于法律文件指"谋求生火用材的权利 the right to demand materials for making a fire"，再后来便有"燃料"和"提供燃料"之意。现代英语中可以用来代指"车辆的燃料"，以及"为车辆添加燃料"。"fuel the fire"虽然比较准确，但毕竟与老师心目中的期望的概念有所差异。我们设计的答案是"feed the fire"，相当于汉语"给火喂食"，既有行为描述，又有意象的建立。这项跨语交流的实例折射出的道理是，**同一话语片段可能会在受话者那里激发出不同的话语概念来**。从而构件建不同的话语连贯，即出现不同的连贯因子的两两相接。话语连贯不同反映的是话语理解的不一样。

第一节　不同话语泳络的连贯

在上一章我们说，从话语互动的立义形式看，连贯因子可以分为符号性因子、感知性因子和想象性因子。符号、感知和想象这三个关键词把话语、世界和人结合在一起，成为三位一体。话语并非是离开人和世界的话语。同样，世界是话语的世界和人的世界，而人又是话语的人，世界的人。我们从话语入手去窥探人和世界，势必要考察人与人以及人与世界怎样通过话语来言说。我们采用的话语互动过程中的断面分析方法，瞄准的是具有同时性或间接同时性的连贯因子之间的合理联系。

我们在第三章第二节就语言起源做了思考，试图选定一个意向立场而从话语、理性、激情或实际需要某一角度切入，把有关论述呈现出来，来显示话语的复杂性。从任一观点切入，最后都会遇到话语与理性的交织问题或者说话语就是理性，理性就是话语。往后撤一步，我们会说话语最初是影响他人的一种方式与途径，是自己观念的表达方式。这样的认识预设的是先有观念，然后再由观念促发话语的产生，然后再形成必要的语词，乃至符号。至此，我们似乎与洛克的观点相似了。18世纪早些时候，早在黑尔德前，人们强调的是语词在于刺激出受话者的观念。在这一点上，我们所提出的连贯因子在理论根据上可以就此成立。连贯因子的两两相接实质上就是因子之间的激活作用。在话语起源上，黑尔德相信即使某人没有话语能力、没有话语的伴侣方式，这个人也能在内心发展出某种言说方式来。洪堡特追随黑尔德这一观点而相信，在没有其他传意方式的情况下，言说是人（哪怕是完全孤立的个人）要进行思考的必要条件；人思考要表达观念就必须用声音命名。这正如陈嘉映在《海德格尔哲学概论》中所说："语言的威能主要是通过命名施展的。命名不是对已经存在好的东西贴标签，而是就存在者的本质所是把存在者带出晦暗而使它作为存在者显耀。"①

然而，在洛克和卢梭那里，语言似乎是思维的产物。动物没有语言大概是因为动物没有复杂的观念②。于是有人说：动物无言，因为它们无思。到了18世纪末的时候，康德对这方面的讨论给予了新的转向。康德对理性做了新的阐释。他把理性与理解区分开来，认为理性作为一种官能（faculty）其功用在于提供关于事物的信息，而事物的存在取决于各种条件；而理性的官能却并不满足理解的这一功用，它是寻求无条件的知识。理解能使我们经验事物，而理性渴求的是关于无条件的灵魂（soul）的信息，关于自由的自我、无条件的世界——所有可能经验的绝对整体，以及不受件限制的被称为上帝的信息。理性追求的是这些。我们关于不受条件限制的这些的观念并不是从经验中派生而来，而是理性官能的内在物③。

洪堡特沿着黑尔德和康德的路线，阐述了思维与言说的联系。他认为，只有当一个观念通过声音媒介，在没有违背主体性的情况下而被置于客体时，思维才有可能形成。这似乎是说，心灵努力以话语的形式从嘴唇间强抢一个出口，而这种努力的产物又回到自己的耳朵，观念被置于真实的客体而又未从主体性中撤离。只有语言才能做到这一点。如果没有这种有意义的跨位变换，从主体到客体，又从客体回到说话者这一主体，即便是有语言，那么概念也不可能形成，因而亦就没有真正的思维的可能④。在洪堡特看来，人的话语的可理解性需要通过他人来检验，他人理解了自己的话语，那么他自己就明白那话语是可理解的。这就是说，理解并不是发话者一个人的事，**理解在于发话者和受话者双方达成共晓性（common intelligibility）**。人要故意实施某一行为，其先决条件就是他明白这一行为的效果，否则他就不会故意实施这一行为。这就是说，发话者对受话者进行故意言说，前提就是发话者清楚自己的言说效果。发话者期望自己的话语效果得以产生。然而，在我们看来，话语互动过程中，发话者固然明白自己的话，但发话者的明白并不

---

① 陈嘉映：《海德格尔哲学概论》，三联书店 2005 年版，第 312 页。

② G. A. Wells, *The Origin of Language: Aspects of the Discussion from Condillac to Wundt*, Open Court Publishing Company, 1987, p.63.

③ Ibid., p.64.

④ 此处洪堡特的观点转引自 G. A. Wells, op.cit., p.66.

能确保受话者同样明白，发话者只是以为受话者会明白。同一个话语片段从发话者一端发出，而到了受话者这一端，却可能激发出不同的概念或观念来。为什么会这样呢？正如贝克莱所言，话语不仅仅传递观念，而且还传递情感。话语双方的观念和情感并非总能由同样的语词联系起来，毕竟，话语双方的话语累积不一样。再有，正如莱布尼兹所认为那样，话语的符号特性并不具有必然的逻辑意义，因为话语的表面语法往往带有个人的语言偏好。因此，话语互动过程中连贯的构建并非一元论式的绝对的统一或绝对的一致。连贯与理解都具有层次上的差异性。这种差异的基本表现就是话语脉络的多样性。日常生活中，我们常说"这话的来龙去脉"这样的字眼，实际上就是要对话语的脉络进行厘清，弄清话语连贯的原委。

我们根据话语的**立言**、**说事**、**表情**和**讲理**这四个维度把话语脉络分为**语脉**、**意脉**、**情脉**和**理脉**。在相应脉络上构建的话语连贯就是语脉连贯、意脉连贯、情脉连贯和理脉连贯。话语连贯就有这四类脉络贯通。

一、语脉和语脉连贯

《汉语大词典》第 11 卷第 224 页到有"语脉"一词，释义是：语言的脉络；文理。其中的例子有，宋朝人朱弁《曲洧旧闻》卷三："王临川语脉与南丰绝不相类"；明朝胡应麟《少室山房笔丛·丹铅新录六·笨字义》："凡读古人文字，务须平心易气，熟察上下语脉，得其立言本意乃可。"这里的语脉离不开遣词用字。我们在这里使用的语脉包括傅勇林所说的"文脉"，即包括韩礼德的"衔接"。但是，本书所使用的"语脉"外延要比这些广，而且与衔接有明显的区别。

衔接是话语形式上的连接手段，包括"指称性"、"结构衔接"、"逻辑连接"和"词汇手段"与"语音联系"。这些在韩礼德与哈桑的《英语中的衔接》一书和胡壮麟的《语篇的衔接与连贯》一书中有详细的例说，我们在此不再赘述。值得特别注意的是韩礼德和胡壮麟所谈论的衔接主要针对的是既定话语或语篇中所给出或未给出但可以恢复的形式连接手段。如在"你这一身衣服实在看了叫人笑。这还是十年前的装束。"这一例中，后句的"这"属于指示指称，指代的是"你这一身衣服"。这例的衔接点就是"这"。在我们看来，"这"是给定的，直接服务于话语。作为衔接点，"这"具有詹姆斯所说的断面上各点相联的同时性。又如在"我弟弟想买一台电脑。家里的不行了。"这一例中，后一句出现了名词省略，即可以恢复为"家里的那台电脑不行了"。在这里，被省略了的名词"那台电脑"虽然未给定在字面上，没有说出来，但是，它仍然属于直接参与话语衔接，具有在场的同时性。

我们所说的语脉包含有衔接的各种手段，此外，还包含一切旨在以话语片段为两两相接点的语言手段。语脉可以细分成连贯因子，叫语脉因子。语脉因子是语脉连贯的基本单位。语脉因子两两连接形成语脉连贯。我们说语脉的外延大于衔接，是因为语脉既包含在场的同时性的话语片段，又包含不在场的、间接同时性的话语片段或连贯因子。衔接手段是在一个既定话语中给定的或可直接恢复的，而语脉因子既可能是给定的或可恢复的，又可能是感知或想象出来的。给定的或可直接恢复的是话语双方最能达成一致的点，而感知的或想象出来的却可能是某一方意想不到但出现后又能明白的点。语脉因子包括这些内容。之所以称为语脉是因为语脉概念范围内的连贯因子直接或间接地与发话者的某个话语片段有语言形式上的联系。而且以语言形式联系为主。

语脉因子的形式联系或者说语脉因子的两两相接，主要是指发话者给出的话语片段被受话者以语脉因子的形式来对应而形成连接。从因子的接合看，语脉因子符合索绪尔的横组合与纵聚合关系。比如，对于发话者给出的话语片段"金山"，受话者一般不会从"金山"的指称对象上去构建连贯，而可能从横组合和纵聚合的关系上来考虑连贯因子。横组合关系的考虑是指"金山"构建的具有可接受性的链条关系方面的考虑，也就是说，"金"和"山"的先后关系中，"金"在第一位置而"山"在第二位置，这样具有一个可接受的链条式的横组合关系。如果破坏这个链条关系，说成"山金"，那么在此时此境，"山金"和"金山"并不构成两两相接的连贯关系。在语脉连贯上，受语者可能从纵聚合关系，即选择关系上寻找与"金山"相对应的语脉因子。所谓纵聚合的选择关系，就是"金山"这一链条上的两个位置第一位置和第二位置，每一个位置上可能会有其他可替代的词出现。"金"的位置可能被"银"、"铜"、"铁"等词项所取代，"山"可能被"水"、"川"、"河"等词项所取代。于是，发话者说出"金山"，受话者完全可能应对出"银水"这样的话来。这样的连贯构建主要是语脉因子的两两相接。受话者也可能只对"金山"两个位置中的一个位置进行取代，而应对"铁山"或"金川"这样的话语来。这样的语脉连贯是衔接研究需要补充乃至追加的内容。

我们这里对"金山"的分析，是在断面分析手法上对话语连贯进行的微观研究。在宏观整体的话语互动中，不乏这样靠微观的语脉因子相接的连贯性对话。比如，有一香港影片，描写"赶尸"①的师徒二人傍晚来到一荒野古庙，准备住下过夜。那徒弟见那古庙阴森破败，不太情愿在此过夜。于是，师徒二人有下列对话：

话例 30
  徒弟：怎么？我们要在这里住一晚？
  师傅：是啊！难道你想住一周？！

不难看出，那师傅对徒弟的不愿情绪不做正面理会，而仅仅抓住徒弟的话语片段"住一晚"续接出"住一周"的话语来进行反馈。在语脉层面上，这里凸显的是"住一晚"和"住一周"的两两相接。

语脉因子的两两相接的衡量标准除了上述索绪尔的横组合与纵聚合关系以外，第四章第一节中所谈论的语言形式上的种种关系，也符合语脉因子两两相接式的联系。我们认为，还可以用以下手段来衡量：第一，语言学上的词义联系，如近义关系、同义关系、反义关系和上下位关系等；第二，音韵关系；第三，形变关系；第四，心理图式关系；等。关于词义联系的语脉连贯，我们可找出许多话语实例来。例如：

话例 31
  "也有他很配的，例如在**铜钱银子**上的打算。"
  "哦——又是和**金钱**有关系？"

（茅盾：《子夜》）②

例中两句的语脉因子连接就是上句的"铜钱银子"和下一句的"金钱"。又如下例：

---

① 赶尸是传说中可以驱动尸体行走的法术，属于苗族蛊术的一种，是楚巫文化的一部分，主要在贵州和湘西地区流传。

② 本章所引用话例只在这里注明出处，不再列入参考文献。

话例 32

"不许骂人！"

"我没骂人，我骂的是贼。"

例中"人"和"贼"的联系也属语脉因子相接。音韵关系的语脉因子相接，在话语互动中很普遍。这方面的典型例子还包括"借音脱跳"① 现象和对联式或对仗式话语互动。下述三例话语是典型的借音脱跳现象：

话例 33

乙：你不会跳舞？

甲：我会跳六。

话例 34

鲁侍萍：（大哭）这真是一群强盗！（走至周萍面前）你是萍，……凭——凭什么打我的儿子？

周萍：你是谁？

（曹禺：《雷雨》第二幕）

话例 35

客人：（对男主人）"你好福气！有这样的贤妻良母给你烧菜做饭。"

主人：（笑笑）"见笑！见笑！但愿拙荆今天不是咸（贤）妻咸（贤）母。请！请！"

在话例 33 中，受话者甲与发话者乙的语脉因子连接点是"六"与"舞"，这是甲借"舞"的音而脱跳到"六"。话例 34 中的鲁侍萍本来打算指认周萍是自己的儿子，但迫于环境及社会压力，周萍是自己的儿子这一秘密不能泄露，所以马上从"萍"脱跳到"凭"；通过"萍"与"凭"的语脉贯通，把"你

---

① "借音脱跳"属于杜世洪创建的一个概念，概念范围要比修辞学上的"双关"广。参见杜世洪：《论话语交际中借音脱跳的关联特点》，《外语与外语教学》2003 年第 9 期。

是萍"和"凭什么打我的儿子"本为两句不同的话整合成一句。话例35中客人所说的"贤妻良母"本为一固定短语,但主人为表示客气以及担心饭菜咸味过重,借"贤"而脱跳到"咸",这样"咸妻咸母"临时成为一个话语片段直接对应发话者的"贤妻良母"。日常生活中,借音脱跳现象相当普遍。在具有借音脱跳的话语互动里,语脉凸显,因而双方的连贯构建以语脉因子的两两相接为基础。再看下列两例:

话例36
　　高勇:总理,您亲自指挥我们架浮桥,这是对我们舟桥兵的极大关怀。
　　周总理:这是应该的嘛!你们叫舟桥兵,我叫周恩来,我们都姓周(舟)嘛。

　　　　　　　　　　　　　　　　　　(张鸿生、刘水长:《滚滚的黄河》)

话例37
　　甲:这是护士长关同志。
　　乙:关同志!
　　甲:这是护士小辛。
　　乙:哦,"关心"同志啊!

　　　　　　　　　　　　　　　　　　(侯宝林:《麻醉新编》)

　　话语的符号性不仅体现在声音上,而且还表现在词形字貌上。以词形字貌作为连贯因子的话语脉络的贯通也属于语脉连贯。这类语脉的基础就是话语片段的"形变关系"。话语互动的形变关系的研究,目前在现代汉语里尚属新生事物,不过,倒也出现了一些研究成果。例如冯广艺的《变异修辞学》[1]和徐国珍的《仿拟研究》[2]堪称这方面的创新之作。另外,在中国古代,"讥谣文化"[3]和"析字联话"[4]中也有不少的形变关系方面的实例。例如:

---

[1]　冯广艺:《变异修辞学》,湖北教育出版社2004年版。
[2]　徐国珍:《仿拟研究》,江西人民出版社2003年版。
[3]　柏莲子:《中国讥谣文化》,时代文艺出版社1999年版。
[4]　汪少林:《析字联话》,江西高校出版社1997年版。

话例 38

　　"革命革命，革过一革的，……你们要革得我们怎么样呢?"老尼姑两眼通红地说。

　　"什么?……"阿 Q 诧异了。

　　"你不知道，他们已经来革过了!"

（鲁迅:《阿 Q 正传》）

话例 39

　　那时坎坷者与喷嚏者住在一个大门之内。"坎"住前院三间屋，"喷"住后面一个院。

（王蒙:《一嚏千娇》）

　　上述两例中，原来的词被拆散，以这样的形变手段来连接前后的语句。这里凸显的连贯因子仍是语脉因子。形变关系在汉语里非常具有个性，多属于汉语的土特产。典型的例子如下:

话例 40

　　冻雨洒窗，东两点，西三点;

　　切瓜分客，横七刀，竖八刀。

　　上述形变关系都是对显而易见的话语片段拆散或者重新组合成新的话语片段来，在连贯构建上仍然以语脉因子的两两相接为基础。这样的话语现象在现代人脑筋急转弯的文字游戏里比较普遍。脑筋急转弯的语言游戏里很多例子都属于对语脉因子的开发利用。受话者一般不会首先注意语脉因子的连接关系。对于形变关系而言，一般不会首先想到，只有当语脉因子被点破后，受话者恍然大悟。例如:

话例 41

　　一个旅行团从甲地到乙地坐车用了一个小时，而在回来时从乙地到甲地坐同样的车，在同样的路上行驶，结果用了两个半小时。请想想出了什么事?

对于话例 41，受话者被发话者的提问引到话语的意思上去了，一般不会注意某个话语片段的形变关系。那"一个小时"可以变形为"两个半小时"，即两个半小时算起来就只有一个小时了。所以，对于话例 41 中的提问，答案是"什么也没发生"，来去都用了一个小时。又如下列对话：

话例 42

　　甲：请问桂圆为什么比杜仲贵呢？

　　乙：因为桂圆姓贵（桂）。

　　甲：错！因为桂圆比杜仲多一块土。

　　乙：哦，如今越土越贵了。

像话例 42 这样的话虽然属于非正常话语，但在日常生活中并非不存在。这种特殊情况的话语互动正好反映了语脉连贯的构建。

值得强调的是，语脉连贯构建既含盖了韩礼德的衔接概念，又包括上述内容。凡是以话语片段的符号属性为连贯因子的话语连贯都属于语脉连贯。

二、情脉与情脉连贯

情脉一词不是现代汉语的成熟词，但也不是我们生造之词。明朝李日华《紫桃轩杂缀·竹嬾论画》中有句话："目力虽穷而情脉不断处是也"[1]。后来人们多以"目力虽穷而情脉不断"来表达某种意境、某种情意的蕴涵或相通相化。情脉不是一个容易解释清楚的词。但在本书中，我们主要从话语的表情功能这一角度来考察情脉因子和情脉连贯。

从话语分析的角度看，情脉因子始终以话语片段的形式表现出来，但情脉因子不等于话语片段。情脉因子的"情"，在现代汉语里也是一个意义极为丰富而又难以界定清楚的词。不过，在古代文论中，刘勰的《文心雕龙·情采》说："故情者，文之经"、"为情而造文"、"为文而造情"等，可见，情是话语的重要元素。

我们在这里把情脉的情限定为"情感"和"情绪"。情感指"心情感动"

---

[1] 宗白华：《艺境》，北京大学出版社 1987 年版，第 156 页。

和"人受外界刺激而产生的心理反应，如喜、怒、悲、恐、爱、憎等"(《汉语大词典》第7卷，第583页)。白居易《庭槐》诗写道："人生有情感，遇物牵所思。"而情绪一词有多重意思，如："缠绵的情意"、"心情、心境"、"情况；端绪"、以及"指不正当或不愉快的情感"(《汉语大词典》第8卷，第586页)。日常话语中，语句"今天我情绪不好"里面的情绪指心情，而语句"他在闹情绪"中的情绪多不正当或不愉快的情感。在"同学们情绪高涨"这样的语句中，情绪又指劲头，或精神状态。英语中的 feeling 和 emotion 大致对应于汉语中的情感和情绪，英语中的 feeling 和 emotion 重叠部分很大，有时可以互用。我们用"情脉"一词来指代情感和情绪的贯通，在学理上，本书之情脉的界定参照斯托曼(Strongman)的《情绪心理学》(The Psychology of Emotion)[①]。

斯托曼在《情绪心理学》一书中介绍了近30种情绪理论。其中早期的经典理论有五种：詹姆斯-兰格理论、坎农-巴德理论、麦独孤的理论、帕佩兹的理论和华生的理论。这五种经典理论认为：(1)情绪是对其他系统产生影响并受其他系统的影响；(2)各种情绪有相似之处也有不同之处；(3)一些情绪是基本的和原始的，另一些情绪是派生的和继发的；这意味着情绪有自然的和培养的之分；(4)情绪在强度上有一定的范围，当超过一定程度时它将发生质的变化；(5)情绪实际上是一种能量或动机；(6)在偶然地强调随意肌的卷入和情绪表现的一面时，这就暗示着情绪控制的可能性，它具有明显的治疗学方面的意义。(斯托曼，1987：29、30)现代情绪理论研究不但继承了早期理论的合理部分，而且还有了新的认识。这些认识是情绪理论的共识。首先，现代情绪理论认为情绪不仅具有激活的一面，而且情绪还情绪还可能独立存在。其次，大部分情绪理论都指出存在着分立的情绪、表情和情绪体验。分立情绪观产生的共同结论是，某些情绪是原始的，或者说先天决定的，而另一些情绪是继发的，经学习而获得的与原始情绪交织的混合物。再有，大多数心理学家仍旧认为情绪是一个影响其他系统，而又受其他系统影响的体系，并认为情绪通常是按照范围和强度而变化的。这意味着情绪可能被激发出来，同时情绪可以加以控制。最后，斯托曼本人认为"日常

---

① 斯托曼：《情绪心理学》，张燕云译，辽宁人民出版社1987年版，第29—30页。

体验和一般语言的意义应该是情绪心理学之学术工作的一部分"①。看来，关于话语与情绪的研究并非专属某一学科，而且还有许多工作要做。

对情绪进行命名或描述，如果不带主观色彩和任何价值判断的话，那么只能求助于科学语言或者说数学语言。情绪研究仍需深化，如有可能，应该用数学语言来完成有关描述工作。如果把情绪还原，那么情绪就是模式化的身体反应，而且情绪的身体反应具有强弱之分。然而对情绪进行科学分析，甚至用精密仪器来测量并不是日常话语分析的任务。所以本书只在日常话语分析的角度，利用日常语言，根据常识而对情绪进行粗略的探讨。一般来说，情绪可以分为十二大类。如图5—1所示，每一大类都有程度之分，而且都有相对立的情绪。需要指出的是，我们这种划分并非本书的凭空编造，而是参考了普拉奇克（Plutchik）的"情绪三维模式"（Plutchik's model of emotions）②之后，再根据日常生活经验及日常话语的特点加以调整和细化。

图5—1　情绪分类图

① 斯托曼：《情绪心理学》，张燕云译，辽宁人民出版社1987年版，第73—74页。

② R. Plutchik, *Emotions*, Harper & Row, 1980. 同时参见斯托曼：《情绪心理学》，张燕云译，辽宁人民出版社1987年版，第64、66页。

　　情绪虽然可以通过话语表现出来，但情绪发作到一定程度时，话语本身就不在具备任何意义，这时的话语只是一种情感的宣泄媒介而已。比如从争论到争吵再到谩骂，话语双方情绪慢慢失控。在极端的互相谩骂中，双方不再就话语内容进行论辩，而是话语片段凸现为情绪的激发因子而让情绪继续膨胀。这时，在对骂中，你骂我是猪，我骂你是狗，这样的话语本身无任何意义，只是意在刺激对方的不快，甚至愤怒来。

　　本身已经处于某种不良情绪中，这时任何意在刺激那种不良情绪的话语不再具有原发功能，只是加深或维持那种情绪的发展。不良情绪很难控制，而好的情绪很难维持。换句话说，好情绪最易被破坏，而不良情绪却不易被清除。火上浇油易，而锦上添花难。甚至落井下石多，而雪中送炭鲜，这大概是人性丑陋所是吧。赛门斯（Simmons）把这种现象称为狭隘的"好强争胜"（turf war）。在赛门斯看来，与我们相似性越多的人，比如同学、同行、同龄人等，越容易在工作中甚至生活中玩"因自我意识凸显而争强好胜"的"地盘游戏"（territorial games）[1]。玩这种游戏的人，容易产生一些不良情绪。比如，你要是在你同事面前，或同行面前兴高采烈地讲述甚至夸耀你的成就，那么你的话容易激发出嫉妒情绪来。更可怕的是，你同事的嫉妒情绪似乎没有明显的表露，而倾向于用言词来或明或暗地传递某种不良情绪。例如：

话例 43
　　托马斯：我有一篇文章要发表了。太好了！
　　刘易斯：在《自然》上吗？

　　对这例对话，赛门斯分析说，托马斯和刘易斯同为某商场雇员，学识水平都不怎么样，自然不可能在世界顶尖的《自然》杂志发表文章。在这种场合下，托马斯的话引起了刘易斯的不快，甚至嫉妒。刘易斯冷冷地冒出"在《自然》上吗"来，好像是询问，实际上是自我嫉妒情绪的宣泄。赛门斯说，这样的情绪模式与潜规则，往往对当事人来说不明显，而且既不利己，更不

---

[1]　A. Simmons, *Territorial Games: Understanding and Ending Turf Wars at Work*, AMACOM, 1998, p.20.

利人，只会引起不良情绪的蔓延①。

在情脉凸显的话语互动中，情绪宣泄有时具有一定的隐藏性，即当双方只有一方的情脉因子被激活后，另一方还未察觉时，这时的对话表面上只有意义、观念的交流，而实际上暗地里还有情绪的流露。情绪流露先是单向的，慢慢地感染对方，而成为双向交流。一般来讲，容易激发对方不良情绪的话语包括：对方禁忌的东西、对方的隐私、对方的短处等，若这些被某个话语片段触及，往往会在对方心理引起情绪波动，或强或弱。

另外，笃信"语言魔力"的人具有语言迷信思想。某些话语片段往往激发起不快，甚至恨来。话语本无吉祥和凶邪之分，但在情绪冲动时，不少人会倾向于把话语分为吉祥和凶邪。如果真有人能做到说比唱还好听的话，那么那人绝对是一个善于激发他人情绪的高手。在话语上讨个吉利，或者占点便宜，世间有这种心性的人不少。忠言逆耳，良言烦心。处于竞争关系的话语双方还可能因为某方的强人之处而引起自己的不良情绪来。这种现象虽然在局部发生，但并非只属于某一小圈子、某一地方或者某一民族。实际上，人类或多或少都有各种各样的情绪。比如嫉妒，人人都有，差别在于强弱之分。某人捡到天上掉下来的馅饼而津津有味或张扬地享受地话，势必会招来或大或小的是非。所以我们有"莫说人短莫道己长"这样的古训。这恐怕不是我们的话语太有魔力，不是话语太强，而是我们心理太脆弱，情绪容易被话语激发之故吧。

话语既可以掩饰情绪，又可以激发情绪。"阮克的劝说模式"（Rank's Model of Persuasion）包括四条原则②：（1）强化自己的长处；（2）强化对手的弱点；（3）淡化自己的弱点；（4）淡化对手的长处。这四条原则并非阮克发明，只不过是阮克发现而总结出来的。日常生活中，话语互动充满着劝说，而劝说不一定要在"劝说"的旗号下进行大张旗鼓的劝说。生活中的劝说往往是在不知不觉中进行，所谓"润物细无声"是也。生活中的劝说往往有情绪的激发或宣泄。好的情绪和坏的情绪均可以从下意识的劝说中掩饰与激发。想想政治家、商业广告等，他们的话语不乏情感或情绪诉求。诗歌、

① A. Simmons, *Territorial Games: Understanding and Ending Turf Wars at Work,* AMACOM, 1998, p.31.

② C. U. Larson, *Persuasion: Reception and Responsibility,* Wadsworth Publishing Company, 1995, p.15.

诗化语言最大的特点在于情感的贯通。写实的、科学化语言不可能传递丰富的情感，除非它们被重新开发利用。

哈夫 (Huff) 在《如何以统计数据撒谎》① 一书中说，数据本来应该是客观描述语，不具备任何态度和情感色彩。然而，数据却最容易让人上当受骗。数据可以成为最成功的情感激发因子，充满数据的话语容易激发出受话者的认同、满足或接纳情绪，因为人们对数据、数字有绝对的信任。看来，在语言中不仅数词具有修辞功能，就连数据也可充当修辞的有效手段。如今的商贩似乎天生就懂得如何用数据来诱导顾客成交。玉器店老板恐怕是这方面的行家里手。当数据作为情脉因子的时候，数据就已经属于次生概念了，甚至堕落了。18 世纪的英国小说家费尔丁 (H. Fielding) 一针见血地说："人与动物之别不在于语言本身，而在于人会滥用语言而动物不能"②。人在滥用语言过程中，对数据的滥用恐怕是人的又一大特点。前些年，有一则广告大致用了几个数据来激发观众的信任情绪，说的是"十八位博士，四十三年潜心研究，终于成就出某某产品"。这里的数据明显地成为了情脉因子。

话语本身不传情，是人使用话语来传情。不过，在人类话语系统中，尤其是在日常生活中，有部分语词的主要功能就是充当情脉因子。总的说来，多数话语片段充当情脉因子时需要特定的场合与条件。

情感是伴随认识活动和意志行为的一种重要心理现象。情感在话语的形成和连贯中起着重要作用。它能和其他因素一起共同处理加工各种信息，调节人与人的关系。人的情感、情绪能够影响话语主体的选择与指向性，能影响话语客体及接受者的接受性和阐释性。马克思说："激情、热情是人强烈追求自己的对象的本质力量。"③ 情感是话语发生的内在推动力，卢梭这种观点并非没有道理。发话者的冲动常常起源于情感推动力，"有感而发"。情感是发话者表露自我认识和自我需要的内在推动力，情感是话语内容的组成部分，贝克莱认识到了这一点。

情感是以感知为基础的，与感情对象联系在一起的，人们常常"触景生情"。情感一旦形成，便产生记忆，对感知活动产生影响。感知主体主要用

---

① 　D. Huff, *How to Lie with Statistics*, W. W. Norton & Company Inc., 1954, pp.100-121.

② 　G. W. Henry, *Fielding and the Language of Irony*, The University of Chicago Press, 1968, p.9.

③ 　《马克思恩格斯全集》第 42 卷，人民出版社 1979 年版，第 169 页。

语言将自己的这种感知、认识外化出来，便也要由情感作为内在动力来组织话语。没有喜怒哀乐，爱憎好恶的促动，便没有主体想要以话语外化感知与认识的冲动。换句话说，有了这种冲动，发话者也就借助语言来外化自己的爱憎好恶、喜怒哀乐等方面的感知与认识。

刘勰在《文心雕龙·情采》中说："故情者，文之经；辞者，理之纬；经正而后纬成，理定而后辞畅，此立文之本源也。"① 可见，情是话语，尤其是语篇话语的根本要素之一。情感在话语中具有对话语片段即内容进行黏合的作用，它可将诸多的话语片段串缀在一起，形成整体。在话语互动中，发话者与受话者的相互沟通，情感起着重要的作用。人们常说"以理服人，以情动人"。白居易在《与元九书》中说："感人心者，莫先乎情。"这就是说情感是打动受话者，并使受话者参与话语、接受话语的内在力量。

从情脉因子的角度看，我们现在可以明白刘备与赵云那话语互动的连贯成因。

　　刘备：为汝这孺子，几损我一员大将！

　　赵云：云虽肝脑涂地，不能报也！

刘备话语的表面指向是刘阿斗，但情感驱动却朝向的是赵云。所以赵云才感激涕泣，这是典型的情脉连贯。

《论语·乡党》有语曰："厩焚。子退朝，曰：'伤人乎？'不问马。"这话是说，孔子的马棚失了火，孔子从朝廷回来，首先问的是"伤人了没有"而不是关心有没有马受伤。马厩失火，问人不问马，后世传为美谈。道理就在于受话者从情脉的角度解读了孔子的话语。刘备和孔子这两例话语都是出于关爱他人的情感。情脉指向他人似乎格外具有影响力。要是有人冒着生命危险把你的财产或者儿子从火中救出来，而你的第一反应是关心自己的财产或者儿子，说出自私的话来，恐怕在情脉连贯上你缺乏某种利他精神，你的自我情绪表现得太明显。

第一章所举出的话例3记录了，同一种情况下，同一句话语在不同的家长那里出现不同的反应。那不同的反应实际上就是出于不同自我情绪的宣泄。从生活中观察发现，人的自我情绪大致可以分为三类：不成熟的幼稚情绪，成熟的理智情绪和过分成熟的家长式情绪。话例3的情况中家长甲那

---

① 刘勰：《文心雕龙注释》，周振甫注，人民文学出版社1981年版，第346页。

"为什么呀？一定要调换寝室。否则我们就退学！"实际上相当于小孩本能冲动式幼稚情绪的流露。生活中有些小孩就有"不满足我的要求我就不吃晚饭"这样的幼稚情绪的宣泄。家长甲听到班主任的话："你的孩子与大四学生同住一个宿舍，可以吗？"出现了小孩式的抵触情绪，于是才有那样的话说出来，属于幼稚情绪凸显的情脉连贯。家长乙的反应是："怎么搞的嘛？你们学校没有能力就别招这么多的学生嘛。这种安排，是不是我们不该来呀？"这里流露的是家长式训斥他人的话语情绪。有家长式情绪的人往往把自己摆在权威或家长的地位，采取盛气凌人的话语方式而与人交流。在实际话语交流中，其话语实际内容往往被家长式情绪所掩盖，受话者首先感到的是家长式情绪的宣泄。这就是家长式情绪凸显的情脉连贯。家长丙和家长丁都有正常的理智情绪。理智的情绪在于节制和控制，既要避免言语冲突，又不会摆出权威架势或者耍个人威风。对别人的话语进行接受与反对都应该有一个理智的态度。在理智的态度下，对自己的话语进行理性地选择与组织，这样的话语才具有真正解决问题的效力。家长丙坦然接受了学校安排，家长丁进行了合理的反对。二者都是在理智情绪凸显的脉络上构建情脉连贯。

我们图 5 - 1 中把情绪分成十二大类，那是根据情绪的性质而作的划分。而根据个人自我情绪的凸显情况，我们认为情绪可以分为前面所说的三大类。于是我们在本节中探讨了情绪的两种分类。对于每一种情绪，只要具备一定的外在和内在条件，都会出现相应的情绪凸显的情脉因子。情脉因子便是情脉连贯的基本点。

根据撒加德（Thagard）的研究，情脉连贯有一个衡量尺度：可接受性和情感价值[①]。在我们上述的分类中，我们可以根据可接受性和情感价值把情脉因子分为两大类：可接受的情脉因子和受排斥的情脉因子；或者说正面的情脉因子和负面的情脉因子。话语片段可能充当相应的情脉因子。比如"水"在沙漠中肯定是一个可接受的、正面的情脉因子，而在不需要水的地方或场合可能是负面的，受排斥的情脉因子。一些专名具有明显的情感价值，于是他们就有相应的情脉因子。如爱因斯坦总会激发起正面的情感来，而希特勒却容易激发出负面的情感效应来。

---

① P. Thagard, *Coherence in Thought and Action,* MIT Press, 2000, p.170.

话语片段的情感价值会根据具体的场合而凸显。情脉因子具有正面或负面的情感值，而情脉因子的情感值与其他因子的联系有关。情脉因子的可接受性受其他的因子影响。比如，汉语"狗日的"这一话语片段，它的情感价值常常是负面的，在话语互动中常常受排斥，因为使用这样的语词容易激发出负面情绪来。然而，当用在某种正面修辞中，如在"那狗日的老师讲课讲得真好"这样的句子里，它却表达的是正面的情感。生活中，口语里不乏用负面情脉因子来表达正面情感的情况。美国有一影片名叫《波赛冬历险》(*The Poseidon Adventure*)，其中有一句台词非常经典，那话是"那可爱的狗杂种是对的。"(That beautiful son of a bitch was right.)"狗杂种"一词与"可爱的"、"对的"一起连用，激发的不再是负面情感，而是一种可接受的正面情感，而且根据影片的叙事情节，只有加了"狗杂种"这么一个情脉因子，这话才充分体现了说话者的复杂情感。

情脉连贯的建立依赖的是情脉因子，而情脉因子具有正面的和负面的之分。然而，正面的情脉因子与负面的情脉因子可以相互转化。前面讲到负面的情脉因子"狗日的"和"狗杂种"在实际使用中转化成了正面的情脉因子，其转化条件是与其他的正面因子连用。话语互动中，还有正面的情脉因子转化为负面的情脉因子。从正面转化为负面，关键在于话语双方是否具有信任感。具有信任基础的话语互动，正面的情脉因子一般不会发生向负面的转化，而**缺乏信任的话语互动，正面的情脉因子却可能转化为负面的情脉因子**。因此，**在不信任你的人面前，你的任何话语都是多余的，甚至适得其反**。比如，你若兴高采烈地讲到你取得的某项成绩，如果受话者从心底里具有排斥、抵触的情感，那么你讲的正面的事情往往会诱发出是非来。如，嫉妒、嘲笑、算计、甚至打击等，这些不利事情可能会随你的话语产生而产生。这种情况下，话语的情脉连贯属于负面的情脉连贯。**要维护正常的情脉连贯就需要话语双方相互信任，相互宽容**。毕竟，我们的情感，我们的情绪最容易失去理性的控制。另外，情与意毕竟有差别。话语互动中，情不至而意难达，不过，情乱至，意也难达。

三、意脉与意脉连贯

庄子《天道》篇有语曰："语之所贵者，意也。"陆机在《文赋》中说："夫放言遣辞，良多变矣……恒患意不称物，文不逮意"[①]。这里，庄子道出的是话语最主要的部分是意，而陆机说出的是，最难把握的是意。"意"在汉语里有多种解释，我们在这里取"意思；见解"这样的解释，与语言学、语言哲学上的"意义"相关。意义，既是语言学的中心问题之一，又是语言哲学的中心问题之一。虽然，很难把"意义是什么"说清楚，但是"意义"毕竟还是具有可以言说的部分。本节要把"意"放在话语的"意脉"概念下进行探讨。通过对意脉及意脉因子的探讨来考察意脉连贯。

"意脉"一词在《汉语大词典》第7卷第642页的释义是"文思的脉络"。汉语写作上，一般把"意脉"解释为：统帅、贯穿全文主题思想的脉络；它潜伏于文章的结构脉络之后，对全部材料起制约作用，是文章结构的内在线索。"意脉"在傅勇林的研究中相当于英语的"coherence"（连贯）。说"意脉"是文思的脉络，这显然是隐喻，指话语的组织关系，有条有理。把"意脉"定为文章结构的内在线索，潜伏在明显的结构脉络之后，这里说明的是意脉属于语言形式之外的东西。而傅勇林的意脉连贯论，即意脉相当于连贯，明显赋予"意脉"一种含义："意脉"是语言形式之外的抽象的条理。本书把意脉视为连贯的一种，即意脉连贯。意脉连贯的基本点是意脉因子，而意脉因子外化为话语片段。但意脉和语脉有明显的区别，**语脉相当于衔接用语加话语片段的符号属性；意脉是话语片段的符号属性之外的内容。**

话语互动的意脉是话语双方共同知晓的、由话语片段所引起的意义贯通。意脉贯通的"意"在于话语片段的使用以及话语双方对话语片段的理解而形成的意脉因子。当我们说话语意脉的意在于话语片段的使用时，我们明显采取的是维特根斯坦的意义观。而当我们说意脉因子的形成在于话语双方对话语片段的理解与解释时，我们是以维特根斯坦后期学说的自然理解为基础。在继续讨论维特根斯坦的意义观之前，我们先简略回顾一下语言学和哲学对意义的典型认识。

---

① 陆机：《文赋集释》，张少康集释，人民文学出版社2002年版，第1页。

对意义的讨论，基本点在于词义的意义。词义的意义，即词义是什么的问题，被认为是哲学和语言学最困难的问题之一。自古以来，围绕词义问题出现了各种各样的观点与学说。众说纷纭，难有定论，以至于有人认为，新的观点只能增加新的含糊与混乱。甚至有人主张"放弃意义这个范畴"①。我们觉得放弃"意义"这个范畴是一种逃避，在求解的活动中始终不可取。可取的应该是对这个问题进行深究。许嘉璐在《语言学译著序》中说：

> "意义"，这是我们训诂学、词汇学论著中的常用词，你这样用，我那样用，你说古人理论性不强，他说你的理论有漏洞。实际上呢，从精细的角度去看，原来大家对什么是"意义"都没有深究。深究不一定就能得出所有人都信服的绝对真理式答案，西方学者对"意义"的解释就有二三十种之多，就是证明；但是有了精密深入的考察，起码论述者自己总算有了一块比较牢固的立足之处，这套书中关于"意义"的讨论就是这种情况的具体例证。从这个意义上讲，似乎可以说，我们的哲学家们对语言的关心太少了，而我们的语言家对哲学的了解就更为可怜。
>
> （许嘉璐，2000：2）②

正如许所说，意义问题仍然值得深究，值得把语言学和哲学结合起来进行考察。

对于意义的考察，古希腊哲学家以及中国先秦的名家、辩家等均有论述，但不够深入。对意义问题进行过深入考察的有索绪尔、奥格登和理查兹、莱昂斯、利奇等人，而哲学界主要是在语言论转向之后，现代西方分析哲学家、现象学家以及后现代哲学家那里有比较深入的研究。

1. 意脉与索绪尔的符号概念

索绪尔是19世纪末、20世纪初开语言学研究时代新风的著名语言学家，他是日内瓦语言学派的奠基者，现代语言学之父。在索绪尔的时代，受实证

---

① 符淮青：《词义的分析和描写》，语文出版社1996年版，第1页。

② 许嘉璐：《语言学译著序》，载于奥格登与理查兹：《意义之意义》，白人立、国庆祝译，北京师范大学出版社2000年版，第2页。

主义思潮的影响，语言学研究盛行的是历史比较的方法。一般学者大都热衷于通过历史材料的研究，去发现某些语言之间的历史渊源关系，以建立起反映语言历时性发展关系的所谓的语言谱系树。印欧语言的建立就是这种研究的产物。索绪尔的"革命性贡献"正是在这一历史比较的氛围中富有远见地强调了语言的共时研究，并把自然科学中系统分析的方法用于语言学研究，从而形成了语言学研究的结构主义方法。

　　索绪尔认为，语言不属于语词的物质实质，而属于更广泛的、抽象的符号系统。语词在这个系统中仅占最微小的部分。事实上，符号和符号之间的关系是语言学研究的对象①。语言的符号特性可以根据符号的·"概念"和"音响—形象"这两个方面的关系来确定。用索绪尔的术语来说，就是所指（sígnifié; signified）和能指（sígnifiant; signifier）二者的关系。一个语言符号实际上有两层心理实质：概念和音响形象②。概念和音响形象联系非常紧密，二者相互忆起对方。概念和音响形象的结合就构成一个符号，然而在使用中，人们常把符号用来指代音响形象，指代一个词，比如"树"(arbor)。"树"被称作一个符号恰恰是因为它携带有"树木"(tree)这一概念，这一点人们似乎容易忘记，结果是关于感觉之部分的观念就意味着（implies）关于整体的观念。在索绪尔看来，由于人们这种遗忘倾向或者说疏忽，即人们疏忽了符号含有概念和音响形象这两层意思而倾向于把符号对等于音响形象这么一层意思。这就容易引起混淆和歧义。为了消除这种歧义，索绪尔提出另外两个概念"所指"和"能指"来，这样就有"符号"、"所指"和"能指"三个术语来，分别对应三个观念，即：符号 = 概念 + 音响形象，所指= 概念，能指 = 音响形象。索绪尔明确指出，所指和能指这两个术语各自代表的是部分而非整体，二者形成对立而从整体中分离开来。于是二者就有相互指示的便利。这就是说，提到所指，自然会牵带能指，而用到能指，当然就会牵涉到所指。所指和能指是语言符号两个"初始特征"（primordial characteristics）。

　　索绪尔在论述所指和能指这两初始特征时，提出了两条基本原则。第一个原则是符号的任意性特征；这是说能指和所指之间的"帮对 bond"是

---

① F. D. Saussure, *Course in General Linguistics*, China Social Sciences Publishing House, 1999, pp.16, 18.

② Ibid., p.66.

一种任意关系，二者之间没有必然的联系。即"树"这个词没有"自然的"或"像树那样"的性质。为了认同这个词，我们不可能从语言结构之外的现实去找联系。第二原则是能指的线性特征；这就是说，能指作为听觉性的系统，只在一段时间内展开。一张画可以在同一时间里展示和并列它的各种元素，而说话则缺乏这种同时性，说话不得不以某种线性序列或线性顺序来表达。

　　值得特别指出的是，索绪尔特别强调，语言符号连接的不是事物和名称，而是概念和音响形象。一个语言符号是能指和所指的结合。美国哲学家皮尔士在表达类似思想的时候，也用了"符号Sign"这个词，但是他基本上是把符号看成"某种对某人来说在某一方面或以某种能力代表某一事物的东西。"简单地说，皮尔士心目中的符号也就是某个客体事物的代表。如果用索绪尔的概念来解释皮尔士的思想，皮尔士的"符号"大致相当于索绪尔的"能指"。而皮尔士的"对象（事物）"不仅在索绪尔的概念中没有对应的词语，而且正是索绪尔所要避免的。显然，在这个问题上皮尔士的说法就不大可取。因为，如果我们把皮尔士的"对象"换成索绪尔的"所指"，就会引起下面两个问题：一是能指是"符号"，所指是"事物（对象）"，但是把两者真正统一起来的符号却没有了；二是如果所指是"事物"，能指是"符号"，符号用于代表事物，这就等于说所指总是先于能指而存在，等待能指去指称它。这就会导致符号学本身的混乱。还是索绪尔说得好："语言的实体是只有把能指和所指联系起来才能存在，如果只保持这些要素中的一个，这一实体就将化为乌有。"(The linguistic entity exists only through the associating of the signifier with the signified. Whenever only one element is retained, the entity vanishes.)[①] 没有能指，也就没有所指，所以在符号概念形成之前，不可能有独立存在的符号对象。

　　关于语言是一种结构、一种系统的观念，我们可以溯源到洛克、莱布尼兹等人那里。但是，现代语言学界一般认为第一个完整提出这种思想的是索绪尔。索绪尔认为语言是一个由各个元素组织起来的系统。他对词汇中的联想关系作过描写。他说词可以通过各方面的联想而把其他许多词汇聚在一

[①]　F. D. Saussure, *Course in General Linguistics*, China Social Sciences Publishing House, 1999, pp.102-103.

起，成为"联想系列 association series"；聚集在一起的词好比一个星座，而引起联想的那个词，成为星座的中心。图 5—2 就是索绪尔以"enseignement"（教育）一词为"星座中心"（the center of a constellation）而显示的联想系列①。

图 5—2 中，我们可以看出，从左到右共 4 列联想系列。第 1 列是同根词，词干相同，意义形式相似。第 2 列是同义词或近义词。第 3 列联想的是具有同种词尾 -ment 的词。第 4 列是形容词和副词，结尾部分偶然相同。

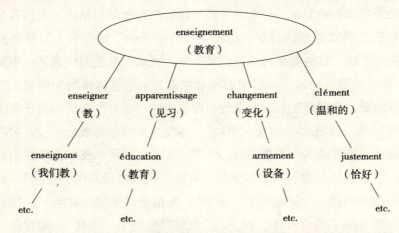

图 5—2　索绪尔的联想系列图（参看索绪尔原著 126 页）

从索绪尔的上述观点，我们可以得出以下关于意脉因子的启示：

首先，话语互动是语言的具体使用，是会涉及索绪尔意义上的概念和音响形象的结合而进入话语互动。虽然索绪尔对语言（langue）和言语（parole）做了区分，但是，索绪尔的言语也就是我们所说的话语互动，其中的基本单位是话语片段。话语片段作为语言的基本单位就是索绪尔意义上的语言符号。这就是说一个话语片段是一个概念（即所指）和音响形象（即能指）的结合体。这个结合体是所指和能指的"帮对"，而这个"帮对"的结合是任意的。概念和音响形象可以分离，但其中它们可以相互回忆（recall）。那么，在话语使用中就可能出现发话者的音响形象（能指）可能会在受话者那里回忆起概念（所指）来。索绪尔考虑的是静态的语词，而在话语互动中，常常

---

① F. D. Saussure, *Course in General Linguistics*, China Social Sciences Publishing House, 1999, p.126.

有两个人及以上参与话语。那么在这种情况下，发话者与受话者之间的能指与所指的回忆可能会发生交叉情况，如图5—3所示。

　　按索绪尔的观点，语言以印象（impressions）之和的形式而存在，贮藏于言语共同体每个成员的大脑里，这有如字典，几乎每个人都拥有同样的版本（identical copies）。虽然语言存在于每个个体的大脑中，但语言对所有的人来说都是共同的。语言的存在模式，就是"一个个"个体叠加成集体样式（pattern），可以用下列等式表示：

　　1+1+1+1+………=I（集体样式）

　　具体的话语并不是一个集体工具，具体的话语是个体的，短时性的，仅仅是具体行为的和①。理论上讲，话语互动的双方拥有同样的语言，但在具体话语中，话语的使用并不能完全等同语言的集体样式。这样，就会出现发话者和受话者的话语对应不一致的问题，当然一致对应是主要的，毕竟双方使用的是同一门语言。双方的对应关系就是我们所说的意脉贯通，即双方有共同的意脉因子。

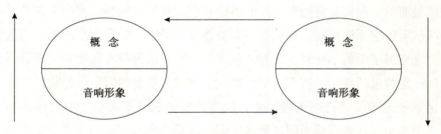

图5—3　话语互动中所指与能指的关系

　　索绪尔给我们的第二点启示是，话语互动中一个话语片段的使用却可能把与它相关的语词带入使用场合，因为在索绪尔看来语词具有联想系列，具有词汇场、语义场。于是，我们可以说话语片段的联想场，由复杂的联想网络构成，有些是由于所指类似、相近，有些是由于意义有联系，有些是由于名称有联系，有些是由于名称、意义都有联系。这样的场是开放的，虽然其核心部分由不同的人联想起来可能大部分是一致的，但有些联想必然有主观性。结合我们的研究，我们认为从索绪尔引申出来的词汇场、语义场或者说

---

① 　F. D. Saussure, *Course in General Linguistics*, China Social Sciences Publishing House, 1999, p.19.

联想场代表了话语互动双方的连贯的因子库的一个方面。

第三点启示就是连贯因子库相当于索绪尔所说的言语共同体每个成员头脑中所贮藏语词，这贮藏的语词相当于一本字典。但我们认为索绪尔关于每个成员具有相同版本的字典这一观点有点绝对，这一点我们不做追究。我们要声明的是连贯因子库每个人都有，最理想的情况是每个人拥有一样的连贯因子库。然而，实际话语使用中，却常常暴露出话语双方的因子库并非相等的现象来。比如第一章话例 1 中小孩甲的"小龙"与小孩乙的"小笼包子"的关系，在成人眼里就是能指与所指的结合在话语双方出现了不对应，即"小龙"的音响形象和概念在受话者小孩乙那里却成了"小笼"的音响形象与概念。这种不一致在分析者看来，是小孩甲与小孩乙的意脉因子不对等，并未形成意脉贯通。他们的对话凸显的是语脉贯通。从我们关于话语累积的观点看，由于个人话语累积不一样，势必会形成不同的连贯因子库。比如一个分子生物学家对苹果落地的理解与描述，肯定不同于牛顿式的力学家的理解与描述。我们常人关于苹果落地的理解也肯定不同于生物学家和力学家。道理很简单，我们各自拥有不同的话语累积，我们大脑里拥有的字典并不是索绪尔所说的那样相同。我们有不同的连贯因子库。值得指出的是，当我们强调连贯因子库的不同时，我们的基本立足点是话语双方有能够保证话语交流的一定数量的共同的连贯因子。即，话语双方各自的因子库的共核部分是决定话语是否能进行的关键因素。没有共核，就根本无法交流。这正如词典，版本不同，收词量不同，但基本词汇却是共有的，差别在于词汇量的大小与范围的广狭。

索绪尔的符号概念指明，一个语言符号等于能指和所指的结合。但话语互动中，人们使用话语片段有时确实会出现把话语片段仅仅作为能指使用，或者说人们在使用能指时，所指并没有凸显出来。这种情况尤其会发生在话语双方的符号不对应中。比如我们上一章讲的李白的《静夜思》，诗中的"床"作为符号所具有的能指和所指并非在每个人脑海中都是一样。普通人倾向把"床"理解为睡觉用的"床"，而专家的概念（所指）却与普通人不一样。这个极端例子说明，意脉连贯既具有共核基础，又具有个人独特的概念体系，即个人的连贯因子库不一样。一个符号可能对应多个概念，可能激发多个连贯因子。

2. 意脉与词义三要素

谈到词义三要素，我们会想起奥格登（C·K·Ogden）和理查兹（I·A·Richards）二人的巨著《意义之意义》。这部颇具影响的著作最大的贡献在于区分了语言的记述功能和激情功能，或者说区分了所指功能和感情功能，或称描写性语言和表情语言。而最具有影响的是他们提出的词义三要素及语义三角图①。见下图5—4。

奥格登和理查兹二人对思想（或指称）、记号（或称为指号）和所指对象之间的关系做了描述：

思想和记号之间有因果关系。当我们说话时，我们用什么样语符，这部分是由我们所做的指称，部分是由社会和心理因素决定的—我们做这种指称的目的，我们期望记号对其他人产生的影响，以及我们自己的态度。当我们听到一句话时，记号便使我们去进行一种指称行为，同时采用某种态度；根据环境，这些态度多少跟说话人的行为和态度大致相仿。

思想和所指对象之间也有一种关系，多少是直接关系（就像我们想到或来到一个着色的表面时所看到的情况那样），或是间接关系（如当我们在"想到"或"提起"拿破仑时），在这个情况中行为与其所指对象之间交织着的可能是很长一串符号情况：词—历史学家—同时代的记录—目击者—所指对象（拿破仑）。

在记号与所指对象之间除了同关系之外没有任何有关的关系……

（奥格登，理查兹2000：8、9）②

---

① 奥格登、理查兹:《意义之意义》，白人立、国庆祝译，北京师范大学出版社2000年版，第8页。

② 同上书，第8—9页。

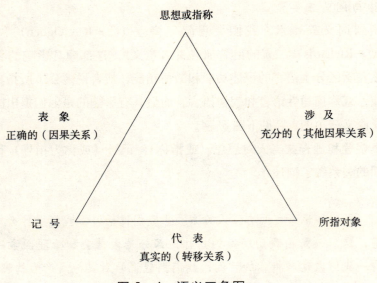

图 5—4　语义三角图

对上述话语，符淮青做了批判性说明。符淮青认为，虽然语义三角是说明词义问题的权威见解，但是，索绪尔对构成语义三角图各个要素关系的说明不够科学，不够确切①。"记号"和"思想"之间不能说存在因果关系。这是需要区别两个不同的问题：一个是"记号"和"记号"所表示的"思想"之间的关系问题；一个是人们说话时使用的言辞（也是记号）同说话者的思想、目的、态度的关系问题。奥格登和理查兹在说明"记号"和"思想"的关系时显然混淆了这两个问题。就构成词义要素的"记号"和"思想"的关系来说，不能说"书"这个记号是它表示的"思想"，"装订成册的著作"的原因，反过来也不能说。记号同其代表的对象的关系是什么样的呢？在美国符号学家皮尔士看来，一个事物、一个事物的一个性质，或一个事件，只有在被解释的情况下，就是说，在交际过程中有人充当那些被用做记号的某个事物、事件等的解释者的情况下，才起记号作用。例如生火就会冒烟，人们说"烟"意味着"火"，"烟"是"火"的记号。但只有当人去解释"烟"意味着"火"时，"烟"才是"火"的记号，"火"是"烟"的指称对象。没有人的解释，"烟"是一种自然现象，"火"也是一种自然现象，无所谓"记号"

---

① 符淮青：《词义的分析和描写》，语文出版社 1996 年版，第 4 页。

和"所指对象"的关系。烟和火作为自然现象有因果关系。作为人所解释的"记号"和"所指对象"之间无因果关系。这就说明，记号同其所指对象的联系在人类社会中是交际过程中由解释者所加上的关系。

在奥格登和理查兹看来，"思想"和"所指对象"的关系是"充分的涉及"关系。想到或注意到而我们的感官同时又直接感受到的东西时，"思想"和"所指对象"是直接的涉及；而想到古人古物，想到不在跟前的人、事物却是间接的涉及。这种划分有如我们的原生概念和次生概念的划分。直接涉及的所指对象与思想间的联系实际上就是说明词义的内容是对客观事物的反映。动物的语言基本上直接涉及所指对象，人类语言也有这样的情况，这是原生语言和原生概念。思想还反映心灵产物，而这心理产物又是由现实的一些分散因素综合构成，如"神仙"、"鬼怪"、"金山"、"飞马"等这些概念，属于经过思想的加工而来，是我们所说的次生概念。话语片段作为记号，指示着思想，而思想有其所指对象。在这三者之间加上一个解释者，那么话语互动中，一个话语片段就可能被解释成多种可能。这时的意脉连贯就是解释性的连贯。比如，我说"房间太冷了"，你听到话而马上去打开空调，你对"房间太冷了"这句话的解释是有打开空调的必要了。你也可以对"房间太冷了"这句话作其他反应，比如你附和说："今年的寒流来得太早"，或者会说："波司登羽绒服很好"等。发话者的话语片段会在受话者那里激发出不同的意脉因子。

当意脉连贯基于对语义三要素的解释时，话语片段的意义就不再固定表示跟事物有某种确定的关系。人们认为怎样合适，就怎样改变它。在这一点上，奥格登和理查兹说：运用言词的力量，不仅是为了诚实地进行交际，而且也是作为进行欺骗活动的手段①。想想曹操对又饥又渴的士兵的话：前面有片梅林。这里作为记号的话语反映的不再是客观的所指对象，前面根本就没梅林。而"前面有片梅林"又反映的是什么思想呢？这话语片段在曹操那里的思想和在士兵头脑的思想肯定大相径庭。再看下例对话：

---

① 奥格登、理查兹：《意义之意义》，白人立、国庆祝译，北京师范大学出版社2000年版，第14页。

话例 44

　　学生：语言学很枯燥，我怎么也无法在 A 老师上课时打起精神来。

　　班主任：A 老师是个好老师，很认真。语言学确实枯燥。但是隔壁学校的 B 老师却把语言学上得很生动。

　　在这例话语互动中，学生的话包含两个关键词"语言学"和"A 老师"。在没有具体生活实践的层面上看，"语言学"这一记号所代表的"思想"或"指称活动"肯定是一个抽象的概念，泛泛地存在于学生的头脑中，而在离开生活实践，即离开这门课时，就根本无"A 老师"这一概念。但是，学生在谈论"语言学"和"A 老师"时，这时已经把"语言学"和"A 老师"置于一种实在的存在环境。这时在学生那里"语言学"这一记号指代的思想与"A 老师"实际上课情况直接涉及，而"A 老师"这一记号专指给那些学生上语言学课的那位老师。"语言学"和"A 老师"在学生那里的意义解释为"A 老师上的语言学很枯燥"。这里的意脉连接点是"语言学"和"A 老师"。注意，班主任对"语言学"和"A 老师"的解释不再是学生心目中的"语言学"和"A 老师"了。学生会从班主任的回话中重新评价"语言学"和"A 老师"，会出现不同的解释。相应地会出现不同的意脉连贯。如果班主任确实站在客观的立场上讲话，隔壁学校也确实有那么一位上语言学的 B 老师，那么班主任对 A 老师和语言学课的评价是客观公正的。但如果隔壁学校根本没有 B 老师，没有语言学课上得好那么回事，这时班主任的话传递了更多的信息。至少班主任与 A 老师之间的关系也被间接地揭示出来了。有了班主任那话，不管有没有 B 老师，A 老师在学生心目中会有新的认识，可见，意脉连贯与解释之间的关系非常紧密。

　　奥格登和理查兹的语义三角为意脉连贯的解释提供了启示，语义三角不能作为意脉连贯的解释标准，但是它可以指示出意脉连贯的构建性质。**解释活动在意脉贯通中起着关键作用。**

3. 意脉与词义类型

　　对话语互动的意脉连贯进行探讨，势必要回答什么是意义。前面说过，这个问题很难回答。不过，越是难以回答的问题越会出现各种各样的回答。

关于什么是意义，奥格登和理查兹在《意义之意义》一书中总结了三大类十六种颇具代表性的定义。它们是：

A 类定义两种：

1. 内在的性质。

2. 跟其他事物独特而不可分析的关系。

B 类十一种：

3. 词典中附属在一个词后面的其他词语。

4. 词的内涵。

5. 本质。

6. 投射进客体中的活动。

7. a. 预期的事件。

   b. 意志。

8. 任何事物在一个系统中的地位。

9. 一事物在我们未来经历中的实际结果。

10. 陈述所包含或暗示的理论结果。

11. 任何事物所引起的情感。

C 类五种：

12. 由被造出的一种关系把它跟符号实际上联结起来的事物。

13. a. 刺激的记忆效果。所获得的联想。

    b. 对任何出现的事物的记忆效果都合适的某种另一出现的事物。

    c. 符号解释成属于它的事物。

    d. 任何使人产生联想的事物。就记号来说，记号的使用者实指的事物。

14. 记号的使用者应该指的事物。

15. 记号的使用者认为自己在指的事物。

16. 记号的解释者：

    a. 指的事物。

    b. 认为自己在指的事物。

    c. 认为使用者在指的事物。

（奥格登、理查兹，2000∶172）[①]。

可以看出，这里的分类并不系统，而且没有限定在语言学范围内。不过，这16种关于意义的定义大多数都指向了语词或语言的使用。尤其是 C 类定义，它们是从动态的角度考虑意义。这在宏观上给我们话语互动的连贯研究提供了指南。话语互动本身是动态的，而互动中的意脉连贯离不开对 C 类意义的考察。比如对于 C 类第十三种 a 项定义，意义是："刺激的记忆效果。所获得的联想。"我们可以从日常话语互动中观察到无数的例子来。在一个拥有某种经验或某种深刻记忆的人面前，你谈论起与他的经验相关的事，势必会在他那里刺激出记忆效果或联想来。曹操那"前面有片梅林"就有这样的效果。我们的经验会给我们留下记忆。当话语片段触及我们美好的记忆或者我们痛苦的经历时，我们会有所反应。所谓"美言一句三冬暖，恶语伤人六月寒"，关乎的就是这方面的道理。

奥格登和理查兹的意义分类比较宽泛，没有限定在词义上。对词义的类型进行划分，在语言学界当数莱昂斯和利奇最具有代表性。

莱昂斯（Lyons）[②] 认为，我们的言辞、动作、表情等有三种功能：传达实际的信息，显示个人的态度和个性，建立和维持社交关系。相应地，话语的意义就有三种类型：描述性意义、表情式意义和社交性意义。描述性意义主要是客观核实。如语句"杭州湾建起了一座跨海大桥"表达的就是描述性意义。表情式意义是指话语表示的是说话人个人情感、态度以及其他个人特征。比如"我先发言"、"我先啰唆几句"、"我放头炮"、"我来抛砖引玉"等，它们具有同样的意义基础，但显示的说话者个人特征却不一样。第一种普通平实，第二种通俗谦恭，第三种率直爽快，第四种文雅礼貌。社交性意义指话语用于建立和维持社交关系，例如我们平常的招呼语，问候语等，字面意思并不重要，而重要的是在于它们传递的是友好，社交关系等。基于这三类词义，莱昂斯把语言单位区分为词位、词位变体和词语表达。联系词位、词位变体和词语表达，莱昂斯把描述性意义又细分为三种不同的类型：（1）词位和词语表达的意义；（2）词语表达的具体所指；（3）词位指示的客观存在

---

① 　奥格登、理查兹：《意义之意义》，白人立、国庆祝译，北京师范大学出版社 2000 年版，第 172 页。

② 　J. Lyons, *Semantics,* Vols. I & II, Cambridge University Press, 1977.

的对象。莱昂斯的词义划分具有分析哲学的根源，应该说是从弗雷格那里得到过不少启示。

利奇（Leech）[①] 把词义分为七个类型，这七个类型粗分为三大类：概念意义、联想意义、主题意义。其中联想意义又可以分为五类：内涵意义、社会意义、情感意义、反映意义和搭配意义。

概念意义是关于逻辑、认知和外延内容的意义；其特点是在交际中占中心位置，其意义特征是固定的，非开放的。如"孩子"一词，其概念意义为"未成年的人"。

内涵意义是通过语言所指事物来传递的意义；其内容可随时代、集团、个人的不同而变化。如"孩子"的内涵意义，会因人而异；可以是"天真、活泼、可爱的"，可以是"无经验的、软弱的"，可以是"贪玩的、爱闹事的、讨厌的"，可以是"希望"，可以是"负担"等。

社会意义是指关于语言运用的社会环境的意义。如"孩子"在官方话语，正规的言语中对应的是"儿童"，而在一些地方话中则叫："娃娃"，"细娃"，"娃崽"等。

情感意义是关于发话者的感情和态度的意义。情感意义还可以通过副语言（paralanguage）手段、语音语调来表达。词汇上往往用具有不同色彩的词来表达情感意义。如"孩子"可以称为"宝宝"、"宝贝儿"、亦可以称为"小毛头"、"毛毛"、"小鬼头"等。

反映意义是通过与同一个词语的另一意义的联想来传递的意义，即从同一词语联想开来的其他意义。如"孩子"的反映意义包括：儿童，子女；但"儿童"和"子女"不太容易产生联想。而"宝贝"一词的反映意义有珍奇的东西和小孩的爱称两种，这两者之间容易产生联想。

搭配意义是通过经常与另一个词同时出现的词之联想来传递的意义，不同的词具有不同的搭配，如"孩子"和"儿童"它们概念意义相同，都指"未成年的人"，但是在搭配上却有差别。如可以说"孩子脾气"，不太说"儿童脾气"；可以说"儿童时代"而不太会说"孩子时代"；可以说"她怀孩子了"而不说"她怀儿童了"。

主题意义是话语组织的方式或者说信息的组织形式所传递的意义。如

---

①   G. Leech, *Semantics*, 2nd ed., Penguin Books Ltd., 1981, p.23.

"孩子我喜欢"与"我喜欢孩子"具有不同的主题意义。

正如符淮青①所说,利奇对词语的信息内容所做的分析相当细致,对话语分析具有指导性作用。然而,利奇对词义划分的根本立足点是"词义在发话者和受话者之间"存在,而且词义应该是中性的②。利奇的这一观点属于词义静态观,而且把词的概念意义所表示的特征当成是封闭的、固定的。利奇一方面主张词义是公开的,而另一方面又认识到词义在表达中具有个人特征,属于私下的。这样一来就会出现词义标准划界不清。如果概念意义具有某种确定性的话,那么联想意义却完全可能会因人而异。利奇虽然没有区分说话者的意图意义(intended meaning)和受话者的解释意义(interpreted meaning)之间的不同,但是,他显然已经认识到话语交际过程中意义的实现并不是单方面的,而且意义完全可能在理解中凸现出来而实际参与交际,取得意想的或者意想不到的交际效果。

由此可知,**如果一个词语或话语片段对应的是某个或某些连贯因子,那么基于同一话语片段的意脉贯通完全可能出现多种可能性。**概念意义是意脉贯通的基础,但联想意义和主题意义的变化却可能影响意脉贯通的形式。这就是说,意脉贯通完全可能出现在词义的任一层次上。

既然意脉贯通可能发生在词义的任一层次上,而实际交流最终凸显的意脉贯通却不可能同时在词义的各个层次上都开显,那么连贯的构成应该具备什么样的合理性才能确保交际双方都接受呢?这就需要从语脉、情脉和意脉的基础上来考察理脉。

四、理脉与理脉连贯

话语是人的话语,是人与人互动的话语。互动中发话者所选取的话语片段,所要传递的情感与意义都要接受理性和合理性的规范与约束。不受理性制约的话语就不可能成为正常交际的话语,比如疯子的话语表面上也符合某种语言的语法,每个语句单位也可能清晰可解,但疯子的话语总是天一句,地一句,让人摸不着头脑。处于正常交际的话语双方都有理智的头脑,话语

---

① 符淮青:《词义的分析和描写》,语文出版社 1996 年版,第 32 页。
② G. Leech, *Semantics*, 2nd ed., Penguin Books Ltd., 1981, p.22.

都接受理性的控制，那么双方是在语脉或情脉或意脉上构建话语连贯必定具有合理性。在合理性的规范下，话语的来龙去脉就是理脉。符合"理性"和"合理性"的话语片段对应的连贯因子就是理脉因子。有理脉因子构成的连贯就是理脉连贯。

我们在第三章第七节说过，理性（reason）是人的一种官能（faculty），而在第三章第二节中我们援引孔狄亚克（Condillac）的话说，理性和话语共同生长。这似乎说明理性是天然的，同时天然的理性要在后天的条件下发展，变化。合理性则是社会学意义上的一套套具体的原则，而合理性在哈贝马斯那里是交往理性。在哈贝马斯看来，理性以潜力的形式存在于人际交往过程中，是交往本身内在的东西，而交往理性就是把暗含的理性潜力转换成明白的知识。哈贝马斯重构出的交往理性本身是程式化的和易谬性的理性，它还可以用形式规定来说明什么是合理的，什么是不合理的。在哈贝马斯看来，就算那些关于什么是合理的之形式规定也是易谬的，可以根据经验和学习加以修正。

由此观之，话语的理脉是社会性的理脉，即一个人独自的话语，就算有理性的控制也无所谓理脉的有无。个人的话语正如疯子的语言不需要理脉。理脉是在互动交往中形成的。话语的理脉既是理性的又是合理性的。话语互动过程中理脉连贯的构建就是交往理性的体现那么理脉会有什么样的表现呢？

1. 理脉及其表现

汉语的"理"本义为"物质组织的纹路"和"本性"，这两义都具有天然形成的意思。《周易·系辞上》说："《易》与天地准，故能弥纶天地之道。仰以观于天文，俯以察于地理，是故幽明之故。"[①] 后人对这段话的各种注解都谈到，从山川原野观察到的条理而推知有形或无形的事理。"天有悬像，而成文章，故称'文'也；地有山川原隰，各有条理，故称'理'也。""理"在汉语中原来引申为"道理，事理"。

现在的"理"多为隐喻性的用法。刘勰在《文心雕龙·论说》中说："故其义贵圆通，辞忌枝碎；必使心与理合，……是以论如析薪，贵能破理。……

---

① 黄寿祺、张善文：《周易译注》，上海古籍出版社 2004 年版，第 500—501 页。

喻巧而理至，……理形于言，叙理成论。"①而刘熙载在《艺概·文概》中说，文"有道理之家，有义理之家，有事理之家，有情理之家"，"文之本领，只此四者尽之。"②"文无论奇正，皆取明理"，"论事叙事，皆以穷尽事理为先。"③由此可见，在古代文论中，"理"是说话作文的根本，无理不成言，理屈而辞穷。话语互动的根本所在就是要合"理"，这里的合理有两层意思：其一，话语受理性约束；其二，话语具有合理性。根据刘熙载的观点，**话语合理就是合乎道理、合乎义理、合乎事理、以及合乎情理**。

　　话语合理就是具有理脉，而理脉一词在《汉语大词典》第4卷中的意思是"人体的血管脉络"。人有血管脉络的正常运转就成为活生生的人。同理，有理脉作为保证的话语就是互明共晓的话语。合乎道理就是合乎自然规律，自然法则；合乎事理就是合乎事情的发生及发展的规律；合乎义理则是合乎一定伦理道德的行事准则；合乎情理是指合乎人情规律，合乎一定的情绪或思虑的表现。

　　话语合理还包括合普遍的理与合特殊的理之分，合公共的理与"个人的理"之分，合整体的理与合局部的理之分，以及合过去的理与现在的理之分。这几对区分各自都合乎辩证法，都有对立与统一的关系。叶永烈的《小灵通漫游未来》中描述的"一顿稀奇的中饭"，里面有一个情景是小灵通在小虎子家做客吃到了"萝卜炒丝瓜"。在遗传育种与作物栽培还没取得重大突破的年代，"萝卜炒丝瓜"不合乎普遍的道理，按自然规律，冬季的菜不太可能与夏季的菜在同一个地方同时上市。现在虽然没有"萝瓜"，但要吃萝卜炒丝瓜并非什么幻想。所以，"萝卜炒丝瓜"不合过去的理，但合现在的理。鲁迅讲过这样一件事：假如有家人添丁，生了一个婴儿，有人祝福说，这个孩子以后可能中状元。其实，状元要多年才出一个，中状元是概率非常小的事，因此，说那小孩要中状元基本上等于说假话，然而主人肯定很高兴。但是如果有人说这小孩是要死的，这话绝对是真话，然而这样的真话也绝对会让主人生气。这说明的是，话语合理需要合乎情理、合乎义理，是不是真话有时并不重要。扫兴的话多半不是合乎情理或义理的话。挖苦、讽刺的话可能合乎某种理，但在交际中总是不合乎受话者的理。一些脑筋急转弯的话语

① 刘勰：《文心雕龙注释》，周振甫注，人民文学出版社1981年版，第201—202页。
② 刘熙载：《艺概》，上海古籍出版社1978年版，第1页。
③ 同上书，第37页。

合乎某种特殊的理，而不合乎普遍的理。你要是问"电和闪电有什么区别"这样的问题本身就不合乎道理，但你坚持回答说电是收费的，而闪电是白闪的，不收费的，这本身只合乎特殊理解的道理。

合法不合理，而合理不合法的现象在社会上时有所现。成都有一单亲家庭，那当母亲因吸毒而被公安机关逮捕关起来了，而那母亲苦苦哀求说家里有一个一岁的孩子需要照料，所以恳请公安机关放了她。那母亲说的是实话，而恳请的愿望却在公安人员看来不合乎事理，犯罪就应伏法。于是，那母亲的实话并不起作用，反倒被怀疑是借口。结果，那一岁的孩子饿死在家中。这个例子说明的是，话语双方有时各有各的理。

以点代面，把片面认识上升为对整体的判断，这种现象也屡见不鲜。会说话的人并不等于会做事的人；高校里会发表文章的人并不等于会管理学校的人；会打小报告的人并不等于忠诚可靠的人；等。然而，在这些情况下那些会这样或那样的人，多多少少地被放到了错误的位置上，甚至得到错误的信任。在这种情况下的话语互动，其中的理脉是怎样构建的呢？恐怕是因为合乎某种理成了认识与判断的关键。

理，有时并不是静态的理，而是在动态的话语中辩驳出来的，所谓理越辩越明。在话语互动的动态过程中辩明的理，有时并非真正的理，有辩才并不等于有道理，辩才的功用在于快速寻理。强词夺理并非真正的辩才。当理与理发生冲突时，大理胜过小理。《战国策》中关于"中射士论不死之药"有如下一段话：

> 有献不死之药于荆王者，谒者操以入。中射之士问曰："可食乎？"曰："可"。因夺而食之。王怒，使人杀中射之士。中射之士使人说王曰："臣问谒者，谒者曰'可食'。臣故食之。是臣无罪，罪在谒者也。且客献不死之药，臣食之而王杀之，是死药也。王杀无罪之臣，而明人之欺王。"王乃不杀。
>
> （胡怀琛，1984:2）[1]

这里有事理与逻辑的冲突。事理上，中射之士合乎局部之理，但在逻辑

---

[1] 胡怀琛：《古文笔法百篇》，湖南人民出版社 1984 年版，第 2 页。

上，中射士并不严密，只是一种诡辩。只不过，吃药事小，杀人事大。荆王不愿因小事而杀人。

合乎事理就是合乎事情的发生、发展的规律。对这一观点需要做两点说明：第一，普遍规律性的事情并非就是必然的；第二，合乎事情整体的规律还要经得起细节的核实。法官审判犯罪嫌疑人时，双方的对话既要以事论事，又要核对细节，任何细节的不吻合都可能在昭示某种隐情。然而，细节往往会被遗漏甚至被忽视，结果导致了多少冤假错案，多少人因此而含冤离世。对犯罪嫌疑人的指控应该基于事实，基于每个细节的吻合，而不能以合乎情理或合乎义理这样的标准来判定事情的发生与发展。哲学上，定义"是什么"难，定义"不是什么"相对容易一些。然而，在司法中，犯罪嫌疑人要证明自己不是罪犯很难，却比较容易被别人证明是罪犯。为什么在哲学上相对难做的事情而在司法上却成了相对容易的事呢？恐怕这与情理凸显有关。这里的情理是人情规律与人的情绪和思虑。做哲学考察与科学工作时，当事人的情理因素一般不会进入工作中，而司法审判中往往会受情理因素的影响，在某种情绪高涨和某种思虑过多的时候，客观事实及其细节往往会被遮蔽。新疆祝军一案和湖北佘祥林一案的冤情之所以发生，原因之一就是对合乎情理的细节核实不足。

法律语言被认为是一种机构性语言，而机构性语言具有程式化的倾向。程式化语言的特点在于有较强的可预见性。在可预见的话语互动中，理脉贯通建立在话语双方共同认定的理上。共同认定的理越明显，话语的可预见性就越强，理脉连贯的建立也就相对比较固定。

2. 理脉与可预见性话语

理脉贯通的话语是话语双方共同明白的话语。然而，共同明白的话语并不等于能共同预见的话语，一方的话语往往出乎另一方所料，即让另一方意想不到。那么什么时候的话语可预见性强，什么时候的话可预见性相对比较弱呢？

可预见性是一个相对概念，即相对地讲，某一句话一发出就可能引出相对应的另一句话来。比如，我问你叫什么名字时，我预见你会说出一个名字来，而不太会想到你会说吃了什么炸酱面。同样，问你"贵庚"，你也不会像马季的相声所答那样仍然是"炸酱面"。答非所问的话语互动一般没有明显的理脉贯通。可预见性话语反馈的相对性就体现在可完全预料的话语与完全未料到的话语之间的变化上。一般来讲，只有唯一反馈语句的情况就是可完全预料到的话语；而有多种可能的反馈时，话语的可预见性就相对小了。话语的可能性越多，可预见性就越弱。

陈嘉映在讲到思维与语法的关系时说，逻辑的下一步是可以预料的，而语法的下一步是不可以预料的。值得注意的是，逻辑是命题与命题之间的逻辑，而语法常常会被认为是句内关系。陈这里讲的语法应该是句际关系，而**句际语法正是连贯研究的核心**。疯子说不出合乎逻辑的话来，但能够说出合乎句内语法的话来。句内语法正确的一句句话语相互连贯就是合理的话语，而合理的话语就有一定程度的可预见性。这时的可预见性究竟是逻辑的呢还是语法的？当然，逻辑的话语肯定具有可预见性，难道语法的话语就没有可预见性了吗？

语法这个概念至少有三种不同认识：第一是我们日常所说的具体语言的形式语法，如汉语语法，英语语法等。第二是乔姆斯基的普遍语法或叫生成语法，是内在的，先天的。第三是维特根斯坦的哲学语法。形式语法主要有索绪尔的结构主义语法和布龙菲尔德的结构主义语法。它们都是把语言当成静态的物体进行切分，然后总结出一条条规则来。

结构主义语法总结出的规则往往都有例外现象，而且结构主义语法的研究盲区就是意义与结构的关系。乔姆斯基虽然是心灵主义者，但他的生成语法仍然是结构主义语法。只不过，他把语法分为深层结构和表层结构。作为深层结构，语法是天生的，是人大脑内在的官能（faculty）。这样一来，从语法内在说，必定推导出语法普遍性，即大脑内在的语法是人类普遍语法。我们所看到的语法差异是表层结构差异。维特根斯坦的语法是哲学语法，维氏在《哲学语法》第23节中说："语法描述了词在语言中的用法"，"一个词的语法位置就是它的意义。"[①] 第44节说："语法是语言活动的记录，这种记录必须说明语言的实际协商过程，必须说明一切都不是伴随着感觉的问题。"[②] 维特根斯坦的哲学语法显然与乔姆斯基南辕北辙，即乔姆斯基的语法内在说正是维特根斯坦所极力反对的。《哲学语法》第46节明确指出："语

① 《维特根斯坦全集》第4卷，《哲学语法》，程志民译，河北教育出版社2003年版，第51页。
② 同上书，第78页。

言并不是某种先天被赋予一种结构然后又适应现实的东西。"① 与维特根斯坦同时代的叶斯柏森认为："语言乃是整个习惯，整个习惯性行为的总和，而每一个单词和每一个句子都是说话人做出的复杂的行为。这种行为的绝大部分取决于说话人以前在类似情景中的行为，而这又取决于说话人经常从别人那里听来的东西。但是，在每一具体的场合（单纯的惯用语除外）中，说话人必须运用这些语言的习惯来应付这一新的场合，以淋漓尽致地表达以前未曾表达过的东西。因此他不可能是习惯的奴隶，他要变更这些习惯以适应不同的需要，在此过程中就会产生新的表达法和新的习惯，也就是说，产生新的语法形式和新的惯用法。"②

从维特根斯坦和叶斯柏森的角度看，语法的可预见性就在于语词用法是否有可预见性，以及习惯有无可预见性。为此，可以断言，话语互动的下一步是否可以预料取决于语词的用法与习惯的可预见性。钱冠连的程式性语言行为观说明的是话语互动具有可预见性。在程式性的对话中，由于有三个"基本固定"③ ——基本固定的一套说法，基本固定的行为步骤以及话语与行为步骤的基本固定的配合，话语的可预见性基本上是确定的。比如售货员与顾客之间的对话，其中的语句关系就具有可预见性。程式性话语的理脉连贯基本上是单一的，不大变化。这就在最大程度上保证了语言交流的效果。

生活中不乏程式性的话语，但程式性的话语并非语言的本质。**当人活在程式性语言行为中时，语言的创造性就会被遮蔽甚至丧失。在程式性语言行为中，人不再是语言的主人，而是习惯的奴隶。**程式性语言互动属于原生语言层面上的互动，语词意义的开显确定而且单一。在程式性语言中语词呈现的全部意义倾向于单一、固定的意义。然而，当语词的意义并非单一，并非固定时，话语表面的统一性就会受到破坏。为了交际的经济效果，人有使用程式性语言的倾向，程式性语言是一种约定。**作为约定的程式性语言具有可预见性的句际语法，有语句的习惯用法。**在程式性话语中，语句是单纯的语句。所谓单纯就是不会引发歧义，不会有意义杂合现象出现。

然而，生活形式并非单纯，语言也并非单纯。程式性语言毕竟不是语言的全部。就算言语意味着交换的经济，"每一个词语、每一种表达方式，都

① 《维特根斯坦全集》第4卷，《哲学语法》，程志民译，河北教育出版社2003年版，第79页。
② 叶斯柏森：《语法哲学》，何勇等译，语文出版社1988年版，第20页。
③ 钱冠连：《语言：人类最后的家园》，商务印书馆2005年版，第275页。

面临着一种危险，即都带有两种相互对抗的意义，这反映了它们被其发出者和接收者所理解的方式。这种言语自动作用的逻辑，不知不觉地把人们引回到了词语的日常用法中去，带上了所有与之相联系的价值观和偏见。"① 在语言学领域里，语词具有一词多义的情形。这种一词多义含有各种可能性，对这些可能性的开发利用，就成了话语双方的交流。当然，一词多义在实际的话语互动中不可能出现全部意义同时开显，否则，话语互动就会真正成为各执一词。然而，**发话者并不总能保证同一语词在双方之间开显同一意义**。同一意义的开显形成的意脉连贯是最合理的连贯。同一语词对双方开显出不同意义来，最终形成的话语连贯并非总是符合双方心愿。这就会出现符合某一方心愿，另一方默认；也可能出现符合一方心愿，而另一方做让步性接受；也可能出现，符合一方而另一方反对；等。

理脉贯通在于双方具有共同认定的理，而双方共同认定的理又以话语理性和话语的共晓性为基础。在此基础上，话语理解在双方互动中起着至关重要的作用。

第二节　话语理解

《汉语大词典》第 4 卷第 575 页对"理解"一词的释义有四条：1. 顺着脉理或条理进行剖析；2. 从道理上了解；3. 说理分析；4. 见解。如果这就是"理解"的定义，我们仍然对"理解"难有彻底的理解。我们大致可以说，释义 1 是理解的方法；释义 2 是理解的指南；释义 3 是理解的过程描述；释义 4 是理解的结晶。这里仍未告诉我们什么是理解。

生活中，理解一词用得颇多，"他很理解我"、"你不理解他"等这样的句子似乎指明的是理解是心与心的交流。物理学家理解量子力学，老师理解学生，母亲理解女儿，美术鉴赏家理解艺术作品，易中天理解《三国演义》，历史学家理解秦始皇，纪连海理解吴三桂，等，这里所涉及的理解并非同一。似乎可以说，对象不一样，理解就不一样。果真如此吗？有同一对象就能保证同一理解么？想一想 AIDS，知道这一缩写的人可能说这是艾滋

---

① 布尔迪厄：《言语意味着什么——语言交换的经济》，褚思真、刘晖译，商务印书馆 2005 年版，第 11 页。

病。对艾滋病有什么样的理解呢？健康的人对它的理解等同于专家或医生对它的理解吗？医生对它的理解又等同于艾滋病患者的理解吗？同样是艾滋病患者，知道自己患了那病的人对艾滋病的理解等同于已经患病但不知道患的是艾滋病的人对它的理解吗？

理解是我们司空见惯的词，然而，对于它，我们并不理解。**对理解进行理解，需要的是哲学头脑。**叶斯柏森援引卢梭的话说："即使对司空见惯的事物进行观察，也需要具有哲学的头脑。"[①] 这话道出了对理解进行理解的道理。

一、关于理解的理解

理查德·马逊（Richard Mason）在其《理解的理解》（Understanding Understanding）一书中说，哲学家的目标不是求得更多的知识而是获得更好的理解，理解是哲学的中心任务之一[②]。哲学的基础就是疑惑，除此之外，哲学没有别的起源[③]（《泰阿泰德篇》，155D）。在柏拉图看来，"疑惑感"是描述哲学家的最适当的词汇，是哲学家探索世界，解释世界的推动力。而哲学家探寻世界的起点就是对理解的需要，**哲学的首要目的不是获得更多的知识，而是探求更好的理解，更完善的理解。**任何人如果要建立一套关于理解的理论，那么他必须达到对理解进行理解。

为了避免空谈问题，避免浮于问题表面，对理解的考察必须倍加小心。理解在人生、历史、社会、语言、文本、自然界、宗教、艺术等领域出现，但我们并无任何理由来声称哪种理解在先，哪种理解在后。理论家们在研究理解时容易受多样化或简单化的影响，要么声称理解问题复杂无定或丰富多彩，要么断言其实理解很简单。

里斯（Rhees）在《维特根斯坦与话语的可能性》一书中评论道，与苏格拉底和柏拉图进行争论的人似乎认为语言是技艺技能的结集合，理解就是了解这种技艺技能[④]。柏拉图十分清楚，语言并不像智术师所认为的那样是

---

① 叶斯柏森：《语法哲学》，何勇等译，语文出版社 1988 年版，第 1 页。

② R. Mason, *Understanding Understanding,* State University of New York Press, 2003, p.1.

③ 《柏拉图全集》第二卷，王晓朝译，人民出版社 2003 年版，第 670 页。

④ R. Rhees, *Wittgenstein and the Possibility of Discourse*, Cambridge University Press, 2001, p.23.

技艺的集合，但柏拉图想弄清楚"理解是否是能力事宜，是否具有区分理解和不理解的标准"[①]。

理解问题从柏拉图那里传下来，到了黑格尔，仍然主要探讨知识问题，以及建立在知识基础上的人间正义问题。理解问题基本上一直以知识论的问题为我们所知。尽管柏拉图将理解作为最高的心灵过程，尽管培根在《新工具》中呼唤理解力的革命，尽管洛克和莱布尼兹围绕理解问题针锋相对地论战，尽管康德花了大量时间对理解进行综合，但是由于处在知识论的框架下，"理解"并没有作为对象语言被充分分析，而只是作为知识论探讨中的元语言在使用[②]。

解释学曾一度被认为是关于各种理解学说的理论，然而，解释学终究有些宽泛，只给理解研究立下了标杆，倒也带来了一些值得思考的问题：我们是否应该对理解的过程、理解的方法和理解的定义进行深入考察。关于理解的理论有许多，视觉理解、语言理解、人际理解、概念理解、美学理解、整体主义理解等。按照柏拉图的路子，理解的理想模式应该是数学直观（mathematical intuititon），其中的理解是那么确定，那么令人满意，那么清晰。人们有理由奢望精确理解可以延伸到其他领域。

张学广[③]以理解问题为中心，把柏拉图的思想体系做了一个图表，见表5—1所示。

表 5—1　柏拉图的思想体系图解

不同世界	可理解性的客体	用以理解的方式	人的理解能力	不同领域
可知世界	最高理念	辩证法	理解	知识
	数学实在	科学	推论	
可见世界	可见事物	信念	感觉	意见
	影像、反射等	想象	想象力	

理解在柏拉图那里，似乎可以分为高级理解和低级理解。高级理解的对象至善至美，能够以最佳的方式加以理解。低级理解的对象存在着部分缺陷，理解起来就会出现认知对象与认知方法之间的不完全匹配。

---

① 杜世洪：《里斯、维特根斯坦与话语理解的可能性》，《外语学刊》2007 年第 2 期。

② 张学广：《维特根斯坦与理解问题》，陕西人民出版社 2003 年版，第 39 页。

③ 同上书，第 14 页。

在理解问题上，亚里士多德部分地沿着柏拉图的路子而认为理解具有好坏之分。亚里士多德在《尼各马可伦理学》第六卷《理解》一节中说：

> 理解或好的理解，即我们说某个人理解或善于理解时所指的那种品质，不同于科学本身（以及意见，因为否则，每个人就都是善于理解的了）。它们也不同于一种具体的科学，例如关于恢复健康的事务的医学，和关于空间的几何学。因为理解的对象不是永恒存在而不改变的事物，也不是所有生成的事物，而只是那些引起怀疑和考虑的事物。……理解又与明智有所不同。明智发出命令（因为它的目的是一种我们应当做或不做的状态），而理解只作判断。（因为理解与好的理解是一回事，一个理解的人也就是一个善于理解的人。），……理解这个名词，即我们说某个人善于理解时所指的那种品质，其实就是从学习上的理解品质那里引申出来的。事实上我们常常把这种学习称作理解。

（亚里士多德，2003：183）[1]

在亚里士多德看来，理解是人的品质；理解的对象并不恒定而是让人疑惑或思虑的事物；理解表现为判断，于是从理解的元语言层面上讲，理解和善于理解是一回事。然而，如果把理解作为对象而不是作为元语言，那么理解会因为对象的不恒定而呈现不同内容的理解。

1. 理解的内容

根据马逊[2]的研究，由于理解的对象不同，理解的内容大体上有以下几个范畴：理解自我、理解他人、理解过去、理解其他文化或社会、理解宗教、理解规则或法律、理解文本、理解语言或意义、理解道德、理解艺术、理解数学、理解自然等。

休谟在《人性论》第一卷《论知性》中写道："有些哲学家认为我们每时每刻都亲切地意识到我们所谓的自我，我们感觉到它的存在与延续，而

---

[1]　亚里士多德：《尼各马可伦理学》，廖申白译，商务印书馆2003年版，第183页。

[2]　R. Mason, *Understanding Understanding,* State University of New York Press, 2003, pp.7, 20.

且我们无需演示性证据而确信它的完全同一性与单纯性。"（There are some philosophers, who imagine we are every moment intimately conscious of what we call our SELF; that we feel its existence and its continuance in existence; and are certain, beyond the evidence of a demonstration, both of its perfect identity aand simplicity.）① 无论这一观点正确与否，有一点十分明确：我有一个自我并不像我有个物件那样，因此，我理解自我肯定不像我理解一个物件。对自我理解很容易误认为就是理解我的能力或局限。实际上，理解自己的身体或智力上的能力完全不同于理解自己的愿望、担心或梦想。理解我自己肯定不是理解一套套关于我自己的说法，至少不在语言意义下理解自我。对自我的理解有两种典型的观点：其一，我对自我的理解最直接，是不需中介的感知；其二，自我理解很困难，甚至不可能。实际上，这两种观点代表的是对自我进行理解的两个极端，在这两端之间，我对我自己肯定有一定程度的理解。我从自我理解出发而去理解他人。

理解他人不仅会遇到理解自我时所遇到的困难，而且理解他人还涉及我心与他心的相关性问题。我原以为理解他，可原来我发现我并不理解。**与其说理解他人在于描述，还不如说理解他人实际上是一种判断。**我理解他人的痛苦，只有当我感受到了那种痛苦才称得上真正理解。在没有感受到他的痛苦之前，我说我理解他的痛苦，实际上是观察、描述与判断。他若假装痛苦，而且假装得很成功，那么我说我理解他的痛苦，这根本就是一种错误的判断。话语上，他对我很顺从，或者表现得很真诚，其实他未必就是那么顺从那么真诚。令人困惑的是，我们一般对他人的顺从或真诚不会去刻意理解，反而对他人真情真实的流露去做苦苦的理解。

理解过去和理解现在是两种不同的理解。就理解他人而言，我理解眼前的他人，或者准确地说，理解行为中的他人，我更多的是判断。而理解过去的他人，我关注的是解释或说明，然后我也许持有某种信念。不过，理解过去和理解现在倒也有一个共同点：那就是我要选一个视角，站定一个意向立场。我说秦始皇伟大是因为他统一了中国，统一了文字等；而我说他可恶是因为他烧了许多我们本来可以看到的书。我眼前的孩子把筷子一丢，嘴一撅而开始哭闹，我于是判断饭菜不合他的胃口。

---

① D. Hume, *A Treatise of Human Nature*, China Social Sciences Publishing House, 1999, p.251.

　　理解一种文化或社会，这种理解很复杂，往往可以细分成不同的理解。但在宏观上讲，理解一种文化或社会势必涉及从过去到现在，甚至到将来的一个过程。对过去我们需要理解与说明，对现在我们需要判断与选择，对将来我们需要排斥或顺应。

　　对宗教的理解不能只停留在解释与说明的层面上，而更重要的是坚定信念并亲身实践。如果只在词语或符号层面上阐释宗教的意义，始终不会真正明白宗教的意义。理解宗教并不等于言说。宗教可以理解但不可言说，因为言说只是理解的引子。

　　理解法律或规则分为两层：说明和遵守。真正的规则或法律是对人的行为规定的概括性说明。有些规则不需要说明，人们自觉会遵守，甚至盲目遵守。遵守规则本身就是对规则的自然说明。我讲汉语根本不需要对语法的说明，我自然而然地按汉语语法规则使用汉语。在这个意义上，正如维特根斯坦所说，人们盲目地遵守规则。有些活动需要先对规则加以说明，然后再遵守。理解规则的说明不等于理解规则。如不会下象棋的人，自然先要理解象棋规则的说明，而不是理解象棋规则。对象棋规则真正的理解在于按规则说明进行下棋。值得指出的是"炮打翻山马走日，车行直线像飞田"这样的语言或文字并不是规则本身，而是对规则的说明。同样，形成文字、印刷成册的律例条文不是真正的律例条文，而是法律的说明。一个读法律条文而行凶杀人的人理解法律条文吗？真正的理解在于遵守。

　　20世纪出现了两大理解潮流：解释学的理解和分析哲学的理解。对文本的理解是解释学关注的中心问题，而对语言的理解是分析哲学的中心论题。

　　对文本的理解包括母语文本和外语文本。这种研究兴趣肇始于对《圣经》的解释，或者说可以追溯到对苏格拉底以前散落的历史文本的解释。人们在对散落的历史文本的林林总总进行理解时，发现要对作者的意图进行提取几乎是不太可能的事情。这就形成了文本说明的一个极端观点，那就是文本理解根本不可能发掘作者的意图。文本理解的另一个极端观点是书面文本具有客观清晰性（objective clarity），例如科学报告的写作基于尽量清除歧义、主观色彩、以及文化偏见等。具有客观清晰性的文本其宗旨就是让内容说话而不是作者说话。文本理解的这两个观点分别代表的是理解的两极：不可理解与完全可以理解。在这两者之间有不同程度的可理解与难理解。这两个极端观点各自都能自圆其说，但各自都把"理解"这一问题留了下来。文本理解似乎有一个自然模式就是阅读。如果理解也是一个过程，那么文本理解的阅读过程似乎就是理解过程的一种行为表现。当然，我们不能就此断言阅读过程就是理解过程。至少，**我们倾向于把理解看成是一种心理过程**。然而，正如维特根斯坦所说："理解的独特过程恰好是一个我们还未掌握的不同过程。现在，我们并不称'理解'为一个伴随着阅读和听的单一过程；相反，或多或少是这样一些过程：这些过程在背景上，在周围一定种类事实的关系上是一些相互相关的过程，即一些实际使用一种学会了的语言或语言的过程。——我们说，理解是一个'心理的'过程，而在这种情况下，就像在无数其他情况下一样，这种说法乃是一种误导。"① 维特根斯坦认为："这种过程的本质也许至今仍未发现，很难加以把握。因为，我们说：如果我在所有这些情况下使用'理解'这个词，那么必定存在所有情况下都发生的某种同一的东西，而且这个东西是理解（期待、希望）的本质。'② 从文本理解角度看，理解问题仍然让人心存疑惑。维特根斯坦一方面希望有"某种同一的东西"是所有理解的本质，但另一方面，我们从他的观点可以得出，维氏明确认为理解母语文本完全不同于理解外语文本。这是维氏应该特别当心的地方，即理解不可泛化。然而，伽达默尔（Gadamer）却大胆断言："一切艺术作品，不仅仅是文学，必须像任何需要理解的其他文本一样理解。"③ 在伽达默尔看来，文本理解具有共同性。文本理解的前提条件是领会意图内容以及意在的意义领会方式。理解一个文本至少必须理解所要理解的意图以及对意图理解的意图。

20 世纪哲学家对理解问题的考察有一个中心点，这就是对语言或者说意义的理解。达米特（Dummett）说，意义与理解联系非常紧，直觉上，"对 A 进行理解"与"知道 A 的意义"二者几乎相等。我们甚至可以说意义就是理解的对象或者说理解的内容④。各种各样的理解对象可以用命题的形式表现出来，即可以说"我理解什么什么"；理解的对象可以还原成语言模式。可以说，语言理解是最根本的理解。在达米持看来，理解可以看成是对语言及其意义的理解。对语言的理解显得很自然，好像我们的母语清晰透彻，很

① 《维特根斯坦全集》第4卷，《哲学语法》，程志民译，河北教育出版社2003年版，第66页。
② 《维特根斯坦全集》第4卷，《哲学语法》，程志民译，河北教育出版社2003年版，第66页。
③ H. Gadamer, *Truth and Methods,* Sheed and Ward, 1989, p.164.
④ M. Dummett, *The Interpretation of Frege's Philosophy*, Duckworth, 198, p.77.

多时候我们不太会想到有理解的困难。因为，在日常话语互动中，如果真有语言上的困惑或不解，我们可以用说明的方式加以澄清。甚至我们可以询问对方"你的意思是什么？"对此，维特根斯坦说，**理解是一种解释关系**①。

对于艺术的理解、数学的理解和道德的理解，我们在此不做讨论。我们关心的是理解的方法，尤其是话语互动中的理解是本书的中心问题之一。

2. 理解的方法

前面说过，由于对象不一样或者由于内容不一样，所以理解的形式或方法就不一样。数学、宗教、人生、以及历史等各有不同的理解方法。

在所有的理解模式中，最直接、最简单的方法就是"视觉表征"（visual representation）。视觉表征式的理解就是形成心理图像，当然也包括直观的视觉感知。你给我讲述一个豪华晚宴的场景，我一边理解一边在脑海里构建那场景。如果我构建的场景恰好与你所要表达的一致，那么我的理解是成功的。视觉表征式的理解比较有限。在一定范围内，我们可以通过视觉表征来理解，但在很多情况下，视觉表征根本无用。我们不能对量子力学进行视觉表征式的理解。直观上，我们可以用隐喻性语言来说"我看出了海德格尔的意思"，其中的"看"并没有相应的心理图像作为理解的结果。洛克说："理解就同眼睛似的，它一方面虽然可以使我们观察并知觉别的一切事物，可是它却不注意自己"②。我们认为，"看"可以理解某些对象，但依赖于图像的"看"并不能理解"理解"。视觉表征式的理解毕竟是一种浅窄的理解。

视觉表征比较粗浅，但它作为理解模式却比较普遍。另外一种比较普遍的理解模式就是"能力模式"。这种理解模式的基本点是理解某事物就等于能相应地处理那事物。比如，我理解一个词，这意味着我能用这个词；理解"假装"就是我确实能够"假装"。然而，这种理解方法看似有理，却存在许多问题。"快译通"机器能翻译一些语句，但"快译通"机器根本不理解。我理解朱建华跳 2 米 38 高，但我始终跳不了 2 米 38 那么高。从另外一个角度看，我能做梦，但我确实不理解做梦是怎么一回事。我理解一支音乐曲子，但我创作不出甚至演奏不出那曲子。实际上，理解的"能力模式"关

---

① 《维特根斯坦全集》第 4 卷，《哲学语法》，程志民译，河北教育出版社 2003 年版，第 51 页。
② 洛克：《人类理解论》，关文运译，商务印书馆 1959 年版，第 1 页。

涉的是理解的结果或理解的条件。

第三种普遍流行的理解模式是阐释与说明。阐释（亦称解释）对应的英文是 interpretation，而说明对应的是 explanation。人文学科领域的理解对应为阐释，自然科学领域的理解对应为说明。然而，作为理解的方法，阐释与说明都比较宽泛，比较模糊。要理解青蛙为什么能从蛇口脱险，我们得依赖生物学、力学等方面的知识来说明。否则，我们只观察到青蛙从蛇口脱险，算不上真正理解。要理解吴三桂为什么三次反叛，我们就得阐释吴三桂为何要三次反叛。如此一来，理解就需要一个中介，概念上的中介。理解犹如阐释另外一门语言，理解就无法直接见真，甚至根本无真可言，因为在阐释的行为中，真存在于阐释中。这样，理解就偏向模糊，没有精确理解。根据伽达默尔的解释学观点，理解的过程是解释的过程，而"解释的过程就是以语言为媒介来展现理解之意义的过程"①。理解的过程就是解释者与文本之间的对话过程，对话是相互了解并取得一致意见的过程。因此，伽达默尔说："所谓理解就是在语言上取得相互一致"②。伽达默尔在这里与其说是道出了理解的方法，还不如说是提出了理解应该达到的要求。如果说理解就是话语双方在语言上取得相互一致，那么从广义讲这种相互一致应该是话语的连贯，而不是原模原样的话语的重现。毕竟，伽达默尔也认识到，"越是一场真正的谈话，它就越不是按说话者的任何一方的意愿而进行……在谈话中某个词如何引出其他的词，谈话如何发生其转变，如何继续进行，以及如何得出其结论等"③，谁都不可能事先知道在谈话中会产生出什么结果。"谈话达到了相互了解或不达到相互了解，这就像是一件不受我们意愿支配而降临我们身上的事件。"伽达默尔把理解这一概念定义为一种"视域融合"，为发生在一切意义转换中的进程提供了一个直观的解释，但同时，他"成功地改变了我们对过去的本质的看法，从而使过去成为一种永无穷尽的意义可能性的源泉，而不是研究的消极对象。"④ 这种理解模式给我们提供的含义是，**此时此地的话语互动与异地延时的话语互动各自的连贯构建会因为理解的不同而出现差异。**

---

① 张能为：《理解的实践——伽达默尔实践哲学研究》，人民出版社 2002 年版，第 52 页。
② 同上书，第 496 页。
③ 同上书，第 495 页。
④ 同上书，第 610 页。

除了上述三种理解模式以外，还有科学理解、数学理解、美学理解、道德理解、教育理解、直觉理解、神秘理解等。我们在此不作一一介绍，但还需要特别提出来的是"同情理解"。这一概念似乎有点古怪，但不是没有道理。**在我们看来，忽视同情理解的存在反而显得古怪。**想想生活中激动场面，你就是置身事外，仅仅作为一个旁观者，你也有被打动的时候。一件事、一个行为、甚至一句话都有可能让你热泪盈眶。情感层面的理解表现为同情心的激发，没有达到同情理解就不可能有相应的情感表现。木头听不懂我的话，牛理解不了你的琴。这反衬的是人与人的交往具有情感，而情感激发的一种形式就是同情，同情是一种理解。在本书中，**同情属于情脉上的一种贯通。**

3.理解的条件

从哲学解释学的角度看，"前理解"规定着理解者的视野；"语言"规定着理解的主体、客体和过程；"间距"的存在使理解成为必要；理解是在"解释学循环"中不断得以实现的。为此，前理解、语言、间距、和解释学循环共同构成了理解存在的条件，使理解成为可能[①]。关于理解的条件的这些论断是在本体论意义上展开的，我们在此不做深入讨论，因为，我们在这里所关心的不是本体论意义上理解的何以可能，而是话语互动过程中理解的条件。

我们在第三章讨论了**理性、知识、他心、纯粹经验、意向立场和交往理性**。虽然这些概念在不同的哲学家那里都有不同的界定，有其特定的概念体系，有各自的话语系统，但是，**它们所涉及的问题都指向的是人的世界和话语的世界，即从不同角度和不同进路对人的世界和话语世界作了揭示与解释**。从这种意义上讲，这些概念完全符合本书的旨趣。另外，把这些概念从其原有的体系中分离出来，整合到本书的视野内，似乎对概念的原创者具有不恭之嫌，但是，本书所涉及的问题在本质上具有这样或那样的特点，与这些概念刚好具有这样或那样的紧密联系。于是，我们发现对话语互动进行考察根本离不开对这些概念的考察。在考察了这些概念之后，我们发现**话语互动过程中的理解之所以可能就是以话语双方的理性、知识、他心的感知、纯**

---

① 张天勇：《文本理解何以可能》，《青海社会科学》2004 年第 1 期。

粹经验、意向立场和交往理性为基本条件。

　　理性是话语互动过程中产生理解的首要条件。无论是从常识的角度还是从形而上学方面看，话语双方之所以存在互动，其基本条件就是双方具有理性。双方的理解建立在理性之上，一个正常的人不可能与另一个失去理性或者没有理性的人达成相互理解。偏执狂不可能正常理解他人。正常的他人不可能与疯子达成理解。机器人无论怎样聪明，它也无法和智力平常的人形成理解，因为机器人没有理性。机器人或许能与人进行原生语言交流，但机器人无法在次生层面，无法在情感方面，无法在概念整合方面与人进行理解式交流。理性的双方能在话语互动中表现出创造性来，而失去理性和没有理性的双方根本无法理解与创造，亦就没有刻意的创造。

　　人的理性不管从哪里来，但人的理性肯定会随经验的积累、知识的增长而变化。我们相信理性随话语的演化而与话语共同成长这一观点，于是，**知识便成了话语双方理解的资源储备。**幼儿园的三岁小孩与量子力学专家之间的话语互动肯定要受那小孩的知识储备的影响，因为两者的共有知识范围相对狭小，而量子力学专家之间则可以形成更多的理解。海德格尔专家不太可能与电脑软件专家达成学科知识上的理解，因为二者储备的知识不一样。话语互动中，**知识储备的情况往往会以连贯因子的形式表现出来。**理论上讲，如果话语双方具有等量的连贯因子，具有种类相同的连贯因子，即如果双方具有相同的连贯因子库，那么话语双方最容易达成理解。在这种理想的模式下，你说的他都懂，你要表达什么他都知道。然而，现实生活中，这种理想模式几乎不存在。即使有两个人连贯因子库一模一样，也很难保证话语互动中因子的激活情况一样，更不用说因子的搭配情况。现实生活中，为什么又出现了理解呢？这是因为知识储备并不是理解的唯一条件。话语双方不仅有理性，有知识储备，而且双方都有感知他心的能力与行为。

　　他心问题虽然在哲学上是一个老问题，但对他心的感知并不令人迷惑。话语双方在理性的情况下都会认定对方有一颗大致与自己的心相同的心。话语互动是心与心的互动。在程式性对话中，我的上一句话一发出，我肯定知道对方会接什么样的下一句。这证明对方与我在关心同一问题，在用心与我交涉。比如我在自由市场上与小贩讨价还价。我问价，他还价，我说太贵，他会说可以饶价等。程式性话语对话不同于人与某些智能动物之间的假装性对话。比如人与鹦鹉间的"对话"不可像人与人之间的对话那样可以无限制地深入。鹦鹉的话语毕竟太有限，而鹦鹉不会主动挑起新的话轮。知道对方有心，于是话语互动中就会出现特意的关心与特意的伤心。话语互动中对他心的感知不仅出现在对他心存在或表现的感知，而且还会出现在对他心的评价上。我估计你有什么样的心灵意向与范围，大概知道你的心灵力量，我就会根据你的心灵情况来组织我的话语。我能够理解什么是你可以理解的，什么是你难以理解的。一个海德格尔专家不会特意地给三岁小孩讲"是"，讲"存在"。一个成年人不会用一根棒棒糖去诱惑另一个心智健康的成年人。我知道你曾经受过某种伤害，于是我知道有些话语会不会引起你的伤痛。投其所好，厌其所恶等就是以他心感知为先决定条件的。**他心既然只可感知而无法直接看见，这就会出现感知失误。**我以为你是那么想的，或以为你会那么想，结果你却不那么想。拍马屁拍到马蹄子上了，这就是他心感知失误的很好例证。

　　他心感知的事物给我们带来一个值得深思的问题：心与心之间的交流究竟是以相同为基础还是以不同为基础？换句话说，人心的本质是相同的呢？还是不同的？如果把这个问题一直追问下去，从柏拉图理型的角度来回答，似乎应该说万众一心，只有一颗理想的心。即便是从洛克的白板说那里看，我们也会得出"心本为一"的想法来。人之初心本善还是心本恶，从源头上讲，都在坚持人心本来一样的观点。如果人心本来一样，那么心在什么时候发生分离而人心各异的呢？当我们呼吁"将心比心"的时候，是因为已经注意到心的分裂，当我们说同床异梦的时候，我发现了心的表现不一。有的人心比天大，而有的人心比针眼还小，这里所说的心是心吗？其实同床异梦，心眼大小等都不是心的差异。人心应该一样的，只是经验不同而导致人心的差别。**有差别的心是世俗化的心，而世俗化的心的养成是一次次理性的判断与选择的结果或者说经验的不同累积。**理性的判断差异导致了心的差异。然而，即便如此，那颗本质的心仍然存在。这并不是说人有二心，而是说人皆统一的心与人皆各异的心属于不同层次的心。**统一的心是本质的心，相异的心是尘世化了的心。**正因为人有统一的心，话语互动才可能相互理解，也正因为人有不同尘世化的心，话语互动才会出现理解的不一致。我们这里的论断出于对柏拉图理型论的演推，无法从科学上找到证据。不过，我们可以从生物多样性的角度来反推。假设每个人都有不同的心，那么不同的心势必以不同的表现来看待世界，这样的话，出现相同的认知纯属偶然，而主要是不同的认知，结果人与人之间就不可能达成任意的统一或一致；在物种上，不同的人就应该分属于不同的物种。这种推论显然违背了事实，从而证明人有一样的心。于是，我们可以进行他心感知的基础就是人有统一的心，而出现感知失误时是因个人的心理经验发生了变化。

我们在詹姆斯和西田几多郎的纯粹经验观念上演推出心与心的同异。面对一朵玫瑰花，具有正常心智的人拥有的相同处是对玫瑰花具有相同的纯粹经验。也就是说，对同样的事物人们具有相同的纯粹经验。我们在第三章第五节中对纯粹经验做过讨论，纯粹经验是丝毫未加思考辨别的，真正经验的本来状态。如看到一朵花那一瞬间，那没加任何想法、思考的瞬间是纯粹经验。登山者忘我登山而无其他意识杂念所处的过程状态也是纯粹经验。音乐家自然、熟练地演奏乐曲时的状态，也属于纯粹经验。在纯粹经验下是没有意义产生的，只有当思考和其他观念卷入纯粹经验时，意义便产生。比如看到那朵玫瑰花后，想把它摘下来送给某人，或者看到花时想起杨贵妃来，或者想到玫瑰花可以食用养颜等，这时在同一纯粹经验中，有了不同的想法便有了不同的意义产生。在纯粹经验中演奏乐曲没有意义产生，但演奏者想到要把曲子献给某位知音，或者想证明自己才是这首曲子的最佳演奏者，或是总是担心听众会走神等，这时意义便产生。习惯性的行为属于纯粹经验，但在习惯的行为中添加某种其他行为或其他想法，这时便有意义从纯粹经验中产生。话语互动中也有纯粹经验的互动，比如第一章话例3，你若在纯粹经验中听到班主任关于寝室安排的话，你就不会产生任何想法来，尤其不会提出异议，乃至抱怨来。话语互动中意义的产生，往往就在于在纯粹经验下添加了个人的想法。你本来在纯粹经验中赞叹一声"天晴就是好"，而旁边卖雨伞的先有瞬间的纯粹经验，听到了你的话，这时他如果想到天晴卖不出去伞，或者想到你在幸灾乐祸时，"天晴就是好"就会激发出意义来。你本来在自然、流利地朗读外语，而旁边那毛头小伙子可能会认为你在勾引他身边的女朋友，这时你那本无意义的朗读便产生了意义。**说话无意，听者有心**，指的就是纯粹经验与其他想法的结合产生意义。你由于兴奋而兴高采烈地自然歌唱，你处于纯粹经验中，而听者在经验后马上想到别的什么时，意义便产生了。在同一纯粹经验上嫁接不同的观念或意识就会出现不同的意义。所谓想得太多就有太多的意义。话语双方的理解，有时需要在纯粹经验上一致，而更多的时候是要求在纯粹经验上嫁接一致的想法。从这个角度看，**理**

解与误解都可能从同一纯粹经验上产生意义，区别在于理解后而产生的意义双方一致，误解就是双方产生的意义不一致。

丹尼特的意向立场论说明，我们之所以选择意向立场来解释对象的行为，那是因为在特定的语境中意向立场使我们能够更加方便有效地理解和预期被归在意向立场之下的任何对象的行为。这给话语互动的启示是，话语双方为了实用的目的而把对方归在某个意向立场之下，从而进行理解与预测。你若说"做女人挺好"，他可能把这话放在不同的意向立场下进行理解。在话语互动中，话语双方可能凭习惯而在纯粹经验层面感知对方的话语，尤其是程式性语言的互动，如见面的相互招呼，但在更多的时候则要延伸而选定某个意向立场，从而出现相应的理解，构建出相应的连贯来。

交往理性以话语的一种统一力量表达出来，这统一力量瞄向的是理解的达成。要达成理解，交往理性就要为话语参与者寻求一个主体间共有的生活世界。在寻求共有的生活世界中，话语参与者同时还要寻求一个"视域"，在这个共同的视域中每个人都可以指涉一个共同的客观世界。从哈贝马斯的交往理性看，话语互动双方的理解具有一个统一力量，以约束理解，尽量让理解朝共同的视域发展。

总的说来，理性是话语双方进行理解的个人要求，知识是话语互动的基础与理解范围，他心感知是双方理解的联系纽带，纯粹经验是双方理解的始发点，意向立场是理解的定向，而交往理性是双方达成理解的统一力量。

二、话语理解的合作原则

合作原则这一术语容易让人想起格莱斯（Grice）的合作原则与会话含义来。围绕 Grice 的合作原则学界出现过"合作是不是原则"的争论。钱冠连关于"合作不必是原则"[①] 的论断反映的是合作原则的"缺陷说"。在缺陷说看来，合作原则存在着"不足"，出现了"危机"而需要"拯救"。冯光武称"合作必须是原则"[②] 折射的是合作原则的概念问题，我们称为"概念论"。然而，钱、冯二人那看似针锋相对的争论却并未构成"左拳打右拳"式的实

① 钱冠连：《汉语文化语用学》，第 2 版，清华大学出版社 2002 年版，第 152 页。
② 冯光武：《合作原则必须是原则——兼与钱冠连教授商榷》，《四川外语学院学报》2005 年第 5 期。

质对抗，因为他们瞄准的不是同一个问题。"缺陷说"和"概念论"之间的意见冲突，在我们看来，主要根源于对"原则"的理解的差异。针对这个问题，我们站在自然理解的角度，利用陈嘉映提出的"理解的合作原则"来反思格莱斯的问题。理解的合作原则虽然与格莱斯合作原则不尽相同，但是在话语互动的研究维度里，二者却具有相同的研究旨趣，都试图为会话及其意义的衡量建立客观尺度。然而，格莱斯的客观尺度却遇到了来自话语主观理解的挑战，即对于话语互动的一些现象，格莱斯合作原则的解释力却可能失去应有的作用，我们不妨称为"格莱斯问题"。对格莱斯问题进行思考，我们发现陈嘉映的理解的合作原则能够揭示其问题的实质。

1. 对"原则"的理解

维特根斯坦在《蓝皮书与褐皮书》开篇就说，追问一个"词的意义是什么"，就要追问"解释意义的方式是什么"。这好比，要理解"什么是长度"就要弄清我们"怎样度量长度"[1]。同理，要明白原则是什么，就要弄清我们怎样看待原则。

原则的英文词 principle，在新牛津大词典（The New Oxford Dictionary of English）中的基本释义有二：其一，基本真理或信条，是信念系统的、或行为系统的、或一系列推理活动的基础（A fundamental truth or proposition that serves as the foundation for a system of belief or behavior or for a chain of reasoning.）；其二，事物的本原或基础（a fundamental source or basis of something）。Principle 对应于汉语有"原则"和"原理"二词。《汉语大词典》对"原则"的释义是"说话、行事所依据的准则"；而对"原理"的释义是"具有普遍意义的最基本的规律"。构词上，汉语的"原则"可以分为"原"与"则"。"原"有"本原、根本"、"原本、起初"以及"推究、考究、研究"等释义。"则"有"划分等级"、"标准权衡器"、"规律、法则"、"规章、法度"、"楷模、准则"、"仿效、效法"等释义。从这些释义看，principle 与"原则"基本对应，而且对"原则"的理解要特别当心。

首先，词典的释义给我们指出的仅仅是词义的范围或范畴，即词义的座

---

[1] L. Wittgenstein, "The Blue Book and The Brown Book", In *Wittgenstein: Major Works*, Harper Collins, 2009, p.1.

落层面，是理解词义的指南，绝不是词义的完全体现。要知道一个词的真正意义却在于具体的使用。词的使用是人与人之间的使用，这就涉及人与人就所使用的词而产生出理解的差异。在粗略、模糊的层面上，人们对某一个词的理解基本相同，然而精确地看，理解却很难相等。比如，"艾滋病"一词，我们会想当然地认为我们都理解它、都明白它是什么意思，然而我们这种想当然的理解仅仅是词典式词语孤立状态下的理解。我所理解的艾滋病绝对不等于艾滋病医生或专家理解的艾滋病，而艾滋病专家所理解的又不等于艾滋病患者的理解，而同样是艾滋病患者，知道自己得了艾滋病的患者的理解绝对不等于自己并不知情的患者的理解。这里凸显的道理是，一个语词在表面上单一，但在概念体系下，那看似单一的语词背后却有复杂交错的意义可能性。对语词意义可能性的理解差异常常外化为语言表达的混淆，所以在维特根斯坦看来，澄清语言给我们带来的思想混淆是哲学思辨的首要任务。从维特根斯坦起，概念考察就成了哲学的重要工作之一。

接下来，我们要对"原则"一词做一点尝试性的概念考察[①]，为如何看待 Grice 的合作原则以及为澄清钱、冯二人的争论做一铺垫。如果说原则就是"说话、行事所依据的准则"，那么这里用"准则"来解释"原则"就有点循环定义的味道，不过，这个定义倒也含有不少内容，它能够引发我们仔细思考。且不谈"说话、行事"有不同的方式与类别，就性质而言，"说话、行事"具有多样性。那么，"说话、行事"所依据的"准则"在性质上有没有多样性呢？即"原则"具有哪些性质呢？换句话问，我们有什么样性质的"原则"呢？

日常生活中，汽油库里严禁吸烟，高速公路上严禁突然停车，交通口的红灯停绿灯行，等，这样的行事准则具有强制性。在这些情况下，我们所遵守的原则是**强制性原则**，是硬性规定。作为**硬性规定**的强制性原则，一般不允许打破，不允许违背。因为，强制性原则背后往往有其自身的道理。如果对强制性原则进行违背，那么就等于对这条原则的废弃。当然，任何原则都属于群体的，只要一个原则遭到了群体的违背，那么这个原则就等于失效。下中国象棋，马走斜日象飞田这样的规定是强制性原则，不遵守这样的规定

---

① 关于"原则"的概念考察，来源于陈嘉映开设的博士课程《维特根斯坦研究》。本文在这里表达的主要思想根源于陈嘉映对"规则"的考察。

就没有这样的中国象棋。但是，如果一个棋手趁对手不注意，偷偷地把马按田字走一步，这是对原则的个人违背。个人违背某项原则并不意味着该项原则的破灭，这正如某些道德原则，例如不要搞婚外恋，个人偷偷违背并不是对该原则的废除。

强制性原则往往是刚性的，不容改变，而如果一个原则可以任意改变，那么这个原则是柔性的、商讨性的。强制性原则是一种硬性规定，而**商讨性原则**却是**任意约定**。比如，象棋开步的红先黑后，围棋的黑先白后，这是一种约定。任意约定的商讨性原则可以分为无道理的约定和有道理的约定。围棋开棋的黑先白后，这种约定没什么道理可言，但围棋的打劫却有点道理。无道理的约定容易更改，而有道理的约定不宜更改。有道理的约定接近于强制性原则，而无道理的约定不具有任何强制性。

强制性原则和有道理的约定性原则都具有规定性意味，这就是说有了这种规定才有相应的活动。比如某种游戏，它之所以为游戏就是它以相应的规定为存在条件，规定性原则多为构成性原则。规定性原则倾向于简单明了，它符合行事的经济原则。如果某种规定性原则过于繁琐、难以掌握，那么也就很难有该原则指导下相应的活动。过于繁琐的原则一般不属于群体所能轻易掌握的原则，更不是普通人在行事中经常意识到的原则。如果一个原则让群体意识不到，但却在群体中表现出来，即群体的一些行为符合该原则，那么这样的原则属于**描述性原则**。描述性原则往往不是行为当事人轻易意识到的原则，而是观察者发现、归纳、建立的原则。描述性原则是一种尺度，一种检验手段。描述性原则好比化学上的 pH 石蕊试纸，它可以用来检验溶液的酸碱度，但溶液的酸碱度并不按 pH 试纸的要求而存在，即没有 pH 试纸，溶液仍然有它自己具体的酸碱度。描述性原则一旦建立就可以得到人们的具体运用。

当描述性原则运用到概念考察活动中，旨在考察人类活动的有意义和无意义的极限时，这样的原则追问的是某种道理，属于**概念性原则**。概念性原则关注的是现象背后的道理，比如对语言现象的研究，建立概念性原则目的是要弄清意义如何生成，而不是停留在语词形式上的意义探索。概念考察的实质不在于语言形式的约定与不约定这样的问题上，而在于探测即便违背了约定的现象背后的道理。

现象背后有道理，但同时还有引起现象的事实。引起现象的事实并不一定就是现象背后的道理。烫伤了手是一个现象，而引起烫伤的事实可能是打翻了一杯滚开的水，但烫伤的道理却不是这个事实。所以，当描述性原则运用到引起某种现象的事实描述上时，这样的原则属于**事实性原则**，关注的中心是事实。概念性原则和事实性原则的区别在于，前者是对道理的推论，而后者是对事实的描述。

　　提到原则，人们大致会有以上五种原则的各种心理设定，或者会从不同角度去理解某个具体的原则。围绕格莱斯的合作原则所出现的理解上的差异，正是出于对原则的认定不同。钱冠连关于"合作不必是原则"的观点，其根本道理在于把合作原则当成了强制性原则和约定性原则。冯光武称"合作必须是原则"，这一观点的立足点在于把合作原则当成概念性原则。钱、冯二位都在同一个术语"格莱斯的合作原则"下展开论说，但他们那看似针锋相对的争论实际上并不是同一个层面上的问题。对此，不能简单地用对错来加以评价。这里不存在谁对谁错这样的问题，而是各自理解的层面不同而已。钱讨论格莱斯合作原则时，关心的是语言现象，指出的是格莱斯合作原则在运用上的缺陷。这种"缺陷说"以具体话语现象为例来反观格莱斯的合作原则的解释力，虽然找到了问题的突破口，但没有追究问题的成因。冯从概念考察出发，把格莱斯的合作原则当成哲学问题加以思考，指出"合作原则试图揭示言语交际和其他人类行为一样是理性的，合作性是理性的一种体现"。这样的断言属于概括性的观点，但仍需掉转方向从纵深处来思考格莱斯的合作原则。

　　至于合作"必须是"或者"不必是"原则，这样的提法，多少带有悖论的意味。我们觉得，原则总是与遵守和违背相关。如果断言某原则"必须是"原则，那就意味着这个原则至少在某个层面、某个范围必须被遵守，然而遵守又是以违背为存在条件，没有违背就没有遵守所言，有"遵守"自然就有"违背"。说"遵守"与"违背"，这是从行为主体的角度而言，那么从客观分析的角度看，特别是在分析者的视角下，"遵守"与"违背"原则对应的是"符合"与"不符合"原则。于是，格莱斯合作原则在"遵守"与"违背"中遭到的质疑，实质上成了分析者在讨论"符合"与"不符合"合作的具体案例，而不是对原则本身进行是破还是立的讨论。

　　由此观之，合作原则真正存在的问题并不是合作原则是不是原则的问题，而是作为一种理论所必须遇到的解释力问题，我们称为格莱斯问题。只要一个理论不具备普适性，即只要承认合作原则并不具有普遍的解释力，那么该理论或原则存在着不足或问题是显而易见的。

2. 格莱斯合作原则与格莱斯问题

我们说行为参照系和共晓性是自然理解的基础。这一点在程式性对话中体现得非常明显。比如你在菜场买菜，无论用何种语言，以何种声调问价以及决定购买，只要卖菜的摊主最终按你的愿望卖给了你菜，我们就可以论断那买卖行为就是理解。行为参照系是理解的原始基础，而话语共晓性则是相互理解的本质。语言的本质不是规则或形式的联合，而是语句汇聚一体的共晓性的统一。语句蕴涵其他语句，也就是一个语句的发出完全有可能暗含另外一个语句或者另外一些语句的实际运作。这样一来，说出的与暗含的虽然不相等，但它们却处于同一统一体中。含义离不开明说的语句。更重要的是，如果没有共晓性作为保障，虽有说出的语句，但并不一定有指向共晓性的含义句。疯子的话语就是最好的例证。我们说疯子亦能说出合乎语法的句子来，但疯子无法说出脉络清晰的话语来，原因是疯子与正常人之间无法构成共晓性，没有共晓性的统一。共晓性的统一并不是一个完备的系统，其不完备性决定了语句表达与理解的多样性。为此，从理解的角度切入，维特根斯坦发现意义的表达方式入手，对意义多和表达的可能性做了较为深入的考察。实质上，维特根斯坦关于语言意义的理解问题与格莱斯的语言意义研究具有紧密的联系。

从语句意义的表达方式看，格莱斯区分了自然意义和非自然意义。自然意义是事实性的，是指语词或语句所携带的意义具有自然属性，与某种自然符号直接相关。如"乌云密布意味着倾盆大雨"这样的语句，其意义是自然的、事实性的。非自然意义是非事实性的，是指交流中的意图。如语句"他的手势意味着他情绪低落"，这话的意义并非以事实为基础[1]。非自然意义是格莱斯关注的重点，他的会话含义理论旨在说明为什么在"说话者意义（相当于非自然意义）"与"句子表面意义"之间会出现不一致[2]。格莱斯的非自然意义可以表示为：

---

[1]　H. P. Grice, *Studies in the Way of Words*, Foreign Language Teaching and Research Press, 2002, p.291.

[2]　S. C. Levinson, *Pragmatics*, Foreign Language Teaching and Research Press, 2001, p.17.

　　　　说话者 S 通过发出话语 U 来表达非自然意义 Z，条件是当且仅当：

　　　　（ⅰ）说话者 S 意图用 U 在受话者 H 心中引起某种 Z 的效果；

　　　　（ⅱ）S 意图（ⅰ）能够达成，其唯一办法是让 H 识别出意图（ⅰ）。

　　格莱斯的非自然意义理论就是他的会话含义理论，就是说发话者所说的与发话者所意图的并非一致，说出的字面意义往往携带有含义。比如我对一个不愿他在此久留的不速之客说："左边是出口"意图是"你可以走了"。

　　不难看出，格莱斯对会话含义的考察确实以理解为基础，以行为参照系和共晓性为检验尺度。"左边是出口"和"你可以走了"的关系是在理解中确定，没有理解，二者就不会有什么联系。试想你对一个疯子说"左边是出口"，那疯子能明白你在逐客吗？所以，说话者可以设置含义，可以用不同的意义表达式来传递自己的意图，但是，含义的传递依赖的不是话语本身而是受话者与发话者之间的共晓性。格莱斯不是从行为参照系和共晓性的角度来鉴别含义的种类，而是从话语的组织方式来分析含义何以产生。

　　格莱斯提出会话的合作原则来分析含义产生的种种可能。在格莱斯看来，一次成功的交谈是参加交谈的人共同努力的结果。要使交谈成功，参加的人必须是有一个共同的交际目的，他们通过交谈要达到某一目标，或者至少有一个被双方或多方都接受的大方向①。格莱斯假定发话者与受话者之间存在一种默契，一种双方都应遵守的原则，他把这原则称为合作原则。格莱斯的合作原则之总则是："让你的会话努力适时适需，符合你所参与交谈的目的或方向。"② 根据这条总则，格莱斯把合作原则又细分为四条守则（maxim）：量的守则、质的守则、关联守则和方式守则。

　　1. 质的守则（The Maxim of Quality）：

　　1）不说自认为是假的话；

　　2）不说自己缺乏足够证据的话。

　　2. 量的守则（The Maxim of Quantity）：

　　1）说出的话所包含的信息符合当前交谈的目的；

---

① 何兆熊：《语用学概要》，上海外语教育出版社 1989 年版，第 146 页。

② H. P. Grice, *Studies in the Way of Words,* Foreign Language Teaching and Research Press, 2002, p.26.

2）说出的话所包含的信息不可超出所需的信息量。

3．关联守则（The Maxim of Relevance）：

说出的话要相干。（即：不要说毫不相干的话。）

4．方式守则（The Maxim of Manner）：

1）避免晦涩；

2）避免歧义；

3）简明扼要；

4）有条不紊。

格莱斯的合作原则大致规定了话语双方要讲真话，不要说假话；说恰如其分的话，不要添油加醋；要直截了当，以事论事，而不要说毫不相干的话；要简洁明了，有条不紊，而不要转弯抹角、语无伦次。在理想的情况下，假定每个人说话都这样遵守合作原则，那么会话就没有别的含义，交流就容易成功。相反，对这四条守则任何一条或者几条一起违背，交谈中就有含义产生。

然而，格莱斯的合作原则并非是一个规定性的原则，更不是必然性的原则。格莱斯提出合作原则的首要目的不是规定人们会话应该遵守那四条守则，而是假定人们要遵守，在遵守与不遵守的情况下再来考察会话含义的生成与理解。应该说，严格地遵守合作原则而进行的对话有如在理想语言中进行交流，或者有如数学语言那么精确无误。在实际话语互动中，虽然有倾向于遵守合作原则的情况，但都不是严格意义上的遵守原则。程式性对话中含义较少，容易让人明白。如顾客与店主进行买卖交易的对话，多在合作原则下进行，但我们仍然不能是说顾客与店主都在精确地遵守合作原则。格莱斯提出合作原则时，有一个基本的出发点：双方交谈有一个共同的目标或有一个共同谈话方向，双方都愿意有成功的交谈。这是一个貌似有理但实为奢求的主观想法。什么叫共同目标？什么叫同一方向？是双方都朝百米赛跑的终点奔跑那样的共同目标或方向？是双方迎面相对而跑，然后在中途某个点会合而达到一个目标？那么，后者这个目标是规定的吗？即双方如何知道汇合点刚好就在那里呢？这时，就需要约定一个目标，并且还要约定达到这一目标的方式。然而，自然话语的互动并非总是符合理想的、约定的合作模式。

格莱斯合作原则的贡献在于为我们提供了一套解释含义如何产生的方法，但它并不是所有会话的必然原则。所谓必然，就是不容改变而且也不会改变的属性。人说话必然有气流的运行与声带的振动，但声带的振动与气流的运行并非有必然的说话内容与意义。格莱斯从话语的组织方式来计算含义的种类，同时也为含义的产生机制提供了解释。在格莱斯看来，在特殊的语境下，公然违背合作原则某项准则产生的含义属于特殊会话含义，而在遵守合作原则各项准则的情况下产生的含义，特别是在一般语境下从用词本身推导出的含义则可能属于一般会话含义①。这样一来，违背与不违背合作原则的准则，语句都有不同含义产生的可能。同样，放在不同的语境看，所谓违背合作原则的对话其实也是出于真正的合作，而有时的合作却成了真正的违背。沿着这一思路，人们可以找出许多话语实例来验证格莱斯合作原则的解释力。

莱坎（Lycan）说，格莱斯的会话含义理论得到了普遍的认同，但也出现了一些批评②。对格莱斯进行批评颇具代表性的有斯佩博尔与威尔逊（Sperber & Wilson）以及戴维斯（Davis）。戴维斯（1998）对格莱斯的批评几乎与斯佩博尔与威尔逊同出一辙。戴维斯认为格莱斯的含义推导可以分为两个阶段③：开始的否定阶段和紧随其后的肯定阶段。在话语开始的肯定阶段中，受话者探测到发话者的意义与字面意义的背离，但紧接着受话者得出结论而肯定发话者的真实意义。根据格莱斯的关联守则，格莱斯会话含义的推导应该始于"说话者不可能是那个意思因为那话太显而易见地不对。"我们知道肯定有某种意义出现，那么就有运算是什么意义将出现的肯定的成分。戴维斯认为格莱斯正是对那肯定成分缺乏解释。换句话说，对于发话者明显违背合作原则的话，受话者要加以快速运算，要推导出他的含义。受话者如果明显感觉到有含义，那么受话者就要计算出正面、肯定的意义来。格莱斯未能指明受话者依据什么样的肯定成分来推知含义，他的合作原则只是旨在说明什么样的否定成分会导致含义产生。在我们看来，戴维斯关注的实质就是发话者的语句如何与受话者正确推导出的语句的关联性问题。这实际上也是受

---

① 需要指出的是，这里关于一般会话含义和特殊会话含义的区分虽然不违背格莱斯对二者进行区分的旨趣，但并不是一般会话含义和特殊会话含义的区分标准。对此，姜望琪做了简明扼要的总结。参见姜望琪：《当代语用学》，北京大学出版社2003年版，第76—80页。

② W. Lycan, *Philosophy of Language*, Routledge, 1998, p.194.

③ W. Davis, *Implicature,* Cambridge University Press, 1998, pp.23-24.

话者对所听到的语句的理解问题。为此，我们需要指出的是，对格莱斯合作原则及会话含义进行评价应该从理解的角度切入，从维特根斯坦的自然理解论切入。即要弄清何谓理解"一个语句"，以及弄清"理解是否是一个心理运算过程"。

3. 维特根斯坦的自然理解论

维特根斯坦的自然理解论对语言哲学乃至整个西方哲学具有重要的启示①。自然理解论的核心观点是"理解是一个自然的、直接的、无中介的过程。当然，有时需要解释，需要中介，但最终要来到直接理解。"② 话语互动中，受话者听到一句话，通常直接就理解了。在所听到的话语与理解之间，不需要什么中介。自然理解论的重要意义就在于维特根斯坦倒转了各种意义理论关于理解的思考方向。指称论、观念论、以及图像论这样的意义理论希望在语句与理解之间建造桥梁，从而跨越从语句到理解的鸿沟③。

语言的意义理论基本上可以区分为两大类型：原子主义的意义理论和整体主义的意义理论。前者主要指以语言或话语片断为单位的意义讨论，而后者是指在语句或语境中对意义的探讨。指称论和图像论属于原子主义的意义理论，而证实理论则是整体主义的意义理论。维特根斯坦的意义图像论是逻辑的指称论，意在从逻辑上划分有意义和无意义的言说，能够说出的理解和不能说出的理解。这样，意义和理解在维特根斯坦那里具有紧密联系。"语言的意义分析成为维特根斯坦进行理解问题的唯一合理领地。"④

在《哲学语法》中，维特根斯坦将语言的理解问题进行了集中讨论，所表达的观点与后期著作《哲学研究》的相应观点一致。他认为，"科学和数学使用了命题，却没有谈到对这些命题的理解"，而对命题的理解恰好是哲学应该关心的重要问题。对于"理解"一词，维特根斯坦看到了它的双重意义。他说：

---

① 陈嘉映在论述维特根斯坦后期思想时说："在我看来，维特根斯坦后期思想的特点是把逻辑分析和自然理解结合起来了"。参见陈嘉映：《语言哲学》，北京大学出版社 2003 年版，第 206 页。

② 陈嘉映：《语言哲学》，北京大学出版社 2003 年版，第 209 页。

③ 同上书，第 208 页。

④ 张学广：《维特根斯坦与理解问题》，陕西人民出版社 2003 年版，第 131 页。

　　在下棋这个例子里，我们可以再一次地看到"理解"一个词的双重意义。当一个会下棋的人看下棋时，他下棋的经验总是不同于某个不会下棋但正在看下棋的人。（他的经验也不同于一个根本不知道下棋的人的经验。）我们同样可以说，正是这种关于下棋的规则的知识使两个看下棋的产生了差别，而且同样正是关于规则的知识使那个看下棋的会下棋的人有他所有的特殊经验。但是，这种经验并不是有关规则的知识。可是我们乐于把它们叫做两种"理解"。

（维特根斯坦，PG，2003：40）①

　　在维特根斯坦看来，两个观棋者的差别在于他们两种理解的差别。理解如下棋的话，那么真正的理解在于会下棋。这就是说，理解一个词语就是知道如何使用这个词。"应用始终是理解的一个标准"② 维特根斯坦说："请记住，一个人不理解一个词，这事情是有一定的标准来判明的：这个词对他什么都没说，他不知道好拿这个词干什么。也有'他以为理解了这个词'的标准：把某种含义和这个词联系在一起，但不是正确的含义。"③ 这话可以用以下话例来说明。大毛、二毛两小孩正津津有味地吃着零食，三毛眼馋地问："你们在吃什么?"大毛冷冷地回答"甭管"。听到这话，三毛跑去向妈妈告状："妈妈! 哥哥在偷吃'甭管'，我也要吃'甭管'"。显然，三毛在没有学会"甭管"时而接受到这个词，于是没有真正理解。他误把"甭管"当成一个指代某种零食的名称而误用。这说明理解发生在语言中，发生话语互动中。语言理解是话语互动的关键。根据维特根斯坦的语言理解论，弄清对语言意义的理解，就是弄清语言实际上的使用方法。

　　维特根斯坦使用语言游戏来考察我们的语言理解情况，为话语分析提供了新的语言意义单位。传统分析中，语言的意义单位要么是词、话语片断，要么是句子等，这些都是出自语言学的考察手法。立足于语言使用和理解，维特根斯坦发现，人类、世界设置和语言这三类因素紧密交织。即简单的语言游戏就是这三类因素交织而构成最基本的复合体，是我们考察语言意义理解的基本单位。维特根斯坦明确指出："我还将把语言和活动——那些和语

① 《维特根斯坦全集》第4卷,《哲学语法》, 程志民译, 河北教育出版社2003年版, 第40页。
② 维特根斯坦:《哲学研究》, 陈嘉映译, 上海人民出版社2001年版, 第89页。
③ 同上书, 第144页。

言编织成一片的活动——所组成的整体称作'语言游戏'"①。语言游戏视角下的意义问题和理解问题具有活生生的特性，语词离开了具体的使用和理解，语词就失去了生命。**自然理解就是对活生生的语词的使用的理解。**

语言意义的理解问题就是语言和语言使用者之间的一种关系，它离不开对语言的具体使用。语言学的传统分类把语言的意义置于语义学内，而把对语言意义的理解归在语用学领域。实质上，离开了具体的使用活动，语言的意义问题和语言意义的理解问题，这两者就不能紧密地关联起来。维特根斯坦打破了语义学和语用学之间的分界，从而使语言意义的理解成为语言意义研究的合理内核。语言意义的单位也就是语言意义理解的单位。

"以语言游戏作为理解语言意义的原初单位，为我们洞察使用者如何理解语言的意义提供了全新的视野。"② 我们的理解从一开始就是以系统整体方式建立起来的。一个词的意义和理解并不是单个地被确定的，而是系统整体地确定。行为和生活是理解语言现象之所以能够发生的逻辑基础，是我们能够理解和使用语言的原始保障，给我们对语言的使用和理解以确定性，使我们的理解活动成为原始的现象。这里所谓的原始是指先于语言的行为方式，"语言游戏建立在它基础上，它是一种思维方式的原型而非思考的结果。"③

话语互动的双方如何就一个词或句子达成相互理解的呢？如果按照洛克所说，受话者理解发话者所说的话语片断或语句，其基础就在于两个人心中拥有同样的观念。这一观点似乎颇有道理，但话语互动并不是单纯地进行观念对等的核对，就是说如果我指着餐桌上的盐瓶说"盐"，我并不是在指物命名，你也确实明白我需要给汤里加盐而顺手把盐瓶递给我。话语互动不是追求观念的一致，而是在**共晓性**的基础上相互理解。显然，一个人对一个语词有正确的理解，或者**两个人能通过语言达到相互理解，来自语言有它的原始根基——行为参照系和话语的共晓性。**没有行为作为参照，我们无法学会语言，无法理解听到的话；没有共晓性，我们就无法就某一个语词或语句形成相互理解，我们之间就没有话语的可能。理解说出的一个词或句子，就是理解一个特定的行为，而不是理解他人心中的观念。这里具有两个层次的理解：具有行为参照系的原生概念层面上的理解和基于双方共晓性的次生概念

---

① 维特根斯坦：《哲学研究》，陈嘉映译，上海人民出版社 2001 年版，第 8 页。
② 张学广：《维特根斯坦与理解问题》，陕西人民出版社 2003 年版，第 175 页。
③ 《维特根斯坦全集》第 11 卷，《纸条集》，吴晓红，河北教育出版社 2003 年版，第 241 页。

层面上的理解。前者不涉及抽象意义，后者是在前者基础上不断演化、复杂化的结果。

原生概念层面上的理解与次生概念层面上的理解都同生活形式与语言游戏息息相关。**一个人能理解语言，是因为他有这种语言相对应的生活形式，而这种生活形式赋予了共晓性。**一种生活形式使一种语言成为所理解的，而一种语言又使一个词或句子成为可理解的。对理解语言的可能性的研究就是逻辑研究，而对词的可理解性的研究，亦即对一个人如何能恰当地使用一个词而做事的研究，就是概念研究。一个词的可被理解和可被恰当地用于做事，归结于它被安置在许多圈层的其他语词中，即被安置在一种语言中，它来自一种语言。**理解一种语言就是理解一种生活形式。**

语言在生活形式中呈现什么特性呢？维特根斯坦说，"想象一种语言就叫做想象一种生活形式"①。这里蕴含的是什么道理呢？在维特根斯坦的学生里斯看来，这里蕴含的是语言与生活之间存在着某种统一。话语互动的基本成分是语词，同一语词可能会在不同对话中出现，但却不能就此推断说，使用了同一语词的不同对话就有必然联系。为什么呢？我们的语词隶属于同一门语言与我们的语词隶属同一对话，这两种隶属关系虽然相似，但却有根本的区别。隶属同一语言是形式关系，而隶属同一对话却根本不可能，因为根本就没有同一的不同的对话。对话在本质上是统一，是思想或生活的统一，而不是一语言形式的统一②。**语言的统一，即各种语句汇聚一体，不是积分式的统一，也不是游戏规则式统一，而是共晓性的统一，其本质就在于话语参与者能相互明白**③。柏拉图与维特根斯坦都认为，语言的联合并不是系统的统一，因为系统具有完备性，而语言的统一并不完备。所以，我们可以说这种不完备的语言统一不具备形式特征，不能以惯例或制度这样的方式去理解。从这种意义上讲，话语的理解是动态的，而且还具有生长与发展的特性。

话语互动中的正确理解并非仅仅依赖于命题之间的形式关系，并非一味关注这一句是不是出自那一句，这一句是否可以取代那一句等逻辑演算问题。正确的理解，一方面强调的是话语参与者在互动中的相互理解；另一方

---

① 维特根斯坦：《哲学研究》，陈嘉映译，上海人民出版社 2001 年版，第 19 页。

② R. Rhees, *Wittgenstein and the Possibility of Discourse*, Cambridge University Press, 2001, p.108.

③ Ibid., pp.241-243.

面，正确的理解并不能完全离开就话语本身的理解。既然话语互动是以共晓性为基础，那么要揭示人们相互理解的实质，就是要弄清各种语句在实际使用中如何汇聚成统一的整体，即要弄清话语互动的双方何以达成话语连贯。维特根斯坦的自然理解论指明了理解的原始基础——理解语词用法所依赖的行为参照系和基于共晓性的相互理解，同时还指明了理解的流动性——由于生活形式的丰富性和语言统一的不完备性，话语双方纵有理解的原始基础作为保障，理解也不可能总是按既定模式发生。也就是说，即便是自然理解，话语双方达成的理解是在话语互动的实际情况中产生的。"没想到他会这么说"，"这真是意外之喜"等话语的产生，就是基于意外理解达成后而发生的感叹语。话语互动的相互理解既可能是把话语朝共同期望的方向推进，又可能是产生不同的推展。不论出现何种情况，双方都可能达成理解。维特根斯坦说："理解等于把握，等于从对象获得一种规定的表达，让它自己作用于自己。让一个句子影响自己；考察句子的结果，就是想象它们。"①

4. 陈嘉映的理解的合作原则

人有追求理解的天性，否则，人就不会理解任何事情。如果一个人总是抬杠，其目的就是抬杠，除了抬杠别无他事，那么这个人可以永远找到可以质疑的东西，即在他面前几乎没有认同可言。理解虽然是流动的而且没有终极标准，但是理解终究是可以达到的。陈嘉映把理解的这一特征称作"理解的合作原则"②。虽然，陈未有具体分析理解的合作原则，但他就该原则的基本原理做了大致的说明。在他看来，理解的合作原则不是一个规范性的原则，而是一个描述性原则，旨在描述我们事实上怎样达到理解。

话语互动中人们怎样达成理解，这正是话语连贯研究不可避免的问题。围绕这一问题，我们沿着陈嘉映的路子试图对理解的合作原则进行发展与补充，以解释话语连贯的理解机制。

我们知道，格莱斯从话语的组织方式入手提出会话的合作原则，并以合作原则为尺度来检验会话含义的产生情况。然而，格莱斯的客观尺度却遇到了来自话语主观理解的挑战，即对于话语互动的一些现象，格莱斯的合作原

---

① 《维特根斯坦全集》第4卷，《哲学语法》，程志民译，河北教育出版社2003年版，第75页。
② 陈嘉映：《语言哲学》，北京大学出版社2003年版，第210页。

则的解释力失去了应用的效用。为此，钱冠连分别从质、量、关系和方式低格方面提出了格莱斯合作原则的反例，从而断言"合作不必是原则"。钱说："合作不必是原则的最后依据是，说话本来就是在目的——意图的驱动下实现的，与双方是否持合作态度基本无关。"[①] 钱提出的"目的——意图原则"与其说是对格莱斯合作原则的拯救，还不如说是对它进行彻底的抛弃。在我们看来，"目的——意图原则"与斯佩博尔与威尔逊的关联理论一样，企图对格莱斯留下的问题另求它解。面对格莱斯问题，换种解法固然可取，但重要的是要对问题的实质进行剖析。对格莱斯问题进行深入思考，我们发现陈嘉映的理解的合作原则能够揭示问题的实质。

　　格莱斯关注的是一个给定语句由于信息的真假、信息量的多寡、信息组织的言说方式以及信息的相关性等语句自身的特点，可能会传递不同的意义，甚至可能导致交流失败。于是，格莱斯假定会话双方具有一种合作的默契，从而避免交流的失败。应该说，格莱斯已经注意到了语句的意义和语句意义的理解问题。在维特根斯坦自然理解论的视角下，这两者紧密联系成一体，而格莱斯却强调了二者的分离。仿佛在格莱斯看来，语句的字面意义具有存在的地位，受话者对语句的理解又可能出现另外的意义，这个另外的意义也有它的存在地位。这样一来，就会出现冲突，要消除这一冲突，就需要双方合作，而合作的形式在格莱斯看来应该体现在话语的组织方式上。然而，话语双方赖以对话的基础并非话语形式，而是双方的相互理解。在理解的基础上，话语形式可以有多种多样。对于一个语词的理解，就是双方知道这个语词的具体使用，而对于一个语句的理解，就是双方知道，这一语句在具体的使用场合下与哪些另外的语句汇聚成联合体，这联合体就是共晓性的统一。孤立的一个语句，即未进入实际实用的语句根本无意义可言。对语句的理解就是语句的语法地位的界定，而语句的语法地位就是具体场合下共晓性的统一中语句占有的地位，是理解的产物。试看钱所举的关系上的不必合作的话例：

　　话例 45

　　　　语境：1961 年，华中师范大学学生餐厅，学生向厨工递碗打稀

---

① 钱冠连：《汉语文化语用学》，清华大学出版社 2002 年版，第 158 页。

饭的同时必须自报所需分量。但一学生忘了报分量。

厨：(气势汹汹地) 怎么不开腔？

学：(反感于厨工的凶恶态度) 开枪？ 开枪把你打死了怎么办？

（钱冠连，2002：156、157）①

这一话例没有格莱斯和钱意义下的合作但却有理解的合作。这里凸现的话语脉络贯通，是情脉与语脉的贯通。学生理解到了"怎么不开腔"的使用情绪，于是在"腔"字上**借音脱跳**，转到"枪"，而使用"开枪？ 开枪把你打死了怎么办？"这样的语句作答，同样是在情脉上达成共晓性。这里厨工和学生的语句的字面意义不起主要作用，如果从字面意义上去解读，二者的对话确实不相干。

当我们说这例话语具有理解上的合作，而不具有格莱斯和钱概念中的合作，这就出现了对"合作"的不同理解。总体上讲，"合作"趋向同一。合作容易让人从价值判断的角度去理解。说某人很合作，多半是指出他的行为、话语等符合我们的要求。说大家必须合作，就是要求每个人心往一处想，劲往一处使，不再各执己见，放弃原来的分歧。格莱斯的"合作"概念是指话语双方都遵守同样的原则，在同一个话题下组织话语，会话服务于同一目的，或者符合同一方向。而我们所说的理解的"合作"，是指话语双方在同一语言统一关系中指向话语共晓性。从理解的角度看，语言的本质是共晓性的统一，共晓性是指语句的使用所形成的各种语句的统一。

从格莱斯的合作原则出发，结合陈嘉映对理解的合作原则的界定，我们发现话语互动的研究应该推进到理解的层面。即应该从理解的合作原则来揭示话语互动过程中会话双方实现交流、达成理解的机制。

我们认为**话语互动具有不同层面、不同种类的脉络贯通，而话语互动的脉贯可能由语脉、或意脉、或情脉、或理脉的凸现来实现，也可由多种脉络的结合来完成**。正常的话语互动都有脉络上的连贯，因而话语理解是在把握话语脉络连贯的基础上，话语双方在凸现的脉络上追求最大的共晓性。为此，**理解的合作原则就是——理解是话语双方在凸现的脉络层面上追求话语**

① 钱冠连：《汉语文化语用学》，清华大学出版社 2002 年版，第 156—157 页。

最大的共晓性。这是理解的合作原则的总原则。它可以分为四个基本守则：连贯因子同类守则、连贯因子等量守则、连贯因子活性方式相同守则和脉络一致守则。

理解的合作原则不是规范性原则，而是描述性原则。这正如化学上用来检验溶液酸碱度的 pH 试纸，只是检验而并不规定溶液的酸碱度。理解的合作原则作为一个检验理解程度的尺度，不是要规定如何理解，而是要考察理解如何围绕这个尺度进行。"自然理解"以追求最大共晓性为目标，而最大共晓性的基础是连贯因子及其形成的话语连贯。话语连贯是由连贯因子在数量、种类与活性程度上保持一致。

因此，回到常识的层面，我们可以说话语互动的理解就是话语双方顺着某种凸现的脉络进行剖析。话语理解的合作就是在某一脉络层面上追求最大的共晓性。我们再回到刘备与赵云之间的对话上来，从理解的合作原则来看话语双方的连贯机制。

　　　　刘备：为汝这孺子，几损我一员大将！

　　　　赵云：云虽肝脑涂地，不能报也！

从格莱斯的合作原则看，刘备与赵云二人的话毫无关联。虽然违背关联守则可以产生含义，但前提是双方有一个共同的目标，或会话的共同方向。字面上、语境中都看不出刘备与赵云的这一轮对话具有明显的目标，所以利用格莱斯的合作原则对这一对话不能充分分析。另外，从衔接理论的角度看，刘备与赵云的对话也没有衔接点，衔接理论对此无法解释。然而，从理解的合作原则看，刘备那"为汝这孺子，几损我一员大将"在其场景中起的作用是情感的表达，字面意义或则说语句意义不是交流的核心。赵云理解了刘备的恩情，也及时表达出感恩之心来而说"云虽肝脑涂地，不能报也"。刘备与赵云在情脉凸现的层面上相互明白而达成共晓性。从连贯的角度看，这里是情脉因子的贯通而形成典型的情脉连贯。

钱冠连在论述"合作不必是原则"时，对信息量的多寡情况做了分析，称人们有时具有"多余消息欲"[①]，有时要求说话人多给点信息。如果把格莱斯合作原则之量的守则奉为交谈铁定的标准，那么生活中反而会出现交谈的失败。在我们看来，生活中的真实对话之信息量的多少并不因合作原则而有

---

① 钱冠连：《汉语文化语用学》，清华大学出版社 2002 年版，第 155 页。

所改变，合作原则并不是交通规则那样必须加以遵守。格莱斯的合作原则同样是一个描述性的原则，并不具备普适性。况且，量的守则虽然明确指出会话双方应恰如其分地给出信息量，但怎么叫做恰如其分，怎么叫做不多不少给出适当的信息？这本身就是一个模糊的概念。信息量的恰当只是一种感觉，信息量的多少是双方在交谈中的感觉，而且是一个动态概念，具有弹性，没有刚性的标准。正如说："阿拉木罕什么样？身段不肥也不瘦。"这也只是一个模糊概念和一种感觉。你要是说 56 公斤重，1 米 7 高就叫"身段不肥也不瘦"，那么这一个案中产生的数据并不具有普适性，或者用陈嘉映的话说，不具有"弥漫性"。钱冠连设想出的那一言语交际事件，虽然不能从格莱斯合作原则的角度得到充分分析，但可以从理解的合作原则的层面进行揭示。

话例 46

　　顾客：有瓶胆卖吗？

　　卖主甲：没有。

　　卖主乙：没有。刚脱手。您晚了一步。

　　卖主丙：没有。刚脱手。您晚了一步。南京东路三号有的，您

快去。

（钱冠连，2002：155、156）[①]

　　按钱的分析，卖主甲的回答符合量的守则的要求，可以得满分。而根据人有"多余信息欲"的要求，卖主丙的答复最佳。应该说，钱的分析切中了问题的要害，但我们觉得这一话例更适合用理解的合作原则来分析。从理解的角度看，那可以得满分的卖主甲的话虽然能让顾客明白，但却不能让顾客对"没有"瓶胆卖这一事实得到最佳理解。你说"没有"，我当然明白"没有"二字的符号意义，但我不理解"没有"在此处的用法。维特根斯坦不仅说理解一个语词就是知道它的使用，而且还强调**"理解是一种解释关系，"**"对于意义的解释可以消除和意义有关的任何不同意见。它可以消除误解。"[②] 由此

---

① 　钱冠连：《汉语文化语用学》，清华大学出版社 2002 年版，第 155—156 页。

② 　《维特根斯坦全集》第 4 卷，《哲学语法》，程志民译，河北教育出版社 2003 年版，第 51 页。

观之，卖主乙和卖主丙的答话却具有理解的合作态度。他们分别解释了"没有"，帮助顾客理解到"没有"。卖主丙不但解释了"没有"，而且还按事理的发展，指明了哪里还有。卖主乙或卖主丙同顾客产生的买卖中，双方在话语互动中的理脉层面上达成了理解，形成了理脉连贯。这里的理脉之理就是合乎事情发展之理。

至此，我们对陈嘉映提出的"理解的合作原则"进行了扩展，总结出了总原则及四条守则，初步分析了理解的合作原则的解释力。对于理解的合作原则的详细讨论，我们将在第六章展开。

第三节　本章小结

连贯这一概念可以细分为不同话语脉络的贯通。基于这一认识，本章把话语脉络贯通所形成的连贯细分为语脉连贯、情脉连贯、意脉连贯和理脉连贯。相应地，本章详细界定了语脉、情脉、意脉和理脉着四个核心概念，并分别进行了例证说明。这种划分的基本出发点是，话语具有立言、说事、表情和讲理这四个基本维度。根据这四个基本维度我们构建出相应的连贯概念。

话语连贯既涵盖了韩礼德的衔接概念又包括衔接概念无法包含的、基于话语片段的符号属性的连接手段。凡是以话语片段的符号属性为连贯因子的话语连贯都属于语脉连贯。

情脉连贯依赖的是情脉因子的贯通，而情脉因子具有正面的和负面的之分。情脉因子直接关涉人的情感、情绪等。我们根据斯托曼的情绪分类而把情绪分为十二大类，而每一大类又有程度之分，而且存在着对立的情绪。人的各种情绪可以通过话语片段体现出来，携带情绪的话语片段也是情脉因子的体现，但情脉因子并不等于话语片段。我们只可在具体的场景中用具体的话语片段来指示某种或某些情脉因子。话语双方情脉因子的两两相接而达成情脉连贯。

意脉是语言形式之外的抽象的条理。意脉与语脉的明显区别就是，语脉相当于"衔接加话语片段的符号属性"，而意脉是话语片段符号属性之外的内容。意脉因子与词义直接相关。意脉连贯可能发生在词义的任一层次上，但在实际话语互动中意脉连贯是凸显的词义层次上的脉络贯通。

　　理脉关乎的是话语的社会性，话语合理就具有理脉。合理包括合乎道理、合乎事理、合乎义理和合乎情理。理，有时并不是静态的理，而是在动态的话语中辨明的理。理脉连贯在于话语双方共同认定的理，而共同认定的理又以话语理性和话语的共晓性为基础。

　　话语理解在话语互动的连贯构建中起着至关重要的作用。本章梳理了关于理解的主要观点，考察了理解的内容、理解的方法和理解的条件。结合本书的具体实践所需，本章从话语双方的理性、知识、他心感知、纯粹经验、意向立场和交往理性等概念的角度，总结了话语互动中理解的基本条件。

　　话语互动的核心是双方对话语进行理解。本章讨论了维特根斯坦的自然理解论，主张直接理解。理解一个语词就是知道如何使用这个语词。理解语词的意义就是观察语词的实际用法，以及解释语词的实际运用。理解一个语句就是弄清语句所隶属的语言统一体。语言统一不是规则的统一而是共晓性的统一。所以，理解一种语言就好似理解一种生活形式。话语互动过程中的相互理解就是对共晓性的追求。

　　以理解为核心，本章在格莱斯会话的合作原则启示下，发现话语双方的理解本性。本章对陈嘉映提出的"理解的合作原则"做了扩展，提出了理解的合作原则的总原则及相应的四个守则。本章发现格莱斯合作原则无法解释的现象正是理解的合作原则可以充分分析的内容。针对钱冠连批评格莱斯时所指出的问题，本章在理解的合作原则的视角下做了尝试性的分析，而对理解的合作原则的具体分析与检验留到第六章进行。

第六章　理解的合作原则与连贯的脉络结构

法国著名诗人、现代派诗歌先驱、象征主义文学鼻祖波德莱尔（Charles Baudelaire）说："世界唯因误解而运转"，"正是因为有普遍的误解人们才意见一致。要是鬼使神差人们相互理解了的话，那么人们绝不会意见统一。"[①]波德莱尔的话几乎宣布了理解的死亡。在他看来几乎没有理解，只有误解存在或发生。我们认为，波德莱尔的观点过于极端。在某种相对条件下，理解并非不可能，而且理解还很普遍。想想程式性话语互动，理解自然而然发生并存在。不过，这种理解过于普遍，人们习以为常，乃至不把它称为理解。但无论怎样，从广义上讲，人们习以为常的理解仍然是理解。

在我们看来，有时误解是理解的一种初级状态或结果。对误解的消除，仍然需要理解的深入。越是容易产生误解、产生困惑的地方，就越是需要理解，理解也就越发凸显，以至于人们会认为理解的发生与存在恰恰是因为人们感觉到了异常。**理解隐形于平常而凸显于异常**。在习以为常的话语互动中，人们相互理解是合作的基础。在出现疑惑时，话语互动更加需要理解与合作。理解是交往活动的本质，达成理解的目标就是导向某种认同。话语互动是典型的交往，而"交往总是以理解为目标"[②]。成功有效的话语互动符合理解的合作原则，理解却可能发生在不同的话语脉络层面上。

对于理解，哈贝马斯说，狭义的理解是指两个主体以同样方式理解一个语言学表达；而在宽泛的意义上讲，理解是指在彼此认可的、与规范性背景

---

① 此话根据英文译出，英文原文如下：The world only goes round by misunderstanding. It is by universal misunderstanding that all agree. For if, by ill luck, people understood each other, they would never agree. 参见 Charles Baudelaire, "My Heart Laid Bare," In *Intimate Journals*, Section 99, tran.by Christopher Isherwood, 1930.

② 盛晓明：《话语规则与知识基础——语用学维度》，学林出版社 2000 年版，第 128 页。

相关的话语的正确性上，两个主体之间存在着某种协调；此外，理解还表示交往过程的两个参与者能对世界上的某种东西达成理解，并且彼此能使自己的意向为对方所理解①。话语互动之所以为互动，就在于话语双方有理解，否则话语互动就不成其为互动。**话语互动中双方的相互理解就是在理解上的合作，这种理解上的合作就是话语双方共晓性的统一。**你的语句与我的反馈语句处于共晓性的统一中，于是我们相互可以理解，乃至达成理解。比如，你我同行，突然看见一女孩倒在路旁痛苦挣扎，你最可能要说的语句是"她发病了，好痛苦"，"她怎么啦？"，"快帮帮她"之类的话，而不太可能说"啊！她头发乌黑漂亮"，"她满头青丝"之类的话。要是此时，你当真说出"她满头青丝"或"她有好看的发型"之类的语句来，我恐怕对你的话表示诧异，并不理解。我只明白你的语句"她满头青丝"具有语言学上的可理解性，但我并不知道你为什么这么使用这样的语句，于是，我并不理解你的语句。在此，你的语句只符合语言学知识。我不会把语言学意义下的明白当成真正的理解。

　　话语互动中的语句并不是语言学中的语句，而是生活形式中的语句。生活中的语句应该放在具体的生活中去理解，语句本来就是生活形式的反映。在看见路旁女孩倒地挣扎的情景中，如果我来自异国他乡，根本听不懂汉语，那么你那"她满头青丝"的话，在我头脑里多半会被解读成"帮帮她"、"她怎么啦？"、"快叫救护车"之类的话，而最不可能从字面上去解读"她满头青丝"。为什么呢？因为，无论我懂汉语还是不懂汉语，你那"她满头青丝"的话与我所期望的与此时此景相匹配的语句并不构成共晓性。于是，我们之间没有合作意义上的理解。**话语互动以最大共晓性为基础，理解的合作原则就是话语双方在凸显的话语脉络层次上达成最大的共晓。**"她满头青丝"这话不符合事理，因此在理脉层面上无法贯通。"她满头青丝"也许符合某种特殊之理或个人之理，但肯定不符合普遍之理。

　　话语互动的基本成分是语词和语句，同一语词或语句可能会在不同对话中出现，但却不能就此推断说，使用了同一语词或同一语句的不同对话就有必然的联系。为什么呢？我们的语词隶属于同一门语言与我们的语词隶属于同一对话，这两种隶属关系虽然相似，但却有根本的区别。隶属于同一语言

---

① 哈贝马斯：《交往与社会进化》，张博树译，重庆出版社 1989 年版，第 3 页。

是形式关系，而隶属于同一对话却是生活关系。生活中绝对同一的对话根本不存在，因此不存在语词隶属于同一对话。根本没有同一的不同对话，如果有，那就成了悖论。**话语互动中的理解绝不是语言形式关系的理解，而是生活关系的理解**。然而，语言形式关系的理解往往会被当成真正的理解，甚至会出现停留在语言形式上进行理解的情况。"她满头青丝"这一语句不太会在语言形式上造成理解的困难，因为懂汉语的人能够从语言形式的角度（即语言学的语句角度）来解读。但是，针对倒在路旁挣扎的女孩，你那"她满头青丝"却会给我带来理解的困难。

　　人们很容易误认为话语互动的双方之所以可以互动就在于双方拥有同一门语言。其实，享有同一门语言只是一个充分条件。当然，没有语言学意义上的共同语言，话语互动难以发生，即便发生了也难以成功。但这并不等于说，语言形式及其理解就等于话语互动的本质与理解。**语言形式会影响话语互动的理解但不能主宰话语双方的理解。**也就是说，有共同的语言形式能够为理解提供方便，但没有共同的语言形式仍然有理解的存在。话语双方之所以能够互动就在于有相互理解的可能性的存在。想想世界上第一个翻译是怎样完成翻译的，我们就可以明白这个道理。**有理解的可能就有翻译的可能，理解是话语互动的本质所在。**在没有共同语言形式的情况下，我们凭着相互的理解也能达成一定程度的共晓，当然这很困难。然而，**拥有共同的语言形式也并不意味着理解就一定容易。话语的理解并不总是随语言形式的简单而变得简单。**想想对维特根斯坦《哲学研究》的理解，那德文版和英文版在语言形式上都显得简单，语句并不复杂，并无繁杂的术语堆砌，然而，真正试图理解维特根斯坦的人才发现理解的困难。《哲学研究》的中文版也貌似平凡，语句还嫌流俗，但是，只要潜下心来认真阅读，我们就会发现维特根斯坦却是那样的深奥。为什么会这样呢？**原来理解并不是以文字层面的理解为终极目标，很多时候，理解并不等于文字上的解读。**你要是说维特根斯坦简单易懂，恐怕你多半是从文字的角度做出断言。你可能被那浅显的用词、浅显的语句所欺骗，你可以宣称你能读懂每一句，但你所明白的语句恐怕主要是语言学意义下的内容。你并非真正读懂了维特根斯坦，甚至你根本没有理解到维特根斯坦。当然，也可反过来说，你也完全可以宣称你在某个层面或者某个点上理解到了维特根斯坦。比如，你在语脉层面上读懂了维特根斯坦。你甚至会把某种层面的理解当成真正理解，而坚信你已经理解。然而，在话语互动中，理解没理解很容易显现出来，因为没有理解就没有话语互动。互动中的理解可以用理解的合作原则来描述。

第一节 理解的合作原则的四个守则

维特根斯坦在《哲学研究》中所举出的建筑工人，他们的话语互动说明的道理不仅是"他们拥有同一语言形式"，"说话就是做事"，"意义在于使用"，而更重要的是他们的互动处于理解的合作中。喊一声"石板"，助手就递过来石板。这说明，他们之间具有可理解的统一关系，这种统一关系体现为语言的联合，而这里的语言统一却以共晓性为基础。"石板"一词并非标准的命令语句，建筑工人用不着刻板地按语法规则来使用命令句。而且，"石板"的字典意义在此并不凸显，凸显的是"石板"一词的合理使用。在理脉层面上，"石板"与"请递一块石板过来"、"拿块石板来"、"我现在需要一块石板"等这样的语句处于同样的统一关系中，而在语言形上，语词"石板"却同这里的其他语句分别隶属于不同的形式关系。话语双方并不是在形式关系中追求理解，而是在凸显的脉络层面上求得最大的共晓性，即他们符合理解的合作原则的总原则。

沿着维特根斯坦的路子，我们也可以设想另外的话语互动。建筑工人甲用水桶取水，突然听到工人乙大喊"水桶满了!"这时，甲立即把水龙头关掉。在这种情形下，甲的行为与乙所说的"水桶满了"是什么样的关系呢？按奥斯汀的观点，这里有言语行为的发生：以言举事、以言行事、以言成事。但是，奥斯汀这言语行为三分说描述了整个互动过程，并没有揭示这个过程完成的内在机制。乙发话，甲施为，或者说是乙的话语促使甲完成一个行为。乙有所说，甲有所为，于是得出结论说：说话就等于做事。从完整的行为过程看，这确实如此。然而，这个行为之所以能够完成，决定因素却在于甲乙双方在话语互动中有共晓性的达成，有理解上的合作。语句"水桶满了"自然有语言学意义下的言说内容，乙确实说了点东西，但如果没有相互达成的共晓，"水桶满了"完全可能激发出不同的语句来，即甲可能做出不同的反映来。他也许会说"我正要关水龙头呢，因为不关你会说水桶满了"，这时他把乙的"水桶满了"当成了行事的理由；他也可能会说"你那话是什么意思"，"你怎么知道水桶满了"，"你昨天还说水桶才半满"，"水桶满不满关你屁事"……然而，这样的表达并不与"水桶满了"构成共晓性的统一，即它们不隶属于这里的对话关系。在语言学上，这些语句当然同属于一门语言，而且正常的人都明白这些语句的语言学意义。如果把它们用在这里，却会令人难以理解，因为它们并不隶属于这里的可理解的合作对话。可理解的合作对话符合理解的合作原则，而**理解的合作原则可以分为四个守则：因子同类守则、因子等量守则、因子活性方式相同守则和脉络一致守则。**

一、因子同类守则

因子同类守则是指话语互动双方相互激活的连贯因子属于同种类型，双方的互动话语由同种类型的连贯因子两两相接而形成连贯。根据第四章第三节的分类，**连贯因子**的种类可以分为四大类：**语脉因子、情脉因子、意脉因子和理脉因子。**

正常的话语互动双方都拥有这四大类连贯因子，而且理应通过相同种类的因子而形成连贯。机器人能够拥有语脉因子和不完善的意脉因子及理脉因子，但不太可能拥有情脉因子，也不太可能究其有限的理脉因子进行动态的、深入的辩理。话语互动的规范模式就是在同种因子间进行互动。例如，钱冠连所举的学生与厨工之间的对话：

话例45

　　厨工：(气势汹汹地) 怎么不开腔？

　　学生：(反感于厨工的凶恶态度) 开枪？开枪把你打死了怎么办？

在这一对话中，有两种连贯因子的凸显：情脉因子和语脉因子。双方在情绪冲动中完成对话，而且相互达成了共晓。此外，学生在语脉层面上顺势把"腔"与"枪"连接起来，即语脉因子"腔"激活了"枪"。

话语互动的双方有同种因子的期望，如果受话者反馈出不同的因子来，则会给发话者理解带来额外的运算，甚至不解。例如甲、乙双方在怒气中对骂：

话例47a

甲：你这个狗杂种！

乙：你爸才是狗杂种！

　　这样的话语互动很常见，你给我一尺我敬你一丈，以牙还牙，以眼对眼。甲乙双方在情脉因子上构建出话语连贯。然而，倘若乙在听到甲"你这个狗杂种"这话后，不在情脉因子上反应，而在理脉上反应，比如心平气和问话或回答，情况又会怎样呢？

话例47b

甲：你这个狗杂种！

乙：请问什么是狗杂种？

或者，

甲：你这个狗杂种！

乙：我是哪条狗生下的杂种呢？

　　生活中，很少有人能够这样镇定地回答甲的话，尤其是以这种探明就里而自取欺辱的方式。如果真有乙这样的人用"我是哪条狗生下的杂种呢"来回答甲，那么甲势必会在理解上付出额外的理解努力。甚至，经过这种额外努力仍会出现困惑不解。究其理，是双方没有在凸显的脉络上追求共晓性，情脉上不连贯。

　　汉语对联中的析字联，上下联的通达连贯所要求的就是在同种语脉因子间达成最大共晓性。比如：

话例48

日在东，月在西，天上生成明字；

子居右，女居左，世间配定好人。

　　这里的上下联之所以能形成连贯，道理就在于它们拥有相同种类的语脉因子：析字成话。假若这是甲、乙双方的对话，那么双方互动成功就在于他们在理解中达成了最大的共晓性，即双方的话语符合语脉层面上析字因子的两两相接而达成连贯。在日常生活中，这两句话凸显的不是实际使用意义，而是文字上的贯通，属于语脉因子的凸显。

理脉因子种类的一致是达成话语双方共晓性的重要因素。比如，中央电视台"实话实说"栏目 1999 年 3 月 21 日播出的《一块钱的官司》，其中的当事人高河垣因在北京王府井买了一本《走向法庭》的书，回住处后发现有缺页。于是他坐车回书店换书，并要求书店报销来回的公共汽车费用 1 元，而书店只换书，不报销那来去的车费 1 元钱。于是，高打起了一元钱的官司。"实话实说"节目对此做了报道，下面摘录主持人崔永元与高河垣的对话。

话例 49

……

崔永元：我觉得您的做法很奇特，一般的人肯定就当那一块钱被小偷偷了，然后就回家了。您为什么咽不下这口气，还要郑重其事地打一场官司，为一块钱打一场官司？

高河垣：一块钱是很小的，谁都不会很在乎，但是我想这就像我们要把澳门收回来一样，是不是？据说澳门是十六平方公里，很小的地方，用不着收？

崔永元：跟咱们国家的大版图来比，也不是多大一块地方。

高河垣：那我们国家为什么不遗余力地要做这件事呢？我想它是一个国家主权、民族尊严的问题。

崔永元：所以您就决定在澳门收回之前，先把这一块钱要回来。

高河垣：这也许这是我的澳门吧。

……

（崔永元，2003：32—33）①

正如崔永元首先表述的观点那样，按常理，尤其是按咱中国文化的常理，人们一般不会为一块钱的事而大费苦心。损失一块钱就损失一块钱，咽下那口气就行了。高河垣并非不知这一常理，然而他避开这一常理，心中凸

---

① 崔永元：《精彩实话——实话实说话题精选》，中国摄影出版社 2003 年版，第 32—33 页。

显的是维护"主权"与"尊严"这一大理。经过高与崔的双方交谈，双方都认识到收回那一块钱就好比收回澳门。双方凸显的不是常理而是维权意识的理。

意脉因子种类相同就是要求话语双方在词义的任一层次上求得共晓。比如在"反映意义"层次上，要求双方能够通过对同一语词或概念的联想来达到对另一联想出来的意义进行理解。中央电视台"实话实说"节目在2001年12月16日播出的《透视财富》中有下面一则对话：

话例50

崔永元：刘先生，我觉得大家一说起财富好像很敏感，跟社会上对富人的一些传说有关系。说他们特别喜欢钱，说他们早期积累的时候，很多人用的都是不法手段。他们现在有了钱也不是特别会花，比如刘先生吧，现在每天吃鱼翅，还说像粉丝，家里擦地都用牛奶。（笑声）您听到这样的传说了吗？

刘永好：那么我想有两个可能，第一，确实有人这样乱说；第二，可能是你编造的吧？因为我从来没有听到人家说过我好像是用牛奶擦地，实际上牛奶擦地也不是太好。（笑声，掌声）

崔永元：这个就是我编的，还没有来得及传呢。（笑声）

……

（崔永元，2003：221）[1]

富人或财富这样的概念作为意脉因子在中国文化背景下固然容易激发起崔永元所列举的一些子概念来，但是，"富得用牛奶擦地"这样的联想、这样的反映意义只能归类为"传说"。所以"新希望集团"董事长刘永好并非在"牛奶擦地"上与崔永元形成认同，而是在"牛奶擦地属于瞎编或传说"上达成理解。意脉因子的贯通点在"编"，"传说"的内容上。

意脉因子的贯通还牵涉到语用意向立场的选择，或者说"语用站位"[2]。中央电视台"实话实说"栏目1996年3月16日节目《谁来保护消费者》有

---

[1] 崔永元：《精彩实话——实话实说话题精选》，中国摄影出版社2003年版，第221页。

[2] 冉永平：《指示语选择的语用视点、语用移情与离情》，《外语教学与研究》2007年第5期。

下面对话：

　　话例 51

　　　　……

　　　　崔永元：王海，听说你最近又到广州去打假？

　　　　王海：对，去了一趟广州。

　　　　崔永元：这也是一次成本很高的打假？

　　　　王海：去广州到现在为止，总共亏损大概不到一万元钱吧。（笑声）

　　　　崔永元：到广州打假已经带来了亏损，而且商标鉴定也会遇到很多困难，还有很多很多我们想象不到的困难。您是不是可以跟我们大家说说，您还有勇气把这个工作做下去吗？

　　　　王海：我先给大家纠正一个误会，大家都以为我是以盈利为目的，实际上我是为了索赔，想通过索赔这个办法，在不损害自己的利益的情况下，为社会做一点点事情，如果单纯是为了盈利的话，我卖假货绝对可以赚很多钱。（掌声）

　　　　……

　　　　　　　　　　　　　　　　　　　　（崔永元，2003：9）①

　　这则对话中，崔永元所用的"成本"以及王海的"亏损"作为意脉因子激活的是"打假是一项盈利或亏损"的买卖，前半截对话是在"为盈利而打假"的意向立场下进行。但王海马上意识到意向立场的不对，于是在最后要"先给大家纠正一个误会"，用"索赔"这一意脉因子来宣明自己的意向立场，而且还辩驳说，如果单纯为了盈利的话，他完全可以卖假货而赚很多的钱。这里的意脉贯通是"成本"——"亏损"——"是索赔"——不是单纯"盈利"。

　　因子种类相同是话语互动顺利达成理解，达成共晓性，达成连贯的基本守则。不在同类因子下互动，连贯就难以自然而然地形成。

---

① 崔永元：《精彩实话——实话实说话题精选》，中国摄影出版社 2003 年版，第 9 页。

二、因子等量守则

因子等量守则是指话语双方在同一话题下应该拥有相同数量的连贯因子。连贯因子的外在形式可能是语词或话语片段，但语词或话语片段不等于连贯因子。亦就是说，一个语词可能激活一个或者多个连贯因子，而同一连贯因子可能外化为不同的语词或话语片段。为了论述的方便，我们时不时地称某些具体的语词或话语片段为连贯因子。

人的情脉因子，按道理应该大致相同相等，不同的是情脉因子的表现有差异。理脉因子在某些范畴下应该是相同相等的。但在不同文化、不同背景下，理脉因子的数量不一定相等。个人认定的理与普遍的理有冲突的时候。由于认知的差异，人与人之间的因子数量上的差异表现在语脉因子和意脉因子上。比如汉语中的"床"字用在李白的《静夜思》里，却在不同的人那里激活出不同的语脉因子来。普通人不会想到"床"指的是"井栏杆"，而一些专家却认为"床"可能指"井栏杆"。词义的时空变化也会给不同的人带来不同的连贯因子。如"病"字，在宋元时代可以表示"赛得过，赶得上"的意思，所以《水浒传》里那几条好汉的绰号带有一个"病"字，如"病大虫"薛永，"病尉迟"孙立，"病关索"扬雄，分别是指薛勇比老虎还厉害，赛得过老虎叫"病大虫"；孙立使用的兵器是钢鞭，有如唐朝猛将尉迟恭，所以叫"病尉迟"；扬雄比得上三国时期的关索，所以叫"病关索"。沙博里（Sidney Shapiro）的英译《水浒传》没有注意到"病"的上述意思，因而把"病大虫"译成了"Sick Tiger"（生病的老虎）等①。这就是同一概念下连贯因子不等量之故。

意脉因子数量对等的话语互动就是某一基本概念或某一语词能在交谈双方激发出相同数量的意脉因子来。如 2007 年 9 月 11 日宁波大学甲、乙、丙三位老师与五位美国客人共进午餐，席间美国客人问甲老师喜欢什么美国菜，甲随意答出几个名称来，最后还特意说喜欢"French Fries"，然后又特意纠正说不是"French Fries"而是"Freedom Fries"。在场的美国客人都哈哈大笑，而另外两个中国教师不明白他们为什么发笑。在场的所有人都懂

① 杜世洪：《汉语国俗语的几例英译问题剖析》，《长春大学学报》2006 年第 4 期。

"French Fries"就是源于法国的"油炸土豆条"，但只有美国客人懂"Freedom Fries"也指"French Fries"，而"Freedom Fries"这一名称的来历是 2003 年美国打伊拉克时，法国人不赞成，于是美国国内有人主张把带有"French"字样的菜名统统改为 Freedom，于是就有了"Freedom Fries"和"Freedom Toast"这样现在令人觉得好笑的名称来。这里的对话，甲与美国客人具有等量的意脉因子，而在场的乙、丙二位中国教师在这一概念下的因子量与美国客人有差异。

意脉因子的对等是要求话语双方通过某一语词在共同的意义下，达成共晓。无论什么时候，你要叫我面向太阳升起的方向而立，我肯定朝着东方而立，不太可能朝西而立。但你若说韶山就是太阳升起的地方，这时我就不太明白朝哪个方向站立，因为这时你我的意脉因子并不对等。在意脉因子不对等的情况下，理解与共晓就很难达成。意脉因子既与个人经验有关，又与个人认知方式、对事物的认识水平相关。话语双方在相同的经验基础上有可能具有相同的意脉因子，而在经验不同的情况下，意脉因子则具有差异。相同的经验基础多表现为纯粹经验层次上，即看到一朵玫瑰花，你我都有相同的纯粹经验。当纯粹经验与其他意识活动结合起来时，意义便产生。这时就可能有相同的一面，也有可能发生不同的情况。你看到玫瑰花想到了杨贵妃，而我却想把它摘下来闻闻。但如果我们看到同一朵玫瑰花都想到杨贵妃时，我们的意脉因子就对等。又如，公司老板叫甲、乙二人都在周末加班。对于这一指令或者说要求，甲、乙二人在纯粹经验层次上具有相同的经验，但在意义产生中却完全可能发生差异。甲可能要取消原定与女友约会的计划，而乙可能因加班放弃某种别的安排。在这种情况下，甲、乙二人说起加班一事就不太可能拥有完全对等的意脉因子。

语脉因子的等量表现为对应式的等量，即同一语词在话语双方头脑里具有同样的语脉连贯方式。如"暗送秋波"这一语词较为固定，改变任何一字都可能引起因子的不对等。你要说"暗送秋浪"、"暗送夏波"、"明送秋波"、"暗交秋波"等这样的话来，会给我带来理解的困难，当然经过额外努力，我对一些说法也能达到理解。你要是说"秋波"就是"秋天的菠菜"，"暗送秋波"就是"悄悄地送给我秋天的菠菜"，我虽然能突然明白你的特殊表达，但我的因子库里还没有这样的搭配方式。语脉因子的对等是要求话语双方用词要符合规范。任何一方超过常规、违背常识而使用语词都是会导致语脉变异的凸显。纯粹的语脉贯通有两种形式：一是正常的即合乎常规的语脉的语脉贯通，话语双方共同聚焦在语词的常规使用上；二是语脉变异式贯通，由话语双方的一方首先发起，然后另一方给予人同。纯语脉贯通可以与生活经验无关，直接在语脉上进行"纯语言反思"，从而达到"以'说'而'知'"①。例如，你要是吩咐厨师做一道"油炸排骨"再上一碟"冰淇淋"，厨师肯定在常识下给你做好"油炸排骨"，准备好"冰淇淋"，这里在常规使用下理解"油炸排骨"，当然与厨师的生活经验直接相关。然而，当你吩咐厨师做一道"油炸冰淇淋"，外加一份"冰炸排骨"时，可能你也没有具体的经验，厨师也可能首次听到这样的菜名。这时，你与厨师仅仅在语脉上达成理解，达成共晓，取得某种关于"油炸冰淇淋"、"冰炸排骨"的知识。这样的话语互动是语脉上的反思，属于以"说"而"知"。

理脉因子的对等就要求话语双方在互动中同等地合乎道理、合乎义理、合乎事理以及合乎情理。这就要求双方认定的理相同，而且需要共同认定的理能够同时凸显。日常生活中的程式性话语互动容易出现理脉因子的等同，但在许多情况下，尤其是涉及双方各自的利益时，话语双方就算有等同的理脉因子，也难确保等同的理脉因子同时凸显。即便同时凸显，也难确保双方一定在同一理上构建话语连贯。如果双方严格遵守理解的合作原则，这就要求双方严格地在同一认定的理路上进行话语互动，不得公说公有理，婆说婆有理。

个人认知世界的能力与对事物的认识水平也会直接影响意脉因子、理脉因子等的对等情况。一个量子力学专家与一个海德格尔专家在各自的领域拥有的意脉因子不会相同。同样，山里的樵夫与城市的居民不太可能具有相同的意脉因子。一个学生与一个老师之间的意脉因子也不太可能对等。意脉因子不相等的话语双方怎样力求理解呢？寻求共同的话题，采取相应的话语方式来适应对方，这是理解的合作。孔子与下大夫说话"侃侃如也"，而与上大夫交谈时"訚訚如也"，所采用的策略就是理解的合作。"中人以上，可以语上也；中人以下，不可以语上也"（《论语·雍也》）。这里折射的道理也是在意脉因子不对等时力求可理解的表达，体现的是理解的合作。

---

① 刘利民：《在语言中盘旋——先秦名家"诡辩"命题的纯语言思辨理性研究》，四川大学出版社 2007 年版，第 27、74 页。

　　因子等量可能表现为语词等量，而语词等量是表层关系。如果话语双方没有同样量，尤其是没有对应着同类事物、同类概念的语词的同样量，那么他们之间的话语互动就会出现理解的困难。比如就颜色体系而言，印第安人的某个部落只有两种颜色词的区分，而世界主要语言如汉语、英语等颜色词却有许多，这种情况下就会出现因子的不等量。词汇空缺是话语双方因子不等量的外在表现。讲同种语言的话语双方出现的词汇空缺来源于二人具有不同的话语累积量，而不同的话语累积是不同大小的话语因子库的直观反映。值得注意的是拥有相同的词汇并不意味着就有相等的因子量，因为我们每个人赋予每个词汇的概念意义不会完全相同，即同一语词可能在不同的人那里具有不同的内涵以及不同的联想意义。

　　因子等量的深层关系就是概念对等。概念可以通过语词表示出来，但"概念和语词不是一回事"[1]。一门成熟语言有多少多少语词，但并不等于有相应数量的概念。一个人拥有一定的词汇量，但他的概念量并不等于他的词汇量。这就是说，对于一门语言也好，对于一个人的词汇量大小也好，并非所有的语词都是概念。语词是语言学尤其是语法学上的单位，而概念是语言使用的单位。语言学、语法学意义下的语词是没有意义可言的，而使用中的概念却有不同的意义显现。按陈嘉映的说法，"概念是一些经验事实的结晶"，"结晶为一种较为稳定的理解图式，概念里包含着我们对世界的一般理解。"[2] 这样看来，概念是一个复合体，是由一些事实组成的整体。用来表示这个复合体或者说这个整体的语词就是"概念语词"。"毛泽东"在语言学意义上是一个专名，是一个语词，但在使用中，在具体生活实践里，"毛泽东"是一个概念语词，表示的是一个概念。在词典里，"毛泽东"没有具体的使用意义，但在生活里，在使用中，"毛泽东"作为一个由许多事实结合成的复合体，却可能在不同的使用者那里开显不同的意义来。1935年遵义会议的毛泽东，1949年天安门城楼的毛泽东，1959年庐山会议的毛泽东，等，以及"大救星"、"大诗人"等。一些集中的事实和一些分散的事实都可能在"毛泽东"这一概念语词下汇集。然而，对于概念的这种汇集，并非所有人都能完全掌握。有些人可能知道得多点，有些人可能知道得少点。这样

① 陈嘉映：《哲学科学常识》，东方出版社2007年版，第127页。
② 同上书，第129页。

一来，一个概念本应是 m 种事实的复合体，而在不同的人那里却成了"m-n 种事实"的复合体，其中的 m 是一个定量，而 n 的最大值小于 m。如果每一事实都代表着一种连贯因子，那么同一概念会在不同的话语参与者那里体现出不同的连贯因子来。

在一门成熟语言里，概念语词是化石化的概念，即当概念的各种事实经过语言共同体认定，经过淘洗后，只留下一些显著事实作为概念的内容时，概念便简化成概念语词。对于"毛泽东"，五六十年代的中国人与八十年代、九十年代出生的中国人具有不同的概念内容。甚至对于当今一些小学生而言，"毛泽东"只是一个语词。在语言学意义下，语词是语言共同体公有的，而概念却可能因人而异。你对"毛泽东"所形成的概念完全可能与我的概念不同，但我们却拥有相同的语词"毛泽东"。正因为如此，话语互动中就可能出现意脉因子的不对等，从而导致理解的障碍，而这种理解上的障碍很容易被忽视。这种被忽略的现象在跨语交际中常常出现。比如，**一个掌握了 1 万 2 千英文单词的中国人与具有等同英文单词量的英美人他们虽有等同的语词，却没有等同的概念**。以英语为母语的英美人掌握 1 万 2 千单词时，是逐步从概念使用中掌握的，而中国人却是从语词层面进行掌握的。换句话说，外语教学中，很多学习者先学到的是语词而不是概念，而母语习得者中，语词的掌握是从概念入手的。概念里包含着我们对世界的理解，而语词却不包含。"I come. I saw. I conquered"能够在英美人心里激起伟大的联想，而在以英语为外语的学习者耳朵里，仅仅是简单的句子。

因此，因子等量关涉的不仅是语词的等量，而更重要的是概念的等量。概念的等量往往以事实的结晶量为衡量标准。你我拥有同一个概念，这同一是指你我都知道，都理解概念背后的各种事实。如果有一方就该概念所掌握的事实不完整，那么从本质上讲两者拥有的不是同一个概念。概念不同一就意味着意脉因子、乃至理脉因子不对等。

三、因子活性方式守则

连贯因子在话语双方的头脑中贮存，每个话语参与者都有自己的因子库。在话语实际互动中，因子库里的不同连贯因子由于相应的话题、环境以及接收的信息所带来激活动力不一样而以不同的激活方式参与话语互动。因子激活方式分为主动和被动方式两种。处于主动活性的因子是潜意识状态下所激活的因子。理解的合作原则之因子活性方式守则是指话语双方的共晓性建立在同种活性方式的因子相接关系上，是同种激活状态下的连贯因子的两两相接。

因子的活性方式的外化形式是语词的使用，潜意识状态下所使用的语词是话语发出者自然而然的语词运用，发话者不需要搜肠刮肚去寻找所需要使用的语词。潜意识状态下的语词使用往往出现在习惯性话语互动中，如两人见面的寒暄，以及一些程式性话语互动中。在中国文化背景下，好友见面相互问候，那"吃了吗?"与"吃了!"式的一问一答，纯粹是潜意识状态下的，习惯性的对话。菜市场里的问价还价这类程式性对话也属于潜意识的对答，是习惯性的，不需要有意识地遣词造句。在英美文化背景下，熟人见面，相互自然而然地问候，所使用的语词自然与中国人不同。从功能上看，寒暄与问候的完成并不固定在同样的语词上，即不同语言，不同文化背景的人可以造取不同的问候方式。这说明处于主动活性状态下的因子会因人而异，尤其是来自不同背景、不同文化环境的人，他们的因子库中处于当前主动活性的因子是不同的。

处于被动激活状态的因子往往是由其他因子引发的。被动状态下的因子与主动状态下的因子一样都贮存在因子库里，不同的是前者不处于当前活性状态，借用计算机术语，不处于当前页，而后者处于活性状态，处于当前页。看见林肯总统正亲自动手擦拭自己的皮鞋，你在纯粹经验状态下看到的是总统在擦鞋而已，没有其他想法。这时，擦鞋在你头脑里是主动活性因子，但这主动活性状态下的因子可能会激发起"吃惊"、"嘲弄"等这方面的因子来。于是，纯粹经验下的"擦鞋"会与其他因子结合，从而产生意义。你若是林肯总统的政治对手而且好斗，你这时可能对林肯总统会弦外有音地说："怎么? 总统，你亲自擦自己的鞋呀?"你的弦外之音可能会是"这种小事本该仆人所做，你怎么会自失体面而为呢?"在话语互动的理解中，林肯自然会对"怎么? 总统，你亲自擦自己的鞋呀?"这一问话有理解。表面上，这是一句描实的问句，对当前动作迷惑不解，"亲自擦自己的鞋"作为主动活性因子本无什么令人困惑的地方，但它却激发出其他因子来。问话者间接指向了总统的面子问题，林肯总统为维护面子而采取反问："是啊，你擦谁的鞋呢?"弦外之意是"我为我自己擦鞋不算什么有失体面的事，你若为别人擦鞋那才是丢面子。或者，你也是为自己擦鞋，那么自己擦自己的鞋有什么大惊小怪呢？"① 这里的话语互动关涉的就是面子观，面子观这一因子在这个场景下属于被动激活状态下的因子，而且话语双方都是在同种被动激活因子下进行话语交锋，追求共晓性，形成了话语连贯。为了便于进一步分析，林肯总统与外交官的对话可以书写成以下格式：

话例 52
　　　外交官：怎么？总统，你亲自擦自己的鞋呀？
　　　林肯：是啊，你擦谁的鞋呢？

从分析者角度看，话语双方的理解是建立在擦鞋的价值观念上，而不是语脉表面上。双方都知道擦鞋就是擦鞋，没有什么深奥之处。擦鞋是主动状态下的因子，话语双方并不在主动活性状态的因子上构建连贯，而是在对擦鞋的价值评估上进行，就是从面子观上来理解擦鞋。假设林肯仅仅回答"是啊。"而不做多的解释，那么他们之间的对话共晓性就不是建立在弦外之音上，而是活性因子"擦鞋"上。林肯那句"你擦谁的鞋呢？"把双方的理解推进到语脉因子之外的"擦鞋事关体面"的意脉因子上。双方的理解是在被激发出的因子上达到共晓性。

因子的活性方式分为主动和被动，这说明连贯因子可以分为活性强的因子和活性弱的因子。在一个人的因子库中，总是处于当前状态的因子就是活性极强的因子。活性弱的因子一般不会主动凸显，只有受某种其他因子的激发才会出现。因子活性的强弱是一个相对概念：一方面，处于当前活性状态高的因子并不会总是处于当前页中，当前活动状态的因子会发生更新与变化；另一方面，在一处活性极强因子在另一处活性可能很弱，再有，此时活性强的因子可能会在彼时减弱。因子活性的强弱随话题、话语场景、话语流向而变化。

话语双方具有各自的因子库，话语互动中充当激活因子的语词好比电脑鼠标的点击，直接点开某种对应的文档而聚集在相应的因子上。话语互动的相互理解就是在激活因子点开相应的因子过程中发生。如果话语双方具有相

---

① 董黎：《英语幽默集萃》，外语教学与研究出版社 1992 年版，第 254 页。

同状态的连贯因子，那么他们之间的理解就容易达成，话语互动的共晓性就越大。所谓的谈话很投机，一拍即合就是双方具有最大程度的相似性，即具有的活性因子相似。相反，如果话语双方的因子库并不对应，尤其是因子量不一样时，话语双方的理解就很难顺利达成。这涉及激活的因子种类不一样，以及激活的方式也不一样。一个人如果语脉因子总是处于激活状态，那么他与一个语脉因子活性低的人要进行话语互动就会发生理解的困难。语脉因子、情脉因子、意脉因子和理脉因子各有各的活性程度。理脉因子活性高的人与情脉因子活性强的人之间的对话，所涉及的因子活性方式亦不一样。一些脑筋急转弯式的对话，就是在不同激活状态下发生不同因子的两两相接。你若出题说："小明的爸爸有四个儿子，大儿子叫大毛，二儿子叫二毛，三儿子叫三毛，请问四儿子叫什么名字？"我若根据大毛、二毛、三毛这样的语脉来回答，说四儿子叫四毛，那么我的理脉因子并未完全激活，我未想到小明就是第四个儿子。同样，你若问"爸爸和妈妈哪一个离你最近？"我如果从情脉因子上来回答，则有可能说是我爸离我近一点，而你却会从语脉因子上反驳说"妈妈"离"你"最近。因为在你那问句中，语脉的排列"妈妈"一词在语句的序列上离"你"字最近。

话语双方可能存在语脉因子的不对等，甚至存在语脉因子的空缺，但话语双方却具有同等的情脉因子。语脉因子无法完成的理解，可以通过其他因子的贯通弥补。**第一个翻译的出现，并不是因为那第一个翻译与讲其他语言的人具有同样的语脉因子，而是拥有相似的其他因子：关乎情，关乎意，关乎理。**

四、脉络一致守则

脉络一致守则是指话语双方在同一脉络上达成最大的共晓性。脉络一致反映的是话语双方在同一脉络层面上进行理解，而理解就是把握住对方语词与语句的使用，弄清对方为什么使用，从而促使自己能够进行相应的语词使用或语句使用。

最能反映脉络一致守则的话语例子应该是中国对联式对话，比如你若出对曰："此木为柴山山出"，那么我应该在充分把握了你的语句使用原理之后才可给你对出下联，于是我会说："因火成烟夕夕多"。这里关涉的是语脉上的一致而非情脉、意脉、理脉上的一致。当然，分析者亦可以从"此木为柴山山出"这一语句中推出它的文字描述意义，但是，这话若在两个秀才之间进行，那么这一语句的描述意义并不凸显，凸现的是拆字手法与合字手法。表面上"因火成烟夕夕多"倒也与木柴能烧，能起烟而构成对应。这里的脉络一致不是描述意义上的一致，而是语脉因子的贯通而形成最大的共晓性的一致。

林肯与外交官的对话具有意脉层面上的一致。外交官那"怎么？总统，你亲自擦自己的鞋呀？"这话凸现出来的脉络并不是语脉上的问话，更不是明明见到总统在擦皮鞋而追问在"擦自己的鞋呀"这样的问题。这一语句的使用所产生的意义并不是语脉所携带的意义。林肯总统当然把握住了外交官这话的使用及产生的意义，因而应对出"是啊，你擦谁的鞋呢？"表面上，林肯总统的话直接在擦鞋这一因子上添加后续语句，但深层意义上他与外交官所达成的共晓性已经凸显，双方心照不宣，没直接说出但双方都已明确。

脉络一致所形成的共晓性标志着理解的畅通，理解的目标业已完成。脉络不一致时，话语双方虽然也能最终达成共晓性，但理解并不一定畅通，仍留有某种目标未能达到。例如，你若设问："为什么湖南省会产生毛泽东、刘少奇、彭德怀等如此多的领袖人物？"对于这一复杂的问题，我若简单地回答说："因为他们的父母都是湖南人。"这时，你我并未在同一理脉上取得一致，虽然你我都明白"因为他们的父母都是湖南人。"这话的意思，但是这里的使用意义并不是语句所明明确确给出的那样。表面上，我们达成了某种共晓，但实质上我们并未能够就那一提问的真正使用情况及意义形成共晓性，你我并没有在同一层面上理解与思考问题。偷换概念、抬杠以及一些较真式的话语互动往往就是不在同一脉络层面上构建连贯，脉络上并未达成一致。

情脉上的脉络一致就是要求话语双方具有同一情感、同一情绪的凸现，即你哭时、笑时、怒时，我并不一定要跟着你哭、跟着你笑、跟着你怒，而是我要弄懂你为什么哭、为什么笑、为什么怒，然后做出相应的反应，从而达到理解。然而，有些情感、情绪等表现得比较隐晦，不太明显。这时，双方中有一方可能并未觉察，那么这时情脉上就无法顺利达成脉络一致无法理解。比如，你明明深深地爱着某人，但你却在她面前假装出满不在乎的样子，而且一直假装下去，直到她成了别人的新娘，你才追悔莫及，甚至伤心成疾，这种情况下有理解吗？对《天净沙·秋思》这样的词，你如果无法从情脉上把握住那些语词的使用，恐怕你很难理解到那词的意思来。你发怒而胡言乱语或出口伤人，我不一定胡言乱语，但有时你若出口伤人，我却可能以牙还牙，这时也会出现情脉上的匹配，并不一定要有语脉、意脉或理脉上的贯通。你骂我是狗，我骂你是猪，这样的话语互动凸显的是情脉一致。当你骂我是狗时，尤其是在深度辱骂中，我不会兴高采烈地说："这下好啦，我这条狗可以成为宠物了。"

脉络一致要求话语双方各自凸现的脉络达到一致而不相互矛盾，不相互发生冲突。外在表现明显的情绪、情感等容易在话语双方中产生共晓。然而，有些情绪、情感却不太具有分明的外显性，不太被对方识别。你在生闷气，我不一定知道。你暗中生出嫉妒来，我也未必知道。于是，你因嫉妒而发话，我不一定能及时感觉到。我兴高采烈地告诉你，我要到美国留学，我太高兴了。而你却可能出于嫉妒而装出一副满不在乎的样子，甚至会说出一些风凉话来。这时双方凸显的情脉互相冲突，我的高兴却引起了你的不快。其实，你我都是市井俗人，喜怒哀乐本来属于个人的事，但常常会波及他人。他人可能会与你同喜同悲，也可能你悲他喜。能够对别人的喜怒哀乐无动于衷者，恐怕只有木头人和圣人、隐者等。我若是木头人或暂时的圣人，对你充满个人情绪的话无动于衷，那么，你我之间的对话，不太可能有情脉上的贯通。冲动者与理智者之间的对话当属此类。于是，我们可以说脉络一致容易在语脉、理脉上达成，而相比之下，不太容易在情脉、意脉上达成。世间有众多的话语互动，话语双方不在同一脉络上理解，不在同一层面上理解，这就常常出现脉络的不一致。

从理解的合作原则这四个守则来看，话语双方互相理解就是要在凸显出来的脉络上求得最大的共晓性。话语互动中的共晓性是动态的，是在双方对话过程中达成的。共晓性有别于常识、有别于双方的共有知识。共晓性是在理解中达到的。从共晓性的达成这一维度看，语言是共晓性的统一，而不是任何形式和规则的统一。共晓性的统一，标志着理解的合作，即指明了话语双方在语脉上或在情脉上或在意脉上，或在理脉上达成了理解，形成了连贯性话语。

理解的合作原则是描述性原则，而不是规定性原则。话语双方在互动中自然而然地进行着对话，他们的对话既有对理解的合作的遵守，又可能有违背理解的合作原则的情况。遵守和违背都是话语互动的自然现象，是话语双方自然进行的活动。遵守和违背是分析者进行话语分析时，利用理解的合作原则对真实话语互动情况所做的描述与判断。话语双方没有义务必须遵守理解的合作原则，也没有必须违背理解的合作原则的种种规定。

第二节　理解的合作原则的运用

陈嘉映在评论维特根斯坦的后期思想时说，维特根斯坦把逻辑分析和自然理解联合起来了[①]。《哲学研究》第 91 节写道："我们习用的表达形式似乎就本质而言是尚未分析的。似乎有某种东西藏在其中，需要加以揭示。做到了这一点，表达就充分澄清了，我们的任务就解决了。"[②] 日常话语互动中的语言表达式，虽然在分析者那里可以进行完全的分析，而最终找到表达式下面所暗藏的某种东西，但是在话语互动中，双方并非一定要做这样的完全分析。比如，我要叫我妻子给我泡一杯茶端进书房来时，我采用的日常表达式是"孩子她妈，给我泡杯茶来。"按逻辑上的完全分析，"给我泡杯茶来"这一表达式后面藏着许多东西：我家有泡茶的杯子，有煮开的水，有茶叶等这样符合真实情况的东西。然而，这样的完全分析并不符合我的日常使用，不符合我自然理解的习惯。在自然理解的合作状态下，我如果叫我的妻子"用我们家的茶杯，装上一点我们家有的茶叶，冲上我们家的开水，然后你用双手托住杯子，先迈左脚，把我要喝的你泡的我正期望的那杯茶端到书房来。"我如果这么说，我妻子肯定会感到莫名其妙。所以，后期维特根斯坦表明，逻辑分析的最终目标不再是简单名称或简单对象，而是自然理解。理解的合作原则就是对自然理解的分析与描述。理解的合作原则的运用基本上是一个下意识的过程，即话语双方自然而然地进行某种脉络层面上的理解与合作。自然话语双方并不一定知道合作原则的存在，正如人们一般不会想到检验溶液酸碱度的方法一样，话语双方可能并不知道理解的合作原则这一描述性尺度。

[①] 陈嘉映：《语言哲学》，北京大学出版社 2003 年版，第 207 页。

[②] 维特根斯坦：《哲学研究》，陈嘉映译，上海人民出版社 2001 年版，第 65 页。

　　理解的合作原则概况了理解的脉络层面在话语互动中的凸现情况，而四个守则指示的是自然理解中的分析活动。自然理解中的分析是把隐含在话语形式下的脉络理清，把凸显的脉络和潜在的话语可能性摆上面，从而消除可能的混乱或模糊。"理解是自然的，因此我们可以在一定程度上消除误解，导致理解等；解释用来消除误解，而不是消除一切误解的可能性。分析和解释通常就是某一不清楚之点而生的，在一个特定的场合中，原来那句话可以作这样的解释，并不意味着在任何场合中可以或应该作这样解释。"①

　　根据理解的合作原则，话语双方理解的标志就是达成了共晓性，而不是对语句的形式特征达成共识。而且，在共晓性的认识维度下，话语双方所使用的语言不再是语言形式或者语言规则、语法规则的统一，而是共晓性的统一。比如，一群人在一餐馆吃饭，发现该餐馆不错，打算以后经常来这餐馆聚餐，希望每次来都有包间，于是想了解这餐馆包间的利用情况。在这一背景下，这群人中有人向服务生问话："小妹，咱餐馆天天都有很多客人吗？""当然啦，我们的生意不错。"服务生不无自豪地回答。对话至此，双方只在表面上理解并未达成共晓。于是，客人再问："每周星期五晚上六点来，有没有包间呢？""哦，包间可以提前预订，我们的生意不错嘛。"经过这一轮的对话，双方才完全理解整个对话。在这一对话中，"我们的生意不错"这一语句有两次使用，前后两次的意义并不相同。从理解的合作原则看，这里的话语形式并非一定要固定成这个样子，客人以及服务生还可能采取不同的话语形式。比如，服务生可能对"咱餐馆天天都有很多客人吗？"这一句话不做字面理解，而期待客人可能把话说明。于是，服务生在听到问话后，可能会说："是啊，您的意思是……"不明白客人为什么问这话，服务生当然会这样反问。同样，客人一开始也可以直截了当地问第二个问题。既然在这种情景下，话语形式并非固定，那么理解合作的要求就十分重要。没有理解的合作就容易因话语形式的变化而引发不同的理解。出现不同的理解就需要额外的解释，而额外的解释就是要限定话语的理解方向。

　　理解的合作是多层次的合作，亦就是说，话语的共晓性会在不同层面上达成，而真正的理解是围绕凸现的脉络层面达成最大程度的共晓。这就涉及理解的合作原则及其守则的遵守与违背。从分析者角度看，对理解的合作原

---

① 陈嘉映：《语言哲学》，北京大学出版社2003年版，第211页。

则的遵守与违背是合作原则的运用。

一、原则的遵守

　　如果话语双方只在一个脉络层面上进行对话，那么话语理解的合作原则的遵守情况就相对明了。话语双方是否达成共晓性也就相对清楚。

　　在程式性对话以及机构性语言的对话中，双方遵守理解的合作原则是对话的基础，也是对话的中心目的所在。比如，开发票的人问你的单位及姓名，你会直接回答单位名称和你的姓名。你不会有其他想法，因为这种情况下，你理解了"你叫什么名字"这话的意思，你与问话者具有共晓性的达成。而当你在街上行走，突然有一警察问你叫什么名字时，你可能也会直接回答你的名字，但你会满脸疑惑。你当然知道"你叫什么名字"这一语句的字面意义，但你实在不明白警察为什么会问你这话。假设你是一个通缉犯，那么警察这一问话不把你吓破胆，也会让你说谎而假报虚名。假设你在前面走，不小心丢失了某样东西，那上面刚好有一名字，这时警察在后面捡到那东西，然后问你叫什么名字，待你明白过来后，你自然理解警察的意思，你与警察达成了共晓性。

　　同一种语言形式，"你叫什么名字"与"我叫张三"所构成的对话，却可能代表着不同脉络层面的理解。在程式性对话中，这种对话是在语脉层面上达到相互理解。在警察与街上行人这样的对话中，如果那行人是通缉犯，那么这对话既有语脉层面又有情脉层面上的理解。如果那行人是失主，警察与行人的对话主要在理脉上最终达成理解。

　　同一语句在不同的受话者那里含有不同的反应。这好像正说明，同一刺激物却可能激发出不同的反应来。依此推理而得知，同一语言形式可能会成为不同连贯因子的激发因子。第一章里所举的话例3，班主任那一句"您的孩子与大四学生住同一宿舍，可以吗？"在不同家长那里激发出了不同的反应。如果简单地说对同一问句可以做出多种的回应语句，这只是在表面上描述对话的多样性。这四种情况下的话语互动均有共晓性的达成，都在一定层面上遵守理解的合作原则。格莱斯的合作原则及会话含义理论对这种情况的解释力并不充分，对于话例3中情况一、情况二和情况四，依据格莱斯的合作原则，我们从语言形式去判断，而发现这三种情况却违背了方式准则。因而有含义产生，但我们无法从方式准则的违背而推论出含义的性质与种类，即我们知道违背了格莱斯的合作原则就有含义产生，是什么样的含义，我们无从得知。

其实，话例 3 中的四种情况都违背了格莱斯的合作原则之某一准则或某几个准则。然而，话例 3 中那四种情况显然大相径庭。为什么会大相径庭呢？格莱斯的合作原则对此无法做出圆满解释。根据理解的合作原则，话例 3 中的情况三，是在意脉、理脉和语脉层面上达成共晓。即家长丙以"好的"作为语脉因子回应了班主任的"可以吗？"然后再添加"没关系！我想这样安排也有好处。"这样的话来，表明对事理的理解，明白学校的意图。对于这种信息的添加，在格莱斯看来违背了量的准则，是含义的，而在理解的合作原则看来这是语句的统一关系，属于共晓性的统一，是语脉、意脉、理脉层面上的共晓性达成。情况四家长丁与班主任的对话凸现的是理脉上的理解，与家长丙不同的是，家长丙是合作的，而且家长丙是在合众数之理，合校方期望之理的情况下达成理脉上的共晓性；而家长丁表现的是不合作，但家长丁把个人之理与普遍的同情之理结合起来，个人之理很特殊，在特殊情况下应该有特殊的处理方式，家长丁这是从这一理脉上来表达自己的意图，从而企图与班主任达成理解。情况一和情况二中的家长甲与家长乙都未能在理脉上与班主任追求共晓性，而是在情脉上进行话语互动。家长甲与乙各自的情脉都很突出，因而压灭了理脉。在意脉和语脉上两位家长的话与班主任的话都不构成脉络上的连贯。家长甲与家长乙的区别在于情脉的种类不同：甲是小孩情绪的凸现，而乙是盛气凌人家长式的权威口吻，属于专制式情绪的宣泄。这样的对话意图明显，但目的难达到。从自我角度分析，家长甲表现出的是小孩幼稚的自我，家长乙表现的是家长专制式的自我，而家长丙和丁都是成熟的理智的自我。因此，单从语言形式和语言信息量的大小，语言的组织方式来分析话例 3，我们并不能充分揭示其实质。理解的合作原则对此具有相对充分的解释力。

对理解的合作原则进行严格遵守，这在现实的话语互动中并不少见。前面提到的程式性对话、机构性语言对话以及习惯性话语互动多以理解的合作为互动的基础。根据理解的合作原则的四个守则，话语双方在互动中达成理解时表现方式有因子同类、因子等量、因子活性方式和脉络一致等形式。这些形式在前面各守则的讲解中都有相应的例证说明，在此不再讨论。而需要进一步介绍的是理解的合作原则的违背情况。

二、原则的违背

根据理解的合作原则之四个守则，凡话语双方在互动过程中发生因子种类不一、或因子不等量、或因子活性方式不一致、或脉络错乱不一致等现象时，那么理解的合作原则就遭到了违背。对理解的合作原则的违背可相应地分为对四个守则的违背，而复杂的情况则是对各个守则同时违背，以及只遵守某一守则而违背其他守则。

1. 因子同类而不等量

因子同类而不等量的情况在现实话语互动中时有发生，而且有时还不太被当事人所觉察。就某一话题而言，双方都可能以为对方都明白自己想要表达的，都想当然地认为自己知道对方的一切。而实际上，话语双方各自的因子量并不对等。

为了便于说明因子同类而不等量的情况，我们仍以前面提到过的某些概念语词为例。比如，"毛泽东"作为一个专名，话语双方都明白，但"毛泽东"作为一个概念时，不同的人却有不同的因子量。"毛泽东"所代表的因子量在不同的人那里具有不同的量。两个极端情况是，研究"毛泽东"的专家所拥有的因子量与中国"80"后青年所拥有的关于"毛泽东"的因子量肯定是有天壤之别的。又比如，对于"艾滋病"一词，我们前面讲过，很多人都会想当然地说知道"艾滋病"是怎么回事，但普通人、健康人所知道的知道绝对不等同于"艾滋病"专家、"艾滋病"患者所知道的知道。前面所谈到的李白《静夜思》中的"床"，同样属于因子同类但不等量的情况。

因子同类而不等量的情况主要表现为：话语双方拥有同一概念语词，但概念语词的内容的多少却不相等。这可能表现为：第一，具有同一上位概念但下位概念数量不等；第二，具有同一上位词，但具有不同的下位词；第三，原生概念与次生概念的错乱。

在第四章第三节中，我们曾举出"家"这一概念来说明上位概念和下位概念的关系。"家"作为一个上位概念，拥有一些下位概念，如"居住的地方"、"天堂"、"地狱"、"义务"、"责任"、"私人空间"等。你若认为家很温馨，家就是天堂，而在他面前谈论家的重要性，好处等，他却可能长期在"家"里遭受折磨，认为家是地狱。这种情况下，你与他关于家的对话恐怕很难达成共晓性。虽然双方都能明白对方在谈什么话题，但是双方实在是就同一话题没有共同的理解。这就是你与他具有相同的上位概念而具有不同的下位概念。从这一认识看，我们可以说**概念越大，越笼统，人们就越具有相似性，越容易在大概念上达成笼统的共晓**。比如，维特根斯坦作为一个概念，受过良好教育的人都会认为这是一个人名，而学哲学的人都会认为这指的是一个伟大的哲学家。在这两点认识上，人们的差异与分歧不大，然而在关于维特根斯坦的下位概念层面上，人们甚至是在维特根斯坦研究者中会出现差异。也许正因为有差异，维特根斯坦专家们才有必要相互交流。很多时候，**话语互动的目的不是要在大概念上保持一致，而是要力求从大概念出发，把理解推进到小概念上，在越来越多的小概念上达成共晓性**。这也是为什么有不少智者断言，**差别在于细节**。当不同细节由不同的连贯因子表现出来，那么，两个具有不同数量的连贯因子的话语参与者之间的对话就会出现对理解的合作原则的违背。也正因为不同的人具有不同的下位概念，所以在同一概念下进行谈话或写作会出现不同的结果来。比如，语文老师以《母亲》为题，要求学生写一篇作文，结果总会发现一些差异来，当然普遍性的东西占主要位置。试想一下，《母亲》这一题由不同的思想深刻的作家，诗人或思想者来写，其结果又会怎样呢？大师的特点之一就是在平凡中，在细节中比凡人多一些独到的认识。**真正的有思想的学者不在于拥有庞杂的大概念，而在于对大概念的考察比其他人细致而全面**。人学会、乃至误用大概念不难，难的是把大概念考察到底而获得真正的理解。如今，囫囵吞枣，满嘴大概念的人或者伪学者并不少见。所以，波德莱尔感叹理解难以达成，真正的理解是鬼使神差般的巧合，而非必然结果。恐怕波德莱尔是从细节、从概念的不断细化的角度做的断言。在细节上，总存在着对理解的合作原则的违背。然而，我们如果掉转方向，从细节往整体上思考，从下位概念往上位概念上统一，粗略的理解仍然是能够达成的。在这一点上，可以说理解的合作就是求同存异。话语双方的理解好比双方都有指纹，而双方的指纹却不可能完全一样。

因子同类而不等量在上位词与下位词方面的体现也比较普遍。"花"作为一个上位词，它拥有许多下位词，比如，玫瑰、月季、桃花、李花等。如果生活环境相同，那么花的下位词可能会一样。然而，对于来自不同地方，尤其是生活环境迥异的话语参与者来说，花的下位词数量肯定不一样。实物见得多的人拥有的花的名称肯定比见少识窄的人多。你我说话，你可能会说出许多花的名字来，而我却不知道那些花是什么样子。我甚至初次看到实物也说不出那些花的名字，只知道它们是花。我们对花的认识是这样，我们对植物的认识也如此。我们在上位词植物上能取得一致，然而在下位词植物的各科、各属、各种上却大相径庭。在这样的情况下进行话语互动，我们理解的合作往往只能在上位词上达成共晓性，而在下位词上会出现理解的不合作。比如，你如果像日本特殊教育家升地三郎一样，写一本书定名为《柯树籽学园》，我对"柯树"、"柯树籽"一无所知，只知道这是一种植物和其种子。你那"柯树籽学园"的含义，我就更加无从领会了。你那本名叫《柯树籽学园》的书放到书店里去卖，我能在纯粹经验上感觉到那是一本书，甚至会产生与某种植物有关的意义解读来，然而单从题目上看，却始终悟不出"小就小了，弯就弯了"这样的含义来。也许正是出于这样的考虑，长春大学的金野把升地三郎那本原名叫《柯树籽学园》的书译成中文时，定名为《小，就小了，弯，就弯了》[①]。这本关于智障儿童、残疾儿童特殊教育的传记小说，基本立意就是以壳斗科的一种小橡树——柯树为象征，蕴含的意义是人虽然有缺陷，但只要能接受现实，勇敢地面对现实，自强不息，终能像柯树那样从微不足道的小苗长成参天大树。要达成理解上的上述共晓性，单靠"柯树籽"这一词在中国读者中很难做到。值得注意的是，"小就小了，弯就弯了"这样的名字在正常人心里激发的意思根本不同于残疾人心中的意思。根据金野的生活经验，一些残疾人认为"小就小了，弯就弯了"间接地表达了"聋就聋了，瞎就瞎了"这样的意思。由此可见，理解的合作与不合作不仅与语词有关，而且与个人的因子密切相关。

话语累积过程中，个人的因子库有原生概念和次生概念的不断添加。我们在第四章第三节中说，人类的话语使用总伴随有原生概念与次生概念的交织，伴有原生语词与次生语词的交织。原生语词或原生概念反映的是语言发生、起源的基本状态，而次生语词或次生概念代表着语言的资源利用，代表着语言的创造性。创造就意味着表达的独到之处，独到就意味着相互理解的特殊性，而对于他人太特殊的话语的理解，往往会造成理解的不合作。换句

①　升地三郎：《小，就小了，弯，就弯了》，金野译，吉林人民出版社2002年版。

话说，对理解的合作原则的违背会发生在话语双方原生概念和次生概念的错乱。以前面"柯树"和"柯树籽"为例，在指物定名的时候，它们是原生语词。首先知道这两个名称与实物的人，要比不知道这两个名称的人至少多出这样的两个原生语词来。如果话语双方仅在原生语词层面谈论柯树、柯树籽，那么双方的理解合作就以原生语词为基础。然而当你把柯树当作语词资源而重新利用，用来类比一种精神时，你已经不在原生层面与我谈论柯树了。这样就会出现理解上的不合作，原因是柯树在你看来既是原生语词，又是次生语词，即把原生语词移作他用就出现了次生语词。各种语言里的隐喻等就是原生语词的次生用法。

在《小，就小了，弯，就弯了》里，《能和小鸟说话的孩子》一章中，有下列一段对话：

话例 53

有一天，英友对我说："老师，小鸡一个人是很寂寞的。"站在旁边的年轻老师笑着说："鸡不能说是一个人，而是一只。"我开玩笑地说："英友说的一个人不是单纯指人，而是一个量词表示孤单的意思。""是这样吧?"那位老师看看我，眨眨眼睛笑了。

（升地三郎，2002：198）[①]

单独地看，"小鸡"和"一个人"都属于原生语词，而且在原生层面上，正如那年轻老师所说："不能把小鸡说成一个人，而应说成一只。"然而，"小鸡一个人是很寂寞的"这一语句仍然可以从次生层面来理解，英友所说的"小鸡一个人"带有浓浓的同情意味，他的话语是在次生层面上立意。所以，"我"（升地三郎）的解读虽属于开玩笑，但仍然在理。这里那年轻教师与英友之间的理解，不同于升地三郎的理解。年轻老师是在原生层面上理解，而升地三郎却在次生层面上理解英友的话。不管英友懂不懂、知道不知道拟人或隐喻这样的修辞手法，但至少英友那"小鸡一个人是很寂寞的"表达，就属于修辞，属于次生层面的话语。

---

① 升地三郎：《小，就小了，弯，就弯了》，金野译，吉林人民出版社 2002 年版，第 198 页。

2. 因子相异而脉络错乱

在讨论因子相异而脉络错乱时，我们势必会想起因子相异而脉络一致的情况。因子不同而脉络相同，这就是指同一脉络可以由不同的连贯因子来激活与贯通。

我们把因子的种类分为情脉因子、意脉因子、理脉因子和语脉因子，而相应地有情脉连贯、意脉连贯、理脉连贯和语脉连贯。当我们说同一脉络由不同的因子来激活贯通时，我们就已经预设各种因子的交互作用。一个典型的例子是，小孩心里面想要某种玩具，也许他不直说，而以某种情绪的宣泄来表达自己的要求。这时，如果大人也以同样的情绪来表达的话，那么大人与小孩就是在情脉因子上贯通。然而，现实生活中，当小孩哭闹着表达某种要求时，做大人的父母的并不会跟着小孩一起哭闹，而是用理智的态度在理脉上与小孩的情脉因子贯通。即小孩以情脉因子的方式来提出要求，而父母则以理脉因子的方式满足或拒绝小孩的要求。这样，从分析的角度看，小孩与父母间的不同因子的互动实际上构成了理脉层面上的连贯。父母拒绝或满足小孩的要求均是理脉贯通。

根据格莱斯的合作原则与会话含义理论，话语双方有无含义产生，可以从双方的话语方式、话语的量、话语的质，话语的相关性来判断。放在理解的合作原则的维度下，这就是要求话语双方在同一脉络层面进行同类因子的贯通。然而，格莱斯未注意同一脉络层面的话语互动可以由不同的因子来贯通。比如，你问我几点钟了，而我却回答说，送奶工刚刚来过了。这里，按程式性话语，你问我几点了，我应回答时间点，而不应说送奶工刚刚来过了。回答几点是在语脉上贯通，而回答送奶工来过了，则是用不同的连贯因子来贯通某一理脉连贯。你我都知道送奶工每天按时来，你问几点了，我从送奶工为时间点作答，你我仍有理脉贯通，你我在脉络上仍然一致。

在脉络上保持一致，话语双方就有理解的合作，就会达成共晓性。理解的不合作却会表现为因子相异而脉络错乱。这样的情况如果发生在两人的即时对话互动中，则表现为驴唇不对马嘴，答非所问等情形。正如马季相声里的一则对话，甲问："贵庚呢？"乙答："我吃了炸酱面。"这里有典型的脉络错乱。一些人谈话跳跃性强，或者属于意识流的思维模式，也会发生因子相异而脉络错乱。例如，香港作家刘以鬯的《酒徒》有下面一段话：

话例 54

轮子不断地转。有人在新加坡办报。文化南移乎？猴子在椰子树梢采椰。马来人的皮肤是古铜色的。五株树下看破碎的月亮。圣诞夜吃冰淇淋。三轮车在"莱佛士坊"兜圈。默迪加。掺有咖喱的大众趣味。武吉智马的赛马日。赢钱的人买气球；输钱的人输巴士。孟加里也会玩福建四色牌。文明戏仍是最进步的。巴刹风情。惹兰巴刹的妓女梦见北国的雪。有人在大伯公庙里磕了三个响头。郁达夫曾经在这里编过副刊。

（刘以鬯，1985：16）[①]

单从这段话的内部组织规律看，句与句之间基本上分属于不同的因子，各种因子反映的是不同事件或事态，而脉络也是多样。即这段话找不到一个属于篇章内的主题，其语句间的连贯性也就丧失。脉络混杂，连贯不明。仅从语篇内部分析，我们无法理解该段话的意图。当然，这段话毕竟出自于刘以鬯的名作《酒徒》，这表现的是主人公"我"喝醉酒后的思维活动，离开这段话的内部组织，站在整部小说的结构看，这段话的杂乱是可以理解的。这段话成了局部上混乱，不连贯，而在整体上具有合理性，合乎醉酒者的想法，合乎小说情节描写，合乎人物内心刻画的需要。

脉络错乱还与因子的量与活性相关。人与人之间并不总能保证因子相同，而即便两人有相同的因子，也不能总是保证他们因子的活性一样。不过，正因为人有因子上的差异，人与人之间的交流才有必要。在交流中，新的因子得到接受，惰性因子得到激活，因子与因子发生结合而形成新的概念，而新的概念进入生活、影响生活。见多识广；读万卷书，行万里路；外面的世界很精彩等这些直接或间接说明因子量的增加，因子库的扩大，以及因子与因子形成新的结合。

话语互动发生的不同现象，在可见的层面上是由于话语参与者的性别、年龄、职业、教育程度、工作等的不同，而表现出话语的不同。在维特根斯坦看来，语言不同关涉的是生活形式不同。然而，在我们看来，话语不同在本质上是个人因子库、因子量的不同，而不是表面上的人不同。单纯描述不

[①] 刘以鬯：《酒徒》，中国文联出版公司 1985 年版，第 16 页。

同职业的语言，并未揭示其真谛。人有不同，主要在于情脉因子、理脉因子、意脉因子和语脉因子上存在差异。年轻人冲动、易受骗主要是情脉因子的活性程度与年长者不一样。两个人的情脉因子的活性差异也会导致脉络错乱，出现理解的不合作。

如果两个话语参与者的理脉因子不一样，或者理脉因子的活性不一样，那么他们相互间构成的连贯与理解也就不一样。比如现代商业文明社会的一个商人到美洲印第安人部落做客，商人发现印第安人的帽子做得很好，决定买下印第安人那顶帽子，那帽子卖价是 10 美元一顶。商人打算再多买一些帽子，并希望印第安人打打折扣，每顶 8 美元。然而，印第安人说，如果商人只买那现有的一顶帽子，他们只收 10 美元；如果商人需要再买一批帽子，那么帽子的价格每顶要提高 2 美元。商人对此感到很奇怪，成批地买你印第安人的帽子，你印第安人理应降低单价嘛。然而，印第安人对商人的奇怪而感到奇怪，在印第安人看来，做一顶帽子只花做一顶帽子的心思，所以只卖 10 美元；而要做一批帽子，则意味着要花不同的心思去做不同的帽子，价格自然就应该高一些①。根据这个例子，我们可以把商人与印第安人之间关于帽子生意洽谈的关键对话表述出来：

话例 55

　　商人：你这顶帽子，我打算买下。要多少钱？

　　印第安人：10 美元。

　　商人：我再想买一些，能否再做一些帽子？

　　印第安人：当然可以。

　　商人：那么，我买一批帽子，能否打打折扣，每顶帽子只卖 8 美元，如何？

　　印第安人：不行！相反，你要多买一些帽子，每顶需要多付 2 美元。

　　商人：为什么呀？我多买，你就应该打折呀，这是常理呀。

　　印第安人：你多买，我就要多做帽子，而我做每一顶帽子都要

---

① 这个例子是作者在美国访学期间从 Troy University 的 David Dye 博士的课堂上听来的案例。其真实性无从考证。

花不同的心思，所以要多收钱。

　　商人：你可以把所有的帽子做成一样的嘛。

　　印第安人：做成一样？那多无聊啊，每顶帽子有每顶帽子的讲
究。

　　值得注意的是，商人与印第安人之间理解的失败在于双方在不同的理脉
上思考问题。商人的理脉因子是，批量生产、批量销售，价格就应该打打折
扣。印第安人的理脉因子是每做一顶帽子，就意味着要花不同的心思，有不
同的讲究。在商人看来，做一批帽子如同标准件生产，而在印第安人看来，
每做一顶帽子代表的是不同的艺术。结果，各有各的道理，各有各的事理。

　　话语双方各自因子库的大小不一同样会影响话语连贯的构建与理解的合
作。话语脉络的错乱与因子的结合密切相关。发话者的意图与受话者对话语
的解读，表现形式上就是脉贯因子的激活与匹配。然而，在激活与匹配过程
中却会出现错乱，比如你要搬进新居，我向你祝贺，而我按四川成都人的习
惯，贺你乔迁新居就需要你请客吃饭，这种场合的话语表达是"我要吃你的
搬家豆腐"，我这句话别无他意，你有搬家之喜，我凑凑热闹，顺便占点便
宜，讨口酒喝，所以叫"我要吃你的搬家豆腐"。然而，你若是浙江绍兴人，
你听到这话却会感到很不吉利，因为按照浙江绍兴人的习惯，"吃豆腐饭"
意味着主人家里有人刚刚到"阴国"去了。同样一句话，会给我们带来不同
的想法，虽然按当时的交际场景，双方应该知道对方的意思，但毕竟那话语
会作为激活因子激活起一些想法来。

　　**话语形式或者说话语符号本身是理解的出发点，话语双方的理解既可在
符号本身层面上开始理解活动，也可以通过符号而刻意追求特殊意义的产
生。**这样一来，意脉贯通及意脉层面上的理解就会发生不合作现象。导致这
种现象的行为是对同一话语，双方各取所需，在自己认定的意脉因子上理解
对方的话，然后续接出自己的意脉连贯来。现实生活中胡风与何其芳在建国
初的文艺争论就有这方面的典型例子。

　　话例 56
　　……
　　何其芳 1949 年在《关于现实主义》一书的序中，没有在正文

里点出胡风的名字，而是采用注文点出的方法……刺痛胡风的，首先是何其芳文中出现的"先生们"这个词。何其芳在文章开头部分说："有这种理论倾向的先生们认为现实主义就是他们心目中的那种所谓主观战斗精神和那种主观战斗精神所接触的所谓客观现实的结合……"胡风是熟知"先生们"的典故的对之极为敏感。……然而，胡风的惯性掩盖了他的眼睛，他忽略了本该及时警觉的要害问题，没有在最应争辩、解释的地方发挥他的能力，何其芳文中那句"对于这种理论倾向的坚持就实质上成为一种对于毛泽东的文艺方向的抗拒"，居然对胡风毫无刺激……

（李辉，2003：54—57）[①]

这里可以看出，多个因子，多种因子潜藏在话语里时，不同的受话者会对不同的因子进行关注。胡风特别反感"先生们"这词而对那至关他政治生命的"对于毛泽东的文艺方向的抗拒"不加论辩，这说明政治因子在胡风那里当时并未处于突显状态，他理解而形成的脉络贯通与何其芳的理解存在着脉络错乱现象。

脉络错乱反映的是理解的不合作，即话语双方在理解上未能达成共晓性。不过，理解上的不合作只是暂时的，只是双方首先激活的因子出现了贯通上的障碍，或者出现了意外的贯通，这些障碍或意外都属于脉络混乱。平常话语里的"说者无心而听者有意"，实际上就是话语双方脉络混乱的写照。听话者往往会根据自己的心理和大脑里的固有知识去判断所接收到的话语。概括起来说，发话者与受话者会出现因子的不同激活，会出现不同的脉络突显。几年前，美国哥伦比亚特区华盛顿市市长安东尼·威廉姆斯（Antony Williams），不得不因为一个单词 niggardly 而忍痛辞退得力助手戴卫·霍华德（David Howard）。这一事件的起因是，在一次市政府例会上霍华德作财政预算报告时用了单词 niggardly。他当时的本意是说，面对城市黑人居民比例较大的公共福利事业，他在预算时必须"手紧一点，小气一些"（niggardly）。他说这话时，在场的另外两名助理官员，一黑一白，都提出抗议，说他不应该使用听起来近似 nigger 的字眼。为此，霍华德遭到了起诉而丢了

[①] 李辉：《胡风集团冤案始末》，湖北人民出版社 2003 年版，第 54—57 页。

官职①。霍华德是冤枉的，niggardly 一词仅仅听起来像带有种族忌讳词 nigger 而已，辞源上前者与后者风马牛不相及。这可以算是说者无心而听者有意的典型之一，属于典型的脉络错乱。

脉络错乱在话语互动中可能处于偶然，也可能出于故意。无论是偶然还是故意，理解上的脉络错乱可以展示出话语连贯的脉络结构。

第三节　连贯的脉络结构

根据话语脉络种类的不同，连贯的脉络结构可以粗略地分为语脉、情脉、意脉和理脉四类。相应地，话语连贯的脉络结构分别有四种基本模式。于是我们可以说话语连贯的四种基本脉络结构就是语脉结构、情脉结构、意脉结构和理脉结构。

根据话语的脉络数量差异，连贯的脉络结构可以划分为**单一脉络结构**和**多重脉络结构**。这里的多重脉络结构是指两种及以上的脉络结构。从话语互动双方看，每条脉络的贯通是双方连贯因子的对接或两两相接。这样就有同种因子贯通的脉络和不同因子贯通的脉络。这就是说，话语的脉络贯通可以分为混合型脉络和无混合型脉络。所谓混合型就是发话者凸显的是一种脉络，而受话者凸显的是另一种脉络，二者接在一起形成话语互动凸显出来的脉络贯通。无脉络混合的连贯是**纯脉连贯**，而有脉络混合的连贯则是**杂脉连贯**。

一、纯脉连贯

具有纯脉连贯的话语互动是指双方在同种脉络因子上达成脉络贯通。这就有纯语脉连贯、纯情脉连贯、纯理脉连贯和纯意脉连贯。一个话语互动事件可能只有一条脉络的凸显，也可能有多条脉络的凸显或共现。

一般来讲，汉语拆字联上下两句的贯通就是纯语脉贯通的典型例子，而且拆字联式的对话往往只有一条语脉的凸显。比如"冻雨洒窗东两点西三点"与"切瓜分客横七刀竖八刀"这两句的贯通凸显的是纯语脉的贯通。前

---

① 杜世洪:《美国语言之旅》，中国社会科学出版社 2005 年版，第 281 页。

些年有人对"去前门买前门前门没有前门"这一联用英文续出了下联，那就是"To China for china China has a china"。从语脉贯通的角度看，在具有汉、英双语能力的话语群体里，这两句具有语脉连贯。纯语脉连贯在一些程式性话语、机构性话语中比较常见。

纯理脉连贯与纯意脉连贯在一些指令性话语、产品说明书、操作手册等话语事件中常见。另外，科技语言、数理语言也多以纯脉络连贯为话语的基本特征。

在具有纯脉连贯的话语中，有些话语形式则有多条纯脉的共现比如相互辱骂对方，话语双方既有情脉的贯通，又有语脉或意脉的贯通。在辱骂性话语互动中，一般很少有理脉的贯通。

在一些脑筋急转弯式的对话中，往往有一种脉络的凸显，而真正起连贯作用的是另一种脉络。然而，受话者往往会被凸显的脉络误导，而不易与发话者保持脉络一致。实质上，在脑筋急转弯式的对话中，发话者有意利用一种脉络的凸显来掩盖另一种脉络，或者故意声东击西，激活一种脉络而隐藏另一种脉络。比如甲提问说"来字加三点水读来，去字加三点水读什么？"对于这样的设计，乙很可能脱口而出"去字加三点水读去"。为什么会这样呢？因为甲的前半句意在激活受话者的思维定式，让受话者产生一种语脉贯通的思维定式，而掩盖了理脉。同样，甲如果提问说："小明的爸爸有三个儿子，大儿子叫大毛，二儿子叫二毛，请问三儿子叫什么呢？"受甲的语脉误导，乙很可能说出"三毛"来。从纯粹经验的角度看，在脑筋急转弯式的话语互动事件中，纯粹经验式的听话状态时，不太容易想到其他方面。

纯脉连贯在初学者的外语教学课堂话语互动中也比较常见。当外语被当作一种符号来教学时，教与学双方则以纯语脉连贯来贯通话语。教师问"What time is it ?"学生自然会回答"It's two o'clock now. "而不会以其他标志时间的方式来回答提问。比如不会像格莱斯所举的例子那样而说"The milkman has come."

一般来讲，文学性语言具有多种脉络的共存。如果文学性语言只有单一脉络存在，文学性语言就失去了文学性。文学性语言并不只是在文学作品里才有，日常对话中也不乏精彩的文学性语言对白。生活本来就是文学的源泉。对文学性语言的理解就不能停留在某一纯脉层面上，而需要考察话语的杂脉连贯。

二、杂脉连贯

前面说过，当一个小孩以某种情绪的宣泄来提出某个要求时，小孩的妈妈则可能理智地分析小孩在要求什么。比如小孩哭着要买某个玩具，小孩的妈妈则不太可能用哭的方式来抗拒或答应小孩的要求。这种情况下的话语连贯是典型的杂脉连贯，即小孩的情脉凸显，而小孩的妈妈则以理脉来续接，从而在小孩与妈妈之间达到脉络贯通。

杂脉连贯就是依靠多种脉络的交织而形成的脉络贯通。话语互动双方在一个话语事件中出现了脉络不一致，也就是双方各自激活的连贯因子不一样，从而在理解上发生脉络交叉。脉络错乱的根本点在于连贯因子的不同，从形式上看，话语片断在话语双方的头脑里激活的因子不一样。比如TOEFL 可能激活的是"以英语为外语的考试"，也可能激活的是"幸运"，TOEFL"托福"嘛。这就出现一个情况，TOEFL 在以英语为母语的人那里产生不出"托福"及其联想来，而在中国人头脑里却可能是祥兆。这里可以得出两点：第一，同一话语片断可能在不同的人那里激活出不同的因子来而构建出不同的连贯；第二，在一种语言里具有激活作用的因子却可能在另一种语言里失去相应的激活作用。"I come. I saw. I conquered." 在初通英文的中国人耳里，可能产生不出丰富的联想，但在文化品位较高的英美人头脑里，这看似简短的话语，却韵味十足。骨头在狗眼里，黄金在淘金者那里，粪便在拾粪工面前，各自具有各自的激活作用。

第一章中的话例 2，即马致远的《天净沙·秋思》作为话语互动的内容时，会有各种脉络交织。情脉、理脉、意脉的凸显会根据理解者的心境差异而有所差异。如果从语脉上去寻找贯通，除了音韵外，再也找不到别的联系。倘若用英语语法观去看待"枯藤老树昏鸦"这样的句子，就会发现这样的句子不合语法。这正如乔姆斯基的例子：

Colorless green ideas sleep furiously.

（Chomsky，1957：29）①

---

① N. Chomsky, *Syntactic Structures*, Mouton, 1957, p.29.

从意脉角度理解，"无色的绿念头狂怒地睡觉"这样的语句毫无意义，这是一种没道理的表达，不合理脉，或者说理脉不凸显。然而，正如潘文国所说，"对于汉语来说，脱离语义的语法分析是毫无意义的"[①]，如果把乔姆斯基那句话归化成汉语语句"无色青思怒火眠"，音韵上成了"仄仄平平仄仄平"，似乎在诉说什么，似乎是某个"平平仄仄平平仄"话句的后续语句，比如添上一句之后，可能就有如下话语：

> 浓花淡叶春心躁，
> 无色青思怒火眠。

乔姆斯基认为"无色青思怒火眠"毫无道理，但放在理解的合作原则下，考察该语句如何使用，就应该考察该语句可能与什么样的语句形成统一关系，那么这种看似没有道理的约定仍然是有道理可言的。这说明脉络混杂的话语本身就是具有多种理解的可能。杂脉连贯的构建在于话语双方各自的因子如意脉因子、理脉因子、情脉因子的交替影响。

最基本的话语互动是双方你一言我一句的交互作用，你的那一句话自然与我的这一句处于共晓性的统一中，否则你我就无法理解。话语分析者如果选定一个立场，对某一语句采取充分分析的手法来考察语句的意义，那么，就有可能走人充分分析的困境。自然理解并非一定依赖充分分析。西施的美并不在于充分分析后我们所能得到的那堆原子，即把西施还原成原子是无法理解西施之美的。同理，只在一个脉络层面理解话语的连贯，就无法理解连贯；只孤立地考察一个语词，一个语句的意义，就无法真正理解意义。西施身上的一个个碳原子无法回答西施之美。为此，我们对乔姆斯基那句话很有感触，把它置于以下几句话中，那本来无意义的语句却多少有点道理，这正如"枯藤老树昏鸦"在《秋思》里不无道理一样。

话例 57[②]
　　浓花淡叶春心躁，

① 潘文国：《汉英语对比纲要》，北京语言文化大学出版社 1997 年版，第 122 页。
② 话例 57、58、59、60 系作者原创。

　　　　无色青思怒火眠。
　　　　乔公不解孤言意，
　　　　枉把西施化成烟。

　　杂脉连贯在诗歌中表现丰富，若不能把握住诗歌中丰富的脉络，就很难说对诗歌有充分的理解。正因为如此，对诗歌的理解与翻译就很难做到充分理解与充分翻译。话语双方就诗歌的互动与理解，会出现纷杂的脉络交织。我们如果写出下面几例话语来，受话者有什么样的理解呢？

　　话例 58
　　　　我梦想有一块草地，
　　　　草不要太深，
　　　　太深不便卧着看你；
　　　　不要修剪，
　　　　一修剪就失去了旷野的灵气。
　　　　我要入住这块草地，
　　　　没有他人，
　　　　只有爱草的我和你。
　　　　微风吹过，
　　　　你看草叶舞弄着身姿，
　　　　我加快了生命的呼吸。

　　对于话例 58，话语接受者会在什么样的脉络层面上与话语生产者构建连贯呢？那话语中的"我"和"你"能分别代指话语生产者和话语接受者吗？在这例话语中，发话者本身就设定了三个话语视点，话语接受者可能选取其中任一视点，也可以另外设定自己作为诗歌解读者所应有的视点，然后开始领会话语。这样一来，话语互动的双方就会出现不同的脉络构建。这例话语进入互动过程，受话者能够感觉到话语所建立的意象，同时也会发现有多种脉络的交织。受话者也许会选取分析者的意向立场，把"我"与"你"确定为一组对应关系，"我"仿佛是在向"你"表明某种心迹，"你"可能是"我"的知音；于是，那"你看草叶舞弄着身姿，我加快了生命的呼吸"便成了点睛之笔。受话者也可能选取"我"或"你"的意向立场，这时话语的脉络就会有新的贯通，受话者本人进入话语意象，那么此时的话语脉络就不太凸显，比较隐晦而且具有任意性。应该说，话例58的脉络贯通依赖的是话语互动的双方以及分析者的凸显，这肯定具有多重脉络贯通的可能。同样，话语本身的凸显也可能导致不同脉络的贯通，试看下例。

话例 59

　　　我记得昨天的祝福，
　　　却感受着今天的痛苦，
　　　曾希望明天会更好，
　　　可昨天的明天为何依然如故？

　　从语脉上考虑，"昨天"、"今天"、"明天"和"昨天的明天"构成了一个语序。从语言学角度的意脉看，"记得"、"感受"、"希望"和"为何"构成了一个语序，而"祝福"、"痛苦"、"更好"、"依然如故"构成一个语序。然而，这种拆句成词的语脉分析，实质上也是充分分析的手法，与自然理解有所不同。而自然理解就要理清其中的多重脉络的交织关系，要考察语句的使用情况，考察它们为什么这么用，这么用又与其他别的语句发生什么关系。这就是连贯的概念考察所要做的工作，即连贯作为一个哲学概念，接受的是哲学的概念考察，而哲学的概念考察始终离不开语言、离不开人、离不开人的心理。用本书的话说，考察杂脉连贯就是考察话语双方因子库中的各种脉络因子如何进入话语互动。

　　话语的语脉和理脉相比之下要比意脉和情脉客观一些，所谓客观，在这里是指形式化程度高一些，即我们容易从话语的组织形式来判断语脉或理脉，但是我们对情脉和意脉的考察则不可能依赖于形式化手段。当多种脉络交织时，杂脉连贯既有形式上的脉络凸显，又有非形式化的脉络的存在。前面那四句诗的情脉就是作者对痛苦之情为何恒定不变的困惑，这种情脉贯通依赖于话语双方的情感交流。

　　杂脉连贯还可表现为多种脉络交织在一起共同构建一个主导的脉络，让一个起主导作用的脉络凸显。试看下列几句话：

话例 60

> 我仰望着满天星斗的夜空，
> 摘取的只是自己够得着的葡萄。
> 我飞越过遮天盖地的云层，
> 守望的仍是众生追逐着的太阳。
>
> 我俯瞰着喧嚣纷杂的大地，
> 思忖的全是凡人热恋着的乐土。
> 我回归到鸡犬相闻的故里，
> 有为的不再理睬沉与浮的悲喜。

从语脉的角度分析，这里有藏头诗"我摘我守，我思我有"。作为激活因子，"我思我有"又容易让人想起笛卡尔的"我思故我在"来。"仰望满天星斗的夜空"可能会让人想起泰勒斯的事和黑格尔的话来，也可能让人想起温家宝总理写的《仰望星空》。"摘取自己够得着的葡萄"让人联想起钱冠连的同名散文集来。然而，这些因子的激活却要表达的是作者志存高远而又正视现实的志趣，不必真正地一边望着星空一边摘取葡萄。

为了追求更高的目标，我们可能做出超常的努力，然而，当超常的努力付出后，我们却可能只是守望着自己的理想，这与芸芸众生学习夸父追日一样。超常努力带来的差别只不过是有更多机会会守望太阳而已。

每个人都有自己的追求与梦想，有自己梦恋着的美好未来与乐土。正因为如此，世界才纷杂喧嚣。在繁忙的世界里，真正有所为就不是为悲为喜而有所为，悲喜根本不是衡量自己行为的标准或结果了。有作为就在于有所为的本身，而不是有所为的结果——悲与喜。

"我摘我守，我思我有"就在于此。对这首诗的理解会涉及语脉、理脉、情脉与意脉的交织考虑。其中的杂脉连贯的构建在于受话者对这首诗的脉络分析。杂脉构建是一个动态的过程，而不拘泥于任何静态的模式。

话语互动中的杂脉连贯可以表现为多条纯脉的并存，也可以表现为多条纯脉的交织。当多条纯脉交织时，杂脉中的每一条脉络就是混合型脉络。按照两两相连、两两相接的原则，混合型脉络可能由语脉、意脉、情脉和理脉按数学排列方式形成。于是，纯脉和杂脉的种类与数量可以按图6—1表示出来：

受话者脉络

脉络构成情况	语脉	意脉	情脉	理脉
语脉	语-语（纯脉）	语-意（杂脉）	语-情（杂脉）	语-理（杂脉）
意脉	意-语（杂脉）	意-意（纯脉）	意-情（杂脉）	意-理（杂脉）
情脉	情-语（杂脉）	情-意（杂脉）	情-情（纯脉）	情-理（杂脉）
理脉	理-语（杂脉）	理-意（杂脉）	理-情（杂脉）	理-理（纯脉）

（左侧纵向标注：发话者脉络）

图 6—1　话语互动脉络结构的种类与名称

三、脉贯实例分析

我们在第一章作观点声明时曾说，话语（包括任何书面和口头话语）之所以为话语就在于话语的互动，话语的特征就是对话关系。话语是意义生成的互动，是具体生活的总和。互动中的话语并不是作为语言学的具体对象而存在，而是生活形式、话语理解、以及共晓性的统一。话语互动赖以进行的基础就在于有不同脉络层面上的连贯构建。各个脉络的连贯构建的基本形式就是两两相接，或者说连贯因子的对接。发话者的某个连贯因子可能与受话者的连贯因子同类而构建纯脉连贯，也可能不同类而产生杂脉连贯。本节将以具体例子来说明纯脉和杂脉的各种构建情况。

1. 语脉首先凸显的杂脉连贯

话语互动中有些话语事件主要以语脉首先凸显来构建连贯，受话者借助发话者的话语因子而续接出相应的话语脉络来。我们仍然以钱冠连所举出的例子来说明。

话例 46

顾客：有瓶胆卖吗？

卖主甲：没有。

卖主乙：没有。刚脱手。您晚了一步。

卖主丙：没有。刚脱手。您晚了一步。南京东路三号有的，您快去。

话例46中，顾客与卖主的问答中，"有瓶胆卖吗?"与"没有"是语脉上的脉络连贯。顾客与卖主甲的互动凸显出来的是语脉连贯。顾客与卖主乙的话语互动，首先是语脉的续接，然后卖主乙再从意脉上续接话语脉络，"刚脱手。您晚了一步。"解释了"没有"的意义，从而让顾客与卖主乙达成共晓性，达成理解。顾客与卖主丙的话语互动，仍然先有语脉的续接，然后有意脉的贯通。最后"南京路三号有的，您快去。"又从情脉和理脉上贯通话语。卖主丙理解顾客的心情，合情合理地指出哪里可以买到瓶胆。这一话例的脉络结构见图6—2。

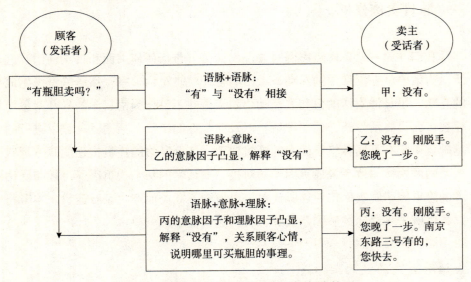

图6—2　顾客与卖主的话语脉络结构图

2. 意脉首先凸显的杂脉连贯

意脉直接关乎话语的意义，话语互动的首要内容是意义。在互动中，人们往往会得其意而忘其言。意义是最难说清的概念，不过，按维特根斯坦的路子，考察语词的意义就是考察语词的实际用法。当我们首先对意义困惑时，我们会掉转头思考意义究竟是如何表达的。下例对话首先凸显的是意义，发话者让意脉因子首先凸显出来。

话例 61

> 甲：为什么人有两只耳朵、两只眼睛而只有一张嘴呢？
>
> 乙：因为人活在世上需要多听、多看而少说。

这例话语多少显得有些不真实，但是倘若真有人像甲那样把这问题提出来，那么像乙这样的回答还是多少有点道理。我们在纯粹经验中听到甲的话时，不会追问甲提问的意义，但是当我们在对纯粹经验进行加工时，首先凸显的就是这话的意义是什么。意脉首先在甲那里凸显出来，继而又在受话者那里凸显，为了解释，受话者又从语脉上去寻找解释关系。即这例话中，首先是意脉凸显，然后是围绕两只耳朵或两只眼睛大于一张嘴巴这样的语脉，而进行语脉和理脉的连贯。

3. 情脉首先凸显的杂脉连贯

话语本身不传情，是人用话语传情，情脉凸显的话语互动是情绪和感情激活而又相互感染的互动。情感以感知为基础，情感的宣泄需要双方共同感知。

互相辱骂对方的话语互动，首先凸显的是各自的愤怒情绪，在情绪激动下的话语互动首先是情脉贯通，然后才有意脉、理脉乃至语脉的贯通。情感、情绪可以分为正面和负面两大类。负面情感与情绪凸显的话语互动破坏性强，话语双方往往很难达成统一。正面情感与情绪的凸显往往会增强话语的表达。我们再看看话例 19：

话例 19

> 刘备：为汝这孺子，几损我一员大将！
>
> 赵云：云虽肝脑涂地，不能报也！

这里面首先凸显的是情脉，刘备爱惜将领之情凸显出来，让赵云受了感染，所以赵云才泣拜并誓言报答。在情脉凸显之下，"我一员大将"与"云"在语脉和意脉上贯通。这里仍有多重脉络的贯通，比如在情感上，"我一员大将"的意义显现出来，指明了"赵云"在刘备心目中的地位。

我们回到第一章话例 3 看看班主任与甲乙丙丁四位家长的不同对话。家长甲那"为什么呀？一定要调换寝室，不然我们就退学！"，首先凸显的是情脉，在情脉之后仍有意脉续接。家长乙的回话也是如此，先有情脉的凸显，然后有意脉和理脉的贯通。家长丙凸显的是正面情绪，有正面情脉的贯通。而家长丁则是理脉当先，然后以情脉和意脉续后。

4. 理脉首先凸显的杂脉连贯

理脉贯通在于话语双方具有共同认定的理，即当共同认定的理首先被激活后，话语双方就有以理脉为先导的各种脉络层面上的连贯构建。"晓之以理，动之以情，授之以意"。以理在先的话语互动常常具有明显的脉络层次的显现。第一章话例 3 中班主任与家长丁的对话就是家长丁以理言事，以理传意。劝说性话语、机构性话语、叙事性话语多以理脉凸显为连贯构建的基本出发点。试看下例：

话例 62

老师：有一岗位，需要一名英语水平达到 6 级，计算机水平较高的学生。诸位是否有意应聘？

学生甲：要男生还是女生？

老师：男生优先。

学生甲：唉！怎么会这样？

学生乙：工资多少？

这样的话语主要以理脉为主导，在此基础上才有意脉和情脉的贯通。学生甲第一轮回话以及学生乙的回话，是理脉凸显，而学生甲的第二轮回话，则有情脉凸显，表达了不满情绪。在理脉凸显后，学生甲的第一轮回话："要男生还是女生？"还与教师的话语"需要一名……学生"形成语脉上的对应，同时又按意脉组织话语来，连接点是上位词"学生"与下位词"男生"或"女生"对接。学生乙那"工资多少"直接关涉事理，应聘自然要弄明白工资待遇，这合乎常理。

第四节　本章小结

理解的合作原则及其四个守则为衡量话语互动的连贯机制提供了描述性原则。从理解的合作原则的总原则看，话语双方至少要在一个凸显的脉络层面上追求话语的最大共晓性。对共晓性的追求就是话语互动中相互理解的合作。话语理解并不以语言形式关系的理解为终极目标，而是话语双方在语脉、意脉、情脉、理脉上达成生活形式的理解。理解可能从语言形式开始，但绝不是停留在语言形式上。不过，话语互动的双方可以从任意脉络层面进行各自的理解。促使话语脉络凸显的直接因素就是话语参与者的因子量与因子库的大小，以及因子的活性方式与活性程度。

日常话语互动中，话语双方既有符合理解的合作原则的话语互动，也有不符合合作原则的话语互动。理解的合作原则并不是对话语参与者的强制性规定，而是对话语连贯构建的各个层面的分析。符合与不符合理解的合作原则都有连贯的形成，都有一定的脉络贯通。在符合原则的互动中，呈现的是纯脉连贯，即当话语双方都在语脉、意脉、情脉和理脉上进行同种脉络的连贯构建时，那么连贯的种类可以分为语脉连贯、意脉连贯、情脉连贯和理脉连贯。当合作原则受到违背时，话语双方构建的连贯为杂脉连贯，杂脉连贯的种类与数量是发话者和受话者各自拥有的四种脉络因子的排列式的对接。为此，杂脉连贯的数量用排列公式表示为：4 的阶乘除以 $(4-2)$，即等于 $4 \times 3 \times 2 \times 1/(4-2)=12$。

话语互动的脉络结构种类可以分为纯脉连贯和杂脉连贯，纯脉连贯有 4 种：纯语脉连贯、纯意脉连贯、纯情脉连贯和纯理脉连贯。纯脉连贯是话语双方进行同种脉络因子的两两相接。杂脉连贯有 12 种，是话语双方连贯因子的对接时发生的脉络错乱，一方是语脉因子，而另一方对接的可能是意脉、情脉或理脉，依次类推。

本章还按照首要脉络凸显的种类不同，分析了四种脉贯实例：即语脉凸显的杂脉连贯、情脉凸显的杂脉连贯、意脉凸显的杂脉连贯和理脉凸显的杂脉连贯。现实生活中，话语互动以杂脉连贯为话语连贯的主要形式。

第七章　结　论

　　叶斯柏森在其《语法哲学》"序言"的开头引用了卢梭的话："即使对司空见惯的事物进行观察，也需要具有哲学的头脑。"[①] 叶氏引出这话正是对语言研究提出的一项要求——哪怕是从事日常语言研究也需要主动自觉地接受哲学的指导。因此，我们可以说，**话语连贯研究必须走上语言学与哲学相结合的道路**。这一结合的必要性，还在许嘉璐的话中表达了出来："……似乎可以说，我们的哲学家们对语言的关心太少了，而我们的语言家对哲学的了解就更为可怜。"[②]

　　本书瞄准的对象——话语互动中的连贯算得上是一种司空见惯的概念，而且具备正常话语能力的人几乎不会怀疑自己具有对话语连贯进行判断的能力。然而，对于**"连贯是什么"、"话语如何连贯"**等这样的问题，并不是每个普通人所思考过的问题，更谈不上普通人对这样的问题进行过认真的考察。所以，我们认为卢梭的话颇有道理，要对"百姓日常用之而不知之"的"话语连贯"这样的问题进行研究，需要的不仅仅是语言学头脑，而更需要的是具有哲学的头脑。

　　本书的一个显著特点就是**把话语连贯放在语言哲学的视角下进行分析性的概念考察，开启了话语连贯研究的新思路**。既有的连贯研究主要把连贯这一概念置于篇章语言学中进行考察，从而对连贯的认识存在着明显的局限。正是由于连贯研究具有认识上的局限，在语言学界才出现了"恩克维斯特问题"和"连贯研究的困惑"。

　　本书源发于"恩克维斯特问题"，回应的是"连贯研究的困惑"，回答的

---

① 叶斯柏森：《语法哲学》，语文出版社1988年版，第1页。

② 许嘉璐：《语言学译著序》，载于奥格登与理查兹：《意义之意义》，白人立、国庆祝译，北京师范大学出版社2000年版，第2页。

是话语互动中"**连贯何以可能**"这一大问题。

本书从思考"恩克维斯特问题"和"连贯研究的困惑"入手，结合对连贯研究存在的不足或误解进行剖析，对目前连贯研究出现的新观点进行分析，然后提出了我们的观点和研究方法，旨在推进话语连贯研究的理论化进程。

本书围绕"话语连贯何以可能"这一中心问题，结合对恩克维斯特问题的思考，从日常话语的具体现象分析入手，对话语互动的本质特征做了探讨。我们指出：话语之所以为话语就在于话语的互动，话语的特征就是对话关系；话语是意义生成的互动，是具体生活的总和；**话语并不是作为语言学的具体对象而存在，话语是生活形式、话语理解以及话语共晓性的统一；话语互动赖以进行的基础就在于不同脉络层面的连贯构建。**本着这一认识，本书提出"连贯不仅是一个科学概念，而且更多的是一个哲学概念"。连贯可能以语言的某种形式体现出来，但连贯绝不是语言形式。停留在语言形式上的连贯研究不能真正揭示连贯的本质。当我们说连贯是一个科学概念，意思是连贯可以衡量。对连贯的衡量一方面可以依赖于语言形式，另一方面却要对话语双方的理性、交往理性、知识、纯粹经验、他心感知、意向立场等进行考察。**连贯作为一个哲学概念关涉的是话语双方的思维问题和"在世问题"。**

在对连贯和话语重新做了界定后，本书梳理了"连贯的语言学解释"的各种方法。通过对连贯研究的语言形式法、语用推理法和认知心理法的评价，本书指出了既有连贯研究方法存在的不足。我们认为，把连贯当成静态的、形式确定的概念仅仅是对连贯研究的初步认识，还需要从话语互动的动态性去考察连贯。对连贯的动态性的考察就要突破语言学概念下的话语连贯研究的局限，从而开启"**连贯的哲学解释**"。

在哲学解释的维度下，我们把**连贯的实质还原成"两两相接"，即连贯因子的两两相接**。既然连贯的实质就是**连贯因子**的"两两相接"，那么，连贯这一概念就不再局限于语言学的形式关系了。为此，我们把文章学的连贯、心理学中的连贯和哲学中的连贯进行了整合式的考察。我们发现，这些领域的连贯并非泾渭分明，各不相干。连贯是人与人的连贯，而且这些领域本身关涉着人，关涉着人的在世。所以，粗略地看，话语连贯是话语双方两个人的关系，而两个人的关系则可以进一步细分，即进行充分分析。在充分分析的视角下，话语互动的连贯直接关涉的是理性、交往理性、知识、纯粹经验、他心感知、意向立场等。本书尝试性地考察了连贯与这些概念的关系。连贯反映的是对话双方的关系，而这种人与人的话语关系则可以还原成因子与因子的对接。于是，连贯的构建实质上是话语双方因子库的利用。每个人的因子库大小与个人的**话语累积量**直接相关。分类上，人与人的话语关系体现为**立言、说事、表情和讲理**，于是，我们提出话语互动具有这四种脉络层面上的互动，即**语脉、意脉、情脉和理脉**。

连贯既然是因子的两两相接，那么连贯的规范性问题是不可忽视的问题。既有的连贯研究倾向于把连贯放在规则概念来考察，但是我们发现，**连贯的规则性并不强，连贯主要是规范性概念**。连贯构建并不破坏语法规则，同时也不是由语法规则所决定。疯子的每句话都符合语法规则，但疯子的话不具备连贯。这反衬出的道理是两个因子对接的规范性问题。因子可能外化为语词，但因子更多地与概念接近。所以，话语双方的连贯构建外化为语词的对接，但本质上却是概念体系的相关。话语片段、概念、语词等在特定的场合均可能成为连贯因子。连贯因子在不同的话语参与者那里会有不同的表现，这与个人话语累积相关，同时也与个人的**原生概念和次生概念**的差异有关。日常话语互动中存在着原生概念和次生概念的混用，存在着因子的混接，存在着脉络的错乱。

话语双方既然有不同脉络层面的连贯构建，那么连贯何以达成实际上就涉及双方的理解问题。"话语连贯与理解"反映的是话语双方的共晓性问题。不管双方在语脉、情脉、意脉，还是理脉上构建连贯，都会涉及双方话语理解问题。理解在话语互动中不是对语言形式的孤立解释，而是对语词的使用及其使用关系的认识。语词的使用及其使用关系代表的是生活形式。**话语连贯的可能，实质上就是理解的可能。没有理解就不会有连贯**。话语互动的双方在连贯构建中的理解活动可以用理解的合作原则来描述。理解的合作原则就是——**理解是话语双方在凸现的脉络层面上追求话语最大的共晓性**。这是理解的合作原则的总原则。它可以分为四个基本守则：连贯因子同类守则、连贯因子等量守则、连贯因子活性方式相同守则和脉络一致守则。

以理解的合作原则为尺度，我们可以衡量出话语连贯的不同脉络结构。理论上，话语双方应该具有等同的因子量，话语片段激活的是同一种类的连贯因子，在同一脉络层面上进行因子对接，然而，现实生活中的话语互动并非总是如此。实际上，完全符合理解的合作原则及其四个守则的话语事件并不是生活中的主要形式。真实的话语互动存在着这样或那样的违背合作原则的情况。话语互动的脉络并非总是单一出现，于是就有不同脉络凸显的话语互动。既然话语双方各自都有语脉、情脉、意脉和理脉等这四方面的连贯因子，那么话语活动就会出现双方各种因子的任意对接。于是，话语连贯就会有纯脉贯通和杂脉贯通。纯脉连贯分为四种，而杂脉连贯有十二种。真实的话语互动总是有多种脉络的交织，不过，在多种脉络交织中却可能存在主要的脉络得以凸显的情况。理解主要是在凸显的脉络层面上达成最大程度的共晓性。

从脉络层面上去考察连贯因子如何两两相接就是连贯的脉络辨析，换句话说，连贯研究就是对话语互动中不同脉络的贯通情况进行描述与分析，就是进行"脉"辨。

本书的创新之处在于从思考亲身观察到的话语现象的连贯问题入手，结合对有关文献的梳理，在分析了恩克维斯特的相关话语例子的基础上，总结并归纳出了"恩克维斯特问题"与"连贯研究的困惑"。以此为出发点，本书在话语连贯研究方面做出了以下几点创新：

第一，给"话语"和"连贯"这两个重要术语做了重新的界定。我们指出，"话语"之所以为话语就在于话语的互动，话语的特征就是对话关系；话语是意义生成的互动，是具体生活的总和；话语并不是作为语言学的具体对象而存在，话语是生活形式、话语理解、以及话语共晓性的统一。"连贯"是话语双方各自的连贯因子的"两两相接"而形成话语脉络的贯通。

第二，本书在梳理既有连贯研究的过程中，重点指出连贯的概念性质，明确提出连贯更多地是一个哲学概念，而不是单纯的语言学概念，不是一个形式化程度高的概念。我们认为，连贯并不是话语的固有特征，尤其不是静态话语（如语篇）的固有特征。既然连贯不是一个形式化程度高的概念，那么对连贯的考察就不能拘泥于语言形式的静态考察，更不能奢望从具体语篇分析中去概括出连贯的普遍模式。话语连贯没有固定的、唯一的普遍模式。

第三，利用语言哲学的概念考察法，围绕连贯这一概念的充分分析，整合了文章学、心理学、哲学等领域的连贯概念。笔者在参考了中国古典文论的相关论述后，借用并建立起语脉、意脉、情脉、理脉这四个概念，并把这四个概念确定为话语连贯的脉络基础。并根据连贯是连贯因子的"两两相接"

这一实质，提出了"连贯因子说"。相应地，连贯因子可以分为"语脉因子"、"情脉因子"、"意脉因子"和"理脉因子"。

第四，通过考察话语与理性、话语与知识、话语与他心感知、话语与纯粹经验、话语与意向立场，以及话语与交往理性等的关系，提出了连贯研究的相应角度。基于话语与理性共同演化、共同生长这一观点，提出了个人语言起源的"话语累积论"。同时指出，个人连贯因子库的大小实际上标志着个人话语累积的情况。在论述个人话语累积时，提出了"原生概念"和"次生概念"，并论述了"原生概念"和"次生概念"的关系。

第五，为了论述个人话语的累积性起源，本书在国内率先回应了"语言源于音乐习得机制"这一全新观点，并从西方哲学传统中来研究"音乐习得机制"的理论依据。

第六，在论证"连贯何以可能"这一问题时，对话语理解与话语连贯的关系做了重点考察，指出连贯建立在理解的基础上，没有理解的可能就没有连贯的可能。根据本书，理解就是话语双方在凸显的脉络层面上追求最大的共晓性。基于这一认识，本书发展了陈嘉映的"理解的合作原则"。

从以上创新观点来看，本书初步建立起了话语连贯研究的一种新方法——话语连贯的脉络辨析法（简称"脉辨法"），与此相关的新观点有"连贯因子说"、"话语累积论"和"理解的合作原则"。

从"连贯因子说"、"话语累积论"和"理解的合作原则"这三方面看，本书在理论上有一定的创新，但是，本书的创新并不是以提炼出相关理论为目的，而是要针对实际问题的解决。本书缘起于对实际问题的思考，因而最终目的就是要解释所思考的问题。这就是本书的实际价值所在。具体地讲，有以下几点：

第一，恩克维斯特问题在连贯研究的语言形式法中得不到解决，但在脉辨法中能够得到合理的解释。恩克维斯特问题关注的核心就在于指出充满了衔接手段的话语却并不一定连贯。我们认为这并不是一个真正的问题，首先恩克维斯特所举出的例子也属于单方面生造出来的话语，还没有进入真正的话语互动。即便如此，他的例子仍然有语脉上的贯通，相当于衔接。其次，恩克维斯特认为他的例子不连贯时，他所依据的衡量标准并不确定，即他没有提出可行的衡量方法来，只是凭个人单方理解而断言。我们说话语互动是双方的，没有进入互动的话语根本就无需谈论有无连贯。连贯是话语双方在互动中创造的，而不是某一方单独认可的。连贯基于双方的理解，单方的理解达不到共晓性。

第二，连贯的语言学解释中有一种倾向就是把连贯确定为语义概念，这种做法不是没有道理。然而，话语互动中的意义该怎么确定呢？意义确定的标准是什么呢？格莱斯的合作原则与会话含义理论进入到连贯研究的视野，对话语连贯的构建有一定的解释力。然而，正如钱冠连等的批判，格莱斯的合作原则在许多地方却缺乏解释力。比如，话语互动中所谓多余信息的解释问题上，钱批判了格莱斯的不足，从而提出了人有要求多余信息的观点。在这一点上，我们发现理解的合作原则的解释力比较强。具体说明参见第六章第三节。

第三，基于理解的合作原则的脉辨法能够给脑筋急转弯式的话语互动提供有效的解释方法。在脑筋急转弯式的话语互动中，往往有多种脉络的杂合，而发话者和受话者各自凸显的脉络往往不一致。发话者意图的脉络贯通常常出于惰性状态，而首先激活的连贯因子并不能确保发话者意图的连贯。具体话例分析参见话例 26、话例 29、以及第六章第一节中的话例等。

第四，从话语"原生概念"和"次生概念"的角度看，我们认为"独角兽"、"飞马"、"金山不存在"等概念或命题的话语理据在于它们属于次生概念或由次生概念组成的命题。对次生语词或次生概念的理解仍然在于话语双方共晓性的达成，而不可从物理世界去寻找语词的指称对应物。

第五，连贯研究的"脉辨法"为话语分析开启了一个新的方法。从话语连贯的不同脉络层面入手，我们可以为跨语交际、翻译和外语教学等活动提供一些启发。比如，在跨语交际中，话语双方连贯因子库的对应问题往往从语词中反映出来，因子的不对应会直接影响跨与交际的连贯，从而影响交际效果。同样，在翻译中，会出现作者与译者、译者与读者、读者与作者的因子对应问题。能够在三方刺激出同样的效果的连贯因子是作者、译者、读者所期望的，也是衡量翻译情况的一个水准。外语教学中，如果只注重语脉因子的传授，势必会影响学生对外语的实际使用。

参考文献

一、英文部分

Aarsleff, H., *From Locke to Saussure: Essays on the Study of Language and Intellectual History*, Minneapolis, Minnesota: University of Minnesota Press, 1982.

Adler, M. J., *The Great Ideas*, New York: Maxwell Macmillan International, 1992.

Aitchison, J., *The Seeds of Speech: Language Origin and Evolution*, Beijing: Foreign Language Teaching and Research Press, 2002.

Allen, J., "The Stoics on the Origin of Language and the Foundations of Etymology", In D. Frede and B. Inwood(eds.), *Language and Learning: Philosophy of Language in the Hellenistic Age*, Cambridge,UK: Cambridge University Press, 2005.

Aristotle, *Metaphysics*, Trans. By R. Hope. Columbia University Press, 1952.

Austin, J. L. *How to Do Things with Words*, Oxford: Oxford University Press.

Benedict, R., *Patterns of Culture*, Boston: Houghton Mifflin Company, 1961.

Benjamin, A. C., "Types of Empiricism", *The Philosophical Review*, 1942. Vol. 51. No.5.

Berkeley, G., *Principles of Human Knowledge*, Harmondsworth: Penguin, 1988.

Bichakjian, B. H. "Looking for Neural Answers to Linguistic Questions", In

M. I. Stamenov & V. Gallese (eds.). *Mirror Neurons and the Evolution of Brain and Language*, Amsterdam: Benjamins, 2002.

Bickerton, D., *Language and Species*, Chicago: University of Chicago Press, 1990.

Blakemore, D., *Understanding Utterances*, Oxford: Blackwell, 1992.

Bonjour, L., *The Structure of Empirical Knowledge*, Cambridge, MA: Harvard University Press, 1985.

Brandom, R. B., *Making It Explicit: Reasoning, Representing, and Discursive Commitment*, Cambridge, MA: Harvard University Press, 1994.

Brandom, R. B., *Action, Norms, and Practical Reseasoning*, Noûs, 1998. Vol. 32. Supplement. Philosophical Perspectives. 12. Language Mind and Ontology.

Brandom, R. B., "Facts, Norms, and Normative Facts: Reply to Habermas 'From Kant to Hegel: On Robert Brandom's Pragmatic Philosophy of Language'", *European Journal of Philosophy*. 2000. Vol.8.

Brown, G. & Yule, G., *Discourse Analysis*, Oxford; Blackwell, 1983.

Bublitz, W., "Introduction: Views of Coherence", In W. Bublitz, U. Lenk and E. Ventola(eds). *Coherence in Spoken and Written Discourse*, Amsterdam/Philadelphia: John Benjamins Publishing Company, 1999.

Campbell, K., *Coherence, Continuity and Cohesion*, Hillsdale, NJ: LEA, 1995.

Carrell, P. L., "Cohesion Is Not Coherence", *TESOL Quarterly*. 1982. Vol.16, No.4.

Chomsky, N., *Syntactic Structures*, The Hague: Mouton, 1957.

Chomsky, N., *Current Issues in Linguistic Theory*, Hague: Mouton, 1966.

Chomsky, N., *Knowledge of Language: Its Nature, Origin and Use*, Westport, CT: Greenwood Publishing Group Inc./Beijing: Foreign Language Teaching and Research Press. 1985/2002.

Chomsky, N., *Language and Nature*. Mind. 1995. Vol.104. No.413: 1-61.

Chomsky, N., "Language and Cognition", In D. M. Johnson and C. E. Erneling(eds). *The Future of the Cognitive Revolution*, New York: Oxford University Press, 1997.

Cooke, M., *Language and Reason: A Study of Habermas's Pragmatics*, The MIT Press,1994.

Cornish, F., "Coherence: The Lifeblood of Anaphora", In W. de Mulder & L. Tasmowski(eds.). *Coherence and Anaphora*, Amsterdam: Benjamins. 1996.

D'Amico, R., *Contemporary Continental Philosophy*, Boulder, CL: Westview Press, 1999.

Damasio, A. R., *Descartes' Error: Emotion, Reason and the Human Brain*, New York: Hayre Collins, 1995.

Damasio, A. R., *The Feelings of What Happens: Body and Emotion in the Making of Consciousness*, New York: Harcourt Brace, 1999.

Danes, F., "Functional Sentence Perspective and the Organization of Text", In Danes F. ed., *Papers in Functional Sentence Perspective*, Prague: Academic, 1974.

Davidson, D., "Thought and Talk", In D. Davidson. ed., *Inquiries into Truth and Interpretation*, Oxford Scholarship Online Monographs. 2001: 155-171.

Davidson, D., *Problems of Rationality*, Oxford: Oxfrod University Press, 2004.

Davis, W., *Implicature*, Cambridge: Cambridge University Press, 1998.

De Beaugrande, R. & Dressler, W. U., *An Introduction to Text Linguistics*, London: Longman, 1981.

Deacon, T. W., *The Symbolic Species: The Co-evolution of Language and the Brain*, New York: W. W. Norton & Company, Inc., 1997.

Dennett, D. C., *The Intentional Stance*, Cambridge, MA: The MIT Press, 1987.

Dilworth, D., "The Initial Formations of 'Pure Experience'", in Nishida Kiaro and William James, *Monumenta Nipponica*. Vol. 24. No.1/2.

Dummett, M., *The Interpretation of Frege's Philosophy*, London: Duckworth, 1981.

Durant, W., *The Story of Philosophy*, Kingsport, TE: Kingsport Press, 1950.

Enkvist, N. E., "Coherence, Pseudo-coherence, and Non-coherence", In J. O. Östman(ed.). *Cohesion and Semantics*, Åbo, Finland: Åbo Akademi Foundation,

1978.

Frege, G., "On Sense and Reference", In M. Baghramian(ed.) *Modern Philosophy of Language*, Washington, D. C.: Counterpoint, 1999.

Fries, P., "On the Status of Theme in English", In J. Petofi & E. Sozer(eds.). *Micro-and Macro-Connexity of Discourse*, Hamburg: Busde, 1983: 116-152.

Gadamer, H., *Truth and Methods*, Trans. By J. Weinsheimer & D. G. Marshall. 2nd ed. London: Sheed and Ward, 1989.

Gardner, H., *The Mind's New Science*, New York: Basic Books, 1985.

Garrod, S. C. & Sanford, A. J., "The Mental Representation of Discourse in a Focused Memory System", *Journal of Semantics*,1982, 1(1).

Giora, R., "Discourse Coherence and Theory of Relevance", *Journal of Pragmatics*. 1997, 27(1).

Giora, R., "Discourse Coherence is an Independent Notion", *Journal of Pragmatics*.1998, 29(1).

Givón, T., *Context as Other Minds: The Pragmatics of Sociality, Cognition and Communication*, Amsterdam: John Benjamins Publishing Company, 2005.

Givòn, T., "Coherence in Text vs. Coherence in Mind", In M. Gernsbacher and T. Givòn(eds.). *Coherence in Spontaneous Text*. Amsterdam: Benjamins, 2005.

Goldfarb, W., "Kripke on Wittgenstein on Rules", *The Journal of Philosophy*. 1985. Vol. 82. No. 9.

Goodman, N., *Fact, Fiction, and Forecast*, 2nd ed. Indianapolis: Bobbs-Merrill, 1965.

Goodman, R. B., *Wittgenstein and William James*, Cambridge,UK: Cambridge University Press, 2004.

Grice, H. P., "Logic and Conversation", In P. Cole & J. Morgan(eds.), *Syntax and Semantics*, Vol.3, New York: Academic, 1975.

Grice, P., *Studies in the Way of Words*, Beijing: Foreign Language Teaching and Research Press, 2002.

Habermas, J., "Some Further Clarifications of the Concept of Communicative Rationality", In M. Cooke(ed.), *On the Pragmatics of Communication*, Cambridge, MA: The MIT Press, 1998.

Halliday, M. A. K., & Hasan, R., *Cohesion in English*, London: Longman, 1976.

Halliday, M. A. K., *An Introduction to Functional Grammar*, 2nd ed. London: Edward Arnold, 1994.

Hatfield, G. W., *Henry Fielding and the Language of Irony*, Chicago: The University of Chicago Press, 1968.

Heal, J., "Common Knowledge", *The Philosophical Quarterly*, 1978, Vol. 28. No. 111.

Herder, J. G., *Essay on the Origin of Language*, Chicago: The University of Chicago Press, 1966.

Hobbs, J. R., "Coherence and Coreference", *Cognitive Science*, 1979,45(3).

Hoey, M., *Patterns of Lexis in Text*, Oxford: Oxford University Press, 1991.

Huff, D., *How to Lie with Statistics*, New York: W. W. Norton & Company Inc., 1954.

Hume, D., *A Treatise of Human Nature*, Beijing: China Social Sciences Publishing House, 1999.

Husserl, E., *Cartesian Meditations*, Trans. By D. Cairns, The Hague: Martinus Nijhoff, 1973.

Ishiguro, H., *Leibniz's Philosophy of Logic and Language*, 2nd ed. Cambridge,UK: Cambridge University Press, 1990.

James, W., *A Pluralistic Universe*, Introduction by H. S. Levinson, New Edition. University of Nebraska Press, 1996.

Jenkins, L., *Biolinguistics: Exploring the Biology of Language*, Cambridge: Cambridge University Press, 2000.

Jowett, B., *The Dialogues of Plato*, 4vols. 4th ed. Oxford: Clarendon Press, 1964.

Kintsch, W., "The Psychology of Discourse Processing",In M. A. Gernsbacher(ed.), *Handbook of Psycholinguistics*, London: Academic, 1994.

Knoblauch, C. H., "Coherence Betrayed: Samuel Johnson and the 'Prose of the World'", Boundary 2. Vol. 7. No.2. *Revisions of the Anglo-American Tradi-*

tion: Part I (Winter), 1979.

Kripke, S. A., *Wittgenstein on Rules and Private Language*, Oxford: Blackwell, 1982.

Land, S. K., *Lord Monboddo and the Theory of Syntax in the Late Eighteenth Century*, Journal of the History of Ideas, 1976.Vol.37. No.7.

Land, S. K., *The Philosophy of Language in Britain: Major Theories from Hobbs to Thomas Reid*, AMS Press, Inc., 1986.

Larson, C. U., *Persuasion: Reception and Responsibility*, 7th ed. Belmont, CA: Wadsworth Publishing Company, 1995.

Leech, G., *Semantics*, 2nd ed. Middlesex, England: Penguin Books Ltd., 1981.

Lehrer, K., "Discursive Knowledge", *Philosophy and Phenomenological Research*. 2000. Vol. 60. No. 3.

Leibniz, G., *New Essays on Human Understanding*, Trans. P. Remnant and J. Bennett. Cambridge,UK: Cambridge University Press, 1981.

Levinson, S. C., *Pragmatics*, Cambridge: Cambridge University Press, 1983.

Levinson, S. C., *Pragmatics*, Beijing: Foreign Language Teaching and Research Press, 2001.

Locke, J., *An Essay Concerning Human Understanding*, Edited by P. H. Nidditch. Oxford: Clarendon Press, 1975.

Long, A. A., "Stoic Linguistics, Plato's Cratylus, and Augustine's De Dialectia", In D. Frede and B. Inwood(eds.), *Language and Learning: Philosophy of Language in the Hellenistic Age*, Cambridge. UK: Cambridge University Press, 2005: 36-55.

Lycan, W. G., *Philosophy of Language*, London: Routledge, 1998.

Lyons, J., *Semantics*, Vols. I & II. Cambridge: Cambridge University Press, 1977.

Magee, B. et al., *Men of Ideas: Some Creators of Contemporary Philosophy*, Oxford: Oxford University Press, 1982.

Mann, W. C., "Rhetorical Structure Theory and Text Analysis", In W. C. Mann & S. A. Thompson (eds.).*Discourse Description: Diverse Linguistic Analyses of a Fun-Raising Text*, Amsterdam: Benjamins, 1992.

Mason, R., *Understanding Understanding*, New York: State University of New York Press, 2003

Melchert, N., *The Great Conversation*, Mayfield Publishing Company, 1999.

Mill, J. S., *A System of Logic*, 8th ed. London: Longman, 1925.

Miller, G. & Johnson-Laird, P., *Language and Perception*, Cambridge, MA: Harvard University Press, 1976.

Modrak, D. K. W., *Aristotle's Theory of Language and Meaning*, Cambridge, UK: Cambridge University Press, 2001.

Monboddo, James Burnet, "Lord. Of the Origin and Progress of Language", Vol. I. Vol. 1. *Edinburgh*, 1773-92. 6 vols, Based on Information from English Short Title Catalogue, Eighteenth Century Collections Online, Gale Group.

Müller, F. M., *The Science of Language*, Vols I & II. London: 1891.

Nozick, R., "The Nature of Rationality", *Princeton*, NJ: Princeton University Press, 1993.

Ott, W. R., *Locke's Philosophy of Language*, Cambridge,UK: Cambridge University Press, 2004.

Pietrosemoli, L. E., *Cohesion and Coherence in Aphasic Conversational Discourse*, Georgetown University. 1998.

Pinker, S., *Words and Rules*, New York: Basic Books, 1999.

Plato., *The Republic of Plato, Trans. By F. M. Cornford*. New York & London: Oxford University Press, 1945.

Price, H. H., "Our Evidence for the Existence of Other Minds", *Philosophy*. 1938. Vol. 13.

Rawls, J., *A Theory of Justice*, Cambridge, MA: Harvard University Press, 1971.

Reinhart., T. "Conditions for Coherence", *Poetics Today* 1980(1): 161-180.

Rhees, R., *Wittgenstein and the Possibility of Discourse*, D. Z. Phillips (ed.). Cambridge, UK; Cambridge University Press, 2001.

Ryle, G., *The Concept of Mind*, London: Hutchinson's University Library, 1949.

Sanford, A., "Coherence: Psycholinguistic Approach", In K. Brown et al (eds.) *Encyclopedia of Language and Linguistics*, 2nd ed. 14 vols. Vol. 4. Amsterdam: Elsevier, 2005.

Saussure, F. D., *Course in General Linguistics*, Beijing: China Social Sciences Publishing House, 1999.

Schiffrin, D., *Discourse Markers*, Cambridge: Cambridge University Press, 1987/2007.

Schopenhauer, A., *The World as Will and Representation*, Trans, E. F. J. Payne, Vol. I. Cambridge, Mass.: The MIT Press, 1958.

Shea, R., *The Book of Success*, Nashiville, TE: Rutledge Hill Press, 1993.

Simmons, A., *Territorial Games: Understanding and Ending Turf Wars at Work*, New York: AMACOM, 1998.

Sinclair, J., *Corpus, Concordance, Collocation*, Oxford: Oxford University Press, 1991.

Smith, N. & Wilson, D., *Introduction to Relevance Theory*, Lingua, 1992, 87.

Somerville, J., "Making out the Signatures", In M. Dalgarno & E. Mathews(eds.). *The Philosophy of Thomas Reid*, Dordrent: Kluwer, 1989.

Sperber, D. & Wilson, D., *Relevance: Communication and Cognition*, Oxford: Blackwell, 1986.

Spohn, W., "Two Cohernce Principles", *Erkenntnis*. 1999, Vol. 50.

Steiner, R., *Goethe's World View*, New York: F. Ungar Publishing Company, 1963.

Stubbs, M., *Discourse Analysis: The Socio-linguistic Analysis of Natural Language*, Oxford: Basil Blackwell, 1983.

Tannen, D., *Coherence in Spoken and Written Discourse,* Norwood: Ablex, 1984.

Thagard, P., *Coherence in Thought and Action*, Cambridge, MA.: MIT Press, 2000.

Thibault, P. J., "Communicating and Interpreting Relevance through Discourse Negotiation", *Journal of Pragmatics*. 1999, 31(4): 557-594.

Van Dijk, T. A., *Text and Context*, London: Longman, 1977.

Vaneechoutte, M. , Skoyles, J. R., "The Memetic Origin of Language : Modern Humans as Musical Primates", http://www.cpm.mmu.ac.uk/jom-emit/1998/ vol2/va2 neechoutte-m&sk oyles-jr. html. 1998.

Verlinsky, A., "Epicurus and His Predecessors on the Origin of Language", in D. Frede and B. Inwood. eds., *Language and Learning: Philosophy of Language in the Hellenistic Age*, Cambridge, UK: Cambridge University Press, 2005.

Viger, C., "Where Do Dennett's Stances Stand? Explaining Our Kind of Mind", In D. Ross, A. Brook and D. Thompson(eds.), *Dennett's Philosophy: A Comprehensive Assessment*, Cambridge, MA: The MIT Press, 2000.

Wells, G. A., *The Origin of Language: Aspects of the Discussion from Condillac to Wundt*, La Salle, IL: Open Court Publishing Company, 1987.

Welsch, W., "Rationality and Reason Today", In D. R. Gordon and J. Niznik (eds.), *Criticism and Defense of Rationality in Contemporary Philosophy*, Amsterdam: Rodopi, 1998.

Whitehead, A. N., *Process and Reality*, Corrected edition. New York: The Free Press, 1978.

Whitney, W. D., *The Life and Growth of Language*, London: 1875.

Widdowson, H., *Teaching Language as Communication*, Oxford: Oxford University Press, 1978.

Williams, T. C., *Kant's Philosophy of Language: Chomskyan Linguistics and its Kantian Roots*, Lewiston, NY: The Edwin Mellen Press, 1993.

Wilson, D., "Relevance and Understanding" , In G. Brown G et al. (eds.), *Language and Understanding*, Oxford: OUP, 1994: 37-60.

Winterowd, W. R., "The Grammar of Coherence" , *College English*. 1970(31).

Wolf, F. & Gibson, E., *Coherence in Nartural Language: Data Structures and Application*, Cambridge, MA: MIT Press, 2006.

二、中文部分

爱克曼编辑:《歌德的格言和感想集》,中国社会科学出版社 1982 年版。

白人立、国庆祝:《译者前言》,载于 C. K. 奥格登、I. A. 理查兹:《意义之意义》,白人立、国庆祝译,北京师范大学出版社 2000 年版。

柏格森：《时间与自由意志》，吴士栋译，商务印书馆 2004 年版。

柏拉图：《柏拉图全集》第二卷，王晓朝译，人民出版社 2003 年版。

柏莲子：《中国讥谣文化：古代寓言全书》，时代文艺出版社 1999 年版。

遍照金刚：《文镜秘府论汇校汇考》，卢盛江校考，中华书局 2006 年版。

布尔迪厄：《言语意味着什么——语言交换的经济》，褚思真、刘晖译，商务印书馆 2005 年版。

布莱克摩尔：《谜米机器》，高春申等译，吉林人民出版社 2001 年版。

曹卫东：《曹卫东讲哈贝马斯》，北京大学出版社 2005 年版。

陈骙：《文则》，载于郭绍虞、罗根泽主编：《中国古典文学理论批评选辑》，人民文学出版社 1962 年版。

陈海庆：《语篇连贯：言语行为模式》，东北师范大学出版社 2005 年版。

陈嘉映：《语言哲学》，北京大学出版社 2003 年版。

陈嘉映：《海德格尔哲学概论》，生活·读书·新知三联书店 2005 年版。

陈嘉映：《无法还原的象》，华夏出版社 2005 年版。

陈嘉映：《从移植词看当代中国哲学》，《同济大学学报》（社会科学版）2005 年第 4 期，第 60—65 页。

陈嘉映：《哲学科学常识》，东方出版社 2007 年版。

陈望道：《修辞学发凡》，上海教育出版社 1976 年版。

程晓堂：《基于功能语言学的语篇连贯研究》，外语教学与研究出版社 2005 年版。

程雨民：《语言系统及其运作》，上海外语教育出版社 1997 年版。

丛书集成初编：《东坡文谈录（及其他二种）文脉》卷一，中华书局 1985 年版。

崔梅、李红梅：《语言交流的连贯因素研究》，云南民族出版社 2001 年版。

崔永元：《精彩实话——实话实说话题精选》，中国摄影出版社 2003 年版。

笛卡尔：《谈谈方法》，王太庆译，商务印书馆 2005 年版。

董黎（编译）：《英语幽默集萃》，外语教学与研究出版社 1992 年版。

杜世洪：《Perspectives in Coherence Analysis》，西南师范大学 2000 年版。

杜世洪：《从连贯的二元性特征看阐释连贯的三类标准》，《外语与外语教学》2002 年第 3 期，第 57—60 页。

杜世洪：《论话语交际中借音脱跳的关联特点》，《外语与外语教学》2003 年第 9 期，第 12—14 页。

杜世洪：《美国语言之旅》，中国社会科学出版社 2005 年版。

杜世洪：《作为他人心理的语境：社会性、认知及交流的语用学》述评，《外语教学与研究》2006a 年第 5 期，第 316—318 页。

杜世洪：《关于知识与意义的关联分析——从波普与维特根斯坦的冲突谈起》，《自然辩证法研究》2006b 年第 7 期，第 23—27 页。

杜世洪：《汉语国俗语的几例英译问题剖析》，《长春大学学报》2006c 年第 4 期，第 36—38 页。

杜世洪：《里斯、维特根斯坦与话语理解的可能性》《外语学刊》2007 年第 2 期，第 20—24 页。

范亚刚：《开拓我国语篇研究的新领域——评胡壮麟的〈语篇的衔接与连贯〉》，《山东外语教学》1998 年第 4 期，第 45—47 页。

冯光武：《合作原则必须是原则——兼与钱冠连教授商榷》，《四川外语学院学报》2005 年第 5 期，第 108—113 页。

冯广艺：《变异修辞学》，湖北教育出版社 2004 年版。

冯晓虎：《作为篇章连贯手段的概念隐喻》，北京外国语大学出版社 1999 年版。

符淮青：《词义的分析和描写》，语文出版社 1996 年版。

傅勇林：《文脉、意脉与语篇阐释——Halliday 与刘熙载篇章理论之比较研究》，《外语与外语教学》2000 年第 1 期，第 19—26 页。

哈贝马斯：《交往与社会进化》，张博树译，重庆出版社 1989 年版。

海德格尔：《存在与时间》，陈嘉映译，修订译本，生活·读书·新知三联书店 2006 年版。

海德格尔：《在通向语言途中》，孙周兴译，商务印书馆 2004 年版。

韩少功：《马桥词典》，作家出版社 1997 年版。

韩卫红：《合作原则需要澄清的几个问题》，《河海大学学报》（哲学社会科学版）2003 年第 5 期，第 72—74 页。

何兆熊：《语用学概要》，上海外语教育出版社 1989 年版。

洪堡特：《论人类语言结构的差异及其对人类精神发展的影响》，姚小平译，商务印书馆 1999 年版。

侯宝林：《侯宝林自选相声集》，甘肃人民出版社 1987 年版。

胡怀琛：《古文笔法百篇》，湖南人民出版社 1984 年版。

胡壮麟：《语篇的衔接与连贯》，上海外语教育出版社 1994 年版。

黄寿祺、张善文：《周易译注》，上海古籍出版社 2004 年版。

黄宪芳：《再论古诗英译中的文化内涵——从〈天净沙·秋思〉英译文本的诗体要素看文化内涵的传递》，《外语教学》2004 年第 2 期，第 74—79 页。

伽达默尔：《真理与方法——哲学诠释学的基本特征》，洪汉鼎译，上海译文出版社 2004 年版。

伽达默尔：《哲学诠释学》，夏镇平、宋建平译，上海译文出版社 2004 年版。

姜望琪：《当代语用学》，北京大学出版社 2003 年版。

金岳霖：《知识论》，商务印书馆 1996 年版。

李辉：《胡风集团冤案始末》，湖北人民出版社 2003 年版。

李洪儒：《试论语词层级上说话人的形象——语言哲学系列探索之一》，《外语学刊》2005 年第 5 期，第 43—48 页。

李孟国：《詹姆士的纯粹经验探析》，《广西社会科学》2005 年第 9 期，第 50—52 页。

李佐文：《话语标记和话语连贯研究》，上海外语教育出版社 2004 年版。

理查森：《智力的形成》，赵菊峰译，生活·读书·新知三联书店 2004 年版。

廖艳君：《新闻报道的语言学研究：消息语篇的衔接和连贯》，湖南师范大学出版社 2004 年版。

刘勰：《文心雕龙注释》，周振甫注，人民文学出版社 1981 年版。

刘国成：《"床"字小议》《语文月刊》1984 年第 11 期。

刘利民：《在语言中盘旋——先秦名家"诡辩"命题的纯语言思辨理性研究》，四川大学出版社 2007 年版。

刘熙载：《艺概》，上海古籍出版社 1978 年版。

刘以鬯：《酒徒》，中国文联出版公司 1985 年版。

卢梭：《论语言的起源：兼论旋律与音乐的模仿》，洪涛译，上海人民出版社 2003 年版。

卢卡奇：《理性的毁灭》，王玖兴等译，山东人民出版社 1988 年版。

陆机：《文赋集释》，张少康集释，人民文学出版社 2002 年版。

罗素：《人类的知识——其范围与限度》，张金言译，商务印书馆 1983 年版。

洛克：《人类理解论》，关文运译，商务印书馆 1959，1997 年版。

马尔科姆：《关于他心的知识》，载于高新民、储昭华主编：《心灵哲学》，商务印书馆 2002 年版。

马克思、恩格斯：《马克思恩格斯选集》中文第 1 版，第 1 卷，人民出版社 1960 年版。

苗兴伟：《语篇衔接与连贯理论的发展及应用》评介，《外语与外语教学》2004 年第 2 期，第 58—59 页。

潘文国：《汉英语对比纲要》，北京语言文化大学出版社 1997 年版。

潘文国：《字本位与汉语研究》，华东师范大学出版社 2002 年版。

平克：《语言本能》，洪兰译，汕头大学出版社 2004 年版。

钱冠连：《汉语文化语用学》第 2 版，清华大学出版社 2002 年版。

钱冠连：《语言：人类最后的家园——人类基本生存状态的哲学与语用学研究》，商务印书馆 2005 年版。

乔松：《李白〈静夜思〉中的"床"字》，《语文月刊》1985 年第 3 期。

冉永平：《指示语选择的语用视点、语用移情与离情》，《外语教学与研究》2007 年第 5 期，第 331—337 页。

任绍曾：《概念隐喻和语篇连贯》，《外语教学与研究》2006 年第 2 期，第 91—100 页。

沈学君：《他心问题及其解答》，高新民指导，华中师范大学出版社 2004 年版。

升地三郎：《小，就小了，弯，就弯了》，金野译，吉林人民出版社 2002 年版。

盛晓明：《话语规则与知识基础——语用学维度》，学林出版社 2000 年版。

斯特劳森：《论指称》，载于马蒂尼奇主编：《语言哲学》，牟博等译，商务印书馆 2004 年版，第 414—446 页。

斯托曼：《情绪心理学》，张燕云译，辽宁人民出版社 1987 年版。

孙玉《胡壮麟的〈语篇的衔接与连贯〉评介》，《外国语》1995 年第 4 期，第 78—79 页。

田平：《模块性、经典计算和意向实在论》，《自然辩证法研究》2006 年第 7 期，第 14—17 页。

汪少林：《析字联话》，江西高校出版社 1997 年版。

王力：《同源字典》，商务印书馆 1997 年版。

王寅：《认知语言学与语篇连贯研究》，《外语研究》2006 年第 6 期，第 6—12 页。

王东风：《文学翻译的多维连贯性研究》，北京大学出版社 1999 年版。

王晓丰：《日常语言哲学中的他心问题》，陈嘉映指导，华东师范大学 2005 年版。

维特根斯坦：《哲学研究》，陈嘉映译，上海人民出版社 2001 年版。

维特根斯坦：《哲学语法》，程志民译，《维特根斯坦全集》，涂纪亮主编，第 4 卷，河北教育出版社 2003 年版。

维特根斯坦：《纸条集》，吴晓红译，《维特根斯坦全集》，涂纪亮主编，第 11 卷，河北教育出版社 2003 年版。

魏在江：《英汉语篇连贯认知对比研究》，华东师范大学出版社 2004 年版。

西田几多郎：《善的研究》，何倩译，商务印书馆 1989 年版。

席天扬：《普遍冲突和自由主义：我们应该站在哪里》，《东岳论丛》2004 年第 4 期，第 67—80 页。

谢毅：《语篇的连贯性》，复旦大学出版社 1990 年版。

休谟：《人性论》，关文运译，商务印书馆 1980，1983 年版。

胥洪泉：《李白〈静夜思〉研究综述》，《重庆社会科学》2005 年第 7 期，第 47—50 页。

徐健：《衔接、语篇组织和连贯》，复旦大学出版社 2004 年版。

徐国珍：《仿拟研究》，江西人民出版社 2003 年版。

许嘉璐：《语言学译著序》，载于 C. K. 奥格登、I. A. 理查兹：《意义之意义》，白人立、国庆祝译，北京师范大学出版社 2000 年版。

亚里士多德：《亚里士多德全集》，苗力田主编，中国人民大学出版社

1993 年版。

亚里士多德：《范畴篇、解释篇》，方书春译，商务印书馆 1997 年版。

亚里士多德：《尼各马可伦理学》，廖申白译，商务印书馆 2003 年版。

扬雄：《扬子法言》，黄寿成校点，辽宁教育出版社 1998 年版。

杨才英：《新闻访谈中的人际连贯研究》，山东大学出版社 2006 年版。

杨树达：《词诠》第 3 版，中华书局 2004 年版。

姚小平：《黑尔德的名著〈论语言的起源〉》，《外语与外语教学》1997 年第 3 期，第 53—55 页。

叶斯柏森：《语法哲学》，何勇等译，语文出版社 1988 年版。

叶秀山：《哲学要义》，世界图书出版公司北京公司 2006 年版。

余东：《衔接、连贯与翻译之关系研究》，南开大学出版社 2002 年版。

郁振华：《哈贝马斯的后形而上学的哲学观》，《学术月刊》1998 年第 5 期，第 31—38 页。

詹姆士：《实用主义》，陈羽纶、孙瑞禾译，商务印书馆 1979 年版。

詹姆斯：《彻底的经验主义》，庞景仁译，上海人民出版社 1987 年版。

张春隆：《论合作原则之不足》，《外语学刊》1996 年第 4 期，第 86—89 页。

张德禄：《语篇连贯研究纵横谈》，《外国语》1999 年第 6 期，第 24—31 页。

张德禄：《语篇连贯的宏观原则》，《外语与外语教学》2006 年第 10 期，第 7—10 页。

张德禄、刘汝山：《语篇连贯与衔接理论的发展及应用》，上海外语教育出版社 2003 年版。

张建理：《连贯研究概览》，《外语教学与研究》1998 年第 4 期，第 40—46 页。

张建理：《论语篇连贯机制》，《浙江大学学报》（人文社会科学版）2001 年第 6 期，第 126—131 页。

张能为：《理解的实践——伽达默尔实践哲学研究》，人民出版社 2002 年版。

张天勇：《文本理解何以可能——哲学解释学对理解条件的探索》，《青海社会科学》2004 年第 1 期，第 72—75 页。

张学广：《维特根斯坦与理解问题》，陕西人民出版社 2003 年版。

周振甫：《文章例话》，中国青年出版社 1983 年版。

朱永生：《韩礼德的语篇连贯标准——外界的误解与自身的不足》，《外语教学与研究》1997 年第 1 期，第 20—24 页。

朱永生、严世清：《系统功能语言学多维思考》，上海外语教育出版社 2001 年版。

庄涛等：《写作大辞典》，汉语大词典出版社 1992 年版。

宗白华：《艺境》，北京大学出版社 1987 年版。